Betriebs-Berater Schriftenreihe

Die Finanzierung von Rechtsverfolgungskosten für Zivilprozesse

Friedrich Weyland

Fachmedien Recht und Wirtschaft | dfv Mediengruppe | Frankfurt am Main

Vorliegende Abhandlung wurde von der Fakultät für Rechtswissenschaften an der Universität Regensburg als Dissertation angenommen.

Bibliografische Information Der Deutschen Nationalbibliothek

Die Deutsche Nationalbibliothek verzeichnet diese Publikation in der Deutschen Nationalbibliografie; detaillierte bibliografische Daten sind im Internet über http://dnb.de abrufbar.

ISBN 978-3-8005-1887-6

dfv Mediengruppe

© 2024 Deutscher Fachverlag GmbH, Fachmedien Recht und Wirtschaft, Frankfurt am Main
www.ruw.de

Das Werk einschließlich aller seiner Teile ist urheberrechtlich geschützt. Jede Verwertung außerhalb der engen Grenzen des Urheberrechtsgesetzes ist ohne Zustimmung des Verlages unzulässig und strafbar. Das gilt insbesondere für Vervielfältigungen, Bearbeitungen, Übersetzungen, Mikroverfilmungen und die Einspeicherung und Verarbeitung in elektronischen Systemen.

Druck: Beltz Grafische Betriebe GmbH, 99947 Bad Langensalza

Printed in Germany

Vorwort

Die vorliegende Arbeit wurde im September 2023 von der Fakultät für Rechtswissenschaft an der Universität Regensburg als Dissertation angenommen. Sie wurde im Juni 2023 eingereicht. Nach Juni 2023 erschienene Literatur und Rechtsprechung wurde nur punktuell berücksichtigt.

Mein besonderer Dank gilt meiner Doktormutter Prof. Dr. Claudia Mayer, LL.M. (Chicago), für die Betreuung der Arbeit. Der regelmäßige Austausch mit meiner Doktormutter und ihre wertvollen Anregungen haben maßgeblich zum Erfolg der vorliegenden Arbeit beigetragen. Von ihrem Einsatz habe ich nicht nur während der Dissertation, sondern auch in meiner Zeit als ihre studentische Hilfskraft am Lehrstuhl für Bürgerliches Recht, Deutsches und Internationales Zivilverfahrensrecht an der Eberhard Karls Universität Tübingen profitiert. Außerdem möchte ich mich bei meinem Zweitgutachter, Prof. Dr. Jörg Fritzsche, für die zügige Erstellung des Zweitgutachtens bedanken.

Mein größter Dank gilt meiner Frau, die mich in meinem Entschluss bekräftigt hat, promovieren zu wollen. Sie hat mir stets den Rücken freigehalten, sodass ich die Arbeit fertigstellen konnte, bevor unsere Tochter Edith geboren wurde. Die Arbeit ist meinem Vater gewidmet.

Friedrich Weyland

Inhaltsverzeichnis

Vorwort V

Kapitel 1 – Einleitung 1
A. Anlass und Ziel der Untersuchung 1
B. Untersuchungsgegenstand 3
   I. Kosten und Kostenrisiken der Rechtsverfolgung 3
   II. Finanzierung der Rechtsverfolgungskosten 4
   III. Beschränkung auf Rechtsverfolgungskosten 4
   IV. Beschränkung auf die Finanzierung von Zivilprozessen 5
C. Gang der Untersuchung 5

Kapitel 2 – Verfassungsrechtliche Grundlagen 7
A. Einführung 7
B. Verfassungsrechtliche Zulässigkeit der Gerichtsgebührenerhebung und des Anwaltszwangs 7
   I. Herleitung und Gewährleistungsgehalt des Justizgewährungsanspruchs 7
   II. Keine Verletzung des Justizgewährungsanspruchs durch Gebührenerhebung und Anwaltszwang 8
   III. Gebührenerhebung und Anwaltszwang bei bedürftigen Parteien ... 10
      1. Verfassungsrechtliche Herleitung der Prozesskostenhilfe 10
         a) Ansichten zur verfassungsrechtlichen Herleitung 10
         b) Streitentscheid 11
            aa) Relevanz des Meinungsstreits für diese Arbeit 11
            bb) Herleitung aus dem Justizgewährungsanspruch in Verbindung mit dem allgemeinen Gleichheitssatz 12
            cc) Herleitung unter Heranziehung des Sozialstaatsprinzips neben dem allgemeinen Justizgewährungsanspruch und dem Gleichheitssatz 13
         c) Folgen für die weitere Bearbeitung 14
      2. Gleichbehandlung von „armen" und „reichen" Parteien 15
      3. Ergebnis 17
   IV. Verfassungsrechtliches Höchstmaß für die beim Rechtsstreit anfallenden Kosten 18
      1. Verfassungsrechtliche Relevanz auch der Kostenhöhe? 18
      2. Verfassungsrechtliche Höchstgrenze in Relation zum wirtschaftlichen Wert 19
         a) Grenze aus dem Justizgewährungsanspruch 19
         b) Höchstgrenze bei Geringforderungen 19
         c) Höchstgrenze in anderen Fällen 21
      3. Ergebnis 21

Inhaltsverzeichnis

C. Verfassungswidrigkeit eines vollständigen Verbots der Möglichkeit zur Auslagerung von Kostenrisiken 22
D. Ergebnis... 23

Kapitel 3 – Finanzierungsmodelle für einen Prozess 25
A. Einführung.. 25
B. Staatliches Finanzierungsmodell: Die Prozesskostenhilfe 25
   I. Sinn und Zweck der Prozesskostenhilfe 25
  II. Funktionsweise der Prozesskostenhilfe als Finanzierungsmodell 26
      1. Vorfinanzierung durch den Staat..................... 26
      2. Übernahme der zur Prozessführung erforderlichen Mittel ... 27
         a) Gerichtskosten................................. 27
         b) Kosten des eigenen Rechtsanwalts 27
      3. Keine Kostenübernahme hinsichtlich der gegnerischen Kosten 28
      4. Rückzahlungspflicht der bedürftigen Partei 28
      5. Ergebnis.. 30
 III. Anwendungsbereich.................................. 30
      1. Sachlicher Anwendungsbereich 30
      2. Persönlicher Anwendungsbereich 31
 IV. Voraussetzungen der Prozesskostenhilfe 31
      1. Voraussetzungen in Abhängigkeit zum Antragsteller 31
      2. Antragstellung durch natürliche Personen 32
         a) Bedürftigkeit................................... 32
            aa) Persönliche und wirtschaftliche Verhältnisse des Antragstellers.................................. 32
            bb) Einkommenseinsatz 32
            cc) Vermögenseinsatz............................. 33
            dd) Unvermögen zur Kostenaufbringung............. 33
         b) Hinreichende Erfolgsaussichten 34
         c) Fehlende Mutwilligkeit........................... 35
         d) Ergebnis 36
      3. Antragstellung durch Parteien kraft Amtes, juristische Personen und parteifähige Vereinigungen 37
         a) Parteien kraft Amtes als Antragsteller................ 37
            aa) Begriff der Partei kraft Amtes 37
            bb) Kostendeckung aus der Insolvenzmasse 37
            cc) Zumutbarkeit der Kostendeckung für wirtschaftlich Beteiligte 38
                (1) Wirtschaftlich Beteiligte...................... 38
                (2) Zumutbarkeit der Kostenaufbringung 39
         b) Juristische Personen und parteifähige Vereinigungen..... 39

	aa) Mögliche Antragsteller: juristische Personen und parteifähige Vereinigungen	40
	bb) Kostenaufbringung durch Eigenmittel oder wirtschaftlich Beteiligte	40
	cc) Allgemeines Interesse an der Rechtsverfolgung	41
c) Ergebnis		42
C. Private Finanzierungsmodelle...............................		42
I. Einführung..		42
II. Darlehen...		44
1. Darlehen als Finanzierungsmodell		44
2. Voraussetzungen		45
3. Ergebnis..		45
III. Rechtsschutzversicherung		46
1. Einführung..		46
2. Prozessfinanzierung mittels einer Rechtsschutzversicherung.		47
a) Rechtsschutzversicherungen als Finanzierungsmodelle...		47
b) Voraussetzungen für die Einstandspflicht des Versicherers		48
c) Deckungsverweigerung durch den Versicherer..........		49
	aa) Deckungsverweigerung mangels Erfolgsaussichten oder wegen Mutwilligkeit	49
	bb) Schiedsgutachter- und Stichentscheidverfahren......	50
	(1) Pflicht zum Vorsehen eines Gutachterverfahrens oder eines Verfahrens mit vergleichbaren Garantien	50
	(2) Das Verfahren	50
	(3) Kostentragung.............................	51
d) Ergebnis		52
IV. Anwaltliche Erfolgshonorare.............................		52
1. Einführung..		52
2. Erfolgshonorare als Finanzierungsmodelle für die eigenen Anwaltskosten..		53
3. Vorbehalte gegenüber der Zulässigkeit des Erfolgshonorars und historische Entwicklung............................		54
4. Zulässigkeit der Vereinbarung eines Erfolgshonorars.......		56
a) Allgemeine Anforderungen.........................		56
b) Geldforderungen bis EUR 2.000.....................		58
c) Außergerichtliche und im Rahmen von Verfahren nach § 79 Abs. 2 S. 2 Nr. 4 ZPO zu erbringende Inkassodienstleistungen		59
	aa) Hintergrund: Gleichbehandlung von Inkassodienstleistern und Rechtsanwälten.....................	59

            bb) Voraussetzungen für Erfolgshonorarvereinbarungen
                nach § 4a Abs. 1 S. 1 Nr. 2 RVG 61
                (1) Begriff der Inkassodienstleistung 61
                (2) Außergerichtliche und gerichtliche Inkassodi-
                    enstleistungen 63
                    (a) Außergerichtliche Forderungseinziehung..... 63
                    (b) Forderungseinziehung nur für das Mahnver-
                        fahren 63
        d) Erfolgshonorar als Zugang zum Recht 64
        e) Ergebnis 66
     5. Erwägungen aus Sicht des Anwalts..................... 66
        a) Erfolgshonorarvereinbarungen als Risikogeschäft für
           den Rechtsanwalt 66
        b) Die Risikoabwägung............................... 67
            aa) Erfolgsaussichten............................. 67
            bb) Bonität des Gegners und des Mandanten 68
            cc) Höhe der Investition, Berechnung des Erfolgshono-
                rars und Verhältnis der Investition zum Streitwert.... 68
            dd) Sonstige Faktoren............................ 70
        c) Ergebnis 71
     6. Praktische Relevanz der neuen Vorschriften zum Erfolgs-
        honorar... 71
        a) Außergerichtliche Forderungseinziehung.............. 71
        b) Gerichtliche Forderungseinziehung 71
            aa) Forderungseinziehung im Mahnverfahren nach § 4a
                Abs. 1 S. 1 Nr. 2 RVG......................... 71
            bb) Praktischer Anwendungsbereich von § 4a Abs. 1 S. 1
                Nr. 1 RVG................................... 73
                (1) Erfolgshonorare bei Geringforderungen......... 73
                (2) Massenfälle in Individualklagen................ 74
                (3) Objektive Klagehäufungen.................... 75
            cc) Praktischer Anwendungsbereich von § 4a Abs. 1 S. 1
                Nr. 3 RVG................................... 75
        c) Ergebnis 77
 V. Anwaltliche Prozessfinanzierung 78
 VI. Gewerbliche Prozessfinanzierung 80
     1. Praktische Relevanz 80
     2. Funktionsweise des Finanzierungsmodells................ 81
     3. Finanzierungsentscheidung des Prozessfinanzierers........ 82
        a) Die Finanzierungsentscheidung als Risikoabwägung..... 82
            aa) Entscheidung zum Risikogeschäft im Einzelfall..... 82
            bb) Vollstreckungsaussichten 83

cc) Erfolgsaussichten 83
dd) Prozessbudget, Streitwert und Verhältnis zwischen
    Streitwert und Prozessbudget.................... 84
ee) Verfahrensdauer 85
ff) Persönlicher Eindruck vom Kläger und Anwalt...... 85
gg) Bonität des Klägers 86
hh) Sonstige Kriterien.............................. 87
b) Anbahnung und Abschluss des Finanzierungsvertrags.... 87
aa) Finanzierungsanfrage........................... 87
bb) Finanzierungsvertrag 88
cc) Erfolglose Finanzierungsanfragen 89
c) Ergebnis 90
4. Zulässigkeit und Verstoß gegen die prozessuale Waffengleichheit.. 90
a) Bedenken gegen die Zulässigkeit 90
b) Prozessfinanzierungen zugunsten von Beklagten........ 91
c) Ungleichbehandlung trotz bestehender Möglichkeiten
   zur Prozessfinanzierung zugunsten von Beklagten....... 92
d) Ergebnis 94
D. Abgrenzung der Finanzierung eigener Prozesse von wirtschaftlich vergleichbaren Konstellationen............................... 94
I. Einführung... 94
II. Factoring 94
 1. Überblick... 94
 2. Echtes Factoring 95
 3. Unechtes Factoring 95
 4. Wirtschaftliche Vergleichbarkeit und Anwendungsbereiche.. 96
III. Inkassodienstleistung in Form der Legal-Tech Geschäftsmodelle 97

Kapitel 4 – Das Verhältnis der Finanzierungsmodelle zueinander.. 99
A. Einführung... 99
B. Konkurrenzverhältnisse im Hinblick auf das Erfolgshonorar...... 99
I. Relevante Fälle 99
II. Vorrangige Inanspruchnahme der Prozesskostenhilfe......... 100
III. Vorrangige Inanspruchnahme eines Darlehens oder der gewerblichen Prozessfinanzierung 101
IV. Vorrangige Inanspruchnahme einer Rechtsschutzversicherung.. 102
V. Ergebnis... 103
C. Konkurrenzverhältnisse im Hinblick auf die Prozesskostenhilfe ... 103
I. Einführung... 103
II. Darlehen.. 103
 1. Verweis auf einen Realkredit........................ 103

Inhaltsverzeichnis

    2. Verweis auf Personalkredit 104
       a) Grundsatz 104
       b) Ausnahmen nach der Rechtsprechung und Literatur 106
       c) Stellungnahme..................................... 107
          aa) Gewerbetreibende natürliche Personen 107
          bb) Juristische Personen und parteifähige Vereinigungen . 109
    3. Ergebnis... 110
  III. Rechtsschutzversicherungen 110
    1. Allgemeines.. 110
    2. Deckungsverweigerung wegen mangelnder Erfolgsaussichten oder Mutwilligkeit..................................... 111
       a) Vorrangiges Stichentscheid- oder Schiedsgutachterverfahren 111
       b) Vorgehen nach gescheitertem Stichentscheid- oder Schiedsgutachterverfahren 112
    3. Deckungsverweigerung aus anderen Gründen 114
    4. Ergebnis... 114
  IV. Anwaltliche Erfolgshonorare 114
    1. Vorrangige Inanspruchnahme des anwaltlichen Erfolgshonorars?... 114
    2. Kombination aus Erfolgshonorar und Prozesskostenhilfe ... 115
       a) Finanzierung der gesetzlichen Vergütung des Rechtsanwalts über die Prozesskostenhilfe..................... 115
          aa) Ausschluss durch § 3a Abs. 4 S. 1 RVG bei Überschreitung der gesetzlichen Gebühr 115
          bb) Ausschluss durch § 4a Abs. 2 RVG bei Erfolgshonoraren in Höhe der gesetzlichen Gebühr 116
       b) Finanzierung nur der Gerichtskosten über die Prozesskostenhilfe... 117
          aa) Verzicht auf zwingende Beiordnung nach § 121 Abs. 1 ZPO?.................................... 117
          bb) Aufhebung der Beiordnung und Folgen nach § 3a Abs. 4 S. 1 RVG 118
    3. Ergebnis... 120
  V. Gewerbliche Prozessfinanzierung 120
    1. Konkurrenzverhältnis in der Praxis...................... 120
    2. Vorrangige Inanspruchnahme nach Abschluss eines Finanzierungsvertrags...................................... 121
    3. Verweis auf die Prozessfinanzierung auch vor Abschluss eines Finanzierungsvertrags? 122
       a) Allgemeines 122
       b) Prozesse des Insolvenzverwalters..................... 122

Inhaltsverzeichnis

aa) Ansichten zur vorrangigen Inanspruchnahme der Prozessfinanzierung	122
bb) Stellungnahme zur Ansicht von *Böttger*	123
(1) Verweis auf die gewerbliche Prozessfinanzierung	123
(2) Ablehnung der Prozessfinanzierung und Mutwilligkeit	124
c) Ausnahme für juristische Personen und parteifähige Vereinigungen	125
4. Bindungswirkungen ablehnender Entscheidungen des Prozessfinanzierers	126
5. Ergebnis	126
D. Zusammenfassung der wesentlichen Ergebnisse	126

Kapitel 5 – Finanzierungskosten und deren Erstattung 129

A. Einführung	129
B. Höhe der Finanzierungskosten im Vergleich	129
C. Erstattungsfähigkeit der Finanzierungskosten	131
I. Vorüberlegungen	131
II. Allgemeines zur Erstattung von Rechtsverfolgungskosten	132
1. Prozessuale Kostenerstattung	132
2. Materiell-rechtliche Kostenerstattung	132
a) Geltendmachung von Aufwendungen zur Rechtsverfolgung als Schadensersatz	132
b) Dogmatische Einordnung des Erforderlichkeitskriteriums und Abgrenzung zum Mitverschulden	133
aa) Gleichbehandlung von Aufwendungen und Schäden	133
bb) Die Erforderlichkeit und das Alles-oder-Nichts-Prinzip	135
cc) Abgrenzung der Erforderlichkeit der Höhe nach gegenüber dem Mitverschulden	136
c) Maßstab für die Erforderlichkeitsprüfung	137
aa) Erforderlichkeit dem Grunde nach	137
bb) Erforderlichkeit der Höhe nach	139
3. Ergebnis	140
III. Erstattung der Kosten eines Kredits zur Prozessfinanzierung	141
1. Prozessuale Kostenerstattung	141
2. Materiell-rechtliche Kostenerstattung	142
a) Erstattungsfähigkeit von Darlehenszinsen und Unterbrechung des Zurechnungszusammenhangs im Hinblick auf § 104 Abs. 1 S. 2 ZPO	142
b) Voraussetzungen für die Erstattung von Darlehenszinsen	144
aa) Erforderlichkeit der Darlehensaufnahme dem Grunde nach	144

XIII

                bb) Normative Zurechnung im Übrigen bei erforderlicher Darlehensaufnahme 146
            c) Unterbliebener Hinweis auf Kreditaufnahme als Verletzung der Schadensminderungsobliegenheit 147
        3. Ergebnis... 149
    IV. Erstattung der Erfolgsbeteiligung eines Rechtsanwalts bei Vereinbarung eines anwaltlichen Erfolgshonorars 149
        1. Prozessuale Kostenerstattung 149
        2. Materiell-rechtliche Kostenerstattung.................. 151
            a) Einführung 151
            b) Erforderlichkeit der Vereinbarung eines Erfolgshonorars dem Grunde nach 152
                aa) Beauftragung eines Rechtsanwalts................ 153
                bb) Genereller Vorrang günstigerer Finanzierungsmodelle? 153
                cc) Möglichkeit zur Prozessfinanzierung aus eigenen Mitteln oder mittels eines günstigeren Finanzierungsmodells 154
            c) Abzug wegen drohender schadensrechtlicher Bereicherung.. 156
            d) Begrenzung der Schadenshöhe im Hinblick auf die Kosten zur Auslagerung von Kostenrisiken 157
                aa) Problemstellung 157
                bb) Grundlagen zur Bestimmung des Schutzzwecks 157
                cc) Schutzzweck der §§ 280 Abs. 1, 2, 286 BGB 159
                dd) Vereinbarkeit der Erstattungsfähigkeit des Risikozuschlags mit dem Schutzzweck der §§ 280 Abs. 1, 2, 286 BGB...................................... 161
                    (1) Darstellung der Ansicht von *Siebert-Reimer* *161*
                    (2) Stellungnahme zur Ansicht von *Siebert-Reimer*... *163*
                        (a) Vergleich zur Diskussion um die Erstattungsfähigkeit der anwaltlichen Kosten für die Einholung einer Deckungszusage........... 163
                        (b) Unterliegensgefahr als typisches Verzögerungsrisiko................................. 163
                    (3) Eigene Ansicht zur Erstattungsfähigkeit von Kosten zur Auslagerung von Prozesskostenrisiken 165
                ee) Verlagerung von Kostenrisiken als auszugleichender Vorteil?...................................... 167
                ff) Zwischenergebnis.............................. 168
            e) Hinweisobliegenheit vor Vereinbarung eines Erfolgshonorars?... 168

3. Ergebnis.	168
V. Erstattung der Erfolgsbeteiligung bei der gewerblichen Prozessfinanzierung.	169
1. Problemstellung.	169
2. Prozessuale Kostenerstattung	171
3. Materiell-rechtliche Kostenerstattung.	171
a) Erforderlichkeit der Prozessfinanzierung dem Grunde nach.	171
aa) Kein genereller Vorrang anderer Finanzierungsmodelle.	171
bb) Möglichkeit zur Prozessfinanzierung aus eigenen Mitteln.	172
cc) Möglichkeit zur Prozessfinanzierung mittels eines günstigeren Finanzierungsmodells.	174
(1) Finanzierung über einen Kredit als günstigere Finanzierungsalternative.	174
(2) Finanzierung über die Prozesskostenhilfe als günstigere Finanzierungsalternative.	176
(3) Finanzierung über das anwaltliche Erfolgshonorar als günstigere Finanzierungsalternative	177
(4) Finanzierung über Kombination aus Prozesskostenhilfe und Erfolgshonorar als günstigere Alternative	178
dd) Ergebnis	178
b) Erstattungsfähiger Schaden.	179
aa) Schadensrechtliche Bereicherung im Hinblick auf verauslagte Kosten des Rechtsstreits	179
bb) Begrenzung der Schadenshöhe im Hinblick auf die Kosten zur Auslagerung von Kostenrisiken (eigene Anwalts- und Gerichtskosten)	180
cc) Begrenzung der Schadenshöhe im Hinblick auf die Kosten zur Auslagerung von Gegenkostenrisiken	181
dd) Begrenzung der Schadenshöhe im Hinblick auf die Erstattung von Rechtsanwaltskosten oberhalb der gesetzlichen Gebühren.	182
ee) Unterbliebener Hinweis auf die Prozessfinanzierung als Verletzung der Schadensminderungsobliegenheit	183
c) Zwischenergebnis	186
4. Insbesondere: Erstattung der Kosten eines Prozessfinanzierers bei Verbandsklagen.	186
VI. Ergebnis.	187
D. Zusammenfassung.	189

Kapitel 6 – Finanzierungsmodelle gemessen am Bedürfnis nach einer Fremdfinanzierung... 191
A. Einführung... 191
B. Fremdfinanzierung mangels eigener wirtschaftlicher Leistungsfähigkeit... 191
C. Fremdfinanzierung wegen der Kostenrisiken einer Individualrechtsverfolgung... 192
   I. Einführung... 192
   II. Auslagerung von Kostenrisiken bei Geringforderungen... 193
      1. Rationales Desinteresse an der Durchsetzung von Geringforderungen... 193
      2. Auslagerung von Kostenrisiken bei Individualklagen... 194
         a) Rechtsverfolgung als Individualklage... 194
         b) Rationales Desinteresse (auch) aus anderen als finanziellen Gründen... 194
         c) Rationales Desinteresse aus finanziellen Gründen... 196
            aa) Rechtsschutzversicherungen... 196
            bb) Erfolgsbasierte Vergütungsmodelle... 196
               (1) Problemstellung... 196
               (2) Mögliche Anwendungsbereiche... 197
      3. Zwischenergebnis... 198
   III. Auslagerung von Kostenrisiken bei sonstigen Forderungen... 199
      1. Wirtschaftliche Verhältnisse des Anspruchsinhabers... 199
      2. Individuelle Risikobewertung... 200
      3. Sonstige Faktoren (Drittfinanzierung aus Opportunitätsgründen)... 201
   IV. Bewertung der Neuregelungen zum Erfolgshonorarverbot... 202
      1. Einleitung... 202
      2. Unbefriedigende Gesetzeslage... 202
         a) Rationales Desinteresse nur bis EUR 2.000... 202
         b) Hohe Streitwerte und damit verbundene hohe Kostenrisiken... 204
         c) Zwischenergebnis... 204
      3. Regelungsvorschlag *de lege ferenda*... 205
         a) Erfolgshonorare als Zugang zu Gerichten... 205
         b) Aufgabe des tradierten Leitbildes von Rechtsanwälten... 207
         c) Geringe Missbrauchsgefahr vor Gericht... 209
         d) Schutz über vorhandene Schutzpflichten und Information. 209
         e) Prozessuale Waffengleichheit... 210
         f) Regelungsvorschlag... 210
D. Auslagerung von Kostenrisiken bei gebündelter Rechtsverfolgung. 211
   I. Kostenrisiken bei gebündelter Rechtsverfolgung... 211

II. Verbandsklagen 213
   1. Funktionsweise 213
   2. Kosten und Kostentragung 213
   3. Fremdfinanzierung als Schlüssel zur Effektivität der Verbandsklagenrichtlinie. 214
   4. Finanzierung von Verbandsklagen über das anwaltliche Erfolgshonorar oder die gewerbliche Prozessfinanzierung... 215
   5. Die Drittfinanzierung von Verbandsklagen durch die gewerbliche Prozessfinanzierung 216
      a) Einführung 216
      b) Bedenken gegen die Zulässigkeit der gewerblichen Prozessfinanzierung 217
      c) Regelungen in der Verbandsklagenrichtlinie und Umsetzung im VDuG 218
      d) Träger der mit der Drittfinanzierung verbundenen Kostenlast 218
   6. Zwischenergebnis 220
III. Prozessstandschaft nach § 11 Abs. 1 LkSG 221
E. Bedürfnis nach Fremdfinanzierung bei mangelnden Erfolgsaussichten 222
F. Zusammenfassung....................................... 223

Kapitel 7 – Wesentliche Ergebnisse der Arbeit 225
A. Verfassungsrechtliche Vorgaben und Ihre Auswirkungen........ 225
B. Bestehende Finanzierungsmöglichkeiten 226
C. Verhältnis der FInanzierungsmodelle zueinander 227
D. Erstattung der Finanzierungskosten 227
E. Finanzierungsmodelle gemessen am Bedürfnis nach einer Fremdfinanzierung... 229
F. Ausblick.. 231

Anhang 1 – Kostentabelle 233

Literaturverzeichnis 235

Kapitel 1 – Einleitung

A. Anlass und Ziel der Untersuchung

Rechtsschutz ist nicht kostenlos zu haben. Der Zugang zu Gerichten hängt von der wirtschaftlichen Leistungsfähigkeit von Klägern ab, weil sie zur Inanspruchnahme von Gerichten Vorschüsse auf die Gerichtskosten leisten müssen, die bereits für sich genommen substantiell sein können. Hinzu kommt, dass gegebenenfalls auch auf anfallende Rechtsanwaltskosten ein Vorschuss geleistet werden muss. Daher müssen sich Kläger, die einen Prozess führen möchten, mit der Frage auseinandersetzen, ob sie sich die Kostenvorschüsse überhaupt leisten können. Daneben ist für Kläger auch relevant, wie viele Kosten der Rechtsstreit insgesamt, also auch unter Berücksichtigung der Kosten des Beklagten, verursacht, weil im Misserfolgsfall nach § 91 Abs. 1 S. 1 ZPO die Kosten des Rechtsstreits zu erstatten sind. Wie teuer die Kostenvorschüsse und der Prozess insgesamt sein werden, lässt sich häufig genau vorhersagen, weil mit dem Gerichtskostengesetz (GKG) und dem Rechtsanwaltsvergütungsgesetz (RVG) gesetzliche Gebührensätze vorgegeben werden. Kann oder will sich ein Kläger Vorschüsse oder im Misserfolgsfall die Kosten des Rechtsstreits aus eigener Tasche nicht leisten, muss er sich mit der Frage auseinandersetzen, ob er sich den Rechtsstreit fremdfinanzieren lassen kann.

Früher stand Klägern dafür nur das Darlehen oder die Prozesskostenhilfe zur Verfügung. In das System der Finanzierungsmodelle kommt aber Bewegung, was auch Folge davon ist, dass der Zivilprozess selbst derzeit im Wandel begriffen ist. Neue Rechtsdurchsetzungsmodelle, wie das Legal-Tech-Masseninkasso, stellen nicht nur Gerichte und den Gesetzgeber vor neue Herausforderungen. Sie strahlen darüber hinaus auf die Regelungen aus, die bestimmen, unter welchen Voraussetzungen Finanzierungsmodelle in Anspruch genommen werden dürfen. So wurde das Erfolgshonorarverbot in Reaktion auf Masseninkassodienstleister erst kürzlich weiter gelockert und im gleichen Atemzug auch die anwaltliche Prozessfinanzierung – freilich mit einem geringen praktischen Anwendungsbereich – eingeführt.[1]

Neben das Darlehen und die Prozesskostenhilfe treten nun also anwaltliche Erfolgshonorare und die neu eingeführte anwaltliche Prozessfinanzierung. Darüber hinaus hat sich zwischenzeitlich auch in Deutschland die gewerbliche Prozessfinanzierung etabliert. Doch obwohl Rechtsstreitigkeiten seit mittlerweile ca. 25 Jahren durch gewerbliche Prozessfinanzierer in Deutsch-

---

[1] BGBl. 2021 I 3415, Gesetz zur Förderung verbrauchergerechter Angebote im Rechtsdienstleistungsmarkt, in Kraft getreten am 1.10.2021 (BGBl. 2021 I 3415 (3419)).

Kap. 1 Einleitung

land finanziert werden,[2] besteht hierzu scheinbar noch Regelungsbedarf. Auf europäischer Ebene wird derzeit versucht, Regelungen zur gewerblichen Prozessfinanzierung zu schaffen, die einen Missbrauch des Finanzierungsmodells verhindern sollen.[3] Gleichzeitig rückt die gewerbliche Prozessfinanzierung derzeit auch deswegen in den Fokus, weil mit Blick auf die neu geschaffenen Verbandsklagen[4] befürchtet wird, dass das neue Rechtsdurchsetzungsmodell über die Beteiligung von gewerblichen Prozessfinanzierern missbraucht werden könnte.[5] Auch hier wirken sich neue Entwicklungen bezüglich der vorhandenen Rechtsdurchsetzungsmodelle also auf die Möglichkeit zur Finanzierung derselben aus.

Diese neuen Entwicklungen sollen mit Blick auf die Finanzierungsfrage untersucht werden. Ziel der Untersuchung ist dabei nicht nur, die neuen Voraussetzungen der jeweiligen Finanzierungsmodelle zu ermitteln, sondern beispielsweise auch zu prüfen, ob sich eine Partei die Kosten, die ein Finanzierungsmodell verursacht, erstatten lassen kann, in welchen Situationen überhaupt ein Bedürfnis nach der Inanspruchnahme eines Finanzierungsmodells besteht, und ob die Finanzierungsmodelle dieses Bedürfnis befriedigen können. Darüber hinaus soll bereits bekannten Fragestellungen nachgegangen werden, die bisher noch nicht vertieft untersucht wurden. Dazu gehört insbesondere die Frage, wie sich Finanzierungsmodelle zueinander verhalten, ob also beispielsweise eine Partei versuchen muss, einen Kredit aufzunehmen, ein Erfolgshonorar zu vereinbaren oder sonst ein Finanzierungsmodell in Anspruch zu nehmen, bevor sie Prozesskostenhilfe beanspruchen kann. Die vorliegende Arbeit soll somit die mit der Finanzierung von Prozessen zusammenhängenden Fragen möglichst umfassend beantworten und will damit nicht nur für die Praxis einen Leitfaden zu taktischen Überlegungen bereitstellen, sondern auch Anregungen für die Politik sowie den (prozess)wissenschaftlichen Diskurs liefern.

---

2 Zum Beginn der gewerblichen Prozessfinanzierung in Deutschland mit dem Einstieg der Foris AG unter Kap. 3 C.VI.1.
3 Entschließung des Europäischen Parlaments vom 13.9.2022 mit Empfehlungen an die Kommission zur verantwortungsbewussten privaten Finanzierung von Rechtsstreitigkeiten (2020/2130(INL)) (vgl. hier Erwägungsgrund 2 der Anlage zur Entschliessung (Empfehlungen zum Inhalt des verlangten Vorschlags)).
4 Richtlinie (EU) 2020/1828 des Europäischen Parlaments und des Rates vom 25.11.2020 über Verbandsklagen zum Schutz der Kollektivinteressen der Verbraucher und zur Aufhebung der Richtlinie 2009/22/EG („**Verbandsklagenrichtlinie**"); BGBl. 2023 I 272, zur Umsetzung der Richtlinie (EU) 2020/1828 über Verbandsklagen zum Schutz der Kollektivinteressen der Verbraucher und zur Aufhebung der Richtlinie 2009/22/EG sowie zur Änderung des Kapitalanleger-Musterverfahrensgesetzes (Verbandsklagenrichtlinienumsetzungsgesetz – VRUG).
5 Art. 10 und Erwägungsgrund 52 Verbandsklagenrichtlinie.

B. Untersuchungsgegenstand

I. Kosten und Kostenrisiken der Rechtsverfolgung

Die Arbeit beschränkt sich auf die Finanzierung von Kosten für Zivilprozesse, die in Zusammenhang mit der Rechtsverfolgung entstehen. Möchte ein Gläubiger gegen einen Schuldner seine Rechte verfolgen, fallen dabei regelmäßig drei Kostenblöcke an: die eigenen Rechtsanwaltskosten, die Gerichtskosten und, für den Misserfolgsfall, die Kosten des gegnerischen Rechtsanwalts.[6] Wenn ein Kläger vor der Entscheidung steht, ob er einen Prozess führen sollte, besteht ein erstes Hindernis darin, dass er die Mittel zur Prozessführung aufbringen muss. Dazu gehören aufgrund der Vorleistungspflicht nur die ersten beiden der angesprochenen drei Kostenblöcke: die eigenen Anwaltskosten und die Gerichtsgebühren. Nach § 12 Abs. 1 S. 1 GKG müssen Kläger regelmäßig einen Vorschuss auf die Gerichtsgebühren leisten. Darüber hinaus kann es für den Kläger im Rahmen der Rechtsverfolgung erforderlich sein, einen Rechtsanwalt zu beauftragen. Nach § 78 Abs. 1 S. 1 ZPO müssen sich Parteien vor dem Landgericht und Oberlandesgericht von einem Rechtsanwalt vertreten lassen. Bei bestehendem Anwaltszwang hat der Kläger also keine Wahl und es entstehen zwangsläufig Kosten für seinen Rechtsanwalt. Im Übrigen kann es der Kläger weiter dann für erforderlich erachten, einen Rechtsanwalt zu beauftragen, wenn er gesetzlich nicht dazu verpflichtet ist. Auch gegenüber seinem Rechtsanwalt ist der Kläger nach § 9 RVG verpflichtet, einen angemessenen Vorschuss für die entstandenen und voraussichtlich entstehenden Gebühren und Auslagen zu leisten, wenn der Rechtsanwalt das fordert. Hinsichtlich der Gerichtskosten und seiner eigenen Rechtsanwaltskosten muss der Kläger also in Vorleistung treten, bevor er einen Prozess führen kann.

Auch der Beklagte kann sich durch einen Rechtsanwalt vertreten lassen, entweder, weil er nach § 78 Abs. 1 S. 1 ZPO dazu verpflichtet ist oder, weil er sich ohne eine entsprechende Pflicht frei dazu entscheidet. Um die Rechtsanwaltskosten des Beklagten muss sich ein Kläger zunächst nicht sorgen. In Bezug auf die gegnerischen Anwaltskosten besteht aber ein weiteres, bei der Entscheidung über die Prozessführung zu berücksichtigendes Hindernis darin, dass nach § 91 Abs. 1 S. 1 ZPO die unterliegende Partei die Kosten des Rechtsstreits zu tragen hat, also insbesondere die dem Gegner erwachsenen Kosten zu erstatten hat, soweit sie zur zweckentsprechenden Rechtsverfolgung oder Rechtsverteidigung notwendig waren. Nach § 91 Abs. 2 S. 1 Hs. 1 ZPO sind davon die gesetzlichen Gebühren und Auslagen des Rechtsanwalts der obsiegenden Partei erfasst. Die Prozessführung bringt also das Risiko mit sich, dass der Kläger im Misserfolgsfall auch die Kosten des

---

6 *Kilian*, Drittfinanzierung von Rechtsverfolgungskosten, S. 19 ff.

Kap. 1 Einleitung

Gegners tragen muss (Gegenkostenrisiko). Ebenso folgt aus § 91 Abs. 1 S. 1 ZPO, dass der Kläger seine eigenen Kosten endgültig tragen muss, wenn er im Prozess unterliegt (Kostenrisiko im Übrigen).

Zur Vereinfachung soll im Rahmen dieser Arbeit davon ausgegangen werden, dass bei der Rechtsverfolgung nur diese drei Kostenblöcke anfallen und auch nur insoweit Vorschüsse zu leisten sind. Natürlich können im Einzelfall neben den Gerichtsgebühren und Anwaltskosten weitere Kosten anfallen. Beispielsweise können Parteien nach § 379 ZPO (für Sachverständige über § 402 ZPO) auch dazu verpflichtet sein, Auslagenvorschüsse für Zeugen und Sachverständige zu leisten.

II. Finanzierung der Rechtsverfolgungskosten

Damit ein Kläger seine Rechte vor Gericht verfolgen kann, muss er zunächst die Mittel zur Prozessführung aufbringen, also die aufgezeigten Vorschüsse leisten. Unter die Finanzierung von Rechtsverfolgungskosten sollen Fälle gefasst werden, in denen dem Kläger diese Last (teilweise) abgenommen wird, indem ein Dritter entweder Mittel zur Prozessführung für ihn bereitstellt oder auf einen Vorschuss verzichtet.

Darüber hinaus können Finanzierungsmodelle vorsehen, dass dem Kläger Kosten- und auch Gegenkostenrisiken abgenommen werden. Allerdings ist die Auslagerung von Kostenrisiken nicht Voraussetzung dafür, dass Mittel zur Prozessführung finanziert werden.

III. Beschränkung auf Rechtsverfolgungskosten

Die Rechtsverfolgung ist üblicherweise Sache des Klägers, weil er Ansprüche geltend macht. Selbstverständlich kann aber auch der Beklagte eigene Rechte beispielsweise dadurch verfolgen, dass er eine Widerklage erhebt, wenn er seine Rechte nicht schon durch eine Prozessaufrechnung durchsetzen kann. Überwiegend soll nachfolgend aber vom Kläger die Rede sein, weil sich Kläger im Rahmen der üblichen Rollenverteilung eines Rechts berühmen, von dem Beklagte meinen, dass es ihnen nicht zustünde. Alternativ wird aber auch der Begriff Anspruchsinhaber verwendet, der verdeutlicht, dass auch Beklagte erfasst sind, die Ansprüche innehaben.

Auf die Finanzierung von Kosten, die bei der Abwehr von Ansprüchen üblicherweise auf Beklagtenseite entstehen, soll nur insoweit eingegangen werden, als dass sie für die Finanzierung von Kosten im Zusammenhang mit der Rechtsverfolgung relevant sind.[7] Der Untersuchungsgegenstand wird

---

7 Das ist insbesondere im Hinblick auf die Frage, ob die gewerbliche Prozessfinanzierung gegen die prozessuale Waffengleichheit verstößt, relevant (hierzu Kap. 3 C.VI.4).

deswegen auf die Finanzierung von Rechtsverfolgungskosten begrenzt, weil sich deren Finanzierung einerseits und die Finanzierung von Rechtsverteidigungskosten andererseits deutlich unterscheiden können. Das ist darauf zurückzuführen, dass Kläger bei einer aus Sicht des Beklagten erfolgreichen Rechtsverteidigung nicht zu einer Leistung verurteilt werden, sondern die Klage abgewiesen wird. Finanzierer können sich daher nicht am erstrittenen Betrag beteiligen lassen und sich im Gegenzug dazu verpflichten, Kosten ganz oder teilweise zu übernehmen. Finanzierungsmodelle für eine Rechtsverteidigung müssen daher einen anderen Anknüpfungspunkt als den erstrittenen Betrag zur Vergütung der Finanzierungsleistung wählen.

IV. Beschränkung auf die Finanzierung von Zivilprozessen

Vergleichbare Erwägungen rechtfertigen die Beschränkung auf die Finanzierung von Zivilprozessen. Mit dem Zivilprozess ist die Rechtsverfolgung vor staatlichen Gerichten in bürgerlichen Rechtsstreitigkeiten iSv § 13 GVG angesprochen.[8] Dadurch wird beispielsweise die Finanzierung von Prozessen in öffentlich-rechtlichen Streitigkeiten und Strafsachen, aber auch in Familiensachen und Angelegenheiten der freiwilligen Gerichtsbarkeit ausgeklammert. In diesen Rechtsstreitigkeiten steht am Ende des Prozesses – wie bei der Finanzierung auf Beklagtenseite – ebenfalls häufig kein Ertrag, aus dem eine Finanzierungsleistung vergütet werden könnte.

C. Gang der Untersuchung

Aufgrund der Normenhierarchie muss Ausgangspunkt für die zu behandelnden Fragen sein, welche Vorgaben die Verfassung im Hinblick auf die Finanzierung von Rechtsverfolgungskosten aufstellt. Deshalb soll im zweiten Kapitel erläutert werden, ob es überhaupt zulässig ist, dass die Rechtsverfolgung vor Gericht Kosten verursacht und was gilt, wenn sich eine Partei die Mittel zur Prozessführung selbst nicht leisten kann. Daran anknüpfend wird der Frage nachgegangen, wie hoch die Kosten sein dürfen, die bei einer Rechtsverfolgung vor Gericht entstehen. Zuletzt wird darauf eingegangen, inwieweit der Gesetzgeber es nach der Verfassung verbieten darf, dass Anspruchsinhaber ihre Kosten über ein Finanzierungsmodell (am Beispiel des Erfolgshonorars) auslagern können.

Im dritten Kapitel werden die derzeit vorhandenen Finanzierungsmöglichkeiten untersucht. Es wird dargestellt, welche Finanzierungsmodelle es gibt, wie sie funktionieren, wann sie in der Praxis zur Anwendung gelangen und welchen Voraussetzungen sie unterliegen. Letztere Frage stellt sich

---
8 Musielak/Voit/*Musielak*, ZPO, Einl. Rn. 1.

Kap. 1 Einleitung

insbesondere mit Blick auf das neu geregelte Erfolgshonorar und die neu eingeführte anwaltliche Prozessfinanzierung. Im Anschluss soll im vierten Kapitel geprüft werden, wie sich die Finanzierungsmodelle zueinander verhalten, ob also ein Stufenverhältnis besteht, sodass Anspruchsinhaber vor der Wahl eines Finanzierungsmodells zunächst versuchen müssten, ein anderes in Anspruch zu nehmen. Die Untersuchung bezieht sich hier vor allem auf die Prozesskostenhilfe, bei der aufgrund ihres Charakters als staatliche Finanzierungshilfe davon auszugehen sein könnte, dass sie nur subsidiär in Anspruch genommen werden darf. Im fünften Kapitel wird untersucht, wie hoch die Kosten sind, welche die jeweiligen Finanzierungsmodelle im Vergleich zueinander verursachen und ob die Finanzierungskosten erstattungsfähig sind, der Beklagte also für sie einzustehen hat, wenn der Kläger mit der Rechtsverfolgung Erfolg hat.

Die Arbeit schließt mit dem sechsten Kapitel. Darin wird untersucht, in welchen Situationen ein Bedürfnis danach besteht, Finanzierungsmodelle in Anspruch zu nehmen und ob die vorhandenen Finanzierungsmodelle dieses Bedürfnis befriedigen können. Dabei wird auch darauf eingegangen, inwieweit bei der Verbandsklage eine Fremdfinanzierung überhaupt zulässig ist. Die Finanzierungsfrage ist hier deswegen relevant, weil kollektiver Rechtsschutz hohe Kostenrisiken mit sich bringen kann und qualifizierte Einrichtungen, die dafür die Mittel aufbringen sollen, diese häufig nicht haben werden. Darüber hinaus werden die Neuregelungen zum anwaltlichen Erfolgshonorar mit Blick auf die Frage, ob sie das Bedürfnis nach der Inanspruchnahme des Erfolgshonorars befriedigen können, kritisch bewertet. Dabei gelangt die Untersuchung zu dem Ergebnis, dass das Erfolgshonorarverbot für die gerichtliche Vertretung von Rechtsanwälten aufgehoben werden sollte, weil die derzeitige Gesetzeslage es nicht gestattet, rechtssicher Erfolgshonorare bei einem Streitwert von mehr als EUR 2.000 für die gerichtliche Forderungsdurchsetzung zu vereinbaren, obwohl keine überzeugenden Gründe das Festhalten am Erfolgshonorarverbot rechtfertigen können.

Kapitel 2 – Verfassungsrechtliche Grundlagen

A. Einführung

Im Zusammenhang mit der Finanzierung von Prozessen stellen sich verfassungsrelevante Fragen, weil Parteien der Zugang zu Gerichten dadurch erschwert wird, dass Kosten bei der gerichtlichen Durchsetzung ihrer Ansprüche anfallen. Gleichzeitig sind diese Kosten der Grund dafür, dass es überhaupt Finanzierungsmodelle gibt. Die Verfassung verpflichtet den Gesetzgeber zwar nicht dazu, Rechtsschutz kostenlos zur Verfügung zu stellen. Allerdings setzt sie den Rahmen für die einfach-gesetzliche Ausgestaltung der Regeln, die den Zugang zu Gerichten erschweren, und ist daher der Maßstab, an dem sich die gesetzgeberischen Regeln messen lassen müssen.

B. Verfassungsrechtliche Zulässigkeit der Gerichtsgebührenerhebung und des Anwaltszwangs

I. Herleitung und Gewährleistungsgehalt des Justizgewährungsanspruchs

Die Gebührenerhebung und der Anwaltszwang erschweren den Zugang zu den Gerichten, der verfassungsrechtlich gewährleistet ist. Dieser Gewährleistungsgehalt folgt nicht etwa aus Art. 19 Abs. 4 S. 1 GG, der lediglich vorgibt, dass jedem, der durch die öffentliche Gewalt in seinen Rechten verletzt wird, der Rechtsweg offenstehen muss; damit garantiert der Artikel einen Rechtsweg gegen alle Akte der öffentlichen Gewalt. Da bürgerliche Rechtsstreitigkeiten davon nicht erfasst werden,[9] hat das BVerfG über den Gewährleistungsgehalt von Art. 19 Abs. 4 S. 1 GG hinaus einen allgemeinen Justizgewährungsanspruch für sonstige Rechtsstreitigkeiten aus dem Rechtsstaatsprinzip (Art. 20 Abs. 3 GG) in Verbindung mit den Grundrechten entwickelt.[10]

Der allgemeine Justizgewährleistungsanspruch ist Folge des staatlichen Gewaltmonopols.[11] Wenn der Staat es seinen Bürgern in der Regel untersagt, ihre Rechte selbst durchzusetzen, muss er ihnen einen Zugang zu den Gerichten einräumen, damit sie ihre Rechte in einem unabhängigen Gerichtsverfahren durchsetzen können. Der Justizgewährungsanspruch ist somit ein

---

9 BVerfG, Beschl. v. 30.4.2003 – 1 PBvU 1/02, NJW 2003, 1924.
10 BVerfG, Beschl. v. 30.4.2003 – 1 PBvU 1/02, NJW 2003, 1924; BVerfG, Beschl. v. 2.3.1993 – 1 BvR 249/92, NJW 1993, 1635.
11 Vgl. hierzu und zum Nachfolgenden auch *Voßkuhle/Kaiser*, JuS 2014, 312.

Kap. 2 Verfassungsrechtliche Grundlagen

Ausgleich für das Verbot der Selbsthilfe[12] und hat denselben Kerngehalt wie Art. 19 Abs. 4 S. 1 GG.[13] Er garantiert damit einen Zugang zu den Gerichten und bezweckt einen effektiven Rechtsschutz.[14]

II. Keine Verletzung des Justizgewährungsanspruchs durch Gebührenerhebung und Anwaltszwang

Die Erhebung von Gerichtsgebühren und der Anwaltszwang schließen den Zugang zu den Gerichten nicht aus, sondern erschweren ihn. Wenn sich eine Partei die Mittel zur Prozessführung leisten kann,[15] muss sie lediglich die geforderten Vorschüsse bezahlen, bevor sie Rechtsschutz in Anspruch nehmen kann. Dadurch wird der Justizgewährungsanspruch nicht verletzt. Denn die Ausgestaltung des Gerichtszugangs obliegt dem Gesetzgeber, dem insoweit ein Gestaltungsspielraum zukommt.[16]

Der allgemeine Justizgewährungsanspruch garantiert lediglich einen effektiven Rechtsschutz, ohne aber vorzugeben, wie dieser erreicht werden kann.[17] Effektiven Rechtsschutz zu gewährleisten, ohne Voraussetzungen für die Inanspruchnahme von Rechtsschutz aufzustellen, ist unmöglich. Würde Klägern beispielsweise nicht in § 253 Abs. 2 Nr. 2 ZPO aufgegeben werden, ihre Klage hinreichend bestimmt zu erheben und dadurch das Streitprogramm festzulegen,[18] könnten Beklagte nicht auf sie erwidern. Der Rechtsstreit könnte nicht effektiv betrieben werden, weil Kläger nach Klageeinreichung dazu aufgefordert werden müssten, ihre Klage nachzubessern. Dasselbe gilt auch im Hinblick auf Fristen,[19] ohne die der Rechtsstreit nicht effektiv ausgetragen werden könnte, weil der Rechtsstreit zeitlich unbegrenzt andauern könnte. Daraus folgt, dass alleine der Umstand, dass Voraussetzungen an die Inanspruchnahme von Rechtsschutz gestellt werden, den Justizgewährungsanspruch nicht verletzt.

Vor diesem Hintergrund kommt nach dem BVerfG eine Verletzung des Justizgewährungsanspruchs durch eine Zugangserschwerung nur dann in Be-

---

12 Musielak/Voit/*Musielak*, ZPO, Einl. Rn. 6.
13 *Henke*, ZZP 123 (2010), 193 (195).
14 BVerfG, Beschl. v. 23.3.2022 – 2 BvR 1514/21, BeckRS 2022, 7337 Rn. 58; BVerfG, Beschl. v. 3.3.2014 – 1 BvR 1671/13, NJW 2014, 1291; BVerfG, Beschl. v. 24.1.1995 – 1 BvR 1229/94, NJW 1995, 1415; BVerfG, Beschl. v. 13.3.1990 – 2 BvR 94/88, NJW 1991, 413; *Voßkuhle/Kaiser*, JuS 2014, 312 (313).
15 S. für bedürftige Parteien sogleich unter Kap. 2 B.III.
16 *Voßkuhle/Kaiser*, JuS 2014, 312 (313).
17 *Voßkuhle/Kaiser*, JuS 2014, 312 (313).
18 MüKoZPO/*Becker-Eberhard*, § 253 Rn. 66.
19 Auch das BVerfG nennt beispielhaft Fristen, von der Einhaltung die Inanspruchnahme des Rechtsschutzes abhängig gemacht werden darf, vgl. BVerfG, Beschl. v. 12.1.1960 – 1 BvL 17/59, NJW 1960, 331.

B. Verfassungsrechtliche Zulässigkeit der Kostenentstehung   Kap. 2

tracht, wenn der Weg zu den Gerichten in unzumutbarer, aus Sachgründen nicht mehr zu rechtfertigender Weise erschwert würde.[20] Es ist aber aus Sachgründen gerechtfertigt, dass der Rechtsschutz von einer Vorschusszahlung abhängig gemacht wird und in bestimmten Fällen ein Anwaltszwang herrscht. Die Vorschusspflicht führt Parteien das Kostenrisiko vor Augen und hilft dadurch, unnötige Prozesse zu vermeiden.[21] Der Vorschusspflicht kommt somit – vermittelt über das Kostenrisiko – eine Filter- oder Steuerungsfunktion[22] zu. Der Anwaltszwang dient unter anderem[23] einer geordneten Rechtspflege und den Interessen der rechtsuchenden Partei selbst.[24] Der geordneten Rechtspflege dient er beispielsweise dadurch, dass er unnötige Prozesse vermeiden kann und eine ordnungsgemäße Vorbereitung und zügige Durchführung der Prozesse gewährleisten kann.[25] Und den Interessen der rechtsuchenden Partei dient der Anwaltszwang bei komplexen Streitigkeiten, bei denen die Rechtslage undurchsichtig ist und von Laien ohne Fachkompetenz nicht hinreichend eingeschätzt werden kann.[26]

Mithin bestehen sowohl für die Gebührenerhebung als auch für den Anwaltszwang Sachgründe, welche eine Beschränkung der Justizgewährung rechtfertigen. Daher ist es verfassungsrechtlich unbedenklich, dass sich der Gesetzgeber dazu entschieden hat, Kosten von Parteien für die Inanspruchnahme von Gerichten einzufordern[27] und in bestimmten Fällen einen Anwaltszwang vorzuschreiben[28].

---

20 BVerfG, Beschl. v. 12.2.1992 – 1 BvL 1/89, NJW 1992, 1673; BVerfG, Beschl. v. 11.2.1987 – 1 BvR 475/85; BVerfG, Beschl. v. 12.1.1960 – 1 BvL 17/59, NJW 1960, 331; s. auch Dürig/Herzog/Scholz/*Grzeszick*, GG, Art. 20 (Rechtsstaat) Rn. 137.
21 BVerfG, Beschl. v. 12.1.1960 – 1 BvL 17/59, NJW 1960, 331.
22 *Wolf*, ZZP 128 (2015), 69 (70).
23 Zum Zweck auch MüKoZPO/*Toussaint*, § 78 Rn. 2.
24 *Vollkommer*, Die Stellung des Anwalts im Zivilprozeß, S. 17 ff.
25 *Vollkommer*, Die Stellung des Anwalts im Zivilprozeß, S. 17 ff.
26 BGH, Beschl. v. 26.4.2017 – XII ZB 3/16, NJW 2017, 2123 Rn. 21 (Beratungsfunktion bei Streitsachen der freiwilligen Gerichtsbarkeit); MüKoZPO/*Toussaint*, § 78 Rn. 2; *Vollkommer*, Die Stellung des Anwalts im Zivilprozeß, S. 21.
27 BVerfG, Beschl. v. 12.2.1992 – 1 BvL 1/89, NJW 1992, 1673; BVerfG, Beschl. v. 9.5.1989 – 1 BvL 35/86, NJW 1989, 1985; BVerfG, Beschl. v. 12.1.1960 – 1 BvL 17/59, NJW 1960, 331.
28 BVerfG, Beschl. v. 12.1.1960 – 1 BvL 17/59, NJW 1960, 331 (unter IV.1); BVerfG, Beschl. v. 17.3.1959 – 1 BvL 5/57, NJW 1959, 1123 (unter 3.).

III. Gebührenerhebung und Anwaltszwang bei bedürftigen Parteien

1. Verfassungsrechtliche Herleitung der Prozesskostenhilfe

a) Ansichten zur verfassungsrechtlichen Herleitung

Dieselben Erwägungen tragen aber nicht für bedürftige Parteien. Anders als wohlhabende Parteien können sich bedürftige Parteien Anwalts- und Gerichtskosten nicht leisten, weil sie ohne eine Finanzierungshilfe die Zugangshürde in Gestalt der Gerichts- und Anwaltskosten nicht überwinden können. Daher besteht nach der ständigen Rechtsprechung des BVerfG eine verfassungsrechtliche Pflicht, eine staatliche Finanzierungshilfe für Bedürftige vorzuhalten.[29] Das leitete das BVerfG früher[30] aus dem Sozialstaatsprinzip in Verbindung mit dem allgemeinen Gleichheitssatz her.[31] In neuerer Rechtsprechung stellt das BVerfG zur Herleitung der Prozesskostenhilfe überwiegend auf den Justizgewährungsanspruch in Verbindung mit dem Gleichheitssatz[32] ab. Teilweise finden sich noch Entscheidungen, in denen sowohl das Sozialstaatsprinzip als auch der Justizgewährungsanspruch erwähnt werden.[33]

Im Wesentlichen wird die Prozesskostenhilfe in der Rechtsprechung also aus dem Rechtsstaatsprinzip in Ausprägung des allgemeinen[34] Justizgewährungsanspruchs und dem Sozialstaatsprinzip, jeweils in Verbindung mit dem Gleichheitssatz, abgeleitet. Ebenso wird in der Literatur insbesondere[35] auf

---

29 BVerfG, Beschl. v. 23.3.2022 – 2 BvR 1514/21, BeckRS 2022, 7337 Rn. 58; BVerfG, Beschl. v. 3.3.2014 – 1 BvR 1671/13, NJW 2014, 1291; BVerfG, Beschl. v. 24.1.1995 – 1 BvR 1229/94, NJW 1995, 1415; BVerfG, Beschl. v. 13.3.1990 – 2 BvR 94/88, NJW 1991, 413; BVerfG, Beschl. v. 12.4.1983 – 2 BvR 1304/80, 432/81, NJW 1983, 1599; BVerfG, Beschl. v. 13.6.1979 – 1 BvL 97/78, NJW 1979, 2608 (2609); BVerfG, Beschl. v. 6.6.1967 – 1 BvR 282/65, NJW 1967, 1267.
30 Vgl. zu der Unterscheidung zwischen alter und neuer BVerfG-Rechtsprechung auch *Henke*, ZZP 123 (2010), 193 (195 ff.); MüKoZPO/*Wache*, § 114 Rn. 1 ff.
31 BVerfG, Beschl. v. 12.4.1983 – 2 BvR 1304/80, 432/81, NJW 1983, 1599; BVerfG, Beschl. v. 13.6.1979 – 1 BvL 97/78, NJW 1979, 2608 (2609); BVerfG, Beschl. v. 6.6.1967 – 1 BvR 282/65, NJW 1967, 1267.
32 BVerfG, Beschl. v. 23.3.2022 – 2 BvR 1514/21, BeckRS 2022, 7337 Rn. 58; BVerfG, Beschl. v. 3.3.2014 – 1 BvR 1671/13, NJW 2014, 1291; BVerfG, Beschl. v. 24.1.1995 – 1 BvR 1229/94, NJW 1995, 1415; BVerfG, Beschl. v. 13.3.1990 – 2 BvR 94/88, NJW 1991, 413.
33 BVerfG, Beschl. v. 14.10.2008 – 1 BvR 2310/06, NJW 2009, 209 (210); BVerfG, Beschl. v. 3.7.1973 – 1 BvR 153/69, NJW 1974, 229 (230).
34 Teilweise wird zusätzlich auf Art. 19 Abs. 4 GG als besondere Ausprägung des Justizgewährungsanspruchs verwiesen, BVerfG, Beschl. v. 5.11.2013 – 1 BvR 2544/12, NJW 2014, 681; vgl. zur Herleitung bereits *Bethge*, NJW 1991, 2391 (2393 ff.).
35 Art. 19 Abs. 4 GG als besondere Ausprägung des Justizgewährungsanspruchs und das rechtliche Gehör werden hier nicht aufgeführt. Letzteres spielt für den Kläger zunächst

den Gleichheitssatz (Art. 3 Abs. 1 GG),[36] das Sozialstaatsprinzip (Art. 20 Abs. 1 GG)[37] und das Rechtsstaatsprinzip (Art. 20 Abs. 3 GG) in Ausprägung des Justizgewährungsanspruchs abgestellt.[38] Streit besteht aber darüber, ob neben dem allgemeinen Justizgewährungsanspruch auch das Sozialstaatsprinzip für die verfassungsrechtliche Herleitung der Prozesskostenhilfe herangezogen werden kann, oder die Prozesskostenhilfe ausschließlich über den Justizgewährungsanspruch und den allgemeinen Gleichheitssatz herzuleiten ist.[39]

b) **Streitentscheid**

aa) **Relevanz des Meinungsstreits für diese Arbeit**

Der Streit ist deswegen relevant, weil es deutlich leichter fällt, die Prozesskostenhilfe abzulehnen, wenn man sie über das Sozialstaatsprinzip auch als staatliche Fürsorgeleistung charakterisiert und diese Eigenschaft (über)betont. Bei staatlichen Fürsorgeleistungen hat der Gesetzgeber einen weiten politischen Gestaltungsspielraum, der eine besondere Rücksicht auf die Haushaltslage zulässt.[40] Mit Verweis auf die Haushaltslage kann dann argumentiert werden, dass die Prozesskostenhilfe nur subsidiär in Anspruch genommen werden darf.[41] Versteht man die Prozesskostenhilfe demgegen-

---

keine Rolle, weil es ihm um den Zugang zu Gericht geht, bevor sich die Frage stellt, ob er vor diesem Gericht auch gehört wird, vgl. Stein/Jonas/*Bork*, vor § 114 Rn. 9.

36 Anders/Gehle/*Dunkhase*, vor § 114 Rn. 3; *Möbius*, Das Prinzip der Rechtsschutzgleichheit im Recht der Prozesskostenhilfe, S. 218 ff.; Stein/Jonas/*Bork*, vor § 114 Rn. 8; MüKoZPO/*Wache*, § 114 Rn. 1 ff.; *Henke*, ZZP 123 (2010), 193 (195).

37 Anders/Gehle/*Dunkhase*, vor § 114 Rn. 3; Rosenberg/Schwab/Gottwald, § 87 Rn. 1; Musielak/Voit/*Fischer*, ZPO, vor § 114 Rn. 1; Stein/Jonas/*Bork*, vor § 114 Rn. 8; MüKoZPO/*Wache*, § 114 Rn. 1 ff.; *Henke*, ZZP 123 (2010), 193 (195); *Kollhosser*, ZRP 1979, 297 (298); *Zimmermann*, Prozesskosten- und Verfahrenskostenhilfe, Rn. 1.

38 Anders/Gehle/*Dunkhase*, vor § 114 Rn. 3; *Möbius*, Das Prinzip der Rechtsschutzgleichheit im Recht der Prozesskostenhilfe, S. 233 ff.; Stein/Jonas/*Bork*, vor § 114 Rn. 8; MüKoZPO/*Wache*, § 114 Rn. 1 ff.; *Henke*, ZZP 123 (2010), 193 (195); *Kollhosser*, ZRP 1979, 297 (298).

39 Ausf. hierzu *Möbius*, Das Prinzip der Rechtsschutzgleichheit im Recht der Prozesskostenhilfe, S. 233 ff.; *Göttler*, Die Prozesskostenhilfe für den Insolvenzanfechtungsprozess, S. 143 ff.

40 *Göttler*, Die Prozesskostenhilfe für den Insolvenzanfechtungsprozess, S. 146; *Gelpcke/Hellstab/Wache/Weigelt*, Der Prozesskostenhilfeanspruch des Insolvenzverwalters, S. 4; s. zum Einsatz privatwirtschaftlicher Mittel auch *Gogolin*, Die deutsche Prozesskostenhilfe im Umbruch, S. 100 f. und *Böttger*, Gewerbliche Prozessfinanzierung und staatliche Prozesskostenhilfe, S. 51 f.

41 *Sieg*, NJW 1992, 2992 (2994): „*Unter den staatlichen Vorsorgesystemen ist wiederum die Sozialhilfe vom Subsidiaritätsprinzip geprägt, was speziell auf dem Gebiet der Prozeßkostenhilfe in der Voraussetzung zum Ausdruck kommt, daß die Partei nach ihren wirtschaftlichen Verhältnissen die Kosten der Prozeßführung nicht tragen kann.*"

Kap. 2 Verfassungsrechtliche Grundlagen

über als Teil der staatlichen Justizgewährungspflicht und damit als Teil der Rechtsschutzgewährung, müssen besondere Rechtfertigungsgründe vorliegen, wenn die Prozesskostenhilfe im Einzelfall abgelehnt werden soll. Ein Verweis auf die Haushaltslage genügt nicht. Je nachdem, ob man die sozialstaatlichen oder die rechtsstaatlichen Elemente der Prozesskostenhilfe betont, lassen sich demnach im Einzelfall unterschiedliche Ergebnisse erzielen.[42] Der Streit ist daher insbesondere für das vierte Kapitel dieser Arbeit relevant, in dem das Verhältnis der Prozesskostenhilfe gegenüber anderen Finanzierungsmodellen untersucht wird.

Die Prozesskostenhilfe ist als Sozialhilfe in besonderen Lebenslagen ausgestaltet.[43] Das zeigen beispielsweise die zahlreichen Verweise auf das Sozialgesetzbuch in § 115 ZPO. Aus der einfachgesetzlichen Ausgestaltung der Prozesskostenhilfe lassen sich jedoch keine Erkenntnisse zu ihrer verfassungsrechtlichen Herleitung gewinnen.

bb) Herleitung aus dem Justizgewährungsanspruch in Verbindung mit dem allgemeinen Gleichheitssatz

Für die Herleitung der Prozesskostenhilfe aus dem Justizgewährungsanspruch in Verbindung mit dem allgemeinen Gleichheitssatz wurde bei der Frage, ob der Gesetzgeber für die Inanspruchnahme von Gerichten eine Vorschusspflicht vorsehen und einen Anwaltszwang vorschreiben darf,[44] bereits die Grundlage gelegt. Anders als bei wohlhabenden Parteien erscheint die Vorschuss- und Anwaltspflicht bei Bedürftigen nicht als bloße Hürde für den Zugang zum Recht, sondern als unüberwindbares Zugangshindernis. Faktisch führen der Anwaltszwang und die Gerichtskostenerhebung nämlich dazu, dass Bedürftige nicht in der Lage sind, Prozesse zu führen.[45] Sie können es sich schlichtweg nicht leisten, Vorschüsse auf Anwalts- und Gerichtskosten zu bezahlen.

Der Justizgewährungsanspruch verbietet es aber, die Inanspruchnahme von Rechtsschutz von der wirtschaftlichen Leistungsfähigkeit abhängig zu machen.[46] Wegen des allgemeinen Gleichheitssatzes sind „arme" Parteien so zu stellen, dass sie ihre Belange im Rechtsstreit grundsätzlich wie wohl-

---

42 Auch Stein/Jonas/*Bork*, vor § 114 Rn. 8 plädiert dafür, die sozialstaatlichen Elemente nicht zu sehr zu betonen, da sonst Einschränkungen der Prozesskostenhilfe in weitem Umfang toleriert werden könnten.
43 Stein/Jonas/*Bork*, vor § 114 Rn. 10.
44 Hierzu Kap. 2 B.II.
45 BVerfG, Beschl. v. 3.7.1973 – 1 BvR 153/69, NJW 1974, 229 (230); *Henke*, ZZP 123 (2010), 193 (196).
46 BVerfG, Beschl. v. 12.2.1992 – 1 BvL 1/89, NJW 1992, 1673; BVerfG, Beschl. v. 6.2.1979 – 2 BvL 5/76, NJW 1979, 1345 (1346).

B. Verfassungsrechtliche Zulässigkeit der Kostenentstehung **Kap. 2**

habende Parteien geltend machen können.[47] Der Justizgewährungsanspruch gilt nicht nur für natürliche Personen, sondern über Art. 19 Abs. 3 GG auch für juristische Personen[48] und parteifähige Vereinigungen[49] sowie für Parteien kraft Amtes[50]. Auch für sie ergibt sich damit ein verfassungsrechtliches Recht darauf, einen gleichen Zugang zum Recht zu erhalten. Damit ist die Prozesskostenhilfe Teil der Rechtsschutzgewährung.

cc) Herleitung unter Heranziehung des Sozialstaatsprinzips neben dem allgemeinen Justizgewährungsanspruch und dem Gleichheitssatz

Als Zwischenergebnis lässt sich daher festhalten, dass es des Sozialstaatsprinzips nicht bedarf, um ein Recht des einzelnen Bedürftigen darauf zu begründen, einen dem Gleichheitsgebot entsprechenden Zugang zu Gericht wie eine wohlhabende Partei zu haben. Dass der Anspruch auf die Gewährung von Prozesskostenhilfe Teil der Rechtsschutzgewährung ist, ergibt sich bereits aus dem Justizgewährungsanspruch in Verbindung mit dem Gleichheitssatz. Folglich könnte mit einer in der Literatur verbreiteten Ansicht davon auszugehen sein, dass das Sozialstaatsprinzip für die Herleitung der Prozesskostenhilfe keine Rolle spielt.[51]

Dagegen spricht aber, dass ein Perspektivwechsel vom einzelnen Bedürftigen hin zum Staat aufzeigt, dass das Sozialstaatsprinzip einen anderen Blickwinkel auf die Prozesskostenhilfe ermöglicht. Das Sozialstaatsprinzip nimmt als Staatszielbestimmung[52] den Gesetzgeber selbst in die Pflicht. Während eine Betrachtung des Justizgewährungsanspruchs und des Gleichheitssatzes also ein Recht des einzelnen Bedürftigen auf Prozesskostenhilfe ergibt, fordert zusätzlich das Sozialstaatsprinzip den Gesetzgeber dazu auf, entsprechende Regelungen zu schaffen.[53] Das Recht des Einzelnen auf Prozesskostenhilfe ist also auch durch eine verfassungsrechtliche Pflicht abgesichert, wonach der Gesetzgeber eine staatliche Finanzierungshilfe einrichten muss.[54]

---

47 BVerfG, Beschl. v. 23.3.2022 – 2 BvR 1514/21, BeckRS 2022, 7337 Rn. 58; BVerfG, Beschl. v. 18.7.1984 – 1 BvR 1455/83.
48 Stein/Jonas/*Bork*, § 116 Rn. 24.
49 BeckOK GG/*Enders*, Art. 19 Rn. 35.
50 *Göttler*, Die Prozesskostenhilfe für den Insolvenzanfechtungsprozess, S. 132 f.
51 *Göttler*, Die Prozesskostenhilfe für den Insolvenzanfechtungsprozess, S. 145 ff.; *Möbius*, Das Prinzip der Rechtsschutzgleichheit im Recht der Prozesskostenhilfe, S. 233 ff.
52 Vgl. nur BeckOK GG/*Rux*, Art. 20 Rn. 209.
53 Ähnlich Stein/Jonas/*Bork*, vor § 114 Rn. 8.
54 Ähnlich Stein/Jonas/*Bork*, vor § 114 Rn. 8.

c) Folgen für die weitere Bearbeitung

Somit fordern sowohl sozialstaatliche als auch rechtsstaatliche Erwägungen die Prozesskostenhilfe.[55] Verfehlt wäre es aber, über das Sozialstaatsprinzip haushaltspolitische Erwägungen in die Frage mit einzubeziehen, ob im Einzelfall Prozesskostenhilfe zu gewähren ist. Ein Recht des Einzelnen auf Prozesskostenhilfe ergibt sich nämlich nicht erst durch das Sozialstaatsprinzip, sondern auch alleine aus dem allgemeinen Justizgewährungsanspruch und dem allgemeinen Gleichheitssatz. Die rechtsstaatliche Komponente steht mit dem Blick auf das Recht des Einzelnen somit im Vordergrund.[56]

Wegen der Zuordnung der Prozesskostenhilfe zur Rechtsschutzgewährung lässt sich außerdem die Verfassungsmäßigkeit bestehender einfachgesetzlicher Vorschriften anzweifeln. Das gilt beispielsweise im Hinblick auf die Prozesskostenhilfe für juristische Personen, die in § 116 S. 1 Nr. 2 ZPO Voraussetzungen unterliegt, die in der Praxis kaum zu erfüllen sind. Danach ist Prozesskostenhilfe juristischen Personen nämlich nur dann zu gewähren, wenn die Rechtsverfolgung der juristischen Person im allgemeinen Interesse ist. Diese Voraussetzung soll beispielsweise dann erfüllt sein, wenn von der Durchführung des Prozesses die Existenz eines Unternehmens abhängt, an dessen Erhaltung wegen der großen Anzahl von Arbeitsplätzen ein allgemeines Interesse besteht.[57] Dass die einfachgesetzlichen Vorschriften zur Prozesskostenhilfe für juristische Personen so ausgestaltet sind, dass ihre Prozesskostenhilfe in aller Regel scheitern muss, ist Folge einer Entscheidung des BVerfG, wonach das Sozialstaatsprinzip keine Fürsorgemaßnahmen für juristische Personen fordert.[58] Juristische Personen seien nämlich künstliche Geschöpfe, deren Daseinsberechtigung erlösche, wenn sie sich nicht selbst versorgen könnten.[59] Es sei daher nicht Aufgabe der Allgemeinheit, unternehmerische Aktivitäten Einzelner zu fördern.[60]

Damit lässt sich zwar begründen, warum eine sozialstaatliche Einstandspflicht des Gesetzgebers nicht besteht. Ordnet man aber – wie hier und wie auch das BVerfG[61] in neuerer Rechtsprechung – die Prozesskostenhilfe auch der Rechtsschutzgewährung zu, reicht diese Argumentation nicht aus, um juristischen Personen in den meisten Fällen Prozesskostenhilfe zu versagen. Die Verfassungsmäßigkeit der Vorschriften zur Prozesskostenhilfe juristi-

---

55 Stein/Jonas/*Bork*, vor § 114 Rn. 8.
56 *Kohte*, DB 1981, 1174 (1175); ähnlich Stein/Jonas/*Bork*, vor § 114 Rn. 8.
57 BT-Drs. 8/3068, S. 26 f.
58 BVerfG, Beschl. v. 3.7.1973 – 1 BvR 153/69, NJW 1974, 229 (230); BT-Drs. 8/3068, S. 26.
59 BVerfG, Beschl. v. 3.7.1973 – 1 BvR 153/69, NJW 1974, 229 (230); BT-Drs. 8/3068, S. 26.
60 Ähnlich Stein/Jonas/*Bork*, § 116 Rn. 22.
61 Hierzu unter Kap. 2 B.III.1.a).

scher Personen zu untersuchen, ist indes nicht Gegenstand dieser Arbeit. An dieser Stelle muss daher ein Verweis auf die einschlägige Literatur[62] genügen.

2. Gleichbehandlung von „armen" und „reichen" Parteien

Wenn der Justizgewährungsanspruch in Verbindung mit dem allgemeinen Gleichheitssatz eine weitgehende Angleichung der Situation von Bemittelten und Unbemittelten bei der Verwirklichung des Rechtsschutzes fordert,[63] stellt sich die Frage, was unter einer „weitgehenden Angleichung" zu verstehen ist. In der alten Rechtsprechung des BVerfG finden sich noch Erwägungen, wonach ein Bedürftiger mit Rücksicht auf den Steuerzahler nur einigermaßen in der gleichen Weise Rechtsschutz in Anspruch nehmen können müsse wie ein Bemittelter.[64] Das dürfte vor dem Hintergrund, dass auch das BVerfG nunmehr ein Recht auf die Prozesskostenhilfe aus dem Justizgewährungsanspruch ableitet,[65] nicht mehr haltbar sein. Allerdings würde eine vollkommene Gleichstellung bedeuten, armen Parteien alleine aufgrund ihrer Einkommens- und Vermögensverhältnisse die Mittel zur Prozessführung zur Verfügung zu stellen. Weitere Voraussetzungen wären an die Prozesskostenhilfe nicht zu stellen, weil „reiche" Parteien selbst darüber entscheiden können, ob sie ihre Mittel für einen Prozess einsetzen möchten, selbst wenn er noch so aussichtslos erscheint.

Selbstverständlich geht die Rechtsprechung auch bei Zuordnung der Prozesskostenhilfe zur Rechtsschutzgewährung nicht so weit, aus der Verfassung ein Recht des Einzelnen auf Prozesskostenhilfe für alle Fälle abzuleiten, in denen eine Partei bedürftig ist. Nach der Rechtsprechung fordert die Verfassung eine Angleichung mit vermögenden Parteien, die ihre Prozessaussichten vernünftig abwägen und dabei auch das Kostenrisiko berücksich-

---

62 Stein/Jonas/*Bork*, § 116 Rn. 24; *Willenbruch*, Das Armenrecht der juristischen Person, S. 28 ff.; *Schaks*, JZ 2023, 702; *Waldner*, Der Anspruch auf rechtliches Gehör, Rn. 154 mwN, der das Recht auf Prozesskostenhilfe aber aus dem rechtlichen Gehör herleitet; darüber hinaus wird bspw. auch die Verfassungsmäßigkeit der Vorschriften zur Prozesskostenhilfe für Insolvenzverwalter bezweifelt, s. *Gelpcke/Hellstab/Wache/Weigelt*, Der Prozesskostenhilfeanspruch des Insolvenzverwalters, S. 89 ff.
63 BVerfG, Beschl. v. 23.3.2022 – 2 BvR 1514/21, BeckRS 2022, 7337 Rn. 58; BVerfG, Beschl. v. 3.3.2014 – 1 BvR 1671/13, NJW 2014, 1291; BVerfG, Beschl. v. 24.1.1995 – 1 BvR 1229/94, NJW 1995, 1415; BVerfG, Beschl. v. 13.3.1990 – 2 BvR 94/88, NJW 1991, 413; BVerfG, Beschl. v. 12.4.1983 – 2 BvR 1304/80, 432/81, NJW 1983, 1599; BVerfG, Beschl. v. 13.6.1979 – 1 BvL 97/78, NJW 1979, 2608 (2609); BVerfG, Beschl. v. 6.1.1967 – 1 BvR 282/65, NJW 1967, 1267.
64 BVerfG, Beschl. v. 22.1.1959 – 1 BvR 154/55, NJW 1959, 715 (716).
65 Hierzu unter Kap. 2 B.III.1.a).

tigen.⁶⁶ Daher sei es nicht zu beanstanden, dass die Rechtsverfolgung oder -verteidigung einer bedürftigen Partei hinreichende Erfolgsaussichten bieten muss und nicht mutwillig sein darf, damit ein Prozesskostenhilfeantrag bewilligt wird.⁶⁷ Dafür soll sprechen, dass Art. 3 Abs. 1 GG es nicht erfordert, Bedürftige besser zu stellen als nicht Bedürftige.⁶⁸ Bedürftige müssten sich aber von vornherein nicht um das Kostenrisiko sorgen, weil sie es bei Gewährung von Prozesskostenhilfe nicht selbst tragen, wohingegen wohlhabende Parteien das Kostenrisiko selbst wägen müssten.⁶⁹

Dem ist im Ergebnis zuzustimmen, auch wenn das Argument, dass Bedürftige sich um Kostenrisiken sorgen müssen, nicht überzeugt. Empfänger von Prozesskostenhilfe haben häufig ein Kostenrisiko, das vom Prozessausgang abhängt. Wenn nicht ausnahmsweise von der Festsetzung von Monatsraten abzusehen ist,⁷⁰ müssen Bedürftige die Mittel zur Prozessführung ratenweise zurückbezahlen. Im Misserfolgsfall müssen Bedürftige nach § 123 ZPO dem Gegner seine Kosten erstatten. Demgegenüber kann die Ratenzahlungspflicht im Erfolgsfall nach § 120 Abs. 3 Nr. 2 ZPO eingestellt werden, wenn die entstandenen Kosten vom Gegner beigetrieben werden können. Auch für Prozesskostenhilfeempfänger besteht damit die Gefahr, dass sie im Misserfolgsfall die Mittel zur Prozessführung zurückbezahlen und die gegnerischen Kosten erstatten müssen. Auch sie trifft damit ein Kostenrisiko, auch wenn sie die Mittel zur Prozessführung selbst nicht vorschießen müssen. Freilich werden bedürftige Parteien faktisch eher dazu neigen, sich weniger um das Kostenrisiko zu sorgen, weil sie häufig ohnehin keine Mittel haben, mit denen sie etwa ihre Kostenerstattungspflicht dem Gegner gegenüber erfüllen könnten. Das ist aber kein Argument, das eine Ungleichbehandlung rechtfertigen würde.

---

66 BVerfG, Beschl. v. 23.3.2022 – 2 BvR 1514/21, BeckRS 2022, 7337 Rn. 58; BVerfG, Beschl. v. 25.4.2012 – 1 BvR 2869/11, NVwZ 2012, 1391 (1392); BVerfG, Beschl. v. 13.3.1990 – 2 BvR 94/88, NJW 1991, 413; BVerfG, Beschl. v. 22.1.1959 – 1 BvR 154/55, NJW 1959, 715.
67 BVerfG, Beschl. v. 23.3.2022 – 2 BvR 1514/21, BeckRS 2022, 7337 Rn. 58; BVerfG, Beschl. v. 25.4.2012 – 1 BvR 2869/11, NVwZ 2012, 1391 (1392); BVerfG, Beschl. v. 13.3.1990 – 2 BvR 94/88, NJW 1991, 413.
68 BVerfG, Beschl. v. 25.4.2012 – 1 BvR 2869/11, NVwZ 2012, 1391 (1392); BVerfG, Beschl. v. 14.12.2011 – 1 BvR 2735/11, NZS 2012, 339 Rn. 7; BVerfG, Beschl. v. 2.9.2010 – 1 BvR 1974/08, NZS 2011, 462 Rn. 13; BVerfG, Beschl. v. 18.11.2009 – 1 BvR 2455/08, NJW 2010, 988 Rn. 9.
69 BVerfG, Beschl. v. 25.4.2012 – 1 BvR 2869/11, NVwZ 2012, 1391 (1392); BVerfG, Beschl. v. 14.12.2011 – 1 BvR 2735/11, NZS 2012, 339 Rn. 7; BVerfG, Beschl. v. 2.9.2010 – 1 BvR 1974/08, NZS 2011, 462 Rn. 13; BVerfG, Beschl. v. 18.11.2009 – 1 BvR 2455/08, NJW 2010, 988 Rn. 9.
70 Hierzu Kap. 3 B.II.4.

Allerdings spricht für eine Gleichbehandlung nur im vom BVerfG gezeichneten Rahmen, dass Kostenrisiken von vornherein unnötige Prozesse vermeiden[71] und damit eine geordnete Rechtspflege ermöglichen. Im Hinblick auf bedürftige Parteien können die dargestellten Kostenrisiken dieselbe Funktion nicht erfüllen, weil sie gegenüber denjenigen Kostenrisiken, die eine bemittelte Partei spürt, stark abgemildert sind. Die bedürftige Partei muss schon bei der Einleitung eines Prozesses keinen Vorschuss leisten, der ihr das Kostenrisiko vor Augen führen würde.[72] Im Misserfolgsfall verwirklicht sich zwar auch bei bedürftigen Parteien das Kostenrisiko. Durch die Möglichkeit zu Ratenzahlungen ist das Kostenrisiko aber stark abgemildert, weil Zahlungen nur im Hinblick auf die Kosten der Gegenseite sofort und erst im Misserfolgsfall fällig werden.[73] Die geordnete Rechtspflege gebietet daher nur eine Gleichbehandlung gegenüber vernünftigen Dritten, die den Prozess aus eigenen Mitteln führen müssten und nach Abwägung der Kostenrisiken sich dafür entschließen, einen Prozess zu führen. Das verhindert, dass Bedürftige im Hinblick auf das kostenlose Justizdarlehen in Gestalt der Prozesskostenhilfe mit unbegründeten Forderungen „ihr Glück versuchen". Damit ist auch ein weiteres Argument gegen das alleinige Abstellen auf die Bedürftigkeit angesprochen: Gegner des Prozesskostenhilfeempfängers sind vor unnötigen Prozessen zu schützen.[74]

3. Ergebnis

Es ist verfassungsrechtlich unbedenklich, dass der Gesetzgeber Vorschriften erlassen hat, nach denen auch bedürftige Parteien einen Gerichtskostenvorschuss leisten und sich in bestimmten Fällen anwaltlich vertreten lassen müssen. Das gilt solange, als er Regelungen vorsieht, die bedürftige Parteien finanziell unterstützen. Der Justizgewährungsanspruch in Verbindung mit dem allgemeinen Gleichheitssatz garantiert auch bedürftigen Parteien ein Recht darauf, Rechtsschutz in gleichem Maß in Anspruch nehmen zu können wie bemittelte Parteien. Das Sozialstaatsprinzip verpflichtet zusätzlich den Gesetzgeber dazu, Regelungen für bedürftige Parteien vorzuhalten. Sowohl sozialstaatliche als auch rechtsstaatliche Aspekte fordern daher die Prozesskostenhilfe.

Das Recht auf Gleichbehandlung führt aber nicht dazu, dass Parteien alleine deswegen einen Anspruch auf Prozesskostenhilfe haben, weil sie sich die Mittel zur Prozessführung nicht leisten können. Die geordnete Rechtspflege gebietet es, dass Bedürftige davon abgehalten werden, unbegründete For-

---

71 Kap. 2 B.II.
72 Kap. 3 B.II.2.a).
73 Kap. 3 B.II.3.
74 MüKoZPO/*Wache*, § 114 Rn. 5.

derungen einzuklagen, weil sie Kostenrisiken im Vergleich zu bemittelten Parteien nur abgeschwächt spüren. Insoweit sind bedürftige Parteien nur vernünftigen Dritten gleichzustellen, die sich nach Abwägung des Kostenrisikos dazu entscheiden würden, den Rechtsstreit zu führen.

IV. Verfassungsrechtliches Höchstmaß für die beim Rechtsstreit anfallenden Kosten

1. Verfassungsrechtliche Relevanz auch der Kostenhöhe?

Wenn es verfassungsrechtlich unbedenklich ist, dass Kosten für die Inanspruchnahme von Rechtsschutz fällig werden, könnte dasselbe für die Kostenhöhe gelten. Solange eine Partei nicht bedürftig ist, kann sie sich die Kosten des Rechtsstreits selbst leisten. Ihr Zugang zum Recht ist faktisch nicht ausgeschlossen. Allerdings führen Parteien in aller Regel Zivilprozesse, weil sie ihnen wirtschaftlichen Nutzen bringen. Ob ein Zivilprozess geführt wird, hängt daher im Wesentlichen von einer Kosten-Nutzen-Abwägung des Klägers ab. Das Kostenrisiko wirkt dabei als ein psychisches Zugangshindernis,[75] das erst überwunden werden muss. Der Zugang zu den Gerichten könnte daher dadurch ausgehöhlt werden, dass die Inanspruchnahme von Gerichten Kosten verursacht, die in keinem Verhältnis zum möglichen Nutzen stehen. Wenn Kosten so hoch sind, dass jede vernünftige Partei zu dem Ergebnis gelangen muss, dass es sich nicht lohnt, einen Rechtsstreit zu führen, ist die Kostenhöhe im Hinblick auf den Justizgewährungsanspruch relevant.

Dem steht auch nicht entgegen, dass grundsätzlich die unterliegende Partei nach § 91 Abs. 1 S. 1 ZPO die Kosten des Rechtsstreits zu tragen hat und der Kläger darauf vertrauen kann, sich bei hinreichender Bonität des Beklagten im Erfolgsfall bei diesem schadlos halten zu können.[76] Jede Partei muss damit rechnen, dass sie die Kosten des Rechtsstreits endgültig tragen muss, wenn sie einen Rechtsstreit verliert. Es lässt sich vorab nämlich kaum mit Sicherheit vorhersagen, ob eine Partei im Rechtsstreit obsiegen wird.[77] Wenn Parteien nicht ums Recht streiten, kommt es in aller Regel nicht zu einem Prozess. Gerichte müssen Recht sprechen, weil sich Parteien nicht einigen können, ob ein Recht besteht oder nicht. Wenn aber zwei entgegengesetzte Auffassungen bestehen, besteht immer die Möglichkeit, dass ein Gericht der Gegenpartei Recht geben wird.

---

75 BVerfG, Beschl. v. 12.2.1992 – 1 BvL 1/89, NJW 1992, 1673.
76 BVerfG, Beschl. v. 12.2.1992 – 1 BvL 1/89, NJW 1992, 1673 (1674).
77 BVerfG, Beschl. v. 12.2.1992 – 1 BvL 1/89, NJW 1992, 1673 (1674).

2. Verfassungsrechtliche Höchstgrenze in Relation zum wirtschaftlichen Wert

a) Grenze aus dem Justizgewährungsanspruch

Eine Verletzung des Justizgewährungsanspruchs ergibt sich, wie bereits dargestellt,[78] erst dann, wenn der Zugang zum Recht tatsächlich unmöglich gemacht wird – das betrifft bedürftige Parteien – oder in unzumutbarer, aus Sachgründen nicht mehr zu rechtfertigender Weise erschwert wird.[79] Der Zugang zum Recht wird im Hinblick auf die Kostenhöhe in unzumutbarer, aus Sachgründen nicht mehr zu rechtfertigender Weise erschwert, wenn das Kostenrisiko die Inanspruchnahme von Rechtsschutz als *„praktisch unmöglich"* erscheinen lässt, weil es außer Verhältnis zum angestrebten wirtschaftlichen Ertrag aus dem Rechtsstreit steht.[80] Dann erscheint die Anrufung eines Gerichts aus Sicht von Klägern nicht mehr als sinnvoll.[81] Mit anderen Worten ist der Justizgewährungsanspruch also dann verletzt, wenn Kläger aufgrund einer Kosten-Nutzen-Abwägung zu dem Ergebnis gelangen müssen, dass die Kostenrisiken ein nicht zu überwindendes Zugangshindernis darstellen.[82]

b) Höchstgrenze bei Geringforderungen

Bei Geringforderungen scheint es dabei naheliegend, dass die Kosten des Rechtsstreits regelmäßig außer Verhältnis zum möglichen Ertrag stehen. Hier ist der mögliche Ertrag aus dem Rechtsstreit gering und die Kosten des Rechtsstreits sind aufgrund der degressiven Gebührenstruktur im Verhältnis zum Streitwert hoch.[83] Eine Kosten-Nutzen-Abwägung wird die Kosten also häufig als hoch erscheinen lassen. Nach dem BVerfG gilt die Annahme, dass der Justizgewährungsanspruch verletzt sein kann, wenn die Kostenrisiken im Verhältnis zum möglichen wirtschaftlichen Ertrag gering sind, jedoch nicht für Geringforderungen.[84] Es sei nämlich auch das Interesse des Fiskus an einer angemessenen Gebühr zu berücksichtigen, sodass nicht gefordert

---

78 Kap. 2 B.II.
79 Kap. 2 B.II; BVerfG, Beschl. v. 12.2.1992 – 1 BvL 1/89, NJW 1992, 1673; *Wolf*, ZZP 128 (2015), 69 (79 f.), möchte insoweit zwischen einer subjektiv-absoluten Kostensperre (Fälle, in denen Parteien keinen Zugang zum Recht haben, weil sie bedürftig sind) und einer objektiv-relativen Kostensperre (Fälle, in denen das Kostenrisiko im Vergleich zum angestrebten wirtschaftlichen Erfolg hoch ist) unterscheiden.
80 BVerfG, Beschl. v. 12.2.1992 – 1 BvL 1/89, NJW 1992, 1673.
81 BVerfG, Beschl. v. 12.2.1992 – 1 BvL 1/89, NJW 1992, 1673; *Goebel*, Zivilprozeßdogmatik und Verfahrenssoziologie, S. 196 ff.
82 Diese Erwägungen können ein rationales Desinteresse an der Forderungsdurchsetzung begründen (hierzu unter Kap. 6 C.II.1).
83 Daher ist das Bedürfnis nach der Auslagerung von Kostenrisiken hoch, s. Kap. 6 C.II.1.
84 BVerfG, Beschl. v. 12.2.1992 – 1 BvL 1/89, NJW 1992, 1673 (1674).

werden könne, dass der Staat bei Geringforderungen seine Gerichte praktisch kostenlos zur Verfügung stellt.[85]

Dem Justizgewährungsanspruch fiskalische Interessen entgegenzuhalten, überzeugt nicht.[86] Dass es sich bei der streitgegenständlichen Forderung um eine Geringforderung handelt, ändert nichts daran, dass die Kostenrisiken den Rechtsschutz als praktisch unmöglich erscheinen lassen. Gerade weil es sich bei den streitgegenständlichen Forderungen um Geringforderungen handelt, könnten fiskalische Interessen gegenüber dem Justizgewährungsanspruch nicht überwiegen, selbst wenn sie ihm entgegengehalten werden könnten. Erstens ist auch der mögliche Ertrag für den Fiskus bei Geringforderungen gering. Zweitens kommt die bloße Existenz des Rechtsschutzsystems der Allgemeinheit zugute und ist teilweise von ihr zu finanzieren, weil die potentielle Gefahr der gerichtlichen Rechtsdurchsetzung zur Verwirklichung der materiellen Gerechtigkeit führt.[87] Daher leuchtet nicht ein, warum gerade bei Geringforderungen, bei denen wenig Ertrag für den Fiskus in Aussicht steht, die Allgemeinheit nicht für einen Großteil der Kosten aufkommen sollte und der Einzelne sich damit begnügen sollte, sein Recht nicht durchzusetzen.

Allerdings überzeugt es im Ergebnis, dass der Justizgewährungsanspruch durch vergleichsweise hohe Kostenrisiken bei Geringforderungen nicht verletzt wird. Weil es sich um Geringforderungen handelt, ist die Zugangsbeschränkung durch die anfallenden Kosten und Kostenrisiken zwar nicht relativ im Verhältnis zum Streitwert, aber absolut gering. Die geringfügige Zugangsbeschränkung lässt sich aber durch das Interesse an einer geordneten und effektiven Rechtspflege rechtfertigen. Ohne Kostenrisiken bestünde nämlich die Gefahr, dass unberechtigte Forderungen – ähnlich wie bei der Prozesskostenhilfe[88] – „auf gut Glück" erhoben werden, weil das Kostenrisiko seine Steuerungsfunktion nicht erfüllen könnte. Im Ergebnis ist es daher nicht unverhältnismäßig, wenn bei der Geltendmachung von Geringforderungen Kosten entstehen, die im Verhältnis zum Streitwert als hoch erscheinen.

---

85 BVerfG, Beschl. v. 12.2.1992 – 1 BvL 1/89, NJW 1992, 1673 (1674) mit Verweis auf BVerfG, Beschl. v. 9.5.1989 – 1 BvL 35/86, NJW 1989, 1985.
86 Kap. 2 B.III.1.b)aa).
87 *Wolf*, ZZP 128 (2015), 69 (74 f.) mit Verweis auf *Jhering*, nach dem durch die Rechtsverfolgung des Einzelnen auch das Recht als Ganzes verteidigt wird (*Jhering*, Der Kampf um's Recht, S. 51 ff.); Stein/Jonas/*Muthorst*, vor § 91 Rn. 4.
88 Kap. 2 B.III.2.

c) Höchstgrenze in anderen Fällen

Für alle anderen Fälle, in denen keine Geringforderungen geltend gemacht werden, setzt das BVerfG voraus, dass die anfallenden Kosten nicht außer Verhältnis zum möglichen Ertrag aus einem Prozess stehen dürfen.[89] Kostenrisiken wirken nicht bloß als Zugangshürde, sondern als Zugangshindernis, wenn sie so hoch sind, dass ein vernünftiger Kläger nach Abwägung der Kostenrisiken von einem Rechtsstreit absehen würde. Dann würde Klägern die theoretisch bestehende Möglichkeit, Rechtsschutz in Anspruch zu nehmen, praktisch genommen.[90] Der durch den Justizgewährungsanspruch gewährleistete Zugang zum Recht würde praktisch ausgehöhlt.

Ein Zugangshindernis aufgrund der Prozesskostenrisiken soll danach bestehen, wenn schon das Gebührenrisiko für eine Instanz das wirtschaftliche Interesse eines Beteiligten an dem Verfahren erreicht oder sogar übersteigt.[91] Vom Gebührenrisiko sind dabei neben den Gerichtskosten grundsätzlich auch die Anwaltskosten erfasst, selbst wenn kein Anwaltszwang besteht.[92] Das gilt deswegen, weil die Beauftragung eines Rechtsanwalts zur Erlangung eines wirkungsvollen Rechtsschutzes erforderlich sein kann. Ein Zugangshindernis anzunehmen, wenn die Kosten des Rechtsstreits den wirtschaftlichen Nutzen erreichen, leuchtet ein. Kläger werden in aller Regel von vornherein von einem Prozess absehen, bei dem sie im Misserfolgsfall den Wert der Hauptforderung erstatten müssten.

3. Ergebnis

Kostenrisiken sind psychische Zugangshürden für Kläger, weil in fast jedem Fall eine Restunsicherheit darüber verbleibt, ob das angerufene Gericht dem Kläger Recht geben wird. Sie wirken dann wie ein Zugangshindernis, wenn sie in keinem Verhältnis zum möglichen wirtschaftlichen Ertrag aus dem Rechtsstreit stehen. Unverhältnismäßig sind Kostenrisiken dann, wenn die Kostenrisiken für eine Instanz so hoch sind, dass sie das wirtschaftliche Interesse eines Beteiligten am Prozess erreichen oder überschreiten. Das gilt jedoch nicht für Geringforderungen, weil die Zugangshürde in Form der Kosten des Rechtsstreits bei ihnen sehr gering ist und der Eingriff dadurch gerechtfertigt ist, dass Kostenrisiken bei kostenloser Inanspruchnahme von Rechtsschutz ihre Steuerungsfunktion nicht erfüllen könnten.

---

89 BVerfG, Beschl. v. 12.2.1992 – 1 BvL 1/89, NJW 1992, 1673 (1674).
90 BVerfG, Beschl. v. 12.2.1992 – 1 BvL 1/89, NJW 1992, 1673 (1674).
91 BVerfG, Beschl. v. 12.2.1992 – 1 BvL 1/89, NJW 1992, 1673 (1674).
92 BVerfG, Beschl. v. 12.2.1992 – 1 BvL 1/89, NJW 1992, 1673 (1674).

C. Verfassungswidrigkeit eines vollständigen Verbots der Möglichkeit zur Auslagerung von Kostenrisiken

In anderen als den dargestellten Fällen droht durch Kostenrisiken keine Verletzung von Verfassungsrecht, weil sie sich nur dann verwirklichen, wenn sich eine Partei zu Unrecht eines Rechts berühmt und damit den Prozess und dessen Kosten verursacht hat.[93] Es ist also verfassungsrechtlich unbedenklich, dass die Kosten-Nutzen-Abwägung risikoscheuer Parteien zu dem Ergebnis führen kann, dass eine Partei aufgrund der Kostenrisiken von einem Rechtsstreit absieht.

Mittelbar ist aber die Erkenntnis, dass Kostenrisiken als psychische Zugangshürden wirken und damit den Zugang zum Recht erschweren, für die Frage relevant, inwieweit es der Gesetzgeber verbieten darf, dass eine Partei Kostenrisiken auslagern kann. Das zeigt die Entscheidung des BVerfG zur Verfassungswidrigkeit des Verbots anwaltlicher Erfolgshonorare.[94] Darin hatte es zu prüfen, ob es die Berufsausübungsfreiheit von Rechtsanwälten verletzt, wenn ihnen verboten wird, Erfolgshonorarvereinbarungen abzuschließen. Bei der Prüfung, ob das Verbot angemessen ist, gelangte das Gericht zu dem Ergebnis, dass das uneingeschränkte Verbot des Erfolgshonorars ein Hindernis für den Zugang zum Recht darstelle. Nicht wenige Betroffene würden das Kostenrisiko aufgrund verständiger Erwägungen scheuen.[95] Das gelte insbesondere für Rechtssuchende, die aufgrund ihrer wirtschaftlichen Verhältnisse das Risiko, im Misserfolgsfall mit den Kosten qualifizierter anwaltlicher Unterstützung belastet zu bleiben, nicht oder zumindest nicht vollständig zu tragen vermögen und daher davon abgehalten werden, ihre Rechte zu folgen.[96] Im Hinblick auf diese Parteien hielt das BVerfG den mit dem Verbot des Erfolgshonorars verbundenen Eingriff in die Berufsausübungsfreiheit für unangemessen und damit für verfassungswidrig. Im Übrigen hielt das Verbot von Erfolgshonoraren der verfassungsrechtlichen Überprüfung stand. Dementsprechend schlug das BVerfG vor, dass der Gesetzgeber der Verfassungswidrigkeit entweder dadurch abhelfen könnte, dass er einen Ausnahmetatbestand vorsieht oder aber das Erfolgshonorarverbot völlig aufgibt.[97]

Der Gesetzgeber ist also nicht frei darin, Finanzierungsmodelle, die eine Auslagerung von Kostenrisiken ermöglichen, gänzlich zu verbieten. Er muss vielmehr berücksichtigen, dass sich Anspruchsinhaber angesichts der drohenden Kostenrisiken fragen müssen, ob sie es sich für den Misserfolgs-

---

93 Stein/Jonas/*Muthorst*, vor §91 Rn.4; MüKoZPO/*Schulz*, Vorb. zu §91 Rn.2.
94 BVerfG, Beschl. v. 12.12.2006 – 1 BvR 2576/04, NJW 2007, 979.
95 BVerfG, Beschl. v. 12.12.2006 – 1 BvR 2576/04, NJW 2007, 979 Rn.100.
96 BVerfG, Beschl. v. 12.12.2006 – 1 BvR 2576/04, NJW 2007, 979 Rn.102.
97 BVerfG, Beschl. v. 12.12.2006 – 1 BvR 2576/04, NJW 2007, 979 Rn.110.

fall leisten können, die Kosten des Rechtsstreits endgültig tragen zu müssen. Wenn sie dabei zu dem Ergebnis gelangen, dass es ihnen ihre wirtschaftlichen Verhältnisse nicht gestatten, die Kosten des Rechtsstreits endgültig zu tragen, eröffnet erst die Auslagerung des Kostenrisikos und damit die Inanspruchnahme eines Finanzierungsmodells einen Rechtsschutz. Dann muss es ihm gestattet werden, seine Kostenrisiken über ein anwaltliches Erfolgshonorar auslagern zu können.

D. Ergebnis

Kosten und damit verbundene Kostenrisiken erschweren den Zugang zum Recht. Der Justizgewährungsanspruch ist dadurch jedoch nur dann verletzt, wenn der Zugang zum Recht für bedürftige Parteien ausgeschlossen ist oder praktisch durch unangemessen hohe Kosten ausgehöhlt wird. Auch in allen anderen Fällen erschweren Kosten und Kostenrisiken den Zugang zum Recht. In Einzelfällen kann das besonders schwerwiegen, insbesondere dann, wenn sich der Anspruchsinhaber die mit einem Prozess verbundenen Kostenrisiken nach vernünftiger Abwägung im Hinblick auf seine wirtschaftlichen Verhältnisse nicht leisten kann.

Kapitel 3 – Finanzierungsmodelle für einen Prozess

A. Einführung

Fast jeder Gläubiger wird sich vor der Einreichung einer Zivilklage mit der Frage auseinandersetzen müssen, wie teuer sein Prozess werden wird. Die anfallenden Kosten, das heißt die Gerichtskosten sowie eigene und – für den Misserfolgsfall – gegnerische Anwaltskosten, lassen sich über das Rechtsanwaltsvergütungsgesetz und das Gerichtskostengesetz bestimmen.[98] Kann oder will der Gläubiger und künftige Kläger die so ermittelten Kosten nicht aufbringen, muss er sich um Drittmittel bemühen, mit denen er die anfallenden Kosten begleichen kann.

Die Mittel für einen Prozess können Kläger entweder aufbringen, indem sie sich um staatliche Hilfe bemühen oder sich an Private wenden, welche ihren Rechtsstreit finanzieren sollen. Wann ein Kläger staatliche Hilfe in Form der Prozesskostenhilfe beanspruchen kann, ist gesetzlich geregelt (dazu B.). Demgegenüber unterliegen private Dritte keinem Kontrahierungszwang, der sie verpflichten würde, unter bestimmten Voraussetzungen Mittel bereitzustellen. Ob Kläger ein privates Finanzierungsmodell nutzen können, hängt daher von den Erwägungen des Finanzierers und den Voraussetzungen ab, welche er aufgrund dieser Erwägungen für sich aufstellt (dazu C.). Gegenüber einer Fremdfinanzierung wirtschaftlich vergleichbare Ergebnisse lassen sich aber auch dadurch erzielen, dass der Anspruchsinhaber seinen Anspruch einem Dritten abtritt, der dann für ihn die Forderungseinziehung übernimmt (dazu D.).

B. Staatliches Finanzierungsmodell: Die Prozesskostenhilfe

I. Sinn und Zweck der Prozesskostenhilfe

Die Prozesskostenhilfe soll in Erfüllung der bereits erläuterten verfassungsrechtlichen Vorgaben[99] Bemittelten und Unbemittelten oder – insoweit plakativer, aber veraltet[100] – Armen und Reichen eine chancengleiche Rechts-

---

98 Vgl. aber *Wolf*, ZZP 2015 (128), 69 (81 ff.), der darauf hinweist, dass die Vorausberechenbarkeit der Prozesskosten durch die Aussage, wie hoch das Gericht den Streitwert bemessen wird, in Frage gestellt wird.
99 Kap. 2 B.III.
100 Der Begriff Armenrecht wurde aufgegeben, weil er nicht dem Sprachgebrauch des sozialen Rechtsstaates entspricht, BT-Drs. 8/3068, S. 19. Die Begriffspaare arm und reich wurden als diskriminierend empfunden und werden daher nicht mehr verwendet. Das BVerfG verwendet nunmehr die Begriffspaare *„Unbemittelte und Bemittelte"*

verfolgung oder Rechtsverteidigung ermöglichen.[101] Angesichts dieses Zwecks mag es befremdlich klingen, die Prozesskostenhilfe als Finanzierungsmodell zu bezeichnen.[102] Wäre der Zugang zu Gericht auch ohne die Prozesskostenhilfe durch andere Finanzierungsmöglichkeiten gewährleistet, bedürfte es ihrer nicht. Tatsächlich finanzieren auch private Dritte Prozesse, selbst wenn Kläger bedürftig sind und die Finanzierungsleistung daher nicht mit ihren vorhandenen Mitteln vergüten können. Faktisch vermitteln daher auch private Dritte einen Zugang zu Gerichten, wenn Kläger deren Finanzierungsanforderungen erfüllen.[103] Allerdings gewähren private Dritte angesichts der noch zu erläuternden Voraussetzungen nicht allen Unbemittelten in gleicher Weise Finanzierungshilfen. Insoweit ist die Prozesskostenhilfe eine notwendige, aber nicht die einzige Form der Prozessfinanzierung.

II. Funktionsweise der Prozesskostenhilfe als Finanzierungsmodell

1. Vorfinanzierung durch den Staat

Liegen die Voraussetzungen für die Gewährung der Prozesskostenhilfe vor,[104] wird sie durch Beschluss bewilligt. Dadurch steht fest, dass der Staat diejenigen Kosten, die bei der Prozessführung des Bedürftigen anfallen, zunächst übernehmen muss. In der Regel muss der Bedürftige dem Staat diese Kosten aber – wenn auch nur in Raten – zurückerstatten. Damit ein bedürftiger Kläger einen Prozess führen kann, müssen die Gerichtskosten und gegebenenfalls seine eigenen Anwaltskosten gedeckt werden.[105] Die Bewilligung der Prozesskostenhilfe hat nach §122 ZPO zur Folge, dass die bedürftige Partei hinsichtlich dieser Kosten nicht über die nach §120 ZPO festgesetzten Raten hinaus in Anspruch genommen werden darf.

(BVerfG, Beschl. v. 13.3.1990 – 2 BvR 94/88, NJW 1991, 413) oder *„Menschen mit mehr und Menschen mit weniger finanziellen Mitteln"* (BVerfG, Beschl. v. 25.5.2022 – 1 BvR 326/22, BeckRS 2022, 15630 Rn. 9).

101 BT-Drs. 8/3694, S. 16; s. bereits unter Kap. 2 B.III.2.
102 Bspw. bezeichnet auch *Büttner*, AnwBl 2007, 477 die Prozesskostenhilfe als einen *„Weg der Prozessfinanzierung."*
103 Beispielsweise meint auch das BVerfG im Hinblick auf das Erfolgshonorar, dass es einen Zugang zum Recht vermitteln kann, vgl. BVerfG, Beschl. v. 12.12.2006 – 1 BvR 2576/04, NJW 2007, 979 Rn. 102; ausf. hierzu Kilian, Der Erfolg und die Vergütung des Rechtsanwalts, S. 394 ff.
104 Zu den Voraussetzungen unter Kap. 3 B.IV.
105 §114 Abs. 1 S. 1 ZPO spricht von *„Kosten der Prozessführung"*, womit auch die gerichtlichen Gebühren und Auslagen sowie die Rechtsanwaltskosten des Antragstellers gemeint sind, vgl. Stein/Jonas/*Bork*, §114 Rn. 16.

2. Übernahme der zur Prozessführung erforderlichen Mittel

a) Gerichtskosten

Die anfallenden Gerichtskosten, das heißt die Gerichtsgebühren und möglicherweise anfallende Auslagen,[106] fordert die Staatskasse selbst ein. Daher kann hier der Staat Kosten dadurch „übernehmen",[107] dass er sie gegenüber der bedürftigen Partei nicht einfordert. Dementsprechend ordnet § 122 Abs. 1 Nr. 1a Alt. 1 ZPO an, dass die Bundes- oder Landeskasse rückständige und entstehende Gerichtskosten nur nach den Bestimmungen, die das Gericht trifft, gegen die Partei geltend machen kann. Die Gerichtskosten sind also ausschließlich aus den Raten zu begleichen, die das Gericht nach § 120 ZPO im Bewilligungsbeschluss festsetzt.

b) Kosten des eigenen Rechtsanwalts

Rechtsanwaltskosten übernimmt der Staat nur dann, wenn ein Rechtsanwalt nach § 121 ZPO beizuordnen ist. Eine Beiordnung erfolgt nach § 121 Abs. 1 ZPO, wenn die Vertretung durch Anwälte vorgeschrieben ist. Bei bestehendem Anwaltszwang muss also ein Rechtsanwalt beigeordnet werden, weil die bedürftige Partei ohne Anwalt keinen Prozess führen könnte. Im Übrigen wird der Partei auf ihren Antrag hin nach § 121 Abs. 2 ZPO nur dann ein Rechtsanwalt beigeordnet, wenn die Vertretung durch einen Rechtsanwalt erforderlich erscheint oder der Gegner durch einen Rechtsanwalt vertreten ist. Ob die Beiordnung auch ohne Anwaltszwang erforderlich ist, hängt von den Umständen des Einzelfalls ab. Dabei sind insbesondere die Schwierigkeit der zu bewältigenden Rechtsmaterie und die persönlichen Fähigkeiten und Kenntnisse des Antragstellers zu berücksichtigen.[108]

Erfolgt danach eine Beiordnung, verpflichtet diese den Anwalt nach § 48 Abs. 1 Nr. 1 BRAO zur Übernahme der Prozessvertretung. Er wird nach § 48 Abs. 1 S. 1 RVG aus der Staatskasse bezahlt und erhält dafür die gesetzliche Vergütung. Letztere wird aber über § 49 RVG reduziert. Die Differenz zwischen der gesetzlichen Regelvergütung und der nach § 49 RVG reduzierten Vergütung erhält der Rechtsanwalt nur dann ausbezahlt, wenn der Bedürftige die Differenz innerhalb der 48 Monatsraten nach § 115 Abs. 2 S. 4 ZPO aufbringen kann (vgl. § 50 Abs. 1 S. 1 RVG).[109]

---

106 Zöller/*Schultzky*, § 122 Rn. 4.
107 Streng genommen ist ein Verzicht auf eine Gebührenerhebung keine Kostenübernahme.
108 BVerfG, Beschl. v. 22.6.2007 – 1 BvR 681/07, NJW-RR 2007, 1713; BGH, Beschl. v. 18.7.2003 – IXa ZB 124/03, NJW 2003, 3136.
109 So die hM OLG Celle, Beschl. v. 14.12.2012 – 12 WF 244/12, FamRZ 2013, 1056; OLG Nürnberg, Beschl. v. 27.7.1988 – 7 WF 1816/88, BeckRS 1988, 31334770; LAG Erfurt, Beschl. v. 24.7.1997 – 8 Ta 46/97, JurBüro 1998, 89; LAG Hamburg,

Kap. 3   Finanzierungsmodelle für einen Prozess

Begleicht die Staatskasse Ansprüche des Rechtsanwalts, geht der Anspruch des Rechtsanwalts gegenüber der bedürftigen Partei auf die Staatskasse über, § 59 Abs. 1 S. 1 RVG. Die Norm setzt damit voraus, dass sowohl der beigeordnete Anwalt als auch die Staatskasse einen Anspruch gegenüber der bedürftigen Partei bezüglich der Anwaltskosten haben können.[110] Der Anspruch kann aber gegenüber der bedürftigen Partei nach § 122 Abs. 1 Nr. 1b, Nr. 3 ZPO weder durch den Anwalt aus eigenem Recht noch durch die Staatskasse aus übergegangenem Recht geltend gemacht werden.

3. Keine Kostenübernahme hinsichtlich der gegnerischen Kosten

Die Bewilligung von Prozesskostenhilfe hat gemäß § 123 ZPO keinen Einfluss darauf, dass die bedürftige Partei die dem Gegner entstandenen Kosten zu erstatten hat. Der Staat kommt danach nicht für diejenigen Kosten auf, die die bedürftige Partei nach den §§ 91 ff. ZPO zu erstatten hat, wenn der Prozess verloren geht.[111] Für den Misserfolgsfall übernimmt die Staatskasse also nicht die Anwaltskosten des Beklagten. Die unterlegene bedürftige Partei kann diese Kosten auch nicht etwa in Raten zurückzahlen.[112] Vielmehr wird die gesamte Kostenlast sofort fällig.[113]

4. Rückzahlungspflicht der bedürftigen Partei

Die Staatskasse übernimmt Anwalts- und Gerichtskosten zugunsten des Bedürftigen grundsätzlich nicht endgültig. Bei der Bewilligung der Prozesskostenhilfe setzt das Gericht nach § 120 Abs. 1 S. 1 ZPO zu zahlende Monatsraten und aus dem Vermögen zu bezahlende Beträge fest. Aus diesen Zahlungen werden Anwalts- und Gerichtskosten beglichen. Ausnahmsweise können Bedürftige ganz oder teilweise kostenfrei prozessieren, haben also keine ratenweise Rückzahlungspflicht. Das gilt zum einen nach § 115 Abs. 2 S. 2 ZPO dann, wenn eine Monatsrate weniger als zehn Euro beträgt, also nur ein geringes oder gar kein Einkommen und kein einzusetzendes Ver-

---

Beschl. v. 11.5.1993 – 8 Ta 27/93ArbG, BeckRS 1994, 30458822; Stein/Jonas/*Bork*, § 120 Rn. 14; Wieczorek/Schütze/*Smid/Hartmann*, § 120 Rn. 9 f.; *Klinge*, AnwBl 1981, 166 (168 ff.); **aA** LAG Schleswig-Holstein, Beschl. v. 5.7.1991 – 5 Ta 47/91ArbG, BeckRS 1991, 30816931; LAG Hessen, Beschl. v. 23.4.1986 – 6 Ta 102/86ArbG, BeckRS 1986, 30449603.

110   Stein/Jonas/*Bork*, § 121 Rn. 31.
111   Dadurch sollen die Länderkassen geschont und der Gegner vor willkürlichen, risikolos geführten Prozessen geschützt werden, vgl. BT-Drs. 8/3694, S. 21; zur Gesetzesbegründung auch Musielak/Voit/*Fischer*, ZPO, § 123 Rn. 1; krit. *Müller*, JR 1987, 1 (4); *Grunsky*, NJW 1980, 2041 (2046); *Kollhosser*, ZRP 1979, 297 (301); auch Stein/Jonas/*Bork*, vor § 114 Rn. 11 äußert verfassungsrechtliche Bedenken.
112   Stein/Jonas/*Bork*, § 121 Rn. 31; Musielak/Voit/*Fischer*, ZPO, § 123 Rn. 1.
113   Krit. hierzu *Müller*, JR 1987, 1 (4).

mögen vorhanden ist. In diesem Fall ist von der Festsetzung von Monatsraten abzusehen. Zum anderen sind nach § 115 Abs. 2 S. 4 ZPO höchstens 48 Monatsraten von dem Bedürftigen aufzubringen. Kosten, die nach 48 Monatsraten noch nicht abbezahlt wurden, übernimmt die Staatskasse damit ebenfalls endgültig.[114] Abgesehen von diesen Fällen muss der Bedürftige Gerichts- und Anwaltskosten zurückbezahlen. In der Regel wirkt die Prozesskostenhilfe im Hinblick auf ihren Finanzierungsmechanismus daher so wie ein zinsloses Darlehen.[115]

Auch juristische Personen und parteifähige Vereinigungen müssen Anwalts- und Gerichtskosten in der Regel (ratenweise) zurückbezahlen. Hier bestimmt § 116 S. 3 ZPO, dass Kosten zum Teil oder in Teilbeträgen aufzubringen sind, sofern das dem Antragsteller möglich ist. Im Übrigen muss das Gericht die im Einzelfall zu zahlenden Raten nach § 120 Abs. 1 S. 1 ZPO selbst festlegen, weil § 116 ZPO nicht auf § 115 Abs. 2 ZPO verweist und damit eine einkommensorientierte Ratenzahlungspflicht nicht festgelegt ist.[116]

Die Ratenzahlungen können nach § 120 Abs. 3 ZPO vorläufig eingestellt werden, wenn entweder die bereits geleisteten Zahlungen die entstehenden Kosten voraussichtlich decken oder die Kosten gegen einen anderen, am Verfahren Beteiligten, geltend gemacht werden können. Letztere Alternative betrifft den Fall, dass der Antragsteller den Prozess gewinnt und dadurch der Rechtsanwalt (nach § 126 ZPO) oder die Staatskasse (nach § 59 Abs. 1 S. 1 RVG) gegen den Gegner vorgehen kann.[117] Die Einstellung bleibt aber vorläufig, bis die Kosten vom Prozessgegner tatsächlich beigetrieben werden konnten.[118] Werden die Kosten nicht beigetrieben, wird die Ratenzahlung wieder aufgenommen.[119] Das Beitreibungsrisiko trägt also die bedürftige Partei.

---

114 Etwas Anderes kann dann gelten, wenn der Bedürftige nach Ablauf der 48 Monatsraten Vermögen erwirbt, weil sich die Grenze von 48 Monaten in § 115 Abs. 2 S. 4 ZPO nur auf das Einkommen beziehen soll, wohingegen die Grenze für das Heranziehen von Vermögen die Zumutbarkeit in § 115 Abs. 3 ZPO sei, vgl. OLG Hamm, Beschl. v. 16.1.2012 – 8 WF 304/11, BeckRS 2012, 5118.
115 *Gogolin*, Die deutsche Prozesskostenhilfe im Umbruch, 2015, S. 100; Musielak/Voit/*Fischer*, ZPO, vor § 114 Rn. 1.
116 Stein/Jonas/*Bork*, § 116 Rn. 34.
117 Stein/Jonas/*Bork*, § 120 Rn. 15; MüKoZPO/*Wache*, § 120 Rn. 13; Musielak/Voit/*Fischer*, ZPO, § 120 Rn. 9.
118 Musielak/Voit/*Fischer*, ZPO, § 120 Rn. 9; Stein/Jonas/*Bork*, § 120 Rn. 16; eine Ausnahme gilt dann, wenn das Gericht zu Unrecht eine „*endgültig*" zu leistende Ratenzahlung festlegt, vgl. OLG Koblenz, Beschl. v. 25.6.1999 – 13 WF 167/99, NJW-RR 2000, 1384.
119 BGH, Beschl. v. 7.3.1991 – III ZR 101/88, NJW-RR 1991, 827; MüKoZPO/*Wache*, § 120 Rn. 13; Musielak/Voit/*Fischer*, ZPO, § 120 Rn. 9.

5. Ergebnis

Durch die Inanspruchnahme von Prozesskostenhilfe können Kläger die Gerichtskosten und ihre eigenen Anwaltskosten finanzieren. Letztere werden aber nur dann finanziert, wenn ein Rechtsanwalt beigeordnet wird. Darüber hinaus ist die Vergütung des Rechtsanwalts nach § 49 RVG gegenüber der normalen gesetzlichen Vergütung reduziert. Das Risiko, dass Kläger im Misserfolgsfall die gegnerischen Anwaltskosten zu ersetzen haben, wird ihnen nicht abgenommen. In der Regel müssen Kläger die bereitgestellten Mittel nach Inanspruchnahme der Prozesskostenhilfe ratenweise zurückbezahlen, sodass die Prozesskostenhilfe wie ein zinsloses Darlehen wirkt. Die Pflicht zur Ratenzahlung endet dann, wenn der Antragsteller den Prozess gewinnt und die Kosten des Rechtsstreits erfolgreich beim Beklagten beigetrieben wurden.

III. Anwendungsbereich

1. Sachlicher Anwendungsbereich

Der sachliche Anwendungsbereich der Prozesskostenhilfe erstreckt sich gemäß § 114 Abs. 1 S. 1 ZPO auf Fälle der Rechtsverfolgung und -verteidigung. Für grenzüberschreitende Prozesskostenhilfe innerhalb der Europäischen Union gelten gemäß § 114 Abs. 1 S. 2 ZPO ergänzend die §§ 1076 bis 1078 ZPO. Erfasst sind nicht nur Zivilprozesse, sondern alle Verfahren im Rahmen der ZPO, sofern es sich um Verfahren vor deutschen staatlichen Gerichten handelt.[120] Prozesskostenhilfe kann daher beispielsweise auch für das Mahnverfahren bewilligt werden, was jedoch praktisch aufgrund der Viermonatsregelung in § 115 Abs. 4 ZPO von geringer(er) Bedeutung ist.[121] Schiedsverfahren sind demgegenüber keine staatlichen Verfahren, sodass die Gewährung von Prozesskostenhilfe insoweit ausscheidet. Allerdings führt die Mittellosigkeit des Schiedsklägers dazu, dass die Schiedsvereinbarung undurchführbar iSv § 1032 Abs. 1 ZPO wird, wenn er die Kosten des Schiedsverfahrens nicht aufbringen kann.[122] Daher können mittellose

---

120 Musielak/Voit/*Fischer*, ZPO, § 114 Rn. 8; str. ist, ob und inwieweit Prozesskostenhilfe für das Prozesskostenhilfe-Prüfverfahren bewilligt werden kann, vgl. MüKoZPO/*Wache*, § 114 Rn. 24 ff.
121 *Wielgoß*, NJW 1991, 2070; Musielak/Voit/*Fischer*, ZPO, § 114 Rn. 8; hierzu Kap. 3 B.IV.2.a)dd).
122 BGH, Urt. v. 14.9.2000 – III ZR 33/00, NJW 2000, 3720; BeckOK ZPO/*Wolf/Eslami* § 1032 Rn. 17; *Komuczky*, SchiedsVZ 2022, 8 (behandelt zugleich die Mittellosigkeit des Schiedsbeklagten); für die Auswirkungen bei Insolvenz einer Schiedspartei vgl. *Bork*, SchiedsVZ 2022, 139.

B. Staatliches Finanzierungsmodell: Die Prozesskostenhilfe Kap. 3

Schiedskläger Prozesskostenhilfe beantragen und dadurch Streitigkeiten, die einer Schiedsvereinbarung unterliegen, vor staatliche Gerichte ziehen.[123]

2. Persönlicher Anwendungsbereich

Prozesskostenhilfe können nach § 114 Abs. 1 S. 1 ZPO natürliche Personen[124] und über § 116 ZPO Parteien kraft Amtes, juristische Personen und parteifähige Vereinigungen erhalten. Ausländische natürliche Personen werden ohne Rücksicht auf ihre Staatsangehörigkeit immer gleich behandelt, weil es sich auch bei Ausländern um eine Partei iSv § 114 Abs. 1 S. 1 ZPO handelt.[125] Juristische Personen oder parteifähige Vereinigungen können demgegenüber nur dann Prozesskostenhilfe erhalten, wenn sie im Inland oder in einem Mitgliedstaat der EU oder einem anderen Vertragsstaat des Abkommens über den Europäischen Wirtschaftsraum gegründet wurden und dort ansässig sind (vgl. § 116 S. 1 Nr. 2 ZPO).

Prozesskostenhilfe wird ferner nur Parteien bewilligt.[126] Der Parteibegriff ist aber sehr weit auszulegen.[127] Erfasst sind neben dem Kläger und Beklagten auch Nebenintervenienten, Antragsteller und -gegner sowie Gläubiger und Schuldner.[128]

IV. Voraussetzungen der Prozesskostenhilfe

1. Voraussetzungen in Abhängigkeit zum Antragsteller

Damit Kläger die staatliche Finanzierungshilfe in Anspruch nehmen dürfen, müssen bestimmte gesetzlich vorgeschriebene Voraussetzungen erfüllt sein. Welche Voraussetzungen genau erfüllt sein müssen, hängt davon ab, ob es sich bei dem Antragsteller um eine natürliche Person oder einen sonstigen parteifähigen Antragsteller handelt. Prozesskostenhilfe ist natürlichen Personen nach § 114 Abs. 1 S. 1 ZPO auf Antrag dann zu gewähren, wenn eine Partei die Kosten der Prozessführung nach ihren persönlichen und wirtschaftlichen Verhältnissen nicht, nur zum Teil oder nur in Raten aufbringen kann, die beabsichtigte Rechtsverfolgung oder Rechtsverteidigung hinreichende Erfolgsaussichten bietet und nicht mutwillig erscheint. Handelt es sich bei dem Antragsteller um eine Partei kraft Amtes, juristische Person oder parteifähige Vereinigung, sind nach § 116 S. 2 ZPO, der auf § 114 Abs. 1 S. 1 letzter Hs und Abs. 2 ZPO verweist, hinreichende Erfolgsaussichten und

---

123 S. hierzu auch Kap. 4 C. V. 1.
124 Zöller/*Schultzky*, § 114 Rn. 2.
125 Musielak/Voit/*Fischer*, ZPO, vor § 114 Rn. 9, § 114 Rn. 2.
126 Stein/Jonas/*Bork*, § 114 Rn. 3.
127 Musielak/Voit/*Fischer*, ZPO, § 114 Rn. 2.
128 Musielak/Voit/*Fischer*, ZPO, § 114 Rn. 2.

eine fehlende Mutwilligkeit ebenfalls Voraussetzungen. Im Übrigen enthält § 116 ZPO aber Sonderregelungen.

2. Antragstellung durch natürliche Personen
a) Bedürftigkeit
aa) Persönliche und wirtschaftliche Verhältnisse des Antragstellers

Natürlichen Personen ist nur dann Prozesskostenhilfe zu gewähren, wenn sie die Kosten der Prozessführung nach ihren persönlichen und wirtschaftlichen Verhältnissen nicht, nur zum Teil oder nur in Raten aufbringen können. Kosten der Prozessführung sind die Gerichtskosten sowie die Kosten des Rechtsanwalts des Antragstellers, sofern eine Beiordnung in Betracht kommt (vgl. § 122 ZPO). Die Kosten der Gegenseite sind nicht zu berücksichtigen, weil sie nach § 123 ZPO von der Prozesskostenhilfebewilligung nicht berührt werden.[129]

Bedürftig ist die Partei, wenn sie diese Kosten nach ihren Verhältnissen nicht aufbringen kann, wobei persönliche Verhältnisse einerseits und wirtschaftliche Verhältnisse andererseits kaum voneinander abgrenzbar sind.[130] Persönliche Verhältnisse können nur insoweit eine Rolle spielen, als dass sie sich auf die wirtschaftlichen Verhältnisse auswirken. Schließlich lautet die Fragestellung, ob der Antragsteller wirtschaftlich in der Lage ist, eine Geldleistung ohne staatliche Hilfe zu erbringen.[131] Daher kommt es darauf an, inwieweit der Antragsteller Einkommen (§ 115 Abs. 1 und 2 ZPO) und Vermögen (§ 115 Abs. 3 ZPO) einzusetzen hat, um Gerichts- und Anwaltskosten zu finanzieren.

bb) Einkommenseinsatz

Aus § 115 Abs. 1 ZPO ergibt sich, welches Einkommen der Antragsteller einzusetzen hat. Dazu ist zunächst das Einkommen des Antragstellers zu ermitteln, von dem die in § 115 Abs. 1 ZPO genannten Beträge und Leistungen abzusetzen sind. Dabei ist der sozialhilferechtliche Einkommensbegriff maßgeblich, weil dem Bedürftigen über die Prozesskosten nicht dasjenige genommen werden soll, was ihm das Sozialrecht als notwendig zur Verfügung stellt.[132] Nach § 115 Abs. 1 S. 2 ZPO gehören zum Einkommen alle Einkünfte in Geld oder Geldeswert. Einkünfte sind *„alle zeitraumbezogenen Zuwendungen, über die der Empfänger bei Fälligkeit der Prozessführungs-*

---

129 *Dölling*, NJW 2016, 207; Kap. 3 B.II.3.
130 Stein/Jonas/*Bork*, § 114 Rn. 18.
131 Stein/Jonas/*Bork*, § 114 Rn. 18.
132 MüKoZPO/*Wache*, § 115 Rn. 3.

B. Staatliches Finanzierungsmodell: Die Prozesskostenhilfe Kap. 3

kosten frei verfügen kann."[133] Zeitraumbezogen heißt, dass das Einkommen zur Deckung des Lebensunterhalts innerhalb eines bestimmten Zeitraums gewährt wird.[134] Dadurch grenzt sich das Einkommen vom Vermögen ab.[135] Ferner ist das Einkommen vom Vermögen dadurch abzugrenzen, dass das Vermögen nur im Entscheidungszeitpunkt bereits vorhandene Güter umfasst, wohingegen das Einkommen zukünftige Mittel betrifft.[136]

cc) Vermögenseinsatz

Zum Vermögen gehören alle beweglichen und unbeweglichen Sachen sowie alle geldwerten Forderungen und sonstigen Rechte.[137] Der Antragsteller hat nach § 115 Abs. 3 ZPO sein Vermögen nur einzusetzen, soweit dies zumutbar ist. In § 115 Abs. 3 S. 2 ZPO werden besondere Zumutbarkeitsgrenzen aufgestellt, indem angeordnet wird, dass das Schonvermögen in § 90 SGB XII nicht zur Prozessfinanzierung eingesetzt werden muss.[138] Im Übrigen kann die Verwertung von Vermögen dann unzumutbar sein, wenn es zweckgebunden oder unpfändbar nach §§ 811, 812 ZPO ist sowie wenn die Verwertung des Vermögens unverhältnismäßig ist.[139]

dd) Unvermögen zur Kostenaufbringung

Hat das Gericht so die wirtschaftlichen Verhältnisse des Antragstellers festgestellt, muss es nach § 114 Abs. 1 S. 1 ZPO prüfen, ob er die Kosten der Prozessführung mit seinem Einkommen oder Vermögen nicht, nur zum Teil oder nur in Raten aufbringen kann. Der Antragsteller kann die Kosten der Prozessführung überhaupt nicht aufbringen, wenn er kein Vermögen und kein einzusetzendes Einkommen hat oder sein einzusetzendes Einkommen nach § 115 Abs. 2 S. 2 ZPO eine Monatsrate von weniger als zehn Euro ergeben würde. Dann bewilligt das Gericht Prozesskostenhilfe, ohne Monatsraten oder aus dem Vermögen zu zahlende Beträge festzusetzen.

---

133 Stein/Jonas/*Bork*, § 115 Rn. 5; ähnlich MüKoZPO/*Wache*, § 115 Rn. 2.
134 BAG, Beschl. v. 22.12.2003 – AZB 23/03LAG, BeckRS 2003, 31048905; OLG Jena, Beschl. v. 31.8.2012 – 1 WF 450/12, BeckRS 2012, 21081; MüKoZPO/*Wache*, § 115 Rn. 68.
135 BAG, Beschl. v. 22.12.2003 – AZB 23/03LAG, BeckRS 2003, 31048905; OLG Jena, Beschl. v. 31.8.2012 – 1 WF 450/12, BeckRS 2012, 21081; Stein/Jonas/*Bork*, § 115 Rn. 94.
136 BSG, Urt. v. 3.3.2009 – B 4 AS 47/08 R, NJW 2009, 3323 (3324); BSG, Urt. v. 30.7.2008 – B 14 AS 26/07 R, BeckRS 2008, 58331 Rn. 21; Musielak/Voit/*Fischer*, ZPO, § 115 Rn. 35.
137 BAG, Beschl. v. 22.12.2003 – AZB 23/03LAG, BeckRS 2003, 31048905; Stein/Jonas/*Bork*, § 115 Rn. 93.
138 Stein/Jonas/*Bork*, § 114 Rn. 18.
139 MüKoZPO/*Wache*, § 115 Rn. 71.

Kap. 3 Finanzierungsmodelle für einen Prozess

Verfügt der Antragsteller demgegenüber über einzusetzendes Einkommen oder Vermögen, das aber nicht zur vollen Kostendeckung ausreicht, setzt das Gericht nach § 120 Abs. 1 S. 1 ZPO die zu zahlenden Monatsraten und die aus dem Vermögen zu bezahlenden Beträge fest. *In Teilen* kann der Antragsteller die Kosten der Prozessführung aufbringen, wenn er Vermögen einzusetzen hat, das die Kosten teilweise deckt.[140] *In Raten* kann er die Kosten dann aufbringen, wenn er einzusetzendes Einkommen hat.[141] Eine Monatsrate beträgt gemäß § 115 Abs. 2 S. 1 Hs. 1 ZPO die Hälfte des einzusetzenden Einkommens. Ändern sich nach Erlass des Prozesskostenhilfebeschlusses die persönlichen und wirtschaftlichen Verhältnisse der Partei, kann das Gericht seine Entscheidung nach § 120a ZPO abändern. Trotz bestehender Bedürftigkeit wird die Prozesskostenhilfe gemäß § 115 Abs. 4 ZPO versagt, wenn die Kosten der Prozessführung vier Monatsraten und die aus dem Vermögen aufzubringenden Teilbeträge voraussichtlich nicht übersteigen. Dann wird es der Partei zugemutet, sich die (geringfügigen) Mittel, die zur Prozessführung erforderlich sind, anderweitig zu beschaffen, indem sie beispielsweise das Geld anspart oder einen Kredit aufnimmt.[142]

b) Hinreichende Erfolgsaussichten

Die Bewilligung von Prozesskostenhilfe setzt außerdem voraus, dass die beabsichtigte Rechtsverfolgung oder Rechtsverteidigung hinreichende Aussicht auf Erfolg bietet. Bei der Auslegung des § 114 Abs. 1 S. 1 ZPO ist die verfassungsrechtliche Gewährleistung der Prozesskostenhilfe zu beachten.[143] Daraus folgt, dass hinreichende Erfolgsaussichten bestehen, wenn eine bemittelte Partei den Prozess nach Abwägung des Prozesskostenrisikos führen würde.[144] Diese Anforderungen dürfen aber nicht überspannt werden, weil sonst der Zweck der Prozesskostenhilfe, Unbemittelten und Bemittelten einen weitgehend gleichen Zugang zu Gericht zu ermöglichen, unterlaufen werden würde.[145] Das Wort „hinreichend" bringt dabei selbst zum Ausdruck, dass es sich bei der Prüfung der Erfolgsaussichten nur um eine vorläufige, summarische Prüfung handelt.[146] Die Erfolgsaussichten müssen also keinesfalls gewiss sein.[147] Ob Erfolgsaussichten gewiss sind, kann in

---

140 Stein/Jonas/*Bork*, § 114 Rn. 19.
141 Stein/Jonas/*Bork*, § 114 Rn. 19.
142 Musielak/Voit/*Fischer*, ZPO, § 115 Rn. 56.
143 Hierzu Kap. 2 B.III.
144 MüKoZPO/*Wache*, § 114 Rn. 52.
145 BVerfG, Beschl. v. 4.10.2017 – 2 BvR 846/17, 2 BvR 847/17, 2 BvR 945/17, 2 BvR 1291/17, BeckRS 2017, 130523 Rn. 12.
146 Anders/Gehle/*Dunkhase*, § 114 Rn. 28; MüKoZPO/*Wache*, § 114 Rn. 52.
147 BVerfG, Beschl. v. 19.7.2010 – 1 BvR 1873/09, NJW 2010, 3083 (3084); Musielak/Voit/*Fischer*, ZPO, § 114 Rn. 19; Zöller/*Schultzky*, § 114 Rn. 23.

der Regel ohnehin erst im Hauptsacheverfahren festgestellt werden, da im Prozesskostenhilfeverfahren grundsätzlich keine Beweisaufnahme stattfindet.[148] Die Prüfung der Erfolgsaussichten soll auch nicht dazu dienen, die Rechtsverfolgung oder -verteidigung in das Prozesskostenhilfeverfahren vorzuverlagern und damit das Hauptsacheverfahren zu ersetzen.[149] Daraus folgt aber nicht, dass die Erfolgsaussichten lediglich oberflächlich zu prüfen wären. Vielmehr hat das Gericht zum Schutz des Gegners der bedürftigen Partei die Erfolgsaussichten sorgfältig zu prüfen.[150] Der Gegner der bedürftigen Partei muss nämlich fürchten, seinen prozessualen Kostenerstattungsanspruch nicht durchsetzen zu können, weil er sich nach § 123 ZPO nur an die bedürftige Partei wenden kann, die im Zweifel keine Mittel zur Erstattung seiner Kosten hat.

Hinreichende Erfolgsaussichten bestehen daher dann, wenn der Rechtsstandpunkt der Partei zumindest vertretbar erscheint und die Möglichkeit einer Beweisführung besteht.[151] In rechtlicher Hinsicht darf der Prozesskostenhilfeantrag damit nicht abgelehnt werden, solange die rechtliche Auffassung des Antragstellers vertretbar ist. Das gilt gerade für schwierige Rechtsfragen, die nicht im Prozesskostenhilfeverfahren durchentschieden werden sollen. Dadurch würde dem Unbemittelten im Gegensatz zum Bemittelten die Möglichkeit genommen werden, seinen Rechtsstandpunkt im Zweifelsfall über die Instanzen hinaus zu verteidigen.[152] In tatsächlicher Hinsicht muss eine aus Sicht des Bedürftigen gelungene Beweisführung zumindest möglich sein. Der Prozesskostenhilfeantrag kann also nur dann abgelehnt werden, wenn konkrete und nachvollziehbare Anhaltspunkte vorliegen, dass die Beweisaufnahme mit großer Wahrscheinlichkeit zum Nachteil des Bedürftigen ausgehen würde.[153]

c) Fehlende Mutwilligkeit

Weiterhin darf die Rechtsverfolgung durch den Unbemittelten nicht mutwillig erscheinen. Nach § 114 Abs. 2 Alt. 1 ZPO ist die Rechtsverfolgung mutwillig, wenn eine Partei, die keine Prozesskostenhilfe beansprucht, bei verständiger Würdigung aller Umstände von der Rechtsverfolgung absehen würde, obwohl eine hinreichende Aussicht auf Erfolg besteht. Nach der Le-

---

148 MüKoZPO/*Wache*, § 114 Rn. 52.
149 BVerfG, Beschl. v. 13.3.1990 – 2 BvR 94/88, NJW 1991, 413.
150 MüKoZPO/*Wache*, § 114 Rn. 52.
151 BGH, Beschl. v. 15.12.1993 – VI ZR 235/92, NJW 1994, 1160 (1161); Zöller/*Schultzky*, § 114 Rn. 22.
152 BVerfG, Beschl. v. 4.10.2017 – 2 BvR 846/17, 2 BvR 847/17, 2 BvR 945/17, 2 BvR 1291/17, BeckRS 2017, 130523 Rn. 12.
153 BVerfG, Beschl. v. 28.10.2019 – 2 BvR 1813/18, NJW 2020, 534; BVerfG, Beschl. v. 20.2.2002 – 1 BvR 1450/00, NJW-RR 2002, 1069.

galdefinition kann die Rechtsverfolgung nur dann mutwillig sein, wenn Erfolgsaussichten bestehen. Die Erfolgsaussichten sind also vorrangig zu prüfen und müssen bestehen, damit eine Rechtsverfolgung überhaupt mutwillig sein kann.[154]

Es ist dem Bedürftigen nur ausnahmsweise zuzumuten, von der Rechtsverfolgung abzulassen, obwohl er in der Sache recht hat. Über § 114 Abs. 2 ZPO werden daher vor allem solche Fälle ausgeschlossen, in denen der angestrebte Prozess sinnlos ist, etwa weil der Gegner keinen Anlass zur Klage gegeben hat, ein günstiges Urteil keinen wirtschaftlichen Vorteil bringen würde oder dem Antragsteller ein einfacherer oder billigerer Weg zur Verfügung steht, um sein Rechtsschutzinteresse durchzusetzen.[155] Beispielsweise kann die Verfolgung eines Anspruchs vor dem Landgericht mutwillig sein, wenn der Anspruch voraussichtlich nicht bestritten wird und daher von einer bemittelten Partei im Rahmen eines Mahnverfahrens verfolgt werden würde.[156]

d) Ergebnis

Natürliche Personen können Prozesskostenhilfe erhalten, wenn eine Bewertung ihrer wirtschaftlichen Verhältnisse ergibt, dass sie sich die Gerichtskosten und bei Beiordnung eines Rechtsanwalts ihre eigenen Anwaltskosten nicht (vollständig) leisten können. Hat eine Partei einzusetzendes Vermögen, muss sie daraus die Kosten des Rechtsstreits zahlen. Reicht das Vermögen nicht aus, muss sie die Kosten der Prozessführung ratenweise zurückbezahlen, wenn sie einzusetzendes Einkommen hat.

Darüber hinaus muss ihre Rechtsverfolgung hinreichende Erfolgsaussicht bieten und darf nicht mutwillig sein. Hinreichende Erfolgsaussichten bestehen dann, wenn der Rechtsstandpunkt des Antragstellers rechtlich vertretbar und in tatsächlicher Hinsicht eine Beweisführung nicht ausgeschlossen erscheint. Bestehen hinreichende Erfolgsaussichten, darf die Rechtsverfolgung dennoch nicht mutwillig sein, das heißt, eine bemittelte Partei dürfte nicht bei verständiger Würdigung aller Umstände von der Rechtsverfolgung absehen.

---

154 So auch Zöller/*Schultzky*, § 114 Rn. 43, der BGH NJW-RR 2017, 1469 Rn. 11 als aA zitiert. In Rn. 6 der zitierten Entscheidung wird aber deutlich, dass der BGH die Erfolgsaussichten offenließ, weil die Rechtsverfolgung „*jedenfalls*" mutwillig war.
155 Zu den einzelnen Fallgruppen Stein/Jonas/*Bork*, § 114 Rn. 28 ff.; Zöller/*Schultzky*, § 114 Rn. 43 ff.; Wieczorek/Schütze/*Smid/Hartmann*, § 114 Rn. 26; Musielak/Voit/*Fischer*, ZPO, § 114 Rn. 30 ff.
156 OLG Düsseldorf, Beschl. v. 21.4.2008 – 17 W 15/08, BeckRS 2008, 16640; LG Lüneburg, Beschl. v. 21.9.2001 – 8 O 247/01, NJW-RR 2002, 647.

3. Antragstellung durch Parteien kraft Amtes, juristische Personen und parteifähige Vereinigungen

Für Parteien kraft Amtes, juristische Personen und parteifähige Vereinigungen enthält § 116 ZPO Sonderregelungen. Auch für sie gilt aber nach § 116 S. 2 ZPO, dass die Rechtsverfolgung hinreichende Erfolgsaussichten bieten muss und nicht mutwillig sein darf. In der Praxis hat die Vorschrift die größte Bedeutung für Prozesskostenhilfeanträge des Insolvenzverwalters.[157]

a) Parteien kraft Amtes als Antragsteller
aa) Begriff der Partei kraft Amtes

Eine Partei kraft Amtes erhält gemäß § 116 S. 1 Nr. 1 ZPO auf Antrag Prozesskostenhilfe, wenn die Kosten aus der verwalteten Vermögensmasse nicht aufgebracht werden können und den am Gegenstand des Rechtsstreits wirtschaftlich Beteiligten nicht zuzumuten ist, die Kosten aufzubringen. Als Parteien kraft Amtes sind neben dem Insolvenzverwalter insbesondere der Zwangsverwalter, Nachlassverwalter und Testamentsvollstrecker erfasst.[158] Am Beispiel des Insolvenzverwalters[159] sollen im Folgenden die Sonderregelungen erläutert werden.

bb) Kostendeckung aus der Insolvenzmasse

Aus der Insolvenzmasse können die voraussichtlich anfallenden Prozesskosten dann aufgebracht werden, wenn ausreichend Barmittel vorhanden sind oder aufgetrieben, d. h. „flüssig gemacht", werden können.[160] Als Barmittel muss nur die liquide Masse eingesetzt werden, die nach Abzug der bereits begründeten und den voraussichtlich noch entstehenden Masseverbindlichkeiten verbleibt, weil dem Insolvenzverwalter nicht jeder wirtschaftliche Handlungsspielraum genommen werden darf.[161] Vermögenswerte müssen

---
157 Musielak/Voit/*Fischer*, ZPO, § 116 Rn. 2.
158 Stein/Jonas/*Bork*, § 116 Rn. 2.
159 Dass nachfolgend auf Prozesskostenhilfeanträge des Insolvenzverwalters eingegangen wird, hat zwei Gründe: erstens haben sie in der Praxis die größte Bedeutung (s. Fn. 157). Zweitens ist das Verhältnis der Prozesskostenhilfe gegenüber der gewerblichen Prozessfinanzierung hinsichtlich Prozesskostenhilfeanträgen von Insolvenzverwaltern relevant, weil hier teilweise die Ansicht vertreten wird, dass vorrangig gewerbliche Finanzierer in Anspruch zu nehmen seien (vgl. zum Ganzen Kap. 4 C. V. 3. b)).
160 Musielak/Voit/*Fischer*, ZPO, § 116 Rn. 4; Wieczorek/Schütze/*Smid/Hartmann*, § 116 Rn. 5.
161 OLG Naumburg, Beschl. v. 21.3.2011 – 5 W 28/11, BeckRS 2011, 7716; OLG Stuttgart, Beschl. v. 20.2.2004 – 13 W 57/03, BeckRS 2004, 4496 Rn. 2; Stein/Jonas/*Bork*, § 116 Rn. 7.

verwertet werden, wenn feststeht, dass sie in angemessener Frist verwertet werden können.[162] Sie müssen nur dann nicht verwertet werden, wenn eine Vermögensverwertung wirtschaftlich sinnlos ist, weil sie etwa mit einem erheblichen oder im Verhältnis zur beabsichtigten Prozessführung unverhältnismäßigen Wertverlust einhergeht.[163]

cc) Zumutbarkeit der Kostendeckung für wirtschaftlich Beteiligte

Können die Kosten des Rechtsstreits nicht aus der Insolvenzmasse aufgebracht werden, stellt sich die Frage, ob es den am Gegenstand des Rechtsstreits wirtschaftlich Beteiligten zuzumuten ist, die Kosten aufzubringen.[164]

(1) Wirtschaftlich Beteiligte

Am Gegenstand des Rechtsstreits wirtschaftlich Beteiligte sind neben dem Insolvenzschuldner – der freilich kaum in der Lage sein wird, die Kosten für den Rechtsstreit aufzubringen – Gläubiger, deren Befriedigungsaussichten sich bei einem erfolgreichen Verfahrensausgang konkret verbessern.[165] Dazu gehören Insolvenzgläubiger, deren Forderungen nicht bestritten sind,[166] und Absonderungsberechtigte, wenn Gegenstand des Prozesses ein absonderungsbelasteter Massegegenstand ist.[167]

Über die wirtschaftliche Beteiligung von Massegläubigern[168] und dem Insolvenzverwalter[169] selbst lässt sich streiten. Ihre Heranziehung ist selbst dann, wenn man sie als wirtschaftlich Beteiligte ansehen wollte, jedenfalls unzumutbar. Für Massegläubiger gilt das deswegen, weil ihre Ansprüche auf

---

162 Stein/Jonas/*Bork*, §§ 116 Rn. 7, 115 Rn. 97.
163 Musielak/Voit/*Fischer*, ZPO, § 116 Rn. 4; *Mitlehner*, NZI 2001, 617 (618).
164 Über die Verfassungsmäßigkeit der Norm wird gestritten, vgl. ausf. hierzu *Göttler*, Die Prozesskostenhilfe für den Insolvenzanfechtungsprozess, S. 149 ff.; *Gelpcke/Hellstab/Wache/Weigelt*, Der Prozesskostenhilfeanspruch des Insolvenzverwalters, S. 79 ff.
165 BGH, Beschl. v. 28.2.2007 – IV ZR 320/04, NZI 2007, 410 (411).
166 Wird die Forderung bestritten, steht gerade nicht fest, ob der vermeintliche Forderungsinhaber überhaupt am Erfolg partizipieren darf, vgl. *Mitlehner*, NZI 2001, 617 (620).
167 *Mitlehner*, NZI 2001, 617 (620).
168 Stein/Jonas/*Bork*, § 116 Rn. 10; MüKoZPO/*Wache*, § 116 Rn. 17; Musielak/Voit/*Fischer*, ZPO, § 116 Rn. 6; *Sterzinger*, NZI 2008, 525 (526).
169 Die überwiegende Ansicht scheint davon auszugehen, dass der Insolvenzverwalter nicht wirtschaftlich Beteiligter ist, vgl. BGH, Beschl. v. 18.9.2003 – IX ZB 460/02, NJW-RR 2004, 136; BGH, Beschl. v. 15.1.1998 – IX ZB 122-97, NJW 1998, 1229; MüKoZPO/*Wache*, § 116 Rn. 17; *Sterzinger*, NZI 2008, 525 (526); **aA** OLG Köln, Beschl. v. 6.4.1998 – 1 W 22/98, VersR 1998, 1045; OLG Celle, Beschl. v. 11.5.1988 – 9 W 60/88, ZIP 1988, 792.

Vorgängen zu Gunsten der Insolvenzmasse beruhen.[170] Ähnlich verhält es sich im Hinblick auf Insolvenzverwalter. Sie handeln anders als die übrigen Gläubiger nicht aufgrund eines eigenen wirtschaftlichen Interesses, sondern nehmen mit der Abwicklung des Insolvenzverfahrens eine im öffentlichen Interesse liegende Aufgabe wahr.[171]

(2) Zumutbarkeit der Kostenaufbringung

Es ist Beteiligten nach dem BGH zuzumuten, die Prozesskosten zu übernehmen, wenn sie die erforderlichen Mittel unschwer aufbringen können und der zu erwartende Nutzen bei vernünftiger, auch das Eigeninteresse sowie das Prozesskostenrisiko angemessen berücksichtigender Betrachtungsweise bei einem Erfolg der Rechtsverfolgung voraussichtlich deutlich größer sein wird als die als Vorschuss aufzubringenden Gerichtskosten.[172] Ob diese Voraussetzungen vorliegen, ist aufgrund einer Abwägung aller Umstände des Einzelfalls zu ermitteln.[173] Dabei ist insbesondere die zu erwartende Quote, das Prozess- und Vollstreckungsrisiko sowie die Gläubigerstruktur zu berücksichtigen.[174] So kann eine Prozessfinanzierung durch wirtschaftlich Beteiligte unzumutbar sein, wenn ein Prozess aus Sicht der in Anspruch zu nehmenden Gläubiger keinen Nutzen hat, weil die Rechte anderer Gläubiger vorrangig zu befriedigen sind oder die zu erwartende Quote so gering ist, dass das Prozessrisiko außer Verhältnis steht.[175]

b) Juristische Personen und parteifähige Vereinigungen

Nach § 116 S. 1 Nr. 2 ZPO können auch juristische Personen und parteifähige Vereinigungen Prozesskostenhilfe erhalten, wenn die Kosten des Rechtsstreits weder von ihnen selbst noch von den am Gegenstand des Rechtsstreits wirtschaftlich Beteiligten aufgebracht werden können und wenn die Unterlassung der Rechtsverfolgung oder Rechtsverteidigung allgemeinen Interessen zuwiderlaufen würde. Während die Anforderungen an die Kostenaufbringung denjenigen bei Parteien kraft Amtes gleichen, findet sich im letzten Halbsatz der Vorschrift eine Voraussetzung, die nur für juristische Personen und parteifähige Vereinigungen gilt.

---

170 *Sterzinger*, NZI 2008, 525 (527).
171 BGH, Beschl. v. 18.9.2003 – IX ZB 460/02, NJW-RR 2004, 136.
172 BGH, Beschl. v. 7.6.2011 – II ZA 1/11, BeckRS 2011, 18587 Rn. 2; BGH, Beschl. v. 23.10.2008 -II ZR 211/08, BeckRS 2008, 24064 Rn. 2.
173 BGH, Beschl. v. 7.6.2011 – II ZA 1/11, BeckRS 2011, 18587 Rn. 3; BGH, Beschl. v. 23.10.2008 -II ZR 211/08, BeckRS 2008, 24064 Rn. 3.
174 MüKoZPO/*Wache*, § 116 Rn. 18 und Stein/Jonas/*Bork*, § 116 Rn. 13 jeweils mwN; vgl. für eine Übersicht auch *Hees/Freitag*, NZI 2017, 377 (379 ff.).
175 So schon *Uhlenbruck*, ZIP 1982, 288 (290).

Kap. 3   Finanzierungsmodelle für einen Prozess

aa) Mögliche Antragsteller: juristische Personen und parteifähige Vereinigungen

§ 116 S. 1 Nr. 2 ZPO gilt für alle verbliebenen Antragsteller, die nicht von § 114 und § 116 S. 1 Nr. 1 ZPO erfasst sind. Nach der Norm kann also jeder parteifähige Antragsteller mit Ausnahme der natürlichen Personen und Parteien kraft Amtes Prozesskostenhilfe beantragen.[176] Parteifähige Vereinigungen sind beispielsweise die Außengesellschaft bürgerlichen Rechts[177] sowie offene Handelsgesellschaften oder Kommanditgesellschaften.

bb) Kostenaufbringung durch Eigenmittel oder wirtschaftlich Beteiligte

So wie für Parteien kraft Amtes fordert § 116 S. 1 Nr. 2 ZPO zunächst die Prüfung, ob die juristische Person oder parteifähige Vereinigung die Kosten des Rechtsstreits aus eigenen Mitteln aufbringen kann. Aus Eigenmitteln kann der Prozess dann nicht finanziert werden, wenn weder ausreichende Barmittel vorhanden sind noch beschafft werden können.[178] Dann stellt sich die Frage, ob wirtschaftlich Beteiligte die Kosten aufbringen können. Wirtschaftlich beteiligt ist, auf wessen Vermögenslage sich das Obsiegen oder Unterliegen des Antragstellers wirtschaftlich auswirkt.[179] Zum Kreis der wirtschaftlich Beteiligten gehören beispielsweise Gesellschafter oder Aktionäre.[180]

Anders als § 116 S. 1 Nr. 1 ZPO gibt § 116 S. 1 Nr. 2 ZPO nicht vor, dass die Kostenaufbringung den wirtschaftlich Beteiligten zuzumuten sein muss. Es kommt also grundsätzlich alleine auf die Leistungsfähigkeit der wirtschaftlich Beteiligten an.[181] Im Hinblick darauf, dass es verfassungsrechtlich geboten ist, auch für juristische Personen und parteifähige Vereinigungen eine Prozesskostenhilfe vorzuhalten,[182] sollte die Vorschrift verfassungskonform

---

176 MüKoZPO/*Wache*, § 116 Rn. 21.
177 Deren Parteifähigkeit ist vom BGH, Urt. v. 29.1.2001 – II ZR 331/00, NJW 2001, 1056 („*ARGE Weißes Ross*") anerkannt worden; aA Wieczorek/Schütze/*Schmid/Hartmann*, § 116 Rn. 16, wonach die BGB-Gesellschaft keine parteifähige Vereinigung sein soll.
178 Kap. 3 B.IV.3.a)bb).
179 OLG Bamberg, Beschl. v. 23.10.1989 – 4 W 63/89, NJW-RR 1990, 638; Zöller/*Schultzky*, § 116 Rn. 20.
180 Zöller/*Schultzky*, § 116 Rn. 21 mwN.
181 BGH, Beschl. v. 23.7.2019 – II ZR 56/18, NZI 2019, 764 (764); Zöller/*Schultzky*, § 116 Rn. 22; Anders/Gehle/*Dunkhase*, § 116 Rn. 20.
182 Über Art. 19 Abs. 3 GG (hierzu Kap. 2 B.III.1.b)bb)); auch wenn man der Gegenansicht folgen würde, könnte eine verfassungskonforme Auslegung vor dem Hintergrund geboten sein, dass bspw. das Sozialstaatsprinzip dem Gesetzgeber abverlangen könnte, Prozesskostenhilfe zur Aufrechterhaltung einer Vielzahl von Arbeitsplätzen (hierzu sogleich) zu gewähren.

so ausgelegt werden, dass sie die Prozesskostenhilfe nicht faktisch ausschließt.[183] Beispielsweise sollte daher bei einer Publikums-AG der Kreis der wirtschaftlich Beteiligten nicht so weit gefasst werden, dass Kleinaktionäre zur Prozessfinanzierung herangezogen werden, wenn die AG den Rechtsstreit aus eigenen Mitteln nicht führen kann.[184]

cc) Allgemeines Interesse an der Rechtsverfolgung

Zuletzt setzt § 116 S. 1 Nr. 2 ZPO voraus, dass die Unterlassung der Rechtsverfolgung oder Rechtsverteidigung allgemeinen Interessen zuwiderlaufen würde. Die Voraussetzung schränkt den Anwendungsbereich der Prozesskostenhilfe für juristische Personen und parteifähige Vereinigungen erheblich ein. Das ist Folge der Auffassung des BVerfG[185], des Gesetzgebers[186] und der herrschenden Meinung,[187] dass kein verfassungsrechtliches Gebot besteht, wonach für sie Prozesskostenhilfe vorzuhalten wäre. Dementsprechend setzt das Gesetz voraus, dass nicht nur die Interessen der juristischen Person oder der parteifähigen Vereinigung selbst, sondern allgemeine Interessen betroffen sein müssen. Die Unterlassung einer Rechtsverfolgung kann dann allgemeinen Interessen zuwiderlaufen, wenn der Rechtsstreit größere Kreise der Bevölkerung oder des Wirtschaftslebens betrifft oder eine Unterlassung der Rechtsverfolgung soziale Wirkungen nach sich ziehen könnte.[188] Erfasst sind beispielsweise Fälle, in denen ein Interesse am Fortbestehen einer juristischen Person besteht, weil diese Aufgaben der öffentlichen Daseinsfürsorge wahrnimmt oder eine Vielzahl von Arbeitnehmern beschäftigt.[189]

An der Verfassungsmäßigkeit dieser Einschränkung lässt sich, wie bereits erläutert,[190] durchaus zweifeln, zumal auch das BVerfG in neuerer Rechtsprechung das Recht auf Prozesskostenhilfe als Teil der Justizgewährung

---

183 Ähnlich MüKoZPO/*Wache*, § 116 Rn. 25; Stein/Jonas/*Bork*, § 116 Rn. 22 möchte demgegenüber das Zumutbarkeitskriterium auch hier anwenden.
184 MüKoZPO/*Wache*, § 116 Rn. 25.
185 BVerfG, Beschl. v. 3.7.1973 – 1 BvR 153/69, NJW 1974, 229.
186 BT-Drs. 8/3068, S. 26 mit Verweis auf BVerfG, Beschl. v. 3.7.1973 – 1 BvR 153/69, NJW 1974, 229.
187 Musielak/Voit/*Fischer*, ZPO, § 116 Rn. 17; BeckOK ZPO/*Reichling*, § 116 Rn. 23; Zöller/*Schultzky*, § 116 Rn. 16; Wieczorek/Schütze/*Smid/Hartmann*, § 116 Rn. 17; Anders/Gehle/*Dunkhase*, § 116 Rn. 25 f.; **aA** Stein/Jonas/*Bork*, § 116 Rn. 24, der die mit dem Justizgewährungsanspruch einhergehende Rechtsschutzgarantie betont; *Willenbruch*, Das Armenrecht und die juristischen Personen, S. 30 ff.
188 BGH, Beschl. v. 10.2.2011 – IX ZB 145/09, NJW 2011, 1595 (1596) Rn. 10; BGH, Beschl. v. 20.12.1989 – VIII ZR 139/89, NJW-RR 1990, 474.
189 Stein/Jonas/*Bork*, § 116 Rn. 26 f. mwN.
190 Kap. 2 B.III.1.c).

versteht.[191] Über Art. 19 Abs. 3 GG können sich aber auch juristische Personen und parteifähige Vereinigungen auf den Justizgewährungsanspruch berufen.[192] Daher lässt sich ein Recht auf Prozesskostenhilfe nicht mit dem Argument ablehnen, dass eine sozialstaatliche Einstandspflicht für juristische Personen nicht bestünde.

c) Ergebnis

Auch für andere als natürliche Personen gilt, dass sie Prozesskostenhilfe nur bei hinreichenden Erfolgsaussichten und fehlender Mutwilligkeit erhalten. Im Übrigen kann ihr Antrag nur dann Erfolg haben, wenn sie die Kosten des Rechtsstreits weder aus ihrem (verwalteten) Vermögen noch durch am Gegenstand des Rechtsstreits wirtschaftlich Beteiligte aufbringen können. Für Parteien kraft Amtes muss die Heranziehung der wirtschaftlich Beteiligten zumutbar sein. Eine vergleichbare Regelung findet sich zwar nicht für juristische Personen und parteifähige Vereinigungen, kann sich aber aufgrund einer verfassungskonformen Auslegung ergeben. Zuletzt besteht für juristische Personen und parteifähige Vereinigungen die Voraussetzung, dass die Unterlassung der Rechtsverfolgung allgemeinen Interessen zuwiderläuft, was den Anwendungsbereich der Prozesskostenhilfe für sie erheblich einschränkt.

C. Private Finanzierungsmodelle

I. Einführung

Neben der Prozesskostenhilfe als staatliches Finanzierungsmodell hat der Anspruchsinhaber die Möglichkeit, sich die Mittel zur Prozessführung von privaten Dritten zu beschaffen. Letztere stellen die Voraussetzungen, unter denen sie Klägern Mittel zur Prozessführung zur Verfügung stellen, selbst auf. Sie bieten anders als die staatliche Prozesskostenhilfe[193] teilweise an, Kostenrisiken gegen eine Entgeltleistung zu übernehmen. Ihre Finanzierungsleistung kann also nicht nur darin bestehen, Mittel über einen bestimmten Zeitraum zur Verfügung zu stellen, sondern auch darin, Kosten im Misserfolgsfall endgültig zu übernehmen. Insoweit müssen sie bei ihrer Finanzierungsentscheidung unter anderem prüfen, wie hoch die Wahrscheinlichkeit eines Misserfolgsfalls ist und darauf spekulieren, dass dieser nicht eintreten wird. Ihre Finanzierung wird dadurch zu einer Investition in den Fall des Anspruchsinhabers. Es lässt sich daher nicht abstrakt bestimmen,

---

191 Kap. 2 B.III.1.a).
192 Kap. 2 B.III.1.b)bb).
193 Kap. 3 B.II.

unter welchen Voraussetzungen sie bereit sind, einen bestimmten Prozess zu finanzieren. Allerdings lassen die Erwägungen, die private Dritte vor ihrer Finanzierungsentscheidung anstellen müssen und üblicherweise anstellen, darauf schließen, unter welchen Voraussetzungen sie typischerweise zur Bereitstellung von Mitteln und gegebenenfalls zur Übernahme von Prozesskostenrisiken gewillt sind.

Neben denjenigen Finanzierungsmodellen, die nachfolgend dargestellt werden, gibt es weitere Möglichkeiten, sich Barmittel für einen Prozess zu verschaffen. Diese eignen sich für den Normalfall aber nicht und sollen daher nicht weiter untersucht werden. Dazu gehört beispielsweise das *Crowdfunding* (in deutscher Sprache überwiegend als Schwarmfinanzierung bezeichnet[194]). Bekannt ist das *Crowdfunding* unter anderem[195] für die Kulturförderung[196], beispielsweise durch die Finanzierung von Filmen[197], oder als Form der Unternehmensfinanzierung[198]. Der Begriff *Crowdfunding* beschreibt die Einsammlung vieler kleiner Förderbeiträge zur Realisierung eines Projekts über das Internet.[199] Voraussetzung für das *Crowdfunding* ist, dass eine Vielzahl von *Fundern* an der Verwirklichung eines Projekts interessiert ist und deshalb bereit dazu ist, Geldmittel ohne Gegenleistung zur Verfügung zu stellen. Als Finanzierungsmodell für einen Prozess scheidet das *Crowdfunding* daher trotz der zunehmenden Digitalisierung und der damit verbundenen zunehmenden Erreichbarkeit potentieller *Funder* in aller Regel aus. Es werden sich nur selten Dritte finden lassen, die an der Rechtsdurchsetzung eines Einzelnen ein derartiges Interesse haben, dass sie dafür einen Beitrag leisten möchten. Aktuelle *Crowdfunding*-Kampagnen[200] zeigen aber, dass auch das *Crowdfunding* als Finanzierungsalternative geeignet sein kann, wenn der Streitgegenstand Interesse der Öffentlichkeit weckt. Mit Blick auf die Zukunft könnte sich das *Crowdfunding* beispielsweise für Klagen von Nichtregierungsorganisationen anbieten, die nach § 11 Abs. 1 LkSG Schadensersatzansprüche wegen Menschenrechtsverletzungen als Prozessstand-

---

194 *Fischer/Spitzley*, BKR 2022, 847 (848); *Wick*, VuR 2018, 49; *Schmitt/Doetsch*, BB 2013, 1451.
195 Vgl. aber bspw. auch *Schneider/Winter*, SpuRt 2015, 197 für das *Crowdfunding* bei professionellen Fußballvereinen.
196 *Leuering/Rubner*, NJW-Spezial 2012, 463.
197 Beispiele in *Bareiß*, ZUM 2012, 456.
198 *Herr/Bantleon*, DStR 2015, 532; *Schmitt/Doetsch*, BB 2013, 1451; *Weitnauer/Parzinger*, GWR 2013, 153.
199 *Leuering/Rubner*, NJW-Spezial 2012, 463.
200 Der Surf und Kite Verein Leipzig e.V. möchte sich rechtlich über ein *Crowdfunding* gegen das Verbot des Folings (ein dem Surfen ähnlicher Wassersport) des Landes Sachsen zur Wehr setzen (s. hierzu https://www.surf-magazin.de/windsurfen/aktionen/sachsen-crowdfunding-fuer-klage-gegen-foil-verbot/ (zuletzt abgerufen am 14.6.2023)).

Kap. 3 Finanzierungsmodelle für einen Prozess

schafter für Betroffene gegen Unternehmen geltend machen.[201] Auch bei Verbandsklagen[202] sind – auch aus Sicht des Gesetzgebers[203] – Fälle denkbar, in denen das *Crowdfunding* als Finanzierungsalternative in Betracht kommt. Zuletzt dürften sich auch Klimaklagen, wie sie vor allem von der deutschen Umwelthilfe bekannt sind,[204] für das *Crowdfunding* eignen.

II. Darlehen

1. Darlehen als Finanzierungsmodell

Der Anspruchsinhaber kann seinen Prozess wie jeder andere, der Barmittel benötigt, um beispielsweise ein Haus oder ein Auto zu finanzieren, durch den Abschluss eines Darlehensvertrags finanzieren. Durch den Abschluss des Darlehensvertrags verpflichtet sich die Bank, dem Anspruchsinhaber die Mittel in vereinbarter Höhe auszuzahlen, vgl. § 488 Abs. 1 S. 1 BGB. Der Kredit kann seiner Höhe nach die eigenen Anwaltskosten und anfallenden Gerichtskosten umfassen. Für den Misserfolgsfall, in dem der Anspruchsinhaber im Prozess unterliegt, kann der Kredit zudem diejenigen Kosten umfassen, die bei einer Kostenerstattung nach §§ 91 ff. ZPO dem Gegner zu erstatten wären. Im Hinblick auf das Gegenkostenrisiko ist es auch möglich, dass sich der Kläger im Darlehensvertrag eine Option einräumen lässt, wonach das Kreditinstitut nach Aufforderung des Klägers – dann im Misserfolgsfall – dazu verpflichtet ist, den Darlehensbetrag um die nun fälligen Kosten der Gegenseite zu erhöhen.

Als Gegenleistung zur Kreditgewährung muss der Anspruchsinhaber das Darlehen und den Zins zurückzahlen, vgl. § 488 Abs. 1 S. 2 BGB. Das Gesetz geht vom Regelfall aus, dass ein Zins geschuldet ist. Selbstverständlich schließt das nicht aus, dass sich der Anspruchsinhaber ein zinsloses Darlehen (z. B. im Freundes- und Familienkreis) besorgen kann.[205] An einem zinslosen Darlehen verdient der Darlehensgeber aber nichts. Er stellt kostenlos Barmittel über einen bestimmten Zeitraum zur Verfügung. Möchte der Anspruchsinhaber also in den Genuss kommen, ein Darlehen ohne Zinsvereinbarung zu erhalten, muss er jemanden finden, der ihm aus ideellen Motiven Geld zur Verfügung stellt.

---

201 Hierzu unter Kap. 6 D.III.
202 Zur Finanzierung der Verbandsklage im Übrigen Kap. 6 D.II.
203 Erwägungsgrund 52 Verbandsklagenrichtlinie.
204 Eine Übersicht zu den aktuellen Klimaklagen der Deutschen Umwelthilfe e. V. findet sich auf deren Homepage unter https://www.duh.de/klimaklagen/ (zuletzt abgerufen am 14.6.2023).
205 Vgl. auch BeckOK BGB/*Rohe*, § 488 Rn. 51.

2. Voraussetzungen

Spezielle Darlehen für die Finanzierung von Prozessen werden bislang nicht angeboten.[206] Banken prüfen daher wie auch sonst die Bonität des Darlehensnehmers, um zu ermitteln, ob sie bereit sind, ihm einen Kredit in bestimmter Höhe auszuzahlen. Verfügt der Anspruchsinhaber über hinreichend Einkommen, kann die Bank ihm alleine aufgrund seines Einkommens ein Darlehen auszahlen. Abhängig von den Einkommensverhältnissen, der Laufzeit und der Höhe des Kredits wird sich die Bank aber nicht dem Risiko ausliefern wollen, dass der Darlehensnehmer solvent bleiben und den Kredit und die Zinsen zurückzahlen können wird. Dann wird das Kreditinstitut das Darlehen nur gegen Sicherheit ausbezahlen. Die im Prozess geltend zu machende Forderung kommt dabei als Sicherheit nicht in Betracht. Damit eine Sicherungszession die gewünschte Sicherheit bieten könnte, müsste die Bank eine ähnliche Prüfung vornehmen wie Prozessfinanzierer[207]: sie müsste namentlich beurteilen, ob die Rechtsverfolgung Erfolgsaussichten hat und der Anspruchsgegner eine ausreichende Bonität aufweist.[208] Insbesondere auf die Prüfung der Erfolgsaussichten sind Banken aber nicht spezialisiert, das heißt, sie halten keine Rechtsabteilungen vor, welche die Erfolgsaussichten der Ansprüche ihrer Darlehensnehmer für die Zwecke der Bank prüfen könnten.

Weil eine Sicherungszession ausgeschlossen ist, kann der Darlehensnehmer Sicherheiten nur aus seinem sonstigen Vermögen stellen. Wenn er weder über ein hinreichendes Einkommen verfügt noch Sicherheiten leisten kann, ist aus Sicht der Bank nicht garantiert, dass er das Darlehen zurückbezahlen können wird. Dem Kläger wird es demnach nicht gelingen, einen Kredit aufzunehmen.

3. Ergebnis

Wenn der Anspruchsinhaber seinen Prozess mittels eines Kredits finanzieren möchte, muss er den Kredit nebst Zinsen unabhängig vom Ausgang des Prozesses zurückzahlen können. Einen Kredit erhält der Anspruchsinhaber nur dann, wenn er kreditwürdig ist, also über hinreichend Einkommen verfügt und gegebenenfalls erforderliche Sicherheiten anbieten kann.

---

206 Das ergaben eine Internetrecherche und Anfragen bei der Deutschen Bank und der Frankfurter Sparkasse; s. auch *Dimde*, Rechtsschutzzugang und Prozessfinanzierung im Zivilprozess: eine ökonomische Analyse des Rechts, S. 91.
207 Kap. 3 C.VI.3.a).
208 *Dimde*, Rechtsschutzzugang und Prozessfinanzierung im Zivilprozess: eine ökonomische Analyse des Rechts, S. 91.

Kap. 3   Finanzierungsmodelle für einen Prozess

III. Rechtsschutzversicherung

1. Einführung

Kläger können Prozesse auch dadurch finanzieren, dass sie sich gegen die Gefahr, ihre Rechte gerichtlich geltend machen und dabei Kosten tragen zu müssen, versichern lassen. Rechtsschutzversicherungen sind in Deutschland weit verbreitet. Eine Sonderauswertung der Einkommens- und Verbraucherstichprobe des Statistischen Bundesamts durch den Gesamtverband der Deutschen Versicherungswirtschaft (GDV) hat für das Jahr 2018 ergeben, dass knapp die Hälfte der deutschen Haushalte über eine Rechtsschutzversicherung verfügt.[209]

Neben Rechtsschutzversicherungen gibt es sogenannte *after-the-event* Versicherungen („**ATE-Versicherungen**").[210] Die ATE-Versicherung ermöglicht es – wie der Name (*after the event*) verrät –, eine Versicherung abzuschließen, wenn sich ein Risiko bereits verwirklicht hat, der Rechtsstreit also beispielsweise bereits eingeleitet wurde.[211] Der Versicherungsfall tritt erst ein, wenn der Prozess verloren geht. Dann ist der Versicherer in der Regel dazu verpflichtet, diejenigen Kosten zu übernehmen, die der Versicherte zu erstatten hat,[212] gegebenenfalls aber auch sonstige Kosten, wie die eigenen Anwaltskosten des Versicherten.[213] Damit widerspricht die ATE-Versicherung dem klassischen Verständnis einer Versicherung, nach dem der Versicherte Beiträge bezahlt und sich dadurch gegen spätere ungewisse Ereignisse absichert.[214] Das könnte einer der Gründe dafür sein, dass die ATE-Versicherung in Deutschland weitestgehend unbekannt ist und dementsprechend auch kein Angebot besteht.[215] Darüber hinaus finanzieren[216] ATE-Versicherer keine Prozesse, weil sie keine Mittel vorschießen, um eigene Anwaltskosten oder Gerichtskosten zu begleichen.[217] Vielmehr liefert der ATE-Versicherer

---

209 Die Sonderauswertung des GDV ist abrufbar unter https://www.gdv.de/gdv/themen/gesellschaft/versicherungsschutz-versicherungsdichte-ueberversicherung-49418 (zuletzt abgerufen am 14.6.2023).
210 Die Bezeichnung als Versicherung kann dabei hinterfragt werden, weil die ATE-Versicherung nicht dem klassischen Verständnis einer Versicherung entspricht (dazu sogleich).
211 *Nieuwveld/Sahani*, Kap. 5, S. 102; *Berger/Henze/Kohlmeiner*, zur Kombination von Prozessfinanzierung und ATE-Versicherung, S. 6.
212 *Nieuwveld/Sahani*, Kap. 5, S. 102.
213 ICCA Reports No. 4: Report of the ICCA-Queen Mary Task Force on Third-Party Funding in International Arbitration, S. 34.
214 Kap. 3 C.III.2.a).
215 Ausf. zu möglichen Gründen für das mangelnde Angebot *Berger/Henze/Kohlmeiner*, zur Kombination von Prozessfinanzierung und ATE-Versicherung, S. 6 ff.
216 S. die Definition unter Kap. 1 B.II.
217 *Berger/Henze/Kohlmeiner*, zur Kombination von Prozessfinanzierung und ATE-Versicherung, S. 9 f.

C. Private Finanzierungsmodelle **Kap. 3**

lediglich Kostenschutz für den erfolglosen Ausgang des Prozesses.[218] Einem Kläger, der sich fragt, wie er einen Prozess finanzieren soll, kann die ATE-Versicherung nicht helfen.[219] Daher wird nachfolgend ausschließlich auf Rechtsschutzversicherungen eingegangen.

2. Prozessfinanzierung mittels einer Rechtsschutzversicherung

a) Rechtsschutzversicherungen als Finanzierungsmodelle

Versicherer finanzieren Prozesse, indem sie die Aufwendungen tragen, die zur Führung von Rechtsstreitigkeiten notwendig sind.[220] Bei der Rechtsschutzversicherung ist der Versicherer nach § 125 VVG verpflichtet, die für die Wahrnehmung der rechtlichen Interessen des Versicherungsnehmers oder des Versicherten erforderlichen Leistungen im vereinbarten Umfang zu erbringen. Welche Risiken genau versichert sind und welche Kosten der Versicherer übernimmt, ergibt sich ausschließlich aus dem zugrunde liegenden Versicherungsvertrag. In den §§ 125–129 VVG ist die Rechtsschutzversicherung nur rudimentär geregelt. Zusätzlich gibt der Gesamtverband der Deutschen Versicherungswirtschaft Allgemeine Bedingungen für die Rechtsschutzversicherung („**ARB**")[221] heraus, die als Musterbedingungen in Versicherungsverträge einbezogen werden können, aber nicht einbezogen werden müssen.[222] Diese stehen bei der praktischen Rechtsanwendung im Vordergrund.[223] Sofern nachfolgend auf die ARB eingegangen wird, werden beispielhaft die ARB 2010 und ARB 2021 zitiert, weil die Musterbedingungen seit den ARB 2012 eine relevante Änderung erfahren haben, indem sie seitdem systematisch in einem „Baukastensystem" aufgebaut sind und in ihrem Wortlaut den Versicherungsnehmer direkt adressieren.[224]

Der Versicherer trägt nach den ARB die eigenen Anwalts- und Gerichtskosten sowie im Fall, dass der Prozess verloren geht, diejenigen Kosten, die der

---

218 ICCA Reports No. 4: Report of the ICCA-Queen Mary Task Force on Third-Party Funding in International Arbitration, S. 34; *Berger/Henze/Kohlmeiner*, zur Kombination von Prozessfinanzierung und ATE-Versicherung, S. 9 f.
219 Etwas Anderes kann dann gelten, wenn ATE-Versicherungen mit Prozessfinanzierungen kombiniert werden, sodass über die Prozessfinanzierung Mittel zur Prozessfinanzierung vorgeschossen werden und über die ATE-Versicherung das Kostenrisiko versichert wird, vgl. hierzu *Berger/Henze/Kohlmeiner*, zur Kombination von Prozessfinanzierung und ATE-Versicherung, S. 9 ff.
220 *Wandt*, Versicherungsrecht, Rn. 35.
221 Zuletzt die Musterbedingungen ARB 2021 (Stand: August 2022).
222 Schon auf der Titelseite heißt es „*Zur fakultativen Verwendung/Abweichende Vereinbarungen sind möglich*", vgl. auch BeckRA-HdB/*Scholl*, § 56 Rn. 22.
223 Looschelder/Paffenholz/*Looschelders*, ARB, Einf. Teil A. Rn. 37.
224 Looschelder/Paffenholz/*Looschelders*, ARB, Einf. Teil A. Rn. 44 f.

Kap. 3 Finanzierungsmodelle für einen Prozess

Kläger nach den §§ 91 ff. ZPO zu erstatten hat.[225] Insoweit hat der Versicherungsnehmer gegenüber dem Versicherer einen Anspruch auf Schuldbefreiung.[226] Der Versicherer ist also gezwungen, diese Mittel zur Verfügung zu stellen. Dafür muss der Versicherungsnehmer die vorgesehenen Prämien bezahlen.

Die Kostenübernahme des Versicherers kann in den Versicherungsverträgen aber auf eine bestimmte Höhe begrenzt werden.[227] Für Rechtsanwaltskosten ist die Höhe der Vergütung auf die gesetzliche Vergütung beschränkt.[228]

b) Voraussetzungen für die Einstandspflicht des Versicherers

Voraussetzung für die Einstandspflicht des Versicherers ist der Abschluss eines Versicherungsvertrags. Nach Abschluss eines Versicherungsvertrags ist der Versicherungsnehmer aber nicht für jeden Rechtsstreit versichert. Es gilt das Prinzip der Spezialität des versicherten Risikos, da bei einer Versicherung aller denkbaren Rechtsstreitigkeiten das Risiko für den Versicherer kaum kalkulierbar wäre und die Beiträge dementsprechend zu hoch werden würden.[229] Daher enthalten die ARB jeweils einen Leistungskatalog, aus dem ausgewählt werden kann, auf welchem Rechtsgebiet für welche Art der Interessenwahrnehmung Versicherungsschutz bestehen soll.[230]

Ist ein Risiko im Rahmen einer einschlägigen Rechtsschutzform und Leistungsart versichert und greift kein Ausschlustatbestand, stellt sich die Frage, ob ein Versicherungsfall eingetreten ist.[231] Mit dem Versicherungsvertrag wird dem Versicherten Schutz gegen die wirtschaftlichen Folgen ungewisser Ereignisse eingeräumt, bei deren Eintritt ein Versicherungsfall vorliegt.[232] Der Versicherungsfall liegt also ab Eintritt der versicherten Risiken vor und definiert damit den Zeitpunkt, ab wann Versicherungsschutz besteht.[233] Auch hierzu finden sich in den ARB Regelungen. So legt 2.4.2 ARB 2021 beispielsweise fest, dass im Schadensersatz-Rechtsschutz das erste Ereignis, bei dem der Schaden eingetreten ist oder eingetreten sein soll, maßgeblich ist.[234]

---

225 Vgl. § 5 Abs. 1 lit. a, lit. c, lit. h ARB 2010 und 2.3.1.2, 2.3.3.1, 2.3.3.3 ARB 2021.
226 BGH, Urt. v. 14.4.1999 – IV ZR 197-98, NJW-RR 1999, 1037; Hk-VVG/*Münkel*, § 5 ARB 2010 Rn. 3 mwN.
227 Vgl. bspw. 2.3.2 ARB 2021.
228 2.3.1.2. ARB 2021.
229 BGH, Urt. V. 21.2.1957 – II ZR 175/55, NJW 1957, 907; Harbauer/*Obarowski*, § 2 ARB 2010 Rn. 1.
230 Hk-VVG/*Münkel*, § 2 ARB 2010 Rn. 1; vgl. § 2 ARB 2010 und 2 ARB 2021.
231 S. zur Prüfungsreihenfolge Harbauer/*Winkler*, § 4 ARB 2010 Rn. 1.
232 BGH, Urt. v. 18.12.1954 – II ZR 206/53, NJW 1955, 419 (420).
233 BGH, Urt. V. 13.3.1974 – IV ZR 36/73, NJW 1974, 1429.
234 Ähnlich § 4 Abs. 1 lit. a ARB 2010.

Hat sich ein durch die Versicherung geschütztes Risiko verwirklicht, hat der Versicherte grundsätzlich einen Anspruch auf Versicherungsschutz. Die ARB und Versicherungsverträge enthalten aber zahlreiche Ausschlüsse. Hervorzuheben ist dabei im Hinblick auf die anderen Finanzierungsmodelle, dass Versicherungsschutz erst nach Abschluss des Versicherungsvertrags, nach den ARB sogar erst drei Monate nach Versicherungsbeginn, gewährt wird.[235] Ein Kläger kann also nicht vor dem Prozess und nachdem er bereits Anspruchsinhaber wurde, wählen, seinen Rechtsstreit durch einen Versicherer finanzieren zu lassen. Entweder er ist im Zeitpunkt, in dem sein Anspruch entsteht, rechtsschutzversichert oder nicht. Das ist der maßgebliche Unterschied der Rechtsschutzversicherung gegenüber allen anderen Finanzierungsmodellen, bei denen sich Kläger die Finanzierungsleistung nicht vorab durch Prämien erkaufen müssen, sondern sich auch noch dann für ein Finanzierungsmodell entscheiden können, wenn der Anspruch bereits entstanden ist.

c) Deckungsverweigerung durch den Versicherer

aa) Deckungsverweigerung mangels Erfolgsaussichten oder wegen Mutwilligkeit

Verweigert der Versicherer, die Kosten für einen Prozess zu übernehmen, kann der Versicherungsnehmer gegen ihn einen Deckungsprozess führen. Darüber hinaus sind spezielle Rechtsbehelfe für den Fall vorgesehen, dass der Versicherer die Kostenübernahme deswegen ablehnt, weil er meint, dass der Prozess keine Erfolgsaussichten hätte oder mutwillig geführt werde. Die ARB räumen dem Versicherer jeweils das Recht ein, die Deckung zu verweigern, wenn die Wahrnehmung der rechtlichen Interessen keine hinreichende Aussicht auf Erfolg hat oder der Versicherte seine rechtlichen Interessen mutwillig wahrnehmen möchte.[236] Die wortgleiche Übernahme der Formulierung aus § 114 Abs. 1 S. 1 ZPO bringt dabei zum Ausdruck, dass Rechtsschutzversicherer unter den gleichen Voraussetzungen die Deckung verweigern dürfen, unter denen auch ein Prozesskostenhilfeantrag wegen fehlender Erfolgsaussichten oder wegen Mutwilligkeit abgelehnt werden darf.[237] Für die Auslegung der Begriffe kann also auf die Ausführungen betreffend die Prozesskostenhilfe verwiesen werden.[238] Enthält der Versi-

---

235 S.3.1.1 ARB 2021.
236 §3a ARB 2010, 3.4.1.1 ARB 2021.
237 BGH, Urt. v. 17.1.1990 – IV ZR 214/88, VersR 1990, 414; BGH, Urt. v. 16.9.1987 – IVa ZR 76/86, NJW 1988, 266; Hk-VVG/*Münkel*, § 128 VVG Rn. 2; *Römer*, r+s 2000, 177 (182).
238 Harbauer/*Schmitt*, §3a ARB 2010 Rn.16ff.; *Römer*, r+s 2000, 177 (182); Kap.3 B.IV.2.b) zur Prüfung der hinreichenden Erfolgsaussichten und Kap.3 B.IV.2.c) zur fehlenden Mutwilligkeit.

cherungsvertrag eine weitergehende Definition – wie beispielsweise in § 3 Abs. 1 lit. b ARB 2010[239]– sind diese Besonderheiten zu berücksichtigen.

bb) Schiedsgutachter- und Stichentscheidverfahren

(1) Pflicht zum Vorsehen eines Gutachterverfahrens oder eines Verfahrens mit vergleichbaren Garantien

Nach § 128 VVG ist der Versicherer verpflichtet, im Versicherungsvertrag ein Gutachterverfahren oder ein anderes Verfahren mit vergleichbaren Garantien für die Unparteilichkeit vorzusehen, in dem Meinungsverschiedenheiten zwischen den Vertragsparteien über die Erfolgsaussichten oder die Mutwilligkeit einer Rechtsverfolgung entschieden werden können. Versicherungsverträge sehen daher vor, dass ein Schiedsgutachter- oder ein Stichentscheidverfahren als außergerichtliche Möglichkeit der Streitbeilegung durchgeführt werden kann.[240] Sieht der Versicherungsvertrag keinen außergerichtlichen Rechtsbehelf gegen die Verweigerung der Kostendeckung bei fehlenden Erfolgsaussichten oder Mutwilligkeit vor, gilt das Rechtsschutzbedürfnis des Versicherungsnehmers nach § 128 S. 3 VVG als anerkannt. Nach herrschender Auffassung schließt die Möglichkeit, ein Schiedsgutachter- oder Stichentscheidverfahren durchführen zu können, das Recht des Versicherungsnehmers nicht aus, sofort Deckungsklage erheben zu können.[241]

(2) Das Verfahren

Beim Schiedsgutachterverfahren muss der Versicherer den Versicherungsnehmer bei Mitteilung der Rechtsschutzablehnung darauf hinweisen, dass er innerhalb eines Monats vom Versicherer verlangen kann, ein Schiedsgutachterverfahren durchzuführen.[242] Der Schiedsgutachter wird vom Präsidenten der zuständigen Rechtsanwaltskammer benannt und muss ein seit mindestens fünf Jahren zur Rechtsanwaltschaft zugelassener Rechtsanwalt sein. Damit soll ein neutraler Schiedsgutachter darüber entscheiden, ob die

---

239 Die Belange der Versichertengemeinschaft sind als Besonderheit gegenüber § 114 Abs. 2 ZPO zu berücksichtigen, vgl. Looschelders/Paffenholz/*Herdter*, ARB, § 3a ARB 2010 Rn. 16.
240 § 3a ARB 2010, 3.4 ARB 2021.
241 BGH, Urt. v. 19.3.2003 – IV ZR 139/01, r+s 2003, 363; OLG Karlsruhe, Urt. v. 15.1.2008 – 12 U 89/07, r+s 2008, 105; OLG Köln, Urt. v. 23.12.1987 – 4 O 99/87, VersR 1989, 359; aA OLG Celle, Urt. v. 30.5.1986 – 8 U 200/85, VersR 1987, 1188; LG Stuttgart, Urt. v. 19.1.1995 – 16 S 197/94, r+s 1995, 141; LG Köln, Urt. v. 2.7.1986 – 24 O 82/86, NJW-RR 1987, 544.
242 Zum Verfahren und den nachfolgenden Ausführungen s. § 3a ARB 2010 und 3.4 ARB 2021 (jeweils bei Anwendung des Schiedsgutachterverfahrens).

Interessenwahrnehmung tatsächlich keine hinreichenden Erfolgsaussichten bietet oder mutwillig ist.[243] Die Entscheidung des Schiedsgutachters ist für den Versicherer bindend und ergeht im schriftlichen Verfahren.

Beim Stichentscheidverfahren veranlasst der Versicherungsnehmer den für ihn tätigen oder noch zu beauftragenden Rechtsanwalt, gegenüber dem Versicherer eine begründete Stellungnahme abzugeben, ob die Wahrnehmung rechtlicher Interessen in einem angemessenen Verhältnis zum angestrebten Erfolg steht und hinreichende Aussicht auf Erfolg verspricht.[244] Bei der Auswahl des Rechtsanwalts ist der Versicherungsnehmer frei.[245] In dem Stichentscheid muss sich der Rechtsanwalt mit den Argumenten des Versicherers auseinandersetzen und diese für den Fall, dass er zu einem für den Versicherungsnehmer positiven Ergebnis gelangen möchte, widerlegen.[246] Der Stichentscheid ist für beide Teile bindend, es sei denn, die Entscheidung weicht offenbar von der tatsächlichen Sach- oder Rechtslage erheblich ab.

(3) Kostentragung

Die Kostentragung ist für das Schiedsgutachter- und das Stichentscheidverfahren unterschiedlich ausgestaltet.[247] Während der Versicherer die Kosten des Stichentscheids immer trägt, hängt die Kostentragung für das Schiedsgutachten von dessen Ausgang ab. Die Kosten für die Durchführung des Schiedsgutachterverfahrens mit Ausnahme derjenigen Kosten, die dem Versicherer entstanden sind, trägt der Versicherungsnehmer, wenn die Leistungsverweigerung berechtigt war. Demgegenüber übernimmt der Versicherer die Kosten, wenn die Leistungsverweigerung ganz oder auch nur teilweise unberechtigt war.

Obwohl das Schiedsgutachterverfahren durch die Bestellung eines unabhängigen Schiedsgutachters mehr Objektivität bietet, wird in der Praxis überwiegend das Stichentscheidverfahren verwendet.[248] Daher übernehmen Versicherer in der Praxis überwiegend die Kosten für Rechtsbehelfe gegen die Verweigerung der Kostendeckung aufgrund fehlender Erfolgsaussichten oder wegen Mutwilligkeit, ohne dass es auf den Ausgang des Verfahrens ankäme.

---

243 Hk-VVG/*Münkel*, § 3a ARB 2010 Rn. 1.
244 Zum Verfahren und den nachfolgenden Ausführungen s. § 3a ARB 2010 und 3.4 ARB 2021 (jeweils bei Anwendung des Stichentscheidverfahrens).
245 Looschelders/Paffenholz/*Herdter*, ARB, § 3a ARB 2010 Rn. 41.
246 Vgl. zu den Anforderungen an einen Stichentscheid BGH, Urt. v. 17.1.1990 – IV ZR 214/88, VersR 1990, 414.
247 § 3a ARB 2010 und 3.4 ARB 2021.
248 Hk-VVG/*Münkel*, § 3a ARB Rn. 1.

d) Ergebnis

Mit der Rechtsschutzversicherung versichert sich der Anspruchsinhaber gegen das Risiko, einen kostspieligen Prozess führen zu müssen. Gegen Zahlung der fälligen Prämien übernimmt der Versicherer die eigenen Anwaltskosten, Gerichtskosten und für den Misserfolgsfall die gegnerischen Anwaltskosten. Die Rechtsschutzversicherung greift aber nicht für jeden Rechtsstreit, sondern nur für den Leistungskatalog, auf den sich Versicherer und Versicherungsnehmer vor dem Vertragsschluss einigen.

Der Versicherer kann die Deckung verweigern, wenn die Rechtsverfolgung keine hinreichenden Erfolgsaussichten bietet oder mutwillig ist. Dagegen kann der Versicherungsnehmer ein Schiedsgutachter- oder Stichentscheidverfahren anstrengen, das in der Regel für ihn kostenfrei ist. Im Gegensatz zu den übrigen Finanzierungsmodellen kann Versicherungsschutz nur dann beansprucht werden, wenn ein Versicherungsvertrag bei Anspruchsentstehung zumindest schon abgeschlossen war.

IV. Anwaltliche Erfolgshonorare

1. Einführung

Das Erfolgshonorar spielte als Finanzierungsmodell in Deutschland lange Zeit keine Rolle. Noch nachdem das BVerfG das ausnahmslose Verbot des Erfolgshonorars Ende 2006 für verfassungswidrig erklärte,[249] bestand die Sorge, dass durch eine Freigabe von Erfolgshonorarvereinbarungen amerikanische Verhältnisse einkehren könnten.[250] Was man unter amerikanischen Verhältnissen verstand, verdeutlicht ein Beitrag des Abgeordneten Dr. Jürgen Gehb in der dritten Beratungsrunde zum Gesetzesentwurf zur Neuregelung des Verbots der Vereinbarung von Erfolgshonoraren im Bundestag:

> *„In Amerika suchen die Anwälte zunächst nach haftungsrelevanten und lukrativen Schadensfällen. Erst im zweiten und dritten Schritt suchen sie sich die dazu passenden Kläger. Sie fliegen mit Privathubschraubern und Flugzeugen, auf deren Tragflächen „Wings of Justice" steht, durch die Gegend und sagen: Hier ist ein Fall; da springen Millionen heraus."*[251]

Man verband mit dem Erfolgshonorar all diejenigen amerikanischen Schlagworte, die dem deutschen Rechtsanwender Angst bereiten (wie insbesondere

---

249 Hierzu Kap. 2 C.
250 Vgl. *Hähnchen/Kuprian*, AnwBl Online 2020, 423 (427).
251 Dr. Jürgen Gehb (CDU) in der dritten Beratungsrunde zum Gesetzesentwurf zur Neuregelung des Verbots der Vereinbarung von Erfolgshonoraren im Bundestag vom 25.4.2008 (BT-Plenarprotokoll 16/158, S. 16704).

punitive damages (Strafschadenersatz), *pre-trial discovery* (vorprozessuale Auskunftspflicht) und *class actions* (Sammelklagen)).[252] Heute scheint sich das Bild zumindest geringfügig zu wandeln.[253] Der Gesetzgeber hat erst kürzlich das Verbot des Erfolgshonorars weiter gelockert, sodass das Erfolgshonorar häufiger als echte Finanzierungsalternative genutzt werden kann.[254]

2. Erfolgshonorare als Finanzierungsmodelle für die eigenen Anwaltskosten

Erfolgshonorare sind nach der Legaldefinition in § 49b Abs. 2 S. 1 BRAO Vereinbarungen, durch die eine Vergütung oder ihre Höhe vom Ausgang der Sache oder vom Erfolg der anwaltlichen Tätigkeit abhängig gemacht wird oder nach denen der Rechtsanwalt einen Teil des erstrittenen Betrages als Honorar erhält. Mit dem Erfolgshonorar wird das Honorar des Rechtsanwalts also ganz oder nur in bestimmter Höhe dadurch bedingt (in englischer Sprache „*conditional fee*"), dass der beauftragte Anwalt nicht nur seine Tätigkeit ausübt, sondern darüber hinaus ein bestimmtes Ereignis, oft der Prozesserfolg, eintritt.[255] Dadurch finanziert der Anwalt den Prozess im Hinblick auf seine eigenen Kosten. Dem Mandanten wird es zunächst ganz oder teilweise erlassen, einen Vorschuss auf seine eigenen Rechtsanwaltskosten zu leisten, weil das Honorar erst im Erfolgsfall fällig wird. Er muss also regelmäßig[256] nur den Gerichtskostenvorschuss leisten. Darüber hinaus übernimmt der Rechtsanwalt auch ganz oder teilweise das Prozesskostenrisiko im Hinblick auf seine eigene Vergütung: wenn der vereinbarte Erfolg nicht eintritt, kann der Anwalt keine oder nur eine geringere Vergütung geltend machen.[257]

Diese Finanzierungsleistung lässt sich der Rechtsanwalt durch ein höheres Honorar für den Fall entgelten, dass der definierte Erfolg eintritt. In der Regel sind Rechtsanwälte verpflichtet, im Erfolgsfall mehr als die gesetzliche

---

252 S. bspw. die Rede von Jerzy Montag (Bündnis 90/DIE GRÜNEN) in der dritten Beratungsrunde zum Gesetzesentwurf zur Neuregelung des Verbots der Vereinbarung von Erfolgshonoraren im Bundestag vom 25.4.2008 (BT-Plenarprotokoll 16/158, S. 16707).
253 Krit. zur Deregulierung des Berufsrechts *Stürner/Bormann*, NJW 2004, 1481.
254 BGBl. 2021 I 3415, Gesetz zur Förderung verbrauchergerechter Angebote im Rechtsdienstleistungsmarkt, in Kraft getreten am 1.10.2021 (BGBl. 2021 I 3415 (3419)).
255 Hk-RVG/*Winkler/Teubel*, § 4a RVG Rn. 19.
256 Das gilt zumindest bei *no win, no fee*- und Streitbeteiligungsvereinbarungen, weil hier im Misserfolgsfall gar keine Vergütung zu leisten ist; selbst hier ist aber nicht ausgeschlossen, dass ein Rechtsanwalt mit seinem Mandanten individualvertraglich eine Vorschusspflicht vereinbart, wobei der Rechtsanwalt im Misserfolgsfall den Vorschuss zurückbezahlen muss.
257 *Kilian*, Der Erfolg und die Vergütung des Rechtsanwalts, S. 18.

Vergütung zu verlangen. Nach § 4a Abs. 2 RVG darf der Rechtsanwalt außer bei Erfolgshonoraren für Inkassodienstleistungen (§ 4a Abs. 1 S. 1 Nr. 2 RVG) nämlich nur dann keine oder eine geringere Vergütung als die gesetzliche Vergütung verlangen, wenn er für den Erfolgsfall einen angemessenen Zuschlag auf die gesetzliche Vergütung vereinbart.

Es gibt verschiedene Modelle, um die anwaltliche Vergütung in Abhängigkeit zu einem bestimmten Erfolg zu setzen, die die Legaldefinition in § 49b Abs. 2 S. 1 BRAO berücksichtigt. Dabei wird zwischen einfachen Erfolgshonorarvereinbarungen und Streitbeteiligungsvereinbarungen (auch *quota litis*-Vereinbarungen genannt) unterschieden.[258] Einfache Erfolgshonorarvereinbarungen sind solche, bei denen im Misserfolgsfall keine Vergütung („*no win, no fee*") oder nur eine geringere Vergütung („*no win, less fee*") anfällt. Bei Streitbeteiligungsvereinbarungen lässt sich der Anwalt einen Teil des erstrittenen Betrags versprechen. Wenn also nichts erstritten wird, erhält er auch keine Vergütung, im Übrigen wird er prozentual zum erstrittenen Betrag vergütet.[259]

3. Vorbehalte gegenüber der Zulässigkeit des Erfolgshonorars und historische Entwicklung

Ein Erfolgshonorar zu vereinbaren, war für lange Zeit gänzlich verboten. Schon das Reichsgericht hielt zu Beginn des 20. Jahrhunderts[260] die Vereinbarung eines Erfolgshonorars für grundsätzlich standeswidrig.[261] Als Organ der Rechtspflege dürfe sich der Rechtsanwalt „*nur von Rücksichten auf die von ihm zu vertretende Sache selbst leiten lassen*", es sei denn, besondere Gründe rechtfertigten ausnahmsweise die Vereinbarung eines Erfolgshonorars.[262] Diese Rechtsprechung führte das Reichsgericht fort,[263] bis das Erfolgshonorar im Jahr 1944 gesetzlich durch § 93 Abs. 2 S. 5 RAGebO[264] ausdrücklich verboten wurde.[265]

---

258 Vgl. hierzu und zum nachfolgenden *Kilian*, Der Erfolg und die Vergütung des Rechtsanwalts, S. 18 f.
259 Krit. zu Streitbeteiligungsvereinbarungen *Kilian*, AnwBl Online 2021, 213 (216).
260 Für einen weitergehenden Rückblick vgl. *Kilian*, Der Erfolg und die Vergütung des Rechtsanwalts, S. 35 ff.; Teubel/Schons, Erfolgshonorar für Rechtsanwälte, S. 4 ff.; *Hähnchen/Kuprian* AnwBl Online 2020, 423 (424).
261 RG, Urt. v. 17.12.1926 – III 21/26, RGZ 115, 141.
262 RG, Urt. v. 17.12.1926 – III 21/26, RGZ 115, 141 (142).
263 RG, Urt. v. 20.10.1933 – III 406/32, RGZ 142, 70.
264 Eingeführt durch die Verordnung zur Änderung der Gebührenordnung für Rechtsanwälte vom 21.4.1944 (RGBl 1944 I 104, Artikel 4).
265 § 93 Abs. 2 S. 5 RAGebO lautete: „*Unwirksam ist eine Vereinbarung, durch die die Höhe der Vergütung vom Ausgang der Sache oder sonst vom Erfolg der anwaltlichen Tätigkeit abhängig gemacht wird*" (RGBl I, 104).

Dieses Verbot wurde mit dem Inkrafttreten der BRAGO im Jahr 1957[266] wieder aufgehoben. § 3 BRAGO[267], der Vergütungsvereinbarungen regelte, enthielt weder ein ausdrückliches Verbot noch eine Erlaubnis zur Vereinbarung von Erfolgshonoraren. Aus Sicht des Gesetzgebers ließe das Standesrecht in wenigen Ausnahmefällen die Vereinbarung eines Erfolgshonorars zu.[268] Die Frage danach, in welchen Ausnahmefällen Erfolgshonorare zulässig sein sollten, überließ der Gesetzgeber aber der Rechtsprechung in der Erwartung, dass sie die Rechtsprechung des Reichsgerichts (grundsätzliches Verbot, Erlaubnis in wenigen Ausnahmefällen) fortführen werde.[269]

Der BGH hat diese Erwartung erfüllt: er ging davon aus, dass die Vereinbarung eines Erfolgshonorars die Unabhängigkeit des Rechtsanwalts gefährde und eine Gefahr für die Rechtspflege darstelle.[270] Das kaufmännische Denken sei von der Anwaltschaft in ihrem eigenen Interesse fernzuhalten.[271] Der Anwalt solle sich – selbst wenn das im Einzelfall nicht zutreffe – nicht dem Verdacht aussetzen, dass bei ihm kaufmännische Erwägungen im Vordergrund stünden.[272]

Im Jahr 1994 wurde das Verbot von Erfolgshonoraren in § 49b Abs. 2 BRAO[273] normiert. Auch der Gesetzgeber fürchtete um die Unabhängigkeit der Anwälte, *„wenn bei der Führung der Sache wirtschaftliche Erwägungen den Ausschlag geben könnten."*[274] Diese Rechtslage galt bis 2006 fort. Erstaunlicherweise hielt das Rechtsanwälte teilweise nicht davon ab, trotzdem Erfolgshonorare zu vereinbaren: nach einer Umfrage des Soldan Instituts aus dem Jahr 2005 gaben 8% der befragten Anwälte zu, schon einmal verbindlich ein Erfolgshonorar vereinbart zu haben.[275]

---

266 Bundesgebührenordnung für Rechtsanwälte vom 6.8.1957, BGBl 1957 I 907.
267 BGBl 1957 I 909.
268 BT-Drs. 2/2545, S. 227.
269 BT-Drs. 2/2545, S. 227.
270 BGH, Urt. v. 28.2.1963 – VII ZR 167/61, NJW 1963, 1147; BGH, Urt. v. 15.12.1960 – VII ZR 141/59, NJW 1961, 313 (315 f.).
271 BGH, Urt. v. 15.12.1960 – VII ZR 141/59, NJW 1961, 313 (316).
272 BGH, Urt. v. 28.2.1963 – VII ZR 167/61, NJW 1963, 1147; schärfer formulierte *Schons* noch im Jahr 2006: *„Die Lockerung des Verbots des Erfolgshonorars würde jedenfalls zum uneingeschränkten „alles oder nichts" und damit zum anwaltlichen Kaufmann führen, der vom Gewerbetreibenden kaum noch zu unterscheiden wäre."* (*Schons*, ZRP 2006, 31).
273 BGBl. 1994 I 2278 (2280).
274 BT-Drs. 12/4993, S. 31.
275 *Hommerich/Kilian*, Vergütungsvereinbarungen deutscher Rechtsanwälte, S. 103; zur Auswertung der Umfrage s. *Hommerich/Kilian/Jackmuth/Wolf*, AnwBl 2006, 50.

Kap. 3 Finanzierungsmodelle für einen Prozess

Erst die im zweiten Kapitel besprochene[276] Entscheidung des BVerfG im Jahr 2006 beendete die Negativserie[277] des Erfolgshonorars.[278] Als Mindestanforderung wurde dem Gesetzgeber durch die Entscheidung aufgegeben, Erfolgshonorare in Fällen zuzulassen, in denen Erfolgshonorare einen Zugang zu Gerichten eröffnen können, weil sich Mandanten die Kosten im Misserfolgsfall nicht leisten könnten. Der Gesetzgeber entschloss sich dazu, diese Mindestanforderung umzusetzen[279] und lies durch § 4a Abs. 1 S. 1 RVG aF[280] Erfolgshonorarvereinbarungen nur für den Fall zu, dass der Mandant aufgrund seiner wirtschaftlichen Verhältnisse bei verständiger Betrachtung ohne die Vereinbarung eines Erfolgshonorars von der Rechtsverfolgung abgehalten würde.[281] Diese Rechtslage galt bis Ende 2021 fort, als das Gesetz zur Förderung verbrauchergerechter Angebote im Rechtsdienstleistungsmarkt in Kraft trat.[282]

4. Zulässigkeit der Vereinbarung eines Erfolgshonorars
a) Allgemeine Anforderungen

Mit dem Gesetz zur Förderung verbrauchergerechter Angebote im Rechtsdienstleistungsmarkt[283] wurde das Verbot zur Vereinbarung von Erfolgshonoraren gelockert.[284] Allerdings ist die Vereinbarung eines Erfolgshonorars gemäß § 49b Abs. 2 S. 1 BRAO bis heute grundsätzlich unzulässig. § 4a Abs. 1 S. 1 RVG enthält lediglich drei Fallgruppen, in denen das Erfolgshonorar ausnahmsweise für zulässig erklärt wird. Wird ein Erfolgshonorar vereinbart, obwohl es nach § 49b Abs. 2 S. 1 BRAO iVm § 4a Abs. 1 RVG

---

276 Kap. 2 C.
277 Auch *Kleine-Cosack*, NJW 2007, 1405 (1406) meint, dass das Erfolgshonorar bis dahin praktisch ein Tabu gewesen sei.
278 BVerfG, Beschl. v. 12.12.2006 – 1 BvR 2576/04, NJW 2007, 979.
279 Vgl. auch *Kilian*, NJW 2008, 1905 (1906); das Stimmungsbild zu der Frage, ob Anwälte überhaupt zur Vereinbarung eines Erfolgshonorars bereit wären, wenn es zulässig wäre, war in der Anwaltschaft gespalten, s. *Hommerich/Kilian*, Vergütungsvereinbarungen deutscher Rechtsanwälte, S. 109 (36 %: nein; 50 %: ja); vgl. zur Auswertung der Studie auch *Hommerich/Kilian/Jackmuth/Wolf*, AnwBl 2006, 50 (51).
280 BGBl. 2008 I 1001.
281 Krit. zur Umsetzung nur der Mindestanforderungen auch *Kleine-Cosack*, BB 2008, 1406: „*Der reformunfähige und -unwillige Gesetzgeber hat zwar in der Neuregelung das bisherige Verbot dem Grundsatz nach bestätigt.*".
282 BGBl. 2021 I 3415, Gesetz zur Förderung verbrauchergerechter Angebote im Rechtsdienstleistungsmarkt, in Kraft getreten am 1.10.2021 (BGBl. 2021 I 3415 (3419)).
283 Vgl. unter anderem zur Gesetzesreform *Wais*, JZ 2022, 404; *ders.*, NJW 2021, 2833; *Ring*, NJ 2021, 525; *Mayer*, AnwBl Online 2021, 246; *Dahns*, NJW-Spezial 2021, 510; *Fries*, NJW 2021, 2537; *Lemke*, RDi 2021, 224; *Römermann*, RDi 2021, 217; *Leeb/Hotz*, ZUM 2021, 379.
284 Nach *Hinne*, BRAK-Mitt. 2022, 135 (136) soll dadurch das Verbot faktisch aufgehoben worden sein; dem ist nicht zuzustimmen (hierzu Kap. 3 C.IV.4.c)bb)(2)(b)).

nicht zulässigerweise hätte vereinbart werden dürfen, ist zwar weder der Anwaltsvertrag noch die Honorarvereinbarung nichtig.[285] Aus der Honorarvereinbarung kann der Rechtsanwalt nach § 4b S. 1 RVG aber keine höhere als die gesetzliche Vergütung verlangen.[286]

Darüber hinaus darf ein Erfolgshonorar, bei dem im Misserfolgsfall weniger als die gesetzliche Vergütung oder keine Vergütung verlangt werden soll, nach § 4a Abs. 2 RVG nur dann vereinbart werden, wenn für den Erfolgsfall ein angemessener Zuschlag auf die gesetzliche Vergütung vereinbart wird. Diese Einschränkung gilt nur dann nicht, wenn der Anwalt Erfolgshonorare für Inkassodienstleistungen nach § 4a Abs. 1 S. 1 Nr. 2 RVG vereinbart. Außerdem ist die Vereinbarung eines Erfolgshonorars nach § 4a Abs. 1 S. 2 RVG in den Fällen nach § 4a Abs. 1 S. 1 Nr. 1 und Nr. 2 RVG unzulässig, soweit sich der Auftrag auf eine Forderung bezieht, die der Pfändung nicht unterworfen ist.[287]

Allgemeine Vorgaben dazu, was in Erfolgshonorarvereinbarungen aufzunehmen ist, finden sich in § 4a Abs. 3 RVG. Danach sind in jede Erfolgshonorarvereinbarung zunächst Angaben dazu aufzunehmen, welche Vergütung bei welcher Bedingung verdient sein soll (§ 4a Abs. 3 Nr. 1 RVG) und ob und gegebenenfalls welchen Einfluss die Vereinbarung auf die gegebenenfalls vom Auftraggeber zu zahlenden Gerichtskosten, Verwaltungskosten und die von diesem zu erstattenden Kosten anderer Beteiligter haben soll (§ 4a Abs. 3 Nr. 2 RVG). Aus § 4a Abs. 3 Nr. 1 RVG folgt, dass die Höhe der Vergütung und die Bedingung, unter der sie fällig wird, hinreichend bestimmbar sein müssen.[288] § 4a Abs. 3 Nr. 2 RVG gibt einerseits vor, dass eine Kostenübernahme, wenn sie nach § 49b Abs. 2 S. 2 BRAO zulässigerweise vereinbart wird, in die Erfolgshonorarvereinbarung mit aufzunehmen ist.[289] Andererseits muss danach in die Vereinbarung aufgenommen werden, welchen Einfluss die Erfolgshonorarvereinbarung (gegebenenfalls in Verbindung mit der Kostenübernahme) auf die Kostenerstattung hat. Zuletzt sind nach § 4a Abs. 3 Nr. 3 RVG die wesentlichen Gründe, die für die Bemessung des Erfolgshonorars bestimmend sind, in die Erfolgshonorarvereinbarung mit aufzunehmen. Genaue Angaben zu den Erfolgsaussichten müssen die Parteien nach der Vorschrift nicht aufnehmen.[290] Es wird ihnen aber abverlangt, die Geschäftsgrundlage der Erfolgshonorarvereinbarung festzuhalten.[291] Nach

---

285 BGH, Urt. v. 5.6.2014 – IX ZR 137/12, NJW 2014, 2653.
286 BGH, Urt. v. 5.6.2014 – IX ZR 137/12, NJW 2014, 2653.
287 Krit. hierzu *Goebel*, FMP 2021, 117.
288 HK-RVG/*Winkler/Teubel*, § 4a Rn. 50.
289 S. hierzu die Ausführungen zur anwaltlichen Prozessfinanzierung unter Kap. 3 C. V.
290 BT-Drs. 16/8916, S. 14 zu § 4a Abs. 3 S. 1 RVG aF, der aber inhaltlich § 4a Abs. 3 Nr. 3 RVG entspricht; s. zur Berechnung von Erfolgshonoraren unter Kap. 3 C.IV.5.b)cc).
291 BT-Drs. 16/8916, S. 14.

Kap. 3 Finanzierungsmodelle für einen Prozess

Ansicht des Gesetzgebers kann es danach beispielsweise erforderlich sein, allgemeine Angaben zum Prozessrisiko in bestimmten Angelegenheiten aufzunehmen.[292]

Zuletzt enthält § 4a Abs. 3 Nr. 4 RVG besondere Anforderungen für Erfolgshonorarvereinbarungen, die nach § 4a Abs. 1 S. 1 Nr. 3 RVG vereinbart werden. Danach müssen die voraussichtliche gesetzliche Vergütung und gegebenenfalls die erfolgsunabhängige vertragliche Vergütung, zu der der Rechtsanwalt bereit wäre, den Auftrag zu übernehmen, in die Erfolgshonorarvereinbarung aufgenommen werden. Die Vorschrift soll es dem Auftraggeber ermöglichen, für sich abzuschätzen, ob sich die Vereinbarung eines Erfolgshonorars wirtschaftlich lohnt.[293] Grundsätzlich muss dafür als Vergleichsmaßstab die gesetzliche Vergütung angegeben werden, es sei denn, der Rechtsanwalt hätte den Rechtsstreit ohne die Vereinbarung eines Erfolgshonorars nicht gegen die gesetzliche Gebühr übernommen.[294] Dann muss er die erfolgsunabhängige vertragliche Vergütung, zu der er den Fall übernommen hätte, in die Erfolgshonorarvereinbarung aufnehmen.

b) Geldforderungen bis EUR 2.000

Neben diesen allgemeinen Anforderungen ist zu beachten, dass Erfolgshonorarvereinbarungen nur unter besonderen Voraussetzungen zulässig sind, die § 4a Abs. 1 S. 1 RVG aufstellt. Nach § 4a Abs. 1 S. 1 Nr. 1 RVG darf ein Erfolgshonorar vereinbart werden, wenn sich der Auftrag auf eine Geldforderung von höchstens EUR 2.000 bezieht.[295] Damit gestattet es die Norm, Erfolgshonorare für die Geltendmachung von Zahlungsansprüchen zu vereinbaren, die einen geringen Streitwert[296] ausmachen. Dadurch soll ein Zugang zum Recht eröffnet werden, indem Verbraucher die Kostenrisiken für die Durchsetzung geringwertiger Ansprüche auf ihre Rechtsanwälte umwälzen können.[297]

Der Grenzwert von EUR 2.000 ergibt sich aus einer Umfrage des Instituts für Demoskopie Allensbach (IfD) (in Auftrag gegeben von der Roland Rechtsschutzversicherungs-AG),[298] die ergab, dass Bürger im Durchschnitt

---

292 BT-Drs. 16/8916, S. 14 mit dem Beispiel, dass ein Hinweis zu einem bestimmten allgemeinen Prozessrisiko in Arzthaftungsangelegenheiten ausreichen könne.
293 BT-Drs. 16/8916, S. 14 mit Verweis auf die Begründung in BT-Drs. 16/8384, S. 15.
294 BT-Drs. 16/8916, S. 14 mit Verweis auf die Begründung in BT-Drs. 16/8384, S. 15.
295 Krit. zu der Grenze und damit einhergehenden Folgeproblemen *Rücker/Bell* NJOZ 2022, 545 (546); ausf. hierzu Kap. 3 C.IV.6.b)bb) und Kap. 6 C.II.2.c)bb).
296 Kap. 3 C.IV.6.b)bb)(3) zu der Frage, ob die Vereinbarung eines Erfolgshonorars auch für objektive oder subjektive Klagehäufungen zulässig ist.
297 BT-Drs. 19/27673, S. 34.
298 Roland Rechtsreport 2020, abrufbar unter: https://www.roland-rechtsschutz.de/me-

erst bei einem Streitwert von EUR 1.840 Rechtsschutz suchen.[299] Angesichts des hohen Gesamtkostenrisikos bei geringen Streitwerten (der Gesetzgeber nennt als Beispiel ein Gesamtkostenrisiko von EUR 837,07 bei einem Streitwert von EUR 500–800) bestünde ein rationales Desinteresse an der Geltendmachung von Geringforderungen, sodass Bürger darauf verzichten würden, ihre Rechte durchzusetzen.[300]

Bedeutung erlangt die Norm vor allem für die gerichtliche Geltendmachung von Forderungen,[301] weil § 4a Abs. 1 S. 1 Nr. 2 RVG die Vereinbarung eines Erfolgshonorars im Rahmen des Erkenntnisverfahrens nur für das Mahnverfahren und nicht für sonstige Gerichtsverfahren erlaubt.[302] Darüber hinaus gestattet die Norm die Vereinbarung eines Erfolgshonorars auch zur Forderungsabwehr.[303]

c) Außergerichtliche und im Rahmen von Verfahren nach § 79 Abs. 2 S. 2 Nr. 4 ZPO zu erbringende Inkassodienstleistungen

aa) Hintergrund: Gleichbehandlung von Inkassodienstleistern und Rechtsanwälten

Die als Teil der amerikanischen Verhältnisse[304] gefürchtete „Sammelklage"[305], bei denen Anwälte erst passende Fälle suchen und diese dann an Verbraucher herantragen,[306] hat sich in Deutschland in ähnlicher Form durch neue Geschäftsmodelle von Inkassodienstleistern faktisch etabliert. Deren Geschäftsmodell[307] besteht darin, sich Ansprüche abtreten zu lassen, die sie

---

dia/roland-rechtsschutz/pdf-rr/042-presse-pressemitteilungen/roland-rechtsreport/roland_rechtsreport_2020.pdf (zuletzt abgerufen am 14.6.2023).
299 BT-Drs. 19/27673, S. 35, 14 f. mit Verweis auf Roland Rechtsreport 2020, S. 24 (Schaubild 15); zu Recht meint *Römermann*, AnwBl Online 2020, 588 (609), dass die Fragestellung der Umfrage ungeeignet sei (s. hierzu Kap. 6 C.IV.2.a)); *Singer*, BRAK-Mitt. 2019, 211 (217 f.) leitet den Grenzwert in Höhe von EUR 2.000 aufgrund einer verfassungskonformen Auslegung her, weil in diesem Bereich Inkassodienstleister tätig seien.
300 Vgl. zu den gesetzgeberischen Überlegungen zum Kostenrisiko BT-Drs. 19/27673, S. 14.
301 Auch hier aber nur bedingt, vgl. Kap. 3 C.IV.6.b)bb).
302 BT-Drs. 19/27673, S. 35; dazu sogleich Kap. 3 C.IV.4.c)bb).
303 BT-Drs. 19/27673, S. 35.
304 Hierzu bereits Kap. 3 C.IV.1.
305 Zu den Unterschieden gegenüber der amerikanischen Sammelklage *Morell*, ZWeR 2020, 328 (341); *Hartung*, AnwBl Online 2019, 353 (355); die Verfahren, die von Inkassodienstleistern geführt werden, werden auch als unechte Sammelklagen bezeichnet, vgl. *Gsell/Meller-Hannich*, Die Umsetzung der neuen Verbandsklagenrichtlinie, S. 46.
306 *Fries*, AcP 221 (2021), 108 (110).
307 Vgl. *Römermann/Günther*, NJW 2019, 551.

gesammelt auf eigene Kosten außergerichtlich und gerichtlich im Wege der Klagehäufung durchsetzen, und sich dafür eine Erfolgsbeteiligung versprechen lassen. Eine Provision in Form einer Erfolgsbeteiligung muss der Zedent nur dann bezahlen, wenn die Durchsetzung des Anspruchs erfolgreich ist.

In vielen Fällen eröffnet dieses Konzept Verbrauchern, die sonst angesichts der Kostenrisiken auf eine Anspruchsdurchsetzung verzichten würden, einen Zugang zum Recht.[308] Geschaffen wurde das Geschäftsmodell für einfach standardisierbare Massenfälle,[309] in denen aufgrund weniger Klicks darüber entschieden werden kann, ob ein Anspruch besteht oder nicht. So machen sich die angesprochenen Unternehmen Legal-Tech zunutze, indem sie anhand einfacher Fragenkataloge online bestimmen können, ob ein Anspruch besteht oder nicht. Über die Zulässigkeit dieses Geschäftsmodells wurde heftig gestritten.[310] Der BGH hielt das Geschäftsmodell der Inkassodienstleisterin wenigermiete.de in einem Urteil für zulässig,[311] wobei bislang unklar war, ob diese Entscheidung auch auf die Geschäftsmodelle anderer Inkassodienstleister übertragen werden kann.[312]

Der Gesetzgeber hat nun in §§ 2 Abs. 2 S. 1, 4 S. 2 und 5 Abs. 1 S. 2 RDG Klarstellungen eingefügt, die die grundsätzliche Zulässigkeit solcher Geschäftsmodelle bestätigen.[313] Damit gehen heutzutage sowohl die Rechtsprechung als auch der Gesetzgeber davon aus, dass Inkassodienstleister ihr Geschäftsmodell grundsätzlich fortführen dürfen. Demzufolge wird es Inkassodienstleistern erlaubt, Prozesse der Zedenten zu finanzieren und sich am Erfolg beteiligen zu lassen, obwohl das Anwälten bislang nicht gestattet war. Über § 4a Abs. 1 S. 1 Nr. 2 RVG sollen daher Rechtsanwälte und Inkassodienstleister gleichbehandelt werden, indem es auch Rechtsanwälten

---

308 *Kilian*, AnwBl 2019, 24, 25; *ders.*, NJW 2017, 3043 (3049); *Remmertz*, ZRP 2019, 139 (141); krit. aber mit Blick auf die Rolle der beteiligten Rechtsanwälte *Prütting*, ZIP 2020, 1434: „*Rechtsanwälte haben ein Geschäftsmodell für Massenklagen vor Gericht erfunden, das Legal-Tech-Inkasso, um gezielt nahezu alle anwaltlichen Pflichten und Handlungsbeschränkungen zu umgehen, insbesondere das Verbot des Erfolgshonorars sowie das Verbot der treuhänderischen Abtretung von Forderungen des Geschädigten bei Freistellung von allen Prozesskosten, verbunden mit sehr aggressiver Werbung.*".
309 *Fries*, NJW 2021, 2537 (2538).
310 Gegen die Zulässigkeit: *Henssler*, NJW 2019, 545, *Greger* MDR 2018, 897 und *Kluth*, VuR 2018, 403; für die Zulässigkeit: *Römermann/Günther*, NJW 2019, 551 und *Hartung*, AnwBl Online 2019, 353; vgl. zu der Frage, wie weit die Rechtsdienstleistungsbefugnis von Inkassodienstleistern gehen sollte, auch die Dissertation von *Brechmann*, Legal Tech und das Anwaltsmonopol, S. 17 ff.
311 BGH, Urt. v. 27.11.2019 – VIII ZR 285/18, NJW 2020, 208.
312 Vgl. hierzu *Morell*, ZWeR 2020, 328.
313 *Wais*, JZ 2022, 404 (406).

gestattet wird, Erfolgshonorare zu vereinbaren (und Prozesse zu finanzieren[314]), wenn sie bestimmte Inkassodienstleistungen erbringen.[315]

bb) Voraussetzungen für Erfolgshonorarvereinbarungen nach § 4a Abs. 1 S. 1 Nr. 2 RVG

§ 4a Abs. 1 S. 1 Nr. 2 RVG gestattet es, Erfolgshonorare zu vereinbaren, wenn eine Inkassodienstleistung außergerichtlich oder in einem der in § 79 Abs. 2 S. 2 Nr. 4 ZPO genannten Verfahren erbracht wird.

(1) Begriff der Inkassodienstleistung

Dabei stellt sich die Frage, was unter einer Inkassodienstleistung zu verstehen ist. Nach dem Willen des Gesetzgebers soll für die Beantwortung dieser Frage auf die Legaldefinition der Inkassodienstleistung in § 2 Abs. 2 S. 1 RDG zurückgegriffen werden können.[316] Danach ist eine Inkassodienstleistung die Einziehung fremder oder zum Zweck der Einziehung auf fremde Rechnung abgetretener Forderungen, wenn die Forderungseinziehung als eigenständiges Geschäft betrieben wird, einschließlich der auf die Einziehung bezogenen rechtlichen Prüfung und Beratung. Geht man darauf genauer ein, wirft die entsprechende Anwendung der Legaldefinition auf Rechtsanwälte Fragen auf.

Zunächst erscheint es fraglich, ob sich Anwälte zum Zweck der Einziehung auf Rechnung des Mandanten Forderungen abtreten lassen dürfen.[317] Bislang war das dem Rechtsanwalt zur Wahrung seiner Unabhängigkeit gegenüber dem Mandanten verboten und führte zur Sittenwidrigkeit der Abtretung.[318] Es ist nicht davon auszugehen, dass der Gesetzgeber mit der Neueinführung von § 4a Abs. 1 S. 1 Nr. 2 RVG daran etwas ändern wollte.[319] Dafür sprechen zum einen systematische Erwägungen. Die anwaltliche Unabhängigkeit ist dem Standesrecht zuzuordnen. Eine entsprechende Erlaubnis wäre daher in

---

314 Dazu Kap. 3 C. V.
315 BT-Drs. 19/27673, S. 36.
316 BT-Drs. 19/27673, S. 36.
317 Auch *Kilian*, AnwBl Online 2021, 213 (216) weist auf dieses Problem hin.
318 OLG Frankfurt a. M., Urt. v. 13.4.2011 – 17 U 250/10, NJW 2011, 3724; LG Hamburg, Urt. v. 25.4.2014 – 330 O 159/13 –, juris; Staudinger/*Fischinger*, § 138 Rn. 640; Remmertz/*Nitzschke*, Legal Tech-Strategien für Rechtsanwälte, Rn. 492; *Kilian*, AnwBl Online 2021, 213 (216) mwN; das schien für einige Autoren selbstverständlich zu sein, ist aber aufgrund der nun zum Ziel erklärten Gleichbehandlung nicht offensichtlich. *Fölsing* EWiR 2012, 167 (168) meinte hierzu: „*Für die Praxis bleibt festzuhalten, dass Rechtsanwälte natürlich nicht laufend Forderungen ankaufen dürfen, um sie im eigenen Namen geltend zu machen.*"
319 **AA** wohl *Mayer*, Das neue Erfolgshonorar, Rn. 60, der die Legaldefinition in § 2 Abs. 2 S. 1 RDG auch für Rechtsanwälte anwenden will.

der BRAO oder BORA, nicht aber im Vergütungsrecht, zu regeln gewesen. Zum anderen ist auch nicht davon auszugehen, dass es dem Willen des Gesetzgebers entspräche, eine Abtretung von Mandantenforderungen auf den Rechtsanwalt zur Forderungseinziehung zuzulassen. Der Gesetzgeber betont in der Gesetzesbegründung zum Gesetz zur Förderung verbrauchergerechter Angebote im Rechtsdienstleistungsmarkt immer wieder, dass er nach wie vor[320] der Ansicht ist, anwaltliche Erfolgshonorare könnten die anwaltliche Unabhängigkeit gefährden.[321] Eine Gefährdung soll nach Ansicht des Gesetzgebers also schon dann bestehen, wenn ein Gleichlauf zwischen den wirtschaftlichen Interessen des Anwalts und des Mandanten bestünde, weil beide den Prozess gewinnen möchten. Erst recht müsste der Gesetzgeber also dann die anwaltliche Unabhängigkeit für gefährdet halten, wenn sich der Anwalt die Interessen des Mandanten nicht nur wirtschaftlich, sondern auch faktisch zu eigen macht. Genau das ist aber die Folge davon, wenn der Anwalt die Forderung als Zessionar selbst hält und sie selbst geltend macht.

Ohne Berücksichtigung der Forderungsabtretung ist eine anwaltliche Inkassodienstleistung im Sinne des § 2 Abs. 2 S. 1 RDG die Einziehung fremder Forderungen, wenn die Forderungseinziehung als eigenständiges Geschäft betrieben wird. Doch auch letzteres Merkmal spielt für die anwaltliche Inkassodienstleistung keine Rolle, weil die Forderungseinziehung für Mandanten immer als eigenständiges Geschäft betrieben wird. Ein eigenständiges Geschäft liegt vor, wenn die Forderungseinziehung innerhalb einer ständigen haupt- oder nebenberuflichen Inkassotätigkeit oder außerhalb einer solchen nicht lediglich als Nebenleistung im Zusammenhang mit einer anderen beruflichen Tätigkeit erfolgt.[322] Rechtsanwälte sind nach § 3 Abs. 1 BRAO Berater und Vertreter in allen Rechtsangelegenheiten. Die Beratung und Vertretung zur Forderungseinziehung gehören zu ihrem Hauptgeschäft.

Insgesamt handelt es sich bei einer anwaltlichen Inkassodienstleistung daher um die Einziehung fremder Forderungen, nämlich derjenigen der Mandanten, einschließlich der auf die Einziehung bezogenen rechtlichen Prüfung und Beratung.

---

320 Dieses Argument hat lange Tradition in Gesetzgebung und Rechtsprechung, Kap. 3 C.IV.3.
321 Vgl. nur BT-Drs. 19/27673, S. 13, 16, 17, 36.
322 BGH, Urt. v. 21.3.2018 – VIII ZR 17/17, NJW 2018, 2254 (2256) Rn. 30 mwN zur stRspr des BGH; BT-Drs. 16/3655, S. 49.

(2) Außergerichtliche und gerichtliche Inkassodienstleistungen

(a) Außergerichtliche Forderungseinziehung

§ 4a Abs. 1 S. 1 Nr. 2 RVG erlaubt in erster Linie die Vereinbarung von Erfolgshonoraren für die außergerichtliche Forderungseinziehung. Anders als § 4a Abs. 1 S. 1 Nr. 1 RVG ist Nr. 2 nicht auf Geldforderungen in bestimmter Höhe beschränkt. Rechtsanwälten ist es daher außergerichtlich immer möglich, für Forderungseinziehungen ein Erfolgshonorar zu vereinbaren. Im Hinblick auf die Zulässigkeit von Erfolgshonorarvereinbarungen entfaltet § 4a Abs. 1 S. 1 Nr. 2 RVG im außergerichtlichen Bereich gegenüber Nr. 1 also einen Anwendungsbereich für die außergerichtliche Einziehung von Mandantenforderungen, die EUR 2.000 überschreiten.

(b) Forderungseinziehung nur für das Mahnverfahren

Demgegenüber gestattet es § 4a Abs. 1 S. 1 Nr. 2 RVG nur in geringem Umfang, für gerichtliche Verfahren Erfolgshonorare zu vereinbaren. Über den Verweis auf § 79 Abs. 2 S. 2 Nr. 4 ZPO stellt die Vorschrift klar, dass Erfolgshonorare nur für Mahnverfahren sowie Zwangsvollstreckungsverfahren vereinbart werden dürfen, mit Ausnahme von Handlungen, die ein streitiges Verfahren einleiten oder innerhalb eines streitigen Verfahrens vorzunehmen sind.[323] Für alle anderen Gerichtsverfahren außer dem Mahnverfahren bleibt die Vereinbarung eines Erfolgshonorars im Erkenntnisverfahren verboten.

Teilweise wird angenommen, dass es die Vorschrift ermögliche, für jede Rechtsverfolgung ein Erfolgshonorar zu vereinbaren und, dass damit das Verbot des Erfolgshonorars faktisch aufgehoben worden sei.[324] Das ergebe sich daraus, dass nach Ansicht des BGH jede Rechtsverfolgung einschließlich der klageweisen Rechtsdurchsetzung Inkasso sei[325] und damit § 4a Abs. 1 S. 1 Nr. 2 RVG durch die Öffnung von Erfolgshonoraren für Inkassodienstleistungen letztlich Erfolgshonorare für jede gerichtliche Rechtsdurchsetzung eröffne. Dagegen spricht aber schon der Wortlaut der Norm, wonach Inkassodienstleistungen eben nur in den in § 79 Abs. 2 S. 2 Nr. 4 ZPO genannten Verfahren erfasst sind. Selbst wenn man also den weiten Inkassobegriff des BGH zugrunde legt, schränkt der Wortlaut der Vorschrift diesen auf die bezeichneten Verfahren ein. Darüber hinaus würde eine sol-

---

323 Damit sind auch sämtliche Rechtsbehelfe im Zwangsvollstreckungsverfahren ausgeschlossen, vgl. *Overkamp*, NJW 2022, 998.
324 So nach Verständnis des Verfassers *Hinne*, BRAK-Mitt. 2022, 135 (136).
325 *Hinne*, BRAK-Mitt. 2022, 135 (136) mit Verweis auf BGH, Urt. v. 13.7.2021 – II ZR 84/20, NZG 2021, 1175.

che Auslegung auch den klaren Willen des Gesetzgebers missachten.[326] In der Gesetzesbegründung heißt es wörtlich:

> *„Nicht von der Erfolgshonorarvereinbarung umfasst sein darf jedoch das Auftreten der Rechtsanwältin oder des Rechtsanwalts als Prozessbevollmächtigte beziehungsweise Prozessbevollmächtigter in streitigen Verfahren, die nicht von § 79 Absatz 2 Satz 2 Nummer 4 ZPO umfasst sind. Durch diese Beschränkung wird verhindert, dass es im Rahmen der für die Durchsetzung eines Anspruchs entscheidenden Geltendmachung vor Gericht zu einer zu engen Verbindung zwischen den Interessen der Rechtsanwältinnen und Rechtsanwälte und ihrer Mandanten kommt."*[327]

Im Rahmen des Erkenntnisverfahrens gestattet § 4a Abs. 1 S. 1 Nr. 2 RVG über § 79 Abs. 2 S. 2 Nr. 4 ZPO also nur die Vereinbarung von Erfolgshonoraren für das Mahnverfahren bis zur Abgabe an das Streitgericht. Insoweit stellt sich die Frage, wie Erfolgsbedingungen zulässigerweise ausgestaltet sein dürfen. Nach der Gesetzesbegründung darf die Erfolgshonorarvereinbarung nicht das Auftreten der Rechtsanwältin oder des Rechtsanwalts in streitigen Verfahren umfassen, die nicht in § 79 Abs. 2 S. 2 Nr. 4 ZPO genannt sind.[328] Damit darf sich die Erfolgsbedingung nur darauf beziehen, ob das Mahnverfahren aus Sicht des Anspruchsinhabers erfolgreich ist, also mit einem Vollstreckungsbescheid endet oder nicht. Geht das Mahnverfahren ins streitige Verfahren über, steht damit endgültig fest, dass der Erfolg nicht mehr eintreten kann. Aus Sicht des Mandanten steht also fest, dass er keine oder nur eine geringere Vergütung bezahlen muss. Daraus folgt, dass der Rechtsanwalt bei Erfolgshonorarvereinbarungen, die nur für das Mahnverfahren gelten, darauf spekulieren muss, dass der Gegner weder einen Widerspruch gegen den Mahnbescheid einlegt noch nach Erlass eines Vollstreckungsbescheids Einspruch einlegt. Alle darüberhinausgehenden Bedingungen, wonach die Forderungseinziehung für den Anspruchsinhaber entweder im Mahnverfahren oder nach Abgabe an das Streitgericht im Streitverfahren erfolgreich enden soll, sind nicht nach § 4a Abs. 1 S. 1 Nr. 2 RVG zulässig.

d) Erfolgshonorar als Zugang zum Recht

Zuletzt können Erfolgshonorare nach § 4a Abs. 1 S. 1 Nr. 3 RVG vereinbart werden, wenn der Auftraggeber im Einzelfall bei verständiger Betrachtung ohne die Vereinbarung eines Erfolgshonorars von der Rechtsverfolgung ab-

---

326 Vgl. hierzu auch *Mayer*, Das neue Erfolgshonorar, Rn. 59; BeckOK RVG/*v. Seltmann*, § 4a Rn. 7.
327 BT-Drs. 19/27673, S. 36.
328 BT-Drs. 19/27673, S. 36.

gehalten würde. Die Vorschrift ist Folge der Rechtsprechung des BVerfG, wonach die Vereinbarung eines Erfolgshonorars zumindest dann zulässig sein muss, wenn dadurch besonderen Umständen in der Person des Auftraggebers Rechnung getragen wird, die diesen sonst davon abhielten, seine Rechte zu verfolgen.[329] Nach wie vor erlaubt die Vorschrift nur Erfolgshonorarvereinbarungen für den Einzelfall. Das setzt voraus, dass der Rechtsanwalt von Fall zu Fall prüft, ob die Voraussetzungen tatsächlich in der Person des jeweiligen Auftraggebers erfüllt sind.[330]

Im Gegensatz zu § 4a Abs. 1 S. 1 RVG aF enthält § 4a Abs. 1 S. 1 Nr. 3 RVG aber nicht mehr die Voraussetzung, dass der Auftraggeber gerade aufgrund seiner wirtschaftlichen Verhältnisse ohne die Vereinbarung eines Erfolgshonorars von der Rechtsverfolgung abgehalten werden würde. Der Gesetzgeber hielt es nicht mehr für gerechtfertigt, auf die wirtschaftlichen Verhältnisse des Auftraggebers abzustellen. Die wirtschaftlichen Folgen eines verlorenen Rechtsstreits träfen wohlhabende Auftraggeber ebenso, auch wenn sie die Folgen wirtschaftlich etwas besser verkraften könnten.[331] Daher soll nunmehr lediglich eine generalisierende („*verständige*") Betrachtung dahingehend erforderlich sein, ob rational denkende Rechtsuchende ohne die Vereinbarung eines Erfolgshonorars von der Rechtsverfolgung abgehalten würden.[332] Entscheidend wird daher sein, ob ein objektiver Dritter angesichts des Prozesskostenrisikos von einem Prozess ablassen würde, wenn er die Prozesskostenrisiken hinsichtlich der Kosten seines eigenen Rechtsanwalts nicht ganz (*no win, no fee* und Streitbeteiligungsvereinbarungen) oder teilweise (*no win, less fee*) auslagern könnte. Dafür soll es maßgeblich auf die wirtschaftlichen Risiken eines Rechtsstreits, deren Bewertung durch den Auftraggeber und etwaige subjektive Gründe für die Vereinbarung eines Erfolgshonorars ankommen.[333]

Ob Gerichte diese Voraussetzung tatsächlich nur einer allgemeinen Plausibilitätsprüfung unterziehen[334] oder eben doch genau prüfen, ob ein Auftraggeber nicht auch ohne das Erfolgshonorar den Prozess geführt hätte, bleibt abzuwarten. Feststeht, dass zumindest dann, wenn der Auftraggeber das Risiko, im Misserfolgsfall mit den Kosten qualifizierter anwaltlicher Unterstützung belastet zu bleiben, nicht oder nicht vollständig zu tragen vermag,

---

329 BVerfG, Beschl. v. 12.12.2006 – 1 BvR 2576/04, NJW 2007, 979; BT-Drs. 19/27673, S. 36; hierzu Kap. 2 C.
330 *Kilian*, NJW 2008, 1905 (1907); *Vogeler*, JA 2011, 321 (323).
331 BT-Drs. 19/27673, S. 37.
332 BT-Drs. 19/27673, S. 37.
333 *Mayer*, Das neue Erfolgshonorar, Rn. 85.
334 So *Mayer*, AnwBl Online 2021, 246 (248); *Mayer*, Das neue Erfolgshonorar, Rn. 85; s. hierzu auch den praktischen Anwendungsbereich der Vorschrift unter Kap. 3 C.IV.6.b) cc).

bereits nach dem BVerfG die Vereinbarung eines Erfolgshonorars zulässig sein muss.[335] Dabei bleibt nach §4a Abs. 1 S.3 RVG die Möglichkeit, Beratungs- oder Prozesskostenhilfe in Anspruch zu nehmen, außer Betracht.[336]

e) Ergebnis

§ 4a Abs. 1 S. 1 RVG lässt die Vereinbarung von Erfolgshonoraren in drei Fällen zu. Erstens dürfen Erfolgshonorare für die gerichtliche und außergerichtliche Tätigkeit eines Rechtsanwalts vereinbart werden, wenn sich der Auftrag auf eine Geldforderung von bis zu EUR 2.000 beläuft, weil bei Geringforderungen nach Ansicht des Gesetzgebers ein rationales Desinteresse an der Rechtsdurchsetzung besteht. Zweitens dürfen Erfolgshonorare dann vereinbart werden, wenn eine Forderung außergerichtlich oder im Mahnverfahren[337] eingezogen werden soll und drittens dann, wenn ein rational denkender Rechtssuchender bei verständiger Betrachtung ohne die Vereinbarung eines Erfolgshonorars von der Rechtsverfolgung abgehalten werden würde.

5. Erwägungen aus Sicht des Anwalts

a) Erfolgshonorarvereinbarungen als Risikogeschäft für den Rechtsanwalt

Die Frage nach der Zulässigkeit der Vereinbarung eines Erfolgshonorars beantwortet lediglich die Frage, ob ein Mandant und sein Anwalt ein Erfolgshonorar vereinbaren dürfen. Selbst wenn die Vereinbarung aber grundsätzlich zulässig wäre, steht für den Auftraggeber noch lange nicht fest, dass er auch einen Rechtsanwalt finden wird, der zum Abschluss einer Erfolgshonorarvereinbarung bereit ist. Dafür ist entscheidend, welche Erwägungen der Rechtsanwalt trifft, bevor er sich auf eine Erfolgshonorarvereinbarung einlässt. Aus Sicht des Rechtsanwalts stellt die Vereinbarung eines Erfolgshonorars ein Risikogeschäft dar. Er muss zwar – anders als der Prozessfinanzierer – kein Kapital zur Prozessführung bereitstellen. Allerdings investiert der Rechtsanwalt seine Zeit in den Fall. Er läuft Gefahr, im Misserfolgsfall nichts oder nur eine geringe Vergütung zu bekommen und dennoch viel Zeit für das Mandat investiert zu haben. Rechtsanwälte müssen daher abwägen, ob es sich für sie auszahlt, das Risiko einzugehen, im Misserfolgsfall nicht

---

335 Hierzu Kap. 2 C.
336 Inwieweit der Auftraggeber vorrangig andere Finanzierungsmodelle in Anspruch nehmen muss, bevor er ein Erfolgshonorar nach §4 Abs. 1 S. 1 Nr. 3 RVG vereinbaren darf, wird im vierten Kapitel untersucht, s. Kap. 4. B.
337 Die übrigen Verfahren im Rahmen der Zwangsvollstreckung, auf die §4a Abs. 1 S. 1 Nr. 2 RVG über §79 Abs. 2 S. 2 Nr. 4 ZPO ebenfalls verweist, bleiben hier unberücksichtigt.

oder geringer vergütet zu werden. Bei ihrer Risikoabwägung müssen sie Faktoren wie die Erfolgsaussichten, die Bonität des Gegners und des eigenen Mandanten, den prognostizierten Zeitaufwand, die Mindesthöhe des Erfolgshonorars sowie dessen Verhältnis zum Streitwert berücksichtigen.

Insoweit ist der Rechtsanwalt, der erwägt, ein Erfolgshonorar zu vereinbaren, gezwungen, ähnliche Erwägungen anzustellen wie ein gewerblicher Prozessfinanzierer.[338] Im Vergleich zu Prozessfinanzierern ist aber darauf hinzuweisen, dass es deutlich mehr zugelassene Rechtsanwälte und damit potenzielle Finanzierer als Prozessfinanzierer gibt.[339] Die Wahrscheinlichkeit, einen Rechtsanwalt zu finden, der einen risikoreichen Fall auf Erfolgshonorarbasis übernimmt, ist also deutlich höher als die Wahrscheinlichkeit, für denselben Fall einen Prozessfinanzierer zu gewinnen.

b) Die Risikoabwägung

aa) Erfolgsaussichten

Grundvoraussetzung ist für den Rechtsanwalt natürlich, dass der Fall hinreichende Erfolgsaussichten hat. Von den Erfolgsaussichten hängt nämlich in der Regel[340] ab, ob er überhaupt vergütet wird. Das heißt aber nicht, dass die Erfolgsaussichten gewiss sein müssten, weil in der Risikoabwägung des Rechtsanwalts beispielsweise eine höhere Erfolgsbeteiligung etwas geringere Erfolgsaussichten ausgleichen kann. Zudem kann der Anwalt durch Erfolgsbeteiligungen aus erfolgreichen Fällen seine erfolglosen Fälle ausgleichen. Aufgrund dieser Diversifikation von Kostenrisiken[341] und Quersubvention kann der Rechtsanwalt auch Fälle annehmen, deren Ausgang aus seiner Sicht noch ungewiss ist, wenn er sie durch Erfolgsbeteiligungen in vermeintlich sicheren Fällen ausgleichen kann.

---

338 S. dazu Kap. 3 C.VI.3.a); *Schnee-Gronauer*, AnwBl Online 2021, 242.
339 Die Anzahl der in Deutschland zugelassenen Rechtsanwälte beträgt 165.680 für das Jahr 2021, s. Entwicklung der Zahl zugelasser Rechtsanwälte von 1960 bis 2022 (herausgegeben von der BRAK, abrufbar unter https://www.brak.de/presse/zahlen-und-statistiken/statistiken/ (zuletzt abgerufen am 14.6.2023)); vgl. demgegenüber die Übersicht der in Deutschland tätigen Prozessfinanzierer des Deutschen Anwaltvereins (abrufbar unter https://anwaltsblatt.anwaltverein.de/de/anwaeltinnen-anwaelte/anwaltspraxis/prozessfinanzierer-tipps-fuer-anwaltspraxis-und-ein-aktueller-marktueberblick (zuletzt abgerufen am 14.6.2023)).
340 Für *no win, no fee* – und Streitbeteiligungsvereinbarungen.
341 BVerfG, Beschl. v. 12.12.2006 – 1 BvR 2576/04, NJW 2007, 979 Rn. 100; vgl auch *Kilian*, BB 2006, 229 (230).

Kap. 3 Finanzierungsmodelle für einen Prozess

bb) Bonität des Gegners und des Mandanten

Daneben wird für den Rechtsanwalt auch die Bonität des Gegners relevant sein. Das gilt einerseits dann, wenn die Vergütung des Rechtsanwalts davon abhängt, dass der erstrittene Betrag notfalls beim Beklagten vollstreckt werden kann. Andererseits ist die Bonität des Gegners für den Rechtsanwalt dann relevant, wenn zwischen Rechtsanwalt und Mandant eine Abrede besteht, wonach Letzterer bis zur Höhe der gesetzlichen Vergütung aus dem prozessualen Kostenerstattungsanspruch befriedigt werden soll. Dann stellt sich auch für den Rechtsanwalt die Frage, ob dieser prozessuale Kostenerstattungsanspruch durchsetzbar ist.

Demgegenüber muss das Erfolgshonorar insoweit, als dass es die gesetzliche Vergütung des Rechtsanwalts überschreitet, nicht im Rahmen der prozessualen Kostenerstattungspflicht vom Gegner erstattet werden, sondern allenfalls in Ausnahmefällen im Rahmen der materiellen Kostenerstattungspflicht.[342] In Höhe der Differenz zwischen gesetzlicher Vergütung und vereinbartem Erfolgshonorar kann es dem Rechtsanwalt daher auf die Bonität des Mandanten selbst ankommen. Wenn der Prozesserfolg die Bedingung für die Vergütung des Rechtsanwalts ist, hat der Rechtsanwalt aber jedenfalls dann Sicherheit, dass der Mandant eine Honorarforderung begleichen können wird, wenn er aus dem erstrittenen Betrag vergütet werden soll und der Prozessgegner über eine hinreichende Bonität verfügt. Die Bonität des eigenen Mandanten spielt auch insoweit für den Rechtsanwalt eine Rolle, als dass der Mandant zumindest in der Lage sein muss, die Gerichtskosten aus eigenen Mitteln oder über andere Finanzierungsmodelle[343] zu begleichen. Andernfalls kann es nämlich nicht zu einem Prozess kommen, von dessen Ausgang die Vergütung des Rechtsanwalts abhängen soll.

cc) Höhe der Investition, Berechnung des Erfolgshonorars und Verhältnis der Investition zum Streitwert

Darüber hinaus muss sich der Rechtsanwalt damit auseinandersetzen, wie viel Zeit er voraussichtlich in den Fall investieren muss, wie viel er als Erfolgshonorar verlangen muss, damit sich seine Investition überhaupt auszahlen kann und wie das Verhältnis zwischen der so ermittelten Mindesthöhe des Erfolgshonorars und dem Streitwert ist.

Die Zeit, die der Rechtsanwalt voraussichtlich für den Fall aufwenden muss, beschreibt das Risiko, welches er durch die Vereinbarung eines Erfolgshonorars eingeht. Im Fall eines Totalverlusts bekommt er seine aufgewendete

---

342 Zur Erstattungsplicht beim Erfolgshonorar Kap. 5 C.IV.
343 Kap. 4 C.IV zur Möglichkeit, die Prozesskostenhilfe mit dem anwaltlichen Erfolgshonorar zu kombinieren.

Zeit nämlich nicht oder nur zu einem geringeren Preis vergütet. Die verlorene Zeit hätte der Rechtsanwalt für andere Mandate aufwenden können und so einen Gewinn erzielen können, vorausgesetzt, dass er hinreichend ausgelastet ist. Durch die Vereinbarung eines Erfolgshonorars riskiert er also, dass ihm für den Misserfolgsfall ein Gewinn entgeht. Vor Annahme eines Mandats auf Erfolgshonorarbasis muss sich der Rechtsanwalt daher fragen, ob er bereit dazu ist, dieses Risiko einzugehen. Das gilt namentlich dann, wenn seine Prognose ergibt, dass er für den Fall viel Zeit investieren muss und sein anderweitig erzielbarer Gewinn entsprechend hoch ist.

Angesichts der zu investierenden Zeit muss sich der Rechtsanwalt fragen, wie hoch sein Erfolgshonorar sein müsste, damit sich die Vereinbarung eines Erfolgshonorars überhaupt lohnen kann.[344] Zur Berechnung des (Mindest-)Erfolgshonorars gibt es zwei Ansätze: der Rechtsanwalt kann anhand der voraussichtlich zu investierenden Zeit schätzen, wie viel er mit dem Fall auf Grundlage seines Stundenhonorars oder aufgrund der gesetzlichen Vergütung zeitunabhängig ohne ein Erfolgshonorar verdienen würde und unter Heranziehung der Erfolgswahrscheinlichkeit errechnen, wie das Erfolgshonorar ausgestaltet sein muss, damit er mit ihm so viel verdient wie bei der Anwendung anderer Honoraroptionen.[345] Alternativ kann der Rechtsanwalt seine normale Vergütung verlangen und für den Erfolgsfall seinen Zuschlag anhand der Erfolgswahrscheinlichkeit berechnen.[346] Bei einer theoretischen Erfolgswahrscheinlichkeit von 100 % könnte der Rechtsanwalt dann keinen Zuschlag verlangen und bei einer Erfolgswahrscheinlichkeit von 50 % einen Zuschlag von 100 %.[347]

Dabei ist zu berücksichtigen, dass der Rechtsanwalt seine Erfolgsprognose bereits beim Vertragsschluss mit seinem Mandanten anstellen muss.[348] Zu diesem Zeitpunkt ist er oft noch nicht in der Lage, den Fall vollständig zu bewerten, weil ihm die Einwendungen des Gegners noch nicht bekannt sein dürften und er nicht in der Lage ist, etwaige Beweisprognosen anzustellen. Daher kann zu diesem Zeitpunkt in der Regel von einer Erfolgswahrscheinlichkeit von 50 % ausgegangen werden, welche einen Erfolgszuschlag von 100 % erlaubt, wenn gleichzeitig für den Misserfolgsfall eine Vergütung

---

344 *Schnee-Gronauer*, AnwBl Online 2021, 242 (243) und *Mayer*, Das neue Erfolgshonorar, Rn. 181 ff. sowie *Fölsch*, MDR 2008, 728.
345 So der Ansatz von *Schnee-Gronauer*, AnwBl Online 2021, 242 (243), der zur Berechnung einer Streitbeteiligungsvereinbarung die Formel „*Erfolgshonorar in % x Gegenstandswert x Obsiegenswahrscheinlichkeit + Vergütung bei nicht Obsiegen x (1 – Obsiegenswahrscheinlichkeit) = Vergleichshonorar*" aufstellt.
346 Hierzu *Mayer*, Das neue Erfolgshonorar, Rn. 182 ff.; *Fölsch*, MDR 2008, 728.
347 S. hierzu und zum nachfolgenden *Mayer*, Das neue Erfolgshonorar, Rn. 182 ff.
348 BT-Drs. 19/27673, S. 37 mit Verweis auf BT-Drs. 16/8384, S. 11; *Mayer*, Das neue Erfolgshonorar, Rn. 188.

ausgeschlossen wird.[349] Daneben besteht auch die Möglichkeit, eine gestaffelte Erfolgsvergütung dergestalt zu vereinbaren, dass eine festgelegte Grundvergütung besteht, die sich erfolgsabhängig erhöhen kann.[350] Dadurch wird die Berechnung des Erfolgshonorars erleichtert, weil feststeht, dass der Rechtsanwalt auch im Misserfolgsfall seine Zeit in Höhe der Grundvergütung nicht umsonst aufgewendet hat.

Zuletzt wird der Rechtsanwalt das Verhältnis von dem, was er aufgrund seiner investierten Zeit als Mindesterfolgshonorar verlangen muss und dem Streitwert berücksichtigen müssen.[351] Wenn der Rechtsanwalt, ausgehend von seinem prognostizierten Zeitaufwand und einer Abrechnung auf Zeitbasis, bereits ein Honorar verlangen müsste, das einen Großteil des Streitgegenstands ausmacht, lohnt sich die Vereinbarung eines Erfolgshonorars oft wirtschaftlich nicht. Auf sein so errechnetes hypothetisches Honorar muss er nämlich noch das Risiko aufschlagen, dass er im Misserfolgsfall keine oder nur eine geringere Vergütung erhält. Für diesen Fall würde eine Erfolgshonorarvereinbarung dazu führen, dass der Rechtsstreit aus Sicht des Mandanten wirtschaftlich sinnlos wäre, weil die anwaltliche Vergütung einen Großteil des möglichen Ertrags ausmachen würde. Demgegenüber können sich Rechtsanwälte bei hohen Streitwerten einen hohen Betrag für den Erfolgsfall versprechen lassen, ohne dass die Kosten-Nutzen-Abwägung des Mandanten kippt und dazu führt, dass er den Rechtsstreit nicht mehr führen möchte, weil das nach Vereinbarung eines Erfolgshonorars wirtschaftlich sinnlos wäre. Streitbeteiligungsvereinbarungen können bei hohen Streitwerten relativ zum Streitwert gering, aber absolut betrachtet hoch, sein.[352]

dd) Sonstige Faktoren

Je nach Einzelfall können noch weitere Erwägungen für den Rechtsanwalt eine Rolle spielen. So kann die Verfahrensdauer beispielsweise ein gewichtiges Argument gegen eine Erfolgshonorarvereinbarung sein. Wenn sich der Fall absehbar über mehrere Instanzen ziehen sollte, erhält der Rechtsanwalt gegebenenfalls über Jahre seine Vergütung nicht – vorausgesetzt, dass der Erfolg überhaupt eintritt.

---

349 Vgl. *Mayer*, Das neue Erfolgshonorar, Rn. 188 ff.
350 *Rücker/Bell*, MDR 2022, 470 (471).
351 Vgl. hierzu auch den praktischen Anwendungsbereich insbesondere von § 4a Abs. 1 S. 1 Nr. 1 RVG unter Kap. 3 C.IV.6.b)bb).
352 Deswegen setzen auch gewerbliche Prozessfinanzierer einen bestimmen Mindeststreitwert voraus, s. Kap. 3 C.VI.3.a)dd).

c) Ergebnis

Das Erfolgshonorar ist für den Rechtsanwalt ein Risikogeschäft, weil er im Misserfolgsfall seine Zeit ganz oder teilweise umsonst aufgewendet hat. Rechtsuchende werden daher nur dann in der Lage sein, ein Erfolgshonorar zu vereinbaren, wenn der Anwalt bereit ist, dieses Risiko einzugehen. Dazu muss die Risikoabwägung des Anwalts, die unter anderem die voraussichtlichen Erfolgsaussichten, den voraussichtlichen Zeitaufwand und die Bonität des Beklagten berücksichtigen sollte, zu einem positiven Ergebnis gelangen.

6. Praktische Relevanz der neuen Vorschriften zum Erfolgshonorar

Vor diesem Hintergrund stellt sich die Frage, ob § 4a RVG Erfolgshonorarvereinbarungen in Fällen zulässt, in denen die Risikoabwägung von Rechtsanwälten zu einem positiven Ergebnis gelangen kann. Nur dann würde § 4a RVG auch einen neuen Anwendungsbereich in der Praxis eröffnen.

a) Außergerichtliche Forderungseinziehung

Für die außergerichtliche Geltendmachung von Forderungen eröffnet insbesondere § 4a Abs. 1 S. 1 Nr. 2 RVG einen neuen praktischen Anwendungsbereich, weil Erfolgshonorare für die Forderungseinziehung vereinbart werden können, ohne dass die Forderungshöhe wie in § 4a Abs. 1 S. 1 Nr. 1 RVG begrenzt wird.

b) Gerichtliche Forderungseinziehung

Allerdings werden Mandanten vor allem daran interessiert sein, ein Erfolgshonorar für Prozesse zu vereinbaren, weil diese oft deutlich mehr Kosten verursachen als beispielsweise das Verfassen eines Mahnschreibens zur außergerichtlichen Forderungseinziehung. § 4a Abs. 1 S. 1 Nr. 2 RVG könnte für das Mahnverfahren Abhilfe schaffen. Für alle übrigen Verfahren erlauben nur § 4a Abs. 1 S. 1 Nr. 1 und Nr. 3 RVG die Vereinbarung eines Erfolgshonorars. In beiden Fällen muss der Rechtsanwalt nach § 4a Abs. 2 RVG einen angemessenen Zuschlag auf die gesetzliche Vergütung vereinbaren. Er darf sich im Erfolgsfall also nicht nur die gesetzliche Vergütung versprechen lassen.

aa) Forderungseinziehung im Mahnverfahren nach § 4a Abs. 1 S. 1 Nr. 2 RVG

Es stellt sich die Frage, für welche Fälle § 4a Abs. 1 S. 1 Nr. 2 RVG in der Praxis zur Anwendung gelangen könnte. Dem Gesetzgeber schwebten Fälle vor, in denen Rechtsanwälte eine Forderungseinziehung wie Legal-Tech-

Kap. 3   Finanzierungsmodelle für einen Prozess

Unternehmen auf Erfolgshonorarbasis anbieten, meint aber gleichzeitig, dass der praktische Anwendungsbereich angesichts der Beschränkung auf die außergerichtliche Forderungseinziehung und die Forderungseinziehung im Mahnverfahren *„möglicherweise nicht übermäßig hoch sein"* wird.[353]

Ein Bedarf, Erfolgshonorare für die Vertretung durch einen Anwalt im Mahnverfahren zu vereinbaren, dürfte angesichts der Formalisierung des Mahnverfahrens selten bestehen. Nach § 703c Abs. 2 ZPO herrscht für das Mahnverfahren ein Formularzwang, das heißt, der Antragsteller muss lediglich Vordrucke ausfüllen, um einen Mahnantrag zu stellen. Das Gleiche gilt für die Beantragung eines Vollstreckungsbescheids. Dafür benötigt er selten die Hilfe eines Rechtsanwalts. Das zeigt sich auch darin, dass die Beiordnung eines Rechtsanwalts im Rahmen der Prozesskostenhilfe für das Mahnverfahren in aller Regel nicht als erforderlich angesehen wird.[354] *Wielgoß* nennt hierzu lediglich den Ausnahmefall, dass eine Partei in persönlichen und geschäftlichen Angelegenheiten völlig ungeeignet ist.[355]

Als möglicher Anwendungsbereich verbliebe damit der Fall, der auch dem Gesetzgeber vorschwebte: Anwälte könnten wie Legal-Tech-Unternehmen gegen ein Erfolgshonorar die Forderungseinziehung für ihre Mandanten übernehmen. Dem steht aber entgegen, dass es Anwälten nicht gestattet wäre, ein ähnliches Geschäftsmodell zu entwickeln. Anwälte dürfen sich die Forderungen ihrer Mandanten nämlich zur Wahrung der anwaltlichen Unabhängigkeit nicht abtreten lassen.[356] Das hat zwei große Nachteile: erstens können sie ihren Mandanten nicht anbieten, die Forderungseinziehung endgültig zu übernehmen. Das Geschäftsmodell der genannten Inkassodienstleister hat sich vor allem deswegen bewährt, weil Verbraucher aufgrund weniger Klicks feststellen können, ob ihr Anspruch besteht, und sie diesen dann abtreten können, ohne mit der Forderungseinziehung im Übrigen etwas zu tun zu haben.[357] Der Inkassodienstleister kommt erst wieder auf sie zu, wenn er einen Gewinn erzielt hat, den er an sie auskehren muss. Dieses „Rundum-sorglos-Paket"[358] können Anwälte ohne eine Abtretung nicht anbieten, weil betroffene Anspruchsinhaber spätestens beim Prozess selbst als Partei auftreten müssten. Zweitens können Rechtsanwälte ohne eine Abtretung Ansprüche verschiedener Verbraucher nicht in ihrer Person bündeln und dann gegenüber einem Unternehmer geltend machen. Sie müssten also von jedem, der ihre Legal-Tech-Leistung in Anspruch nehmen möchte, mandatiert werden und könnten die verschiedenen Ansprüche dann allenfalls in

---

353 BT-Drs. 19/27673, S. 36.
354 BGH, Beschl. v. 11.2.2010 – IX ZB 175/07, NJOZ 2010, 2690.
355 *Wielgoß*, NJW 1991, 2070 (2071).
356 Kap. 3 C.IV.4.c)bb)(1).
357 S. Kap. 3 C.IV.4.c)aa).
358 Der Begriff stammt von *Greger*, MDR 2018, 897 (Das „Rundum-sorglos-Modell").

Form einer subjektiven Klagehäufung geltend machen. Zuletzt scheitert das Geschäftsmodell – insoweit auch aus Sicht des Gesetzgebers – daran, dass die Befugnis des Rechtsanwalts zur Vereinbarung eines Erfolgshonorars mit Abgabe des Verfahrens an das Streitgericht endet. Für das streitige Verfahren muss der Rechtsanwalt daher darauf bestehen, dass er vergütet wird.

Für den Anwendungsbereich verbleiben damit nur noch Konstellationen, in denen der Anwalt sich ein Erfolgshonorar für den Fall versprechen lässt, dass die Forderung außergerichtlich oder im Mahnverfahren beigetrieben werden kann. Das kann sich aus Sicht des Rechtsanwalts gerade bei hohen Forderungswerten lohnen, ist aber mit Unsicherheit verbunden, weil Rechtsanwälte kaum prognostizieren können, ob der Gegner bereit ist, die Forderung ohne ein Gerichtsverfahren zu erfüllen oder Widerspruch gegen einen Mahnbescheid oder Einspruch gegen einen Vollstreckungsbescheid einlegen würde. Gelingt die Forderungseinziehung aber weder außergerichtlich noch im Mahnverfahren, steht fest, dass der Rechtsanwalt für seine Bemühungen keine oder nur eine geringere Vergütung erhält. Ein Rechtsanwalt dürfte dieses Risiko also nur dann eingehen, wenn sein Zeitaufwand gering ist.

Im Übrigen kann er dieser Unsicherheit aber auch dadurch begegnen, dass er sicherstellt, für das anschließende Gerichtsverfahren mandatiert zu werden. Dazu kann er seinem Mandanten den Abschluss einer Erfolgshonorarvereinbarung für die außergerichtliche Forderungseinziehung und die Forderungseinziehung im Mahnverfahren für den Fall anbieten, dass er ihn auch im anschließenden Gerichtsverfahren – und dann gegen die gesetzliche Vergütung oder aufgrund einer Zeithonorarvereinbarung – vertreten darf.

bb) Praktischer Anwendungsbereich von § 4a Abs. 1 S. 1 Nr. 1 RVG

(1) Erfolgshonorare bei Geringforderungen

Demgegenüber können Erfolgshonorare nach § 4a Abs. 1 S. 1 Nr. 1 RVG für Geldforderungen bis EUR 2.000 auch für sonstige Gerichtsverfahren vereinbart werden. In der Praxis dürfte aber auch diese Vorschrift selten zur Anwendung gelangen.

Bei Geringforderungen macht schon die gesetzliche Vergütung des Rechtsanwalts bei gerichtlicher Vertretung schnell einen Großteil des Streitwerts aus.[359] Die gesetzliche Vergütung berücksichtigt aber noch nicht das Ausfallrisiko des Rechtsanwalts, das heißt, das Risiko, dass er im Misserfolgsfall überhaupt keine Vergütung erhält. Dieses muss er aber nach § 4a Abs. 2 RVG angemessen berücksichtigen. Schlägt man das Ausfallrisiko hinzu, ist der Rechtsstreit aus Sicht des Mandanten schnell nicht mehr wirtschaft-

---

359 Bei einem Streitwert von EUR 200 entstehen Kosten in Höhe von EUR 222,63 bei einem Streitwert von EUR 2.000 Kosten in Höhe von EUR 669,85 (s. Anhang 1).

lich.[360] Das Gleiche gilt, wenn der Rechtsanwalt sein Erfolgshonorar, ausgehend von seinem Stundenhonorar, berechnen wollte. Nur weil die streitgegenständliche Forderung geringwertig ist, macht das den Fall rechtlich nicht weniger komplex und zeitintensiv. Gleichzeitig kann der Rechtsanwalt bei einem geringen Streitwert nur wenige Stunden aufwenden, bevor sein Honorar einen Großteil des Streitwerts ausmacht. Eine Erfolgshonorarvereinbarung nach § 4a Abs. 1 S. 1 Nr. 1 RVG könnte sich daher allenfalls für Fälle mit geringem Ausfallrisiko und Minimalaufwand lohnen.[361] Allerdings dürfte sich bei Abschluss der Erfolgshonorarvereinbarung kaum mit Sicherheit vorhersagen lassen, dass der Fall gewisse Erfolgsaussichten haben wird und mit einem Minimalaufwand zu bewerkstelligen ist.

(2) Massenfälle in Individualklagen

Anwälte können dem dadurch entgegnen, dass sie Erfolgshonorare für Massenfälle vereinbaren, die in Individualklagen verfolgt werden.[362] Als Beispiel sei hier nur an die zahlreichen Fälle aus dem Dieselskandal erinnert.[363] Der Vorteil für die Finanzierung von Massenfällen gegenüber dem Einzelfall besteht darin, dass der Aufwand des Finanzierers reduziert werden kann, weil die Fälle auf gleiche oder ähnliche Rechtsfragen hinauslaufen und ähnliche Sachverhalte zugrunde liegen. Weil der Aufwand für den Anwalt gering ist, kann er ein geringes Erfolgshonorar verlangen und gleichzeitig sicherstellen, dass sich die Finanzierungsleistung für ihn lohnt.[364] Auch hier muss das Erfolgshonorar nach § 4a Abs. 2 RVG die gesetzliche Vergütung überschreiten. Selbst wenn diese aber bereits einen Großteil des Streitgegenstands ausmachen sollte, muss das den Anspruchsinhaber nicht von der Rechtsverfolgung abhalten, weil er im Erfolgsfall die gesetzliche Vergütung als Teil der prozessualen Kostenerstattung vom Gegner ersetzt verlangen kann. Aus Sicht des Rechtsanwalts als Finanzierer kann hier lediglich die Quersubventionierung problematisch werden, wenn er ausschließlich in Individualklagen investiert, die aus demselben Anlass hervorgehen. Wenn Rechtsanwälte oder Prozessfinanzierer in eine Vielzahl von Fällen investieren, die allesamt von den gleichen Rechts- und Tatsachenfragen abhängen, können dadurch die Kostenrisiken nicht diversifiziert werden. Bei einem Totalverlust kann kein Erfolgshonorar aus erfolgreichen Fällen die erfolglosen Fälle ausgleichen.

---

360 *Meller-Hannich*, NZM 2022, 353 (358).
361 Ähnlich *Hinne*, BRAK-Mitt. 2021, 278 (279).
362 *Rücker/Bell*, MDR 2022, 470.
363 Für weitere Fallbeispiele *Rücker/Bell*, MDR 2022, 470.
364 Vgl. hierzu auch die Berechnung des Erfolgshonorars ausgehend vom Stundensatz oder dem gesetzlichen Honorar unter Kap. 3 C.IV.5.b)cc).

(3) Objektive Klagehäufungen

Weiterhin könnte ein praktischer Anwendungsbereich der Vorschrift für Fälle bestehen, in denen Forderungen, die sich jeweils auf unter EUR 2.000 belaufen, in Form einer objektiven Klagehäufung gemeinsam verfolgt werden.[365] So könnten Anspruchsinhaber den möglichen Ertrag aus dem Prozess erhöhen und dadurch dem Problem abhelfen, dass ein Erfolgshonorar bei geringen Streitwerten schwer zu vereinbaren ist. Gleichzeitig würde die mit der Streitwerterhöhung verbundene Gebührendegression dazu führen, dass das Kostenrisiko im Verhältnis zum Forderungswert angemessener erschiene.

Der Wortlaut steht dem nicht entgegen.[366] Allerdings ergibt die Gesetzesbegründung, dass § 4a Abs. 1 S. 1 Nr. 1 RVG nur bei der Verfolgung von Forderungen bis zu EUR 2.000 im Einzelfall und nicht in Form einer objektiven Klagehäufung zulässig sein soll. Danach soll nur bis zu einem Streitwert von EUR 2.000 ein rationales Desinteresse an der Rechtsverfolgung bestehen.[367] Für Streitwerte über EUR 2.000 besteht aber aus Sicht des Gesetzgebers kein rationales Desinteresse an der Rechtsverfolgung mehr, sondern vielmehr eine Gefahr für die anwaltliche Unabhängigkeit und die prozessuale Waffengleichheit sowie eine Gefahr der Übervorteilung von Mandanten.[368] Die Streitwerterhöhung über eine objektive Klagehäufung würde also der Zulässigkeit einer Erfolgshonorarvereinbarung entgegenstehen.

cc) Praktischer Anwendungsbereich von § 4a Abs. 1 S. 1 Nr. 3 RVG

Demgegenüber ermöglicht § 4a Abs. 1 S. 1 Nr. 3 RVG unabhängig von der Forderungshöhe die Vereinbarung von Erfolgshonoraren. Damit sind von der Vorschrift auch Anwendungsbereiche erfasst, bei denen der Streitwert hoch genug ist, dass sich das Problem, dass das Erfolgshonorar einen Großteil des Ertrags liquidieren würde, nicht stellt. Allerdings steht für die Praxis zu befürchten, dass Erfolgshonorare angesichts der Rechtsunsicherheit,[369] die die Vorschrift mit sich bringt, weiterhin nicht vereinbart werden. Es ist nämlich unklar, welche Gründe der Gesetzgeber oder etwaige Gerichte da-

---

365 Auch *Kilian*, AnwBl Online 2021, 213 (215) wirft diese Fragen auf, ohne sie aber zu beantworten.
366 *Wais*, JZ 2022, 404 (411), der der Frage in Bezug auf die verworfene Prozessfinanzierung bis EUR 2.000 nachgeht.
367 BT-Drs. 19/27673, S. 35.
368 BT-Drs. 19/27673, S. 36; *Wais*, JZ 2022, 404 (411) legt zwar dar, dass die Furcht vor anwaltlichem Fehlverhalten nur dann bestünde, wenn gleichartige Ansprüche bestehen. Allerdings hilft das nicht darüber hinweg, dass aus Sicht des Gesetzgebers der Mandant vor einer Übervorteilung zu schützen ist und das Erfolgshonorar die prozessuale Waffengleichheit gefährden könne.
369 *Mayer*, AnwBl Online 2021, 246 (248).

Kap. 3 Finanzierungsmodelle für einen Prozess

für gelten lassen, dass Auftraggeber im Einzelfall ohne die Vereinbarung eines Erfolgshonorars von der Prozessführung abgesehen hätten. Nach der Gesetzesbegründung sollen Situationen erfasst sein, in denen eine Risikoabwägung zu dem Ergebnis führt, dass die Vereinbarung eines Erfolgshonorars sachgerecht wäre.[370] Der Wortlaut ist insoweit deutlich strenger, indem er fordert, dass der Auftraggeber ohne die Erfolgshonorarvereinbarung von der Rechtsverfolgung abgehalten würde. Es reicht also gerade nicht, wenn die Vereinbarung eines Erfolgshonorars aus Sicht des Auftraggebers sachgerecht war. Er muss vielmehr nach dem Wortlaut darlegen, dass er den Prozess ohne das Erfolgshonorar nicht geführt hätte. Mit dem BVerfG kann er dazu darlegen, dass er das Risiko, im Misserfolgsfall mit den Kosten qualifizierter anwaltlicher Unterstützung belastet zu bleiben, nicht oder zumindest nicht vollständig hätte tragen können.[371] Nach der neuen Gesetzeslage sollen aber auch Fälle erfasst sein, in denen nicht die wirtschaftlichen Verhältnisse des Auftraggebers für die Vereinbarung eines Erfolgshonorars ausschlaggebend sind. Für diese Fälle besteht aber zum einen kein objektivierbarer Anknüpfungspunkt, weil nicht mehr relevant ist, was sich der Auftraggeber hätte leisten können. Zum anderen sind kaum Fälle denkbar, in denen Erfolgshonorarvereinbarungen – wie vom Gesetzgeber vorgesehen – aufgrund einer Risikoabwägung zulässig zu vereinbaren wären und auch in der Praxis vereinbart werden könnten, ohne dass es auf die wirtschaftlichen Verhältnisse des Anspruchsinhabers ankommt. Zur Risikoabwägung, die ein Anspruchsinhaber vor einem Prozess durchführt, gehören insbesondere das Prozesskostenrisiko und das Prozessverlustrisiko.

Im Hinblick auf das Prozesskostenrisiko könnte etwa dann ein Interesse an der Auslagerung von Kostenrisiken bestehen, wenn der Streitwert bei beispielsweise EUR 10.000 liegt und das Gesamtkostenrisiko dadurch in etwa die Hälfte des Streitwerts ausmacht.[372] Dann könnte die Risikoabwägung des Anspruchsinhabers dazu führen, dass er nicht dazu bereit ist, im Misserfolgsfall Kosten in Höhe der Hälfte des Streitwerts zu tragen und er deswegen zumindest teilweise seine Kostenrisiken auslagern möchte. Diese Risikoabwägung dürfte aber in aller Regel nicht ausreichen, damit der Anspruchsinhaber zulässigerweise Erfolgshonorarvereinbarungen nach § 4a Abs. 1 S. 1 Nr. 3 RVG schließen darf. Das ergibt sich aus einer systematischen Erwägung. Der Auftragswert, bei dem ohne weitere Gründe ausschließlich aufgrund des Prozesskostenrisikos ein Erfolgshonorar vereinbart werden darf, ist in § 4a Abs. 1 S. 1 Nr. 1 RVG auf bis zu EUR 2.000 be-

---

370 BT-Drs. 19/27673, S. 37.
371 BVerfG, Beschl. v. 12.12.2006 – 1 BvR 2576/04, NJW 2007, 979 Rn. 102.
372 Bei einem Streitwert von EUR 10.000 können in erster Instanz Kosten in Höhe von EUR 4.997,63 anfallen (s. Anhang 1).

grenzt.³⁷³ Daraus folgt, dass es allein aufgrund des Prozesskostenrisikos nur dann zulässig ist, ein Erfolgshonorar zu vereinbaren, wenn der Streitwert bei bis zu EUR 2.000 liegt. Der Auftraggeber müsste also neben dem Prozesskostenrisiko weitere Gründe dafür vorbringen können, warum es sachgerecht ist, ein Erfolgshonorar zu vereinbaren. Dem könnte der Auftraggeber gerecht werden, indem er argumentiert, dass er sich dieses Risiko angesichts seiner wirtschaftlichen Verhältnisse nicht leisten kann. Auf die wirtschaftlichen Verhältnisse soll es nach der Gesetzesbegründung aber gerade nicht mehr ankommen.³⁷⁴

Weiterhin könnte der Anspruchsinhaber vortragen, dass er aufgrund des Prozessverlustrisikos ein Erfolgshonorar vereinbaren möchte. Hinsichtlich des Verlustrisikos besteht ein Interesse daran, ein Erfolgshonorar zu vereinbaren, wenn jenes hoch und der Misserfolgsfall dementsprechend wahrscheinlich ist. Das kann beispielsweise der Fall sein, wenn der Kläger davon ausgeht, in Beweisnot zu geraten. Ist das Verlustrisiko aber aus Sicht des Rechtsanwalts hoch, wird er häufig nicht dazu bereit sein, ein Erfolgshonorar zu vereinbaren. Sein Honorar hängt nämlich ganz oder teilweise davon ab, dass die Rechtsverfolgung Erfolg hat.

Erfolgshonorarvereinbarungen können in den meisten Fällen, in denen sie angesichts einer Risikoabwägung sachgerecht wären, also nicht nach § 4a Abs. 1 S. 1 Nr. 3 RVG vereinbart werden. Etwas Anderes ergäbe sich nur dann, wenn Gerichte die Voraussetzungen weit auslegen würden und – wie in der Literatur vorgeschlagen³⁷⁵ – nur eine Plausibilitätskontrolle vornehmen. Das gibt der Gesetzeswortlaut aber eigentlich nicht her. Wegen dieser Unsicherheit ist wahrscheinlich, dass eine Vielzahl von Rechtsanwälten sich nicht auf das Risiko einlassen wird, dass Gerichte die Erfolgshonorarvereinbarung für unzulässig halten.

c) Ergebnis

§ 4a RVG ermöglicht es vor allem für den außergerichtlichen Bereich, Erfolgshonorare zu vereinbaren. Für Gerichtsverfahren erlaubt § 4a Abs. 1 S. 1 RVG nur unter den Voraussetzungen der Nr. 1 und Nr. 3, Erfolgshonorare zu vereinbaren. Beide Fallgruppen haben aber einen geringen Anwendungsbereich, weil der Abschluss von Erfolgshonorarvereinbarungen bei Geringforderungen weder aus Sicht des Mandanten noch aus Sicht des Rechtsanwalts attraktiv ist und bislang unklar ist, welche Gründe dafür ausreichen sollen, damit Erfolgshonorarvereinbarungen nach § 4a Abs. 1 S. 1 Nr. 3 RVG zu-

---

373 BT-Drs. 19/27673, S. 35 und die Ausführungen zur Zulässigkeit von Erfolgshonorarvereinbarungen nach § 4a Abs. 1 S. 1 Nr. 1 RVG unter Kap. 3 C.IV.4.b).
374 BT-Drs. 19/27673, S. 37.
375 *Mayer*, AnwBl Online 2021, 246 (248); *Mayer*, Das neue Erfolgshonorar, Rn. 85.

Kap. 3 Finanzierungsmodelle für einen Prozess

lässig sind. Für das Mahnverfahren gestattet es §4a Abs. 1 S. 1 Nr. 2 RVG, ein Erfolgshonorar zu vereinbaren. Der praktische Anwendungsbereich der Vorschrift ist indes fraglich, weil sie Anwälten abverlangt, darauf zu spekulieren, dass der Gegner nicht widerspricht und gegen den Vollstreckungsbescheid keinen Einspruch einlegt.

V. Anwaltliche Prozessfinanzierung

Eine anwaltliche Prozessfinanzierung ist mit dem Gesetz zur Förderung verbrauchergerechter Angebote im Rechtsdienstleistungsmarkt[376] möglich geworden.[377] Das war lange Zeit undenkbar, weil Vorbehalte, die gegen das Erfolgshonorar hervorgebracht wurden,[378] erst recht gegenüber der anwaltlichen Prozessfinanzierung gelten: der wirtschaftliche Anreiz für den Rechtsanwalt, einen Prozess zu gewinnen, ist bedeutend größer, wenn er neben dem Verlustrisiko für sein eigenes Honorar noch das Verlustrisiko für Gerichts- und gegnerische Anwaltskosten übernimmt.

Daher überrascht auch nicht, dass das Verbot zur Prozessfinanzierung durch Anwälte nur geringfügig aufgehoben wurde. Dem Rechtsanwalt ist es grundsätzlich weiterhin verboten, für seinen Mandanten Gerichtskosten, Verwaltungskosten oder Kosten anderer Beteiligter zu tragen. §49b Abs. 2 S. 2 BRAO gestattet die anwaltliche Prozessfinanzierung nur für Fälle, in denen nach §4a Abs. 1 S. 1 Nr. 2 RVG ein Erfolgshonorar vereinbart werden darf und auch vereinbart wird. Für die Fälle des §4a Abs. 1 S. 1 Nr. 3 RVG, die die gerichtliche Vertretung durch Rechtsanwälte betreffen, bleibt die Prozessfinanzierung unzulässig.[379] Ursprünglich wollte der Gesetzgeber die anwaltliche Prozessfinanzierung auch für die Fälle des §4a Abs. 1 S. 1 Nr. 1 RVG, also die gerichtliche Geltendmachung von Geldforderungen von bis zu EUR 2.000, zulassen.[380] Davon nahm er aber wieder Abstand, weil bei der Übernahme höherer Kosten größere Gefahren für die anwaltliche Unabhängigkeit bestünden.[381]

---

376 BGBl. 2021 I 3415; in Kraft getreten am 1.10.2021 (BGBl. 2021 I 3415 (3419)).
377 Krit. zur Auflockerung des Verbots anwaltlicher Prozessfinanzierung *Remmertz*, AnwBl Online 2023, 155.
378 Hierzu Kap. 3 C.IV.1.
379 *Mayer*, Das neue Erfolgshonorar, Rn. 68; *Remmertz*, AnwBl Online 2023, 155 (158) schlägt daher vor, von einer Kostenübernahme statt von einer Prozessfinanzierung zu sprechen.
380 BT-Drs. 19/27673, S. 30.
381 BT-Drs. 19/30495, S. 15; nicht nur der Gesetzgeber, sondern auch die BRAK betont regelmäßig, dass die bestehenden Verbote zur Erhaltung der anwaltlichen Unabhängigkeit erhalten bleiben müssen. *Kleine-Cosack*, AnwBl Online 2021, 139 (142) kritisiert die BRAK dafür und bezeichnet die anwaltliche Unabhängigkeit als „*Allzweckwaffe der Anwaltschaft, um ungeliebte Änderungen des Berufsrechts in Frage zu stellen.*".

Damit ist die anwaltliche Prozessfinanzierung nur für die Einziehung von Forderungen im Mahnverfahren, nicht aber darüber hinausgehend im streitigen Verfahren, zulässig.[382] Dadurch kann der Rechtsanwalt seinem Mandanten nicht nur anbieten, außergerichtlich bis hin zum Mahnverfahren Forderungen für ihn gegen ein Erfolgshonorar einzuziehen, sondern auch die Gerichtskosten für das Mahnverfahren zu übernehmen. Andere Kosten, deren Übernahme nach dem Wortlaut des § 49b Abs. 2 S. 2 BRAO grundsätzlich vom Rechtsanwalt übernommen werden könnten, fallen im Mahnverfahren nicht an. Die Kosten der Gegenseite sind erst nach Abschluss eines etwaigen streitigen Verfahrens zu erstatten. Im streitigen Verfahren erlischt aber die Befugnis des Rechtsanwalts zur Vereinbarung eines Erfolgshonorars bei Streitwerten über EUR 2.000 nach § 4a Abs. 1 S. 1 Nr. 1 RVG.[383] Die Kosten des eigenen Rechtsanwalts müssen ebenso wenig (dritt-)finanziert werden, weil der Rechtsanwalt und der Finanzierer dieselbe Person sind. Beim Mahnverfahren fällt nach Nr. 1100 KV GKG nur eine halbe Gebühr (mindestens EUR 36) an. Das Risiko, das der Rechtsanwalt durch Übernahme der Gerichtskosten eingeht, ist daher in der Regel gering.

Insgesamt wird die anwaltliche Prozessfinanzierung angesichts des eingeschränkten Anwendungsbereichs des Erfolgshonorars nach § 4a Abs. 1 S. 1 Nr. 2 RVG (Forderungseinziehung bis hin zum Mahnverfahren, nicht aber im normalen Prozess) kaum von Bedeutung sein. Das ist vor allem darauf zurückzuführen, dass die Möglichkeit zur Vereinbarung eines Erfolgshonorars und zur Kostenübernahme durch die Abgabe an das Streitgericht erlischt.[384] Anwälte müssen mit ihren Mandanten also die Abgabe an das Streitgericht als Misserfolgsfall definieren. Mit Eintritt des Misserfolgsfalls steht damit fest, dass der Rechtsanwalt für seine bis dahin aufgewendete Zeit nicht vergütet wird und Kosten des Mandanten umsonst übernommen hat. Darauf wird sich kaum ein Rechtsanwalt einlassen. Es wird vorgeschlagen, dass Rechtsanwälte in der Erfolgshonorarvereinbarung die bis dahin entstandenen Gebühren und Auslagen erstattungsfähig halten sollten.[385] Das dürfte aber unzulässig sein, weil § 49b Abs. 2 S. 2 BRAO Rechtsanwälte, die Kosten übernehmen wollen, zum Abschluss einer Erfolgshonorarvereinbarung verpflichtet. Die Vergütung muss daher vom Erfolg im Mahnverfahren abhängig gemacht werden. Umgekehrt ist die Vereinbarung auch nicht aus Sicht des Mandanten attraktiv. Bei Vereinbarung des Erfolgshonorars und der Prozessfinanzierung müssen Rechtsanwälte ihrem Mandanten erklären,

---

382 BT-Drs. 19/30495, S. 15.
383 Kap. 3 C.IV.4.c)bb)(2)(b).
384 Kap. 3 C.IV.4.c)bb)(2)(b).
385 *Hinne* BRAK-Mitt. 2021, 278 (280).

dass Letztere die eigentliche Kostenlast, nämlich die des streitigen Prozesses, selbst tragen müssen.[386]

Somit ist die anwaltliche Prozessfinanzierung nur in Ausnahmefällen zulässig und wenn deren Voraussetzungen ausnahmsweise erfüllt sein sollten, dürften praktisch weder der Mandant noch der Rechtsanwalt ein Interesse an ihr haben. Nachfolgend wird daher nur vereinzelt auf die anwaltliche Prozessfinanzierung eingegangen.

VI. Gewerbliche Prozessfinanzierung

1. Praktische Relevanz

Neben die genannten Finanzierungsmodelle tritt seit dem Jahr 1998, als erstmals die Foris AG ein entsprechendes Angebot zur Verfügung stellte, die gewerbliche Prozessfinanzierung.[387] Sie ist mit der Rechtsschutzversicherung das weitreichendste Finanzierungsmodell in der Hinsicht, dass sie es Klägern ermöglicht, einen Prozess vollkommen risikolos zu führen. Die Prozessfinanzierung war und ist – so wie das Erfolgshonorar[388] – nicht unumstritten.[389] Obwohl die Prozessfinanzierung bereits Gegenstand zahlreicher Dissertationen war[390] und seit mittlerweile 25 Jahren in Deutschland praktiziert wird,[391] werden Debatten um sie nicht weniger intensiv geführt. Erst kürzlich hat das Europäische Parlament eine Entschließung mit Empfehlungen an die Kommission zur verantwortungsvollen privaten Finanzierung von Rechtsstreitigkeiten erlassen,[392] die eine striktere Regulierung der ge-

---

386 *Hinne* BRAK-Mitt. 2021, 278 (280).
387 *Kuhn/Trappe*, ZEV 2013, 246.
388 Kap. 3 C.IV.1 zur Entwicklung beim Erfolgshonorar.
389 *Meinicke*, NJW-aktuell 41/2022, 3 nennt als Vorwürfe der etablierten Jurisprudenz gegenüber der Prozessfinanzierung „Sittenwidriges Gebaren", „unerlaubte Erfolgsprovision", „künftige Prozessschwemme", „verbotene Rechtsberatung" und „überflüssiges Konstrukt".
390 Vgl. nur *Böttger*, Gewerbliche Prozessfinanzierung und staatliche Prozesskostenhilfe, passim; *Jaskolla*, Prozessfinanzierung, passim; *Kochheim*, Die gewerbliche Prozessfinanzierung, passim; *Homberg*, Erfolgshonorierte Prozessfinanzierung, passim; *Maubach*, gewerbliche Prozessfinanzierung gegen Erfolgsbeteiligung, passim; *Nitzsche*, Ausgewählte rechtliche und praktische Probleme der gewerblichen Prozessfinanzierung unter besonderer Berücksichtigung des Insolvenzrechts, passim; *Siebert-Reimer*, Der Anspruch auf Erstattung der Kosten der Prozessfinanzierung, passim; *Skrzepski*, Die gewerbliche Fremdfinanzierung von Prozessen gegen Erfolgsbeteiligung, passim; *Sturm*, Zivilrechtliche, prozessuale und anwaltsrechtliche Probleme der gewerblichen Prozessfinanzierung, passim.
391 Aufgrund der Corona-Pandemie hat die Prozessfinanzierung kürzlich wieder einen Aufschwung erfahren, vgl. hierzu *Efstathiou*, SchiedsVZ 2022, 286.
392 Entschließung des Europäischen Parlaments vom 13.9.2022 mit Empfehlungen an die Kommission zur verantwortungsbewussten privaten Finanzierung von Rechtsstreitig-

werblichen Prozessfinanzierung vorsieht. Der Entwurf sieht unter anderem die Einrichtung eines Genehmigungsverfahrens, eine Offenlegungspflicht sowie eine Mindesterfolgsbeteiligung des Anspruchsinhabers in Höhe von 60 % des gesamten Vergleichs- oder Entschädigungsbetrags vor. Das Vorhaben stößt bei Prozessfinanzierern naturgemäß auf heftige Kritik.[393]

2. Funktionsweise des Finanzierungsmodells

Seitdem die Foris AG[394] den Startschuss im Markt gab, sind dem zahlreiche Prozessfinanzierer gefolgt, sodass heutzutage ein breiter Markt von Anbietern gewerblicher Prozessfinanzierungen besteht.[395] Ihr Geschäftsmodell besteht darin, Anspruchsinhabern zu versprechen, Prozesse risikolos und ohne den Einsatz eigener Mittel führen zu können. Prozessfinanzierer übernehmen die eigenen Rechtsanwaltskosten des Anspruchsinhabers, die Gerichtskosten und häufig auch die Anwaltskosten der Gegenseite für den Fall, dass der Anspruchsinhaber im Prozess unterliegt.[396] Darüber hinaus lassen sie sich auch nicht etwa die verauslagten Gerichts- und Anwaltskosten im Misserfolgsfall vom Anspruchsinhaber erstatten, sondern übernehmen diese endgültig.

Als Gegenleistung lassen sich Prozessfinanzierer eine Beteiligung am erstrittenen Betrag versprechen, der typischerweise bei etwa 30 Prozent[397] liegt. Gewinnt der Anspruchsinhaber den Prozess (teilweise), lassen sich Prozessfinanzierer häufig[398] vorab ihre verauslagten Kosten entweder vom Prozessgegner über den Kläger nach den §§ 91 ff. ZPO oder – für die Kosten,

---

keiten (2020/2130(INL)); hierzu *Meller-Hannich/Gsell*, AnwBl Online 2023, 160; zu den aktuellen Entwicklungen in Europa auch *Kolb*, Deutscher AnwaltSpiegel Dispute Resolution 2023, S. 3 ff.

393 S. die Reaktionen von Iain McKenny (Profile Investment) und Christopher Bogart (Burford Capital) abgedr. in *Ballantyne,* EU parliament calls for regulation of third-party funding.

394 Die Foris AG bietet nach wie vor Prozessfinanzierungen an (foris.com/prozessfinanzierung).

395 AdvoFin Prozessfinanzierung AG (advofin.at/finanzierung); Armida UG (service-armida.de); B&K Prozessfinanzierung GmbH (bk-prozessfinanzierung.de); Burford Capital (burfordcapital.com); Deminor (drs.deminor.com/de/prozessfinanzierung); EAS-Erste Allgemeine Schadenshilfe AG (schadenshilfe.com); iubel (iubel.de/prozessfinanzierung); JuraPlus AG (jura-plus.ch); Jurfin GmbH (jur-fin.de); LEGIAL AG (legial.de); LEXDROIT International (lexdroit.com); Liti-Link AG (litilink.com); Nivalion (nivalion.com/en/what-we-do/direct-funding); Obligatio AG (obligatio.de); Omni Bridgeway GmbH (omnibridgeway.de); Youleegal GmbH (youleegal.de).

396 *Kuhn/Trappe*, ZEV 2013, 246*; Kilian*, AnwBl 2012, 244; *Frechen/Kochheim*, NJW 2014, 1213 (1214).

397 Häufig werden die Streitbeteiligungswerte aber auch gestaffelt, s. Kap. 3 C.VI.3.b)bb).

398 Es ist nicht auszuschließen, dass einzelne Prozessfinanzierer sich darauf einlassen, ausschließlich aus der Erfolgsbeteiligung vergütet zu werden.

die nicht von der Kostenerstattung erfasst sind – aus dem erstrittenen Betrag erstatten.[399] Erst nachdem der Prozessfinanzierer sein investiertes Kapital voll ersetzt bekommen hat, erfolgt eine prozentuale Aufteilung des erstrittenen Betrags. Im Misserfolgsfall tragen Prozessfinanzierer demgegenüber alle Kosten und erhalten nichts. Andere Sicherheiten als eine Streitbeteiligung im Erfolgsfall muss der Anspruchsinhaber nicht darbieten. Demnach spekuliert der Prozessfinanzierer einzig darauf, dass die in Streit stehende Forderung erfolgreich eingeklagt und notfalls vollstreckt werden kann. Der Anspruchsinhaber kann damit insoweit Prozesse risikolos führen, als dass er im Misserfolgsfall überhaupt keine Kosten tragen muss und als Gegenleistung im Erfolgsfall neben den verauslagten Kosten eine Teilsumme aus dem Erlös auskehren muss.

In Anbetracht dieser Funktionsweise definiert *Dimde* die Prozessfinanzierung als „Übernahme des Kostenrisikos einer Prozesspartei durch einen Finanzierer gegen dessen wirtschaftliche Beteiligung an einem etwaigen Prozesserfolg."[400] Die Definition greift aber zu kurz, indem sie nur auf die Übernahme des Kostenrisikos abstellt. Das Kostenrisiko beschreibt das Risiko, dass der Kläger im Falle des Prozessverlusts die Gerichtskosten, die eigenen Rechtsanwaltskosten und die gegnerischen Anwaltskosten tragen muss.[401] Die Finanzierungsleistung des Prozessfinanzierers wird aber nicht erst bei Verwirklichung des Kostenrisikos im Misserfolgsfall fällig. Dann wären auch ATE-Versicherer[402] Prozessfinanzierer. Vielmehr stellen Prozessfinanzierer bereits die zur Prozessführung erforderlichen Mittel zur Verfügung, begleichen also eigene Anwalts- und Gerichtskosten, bevor überhaupt feststeht, ob der Anspruchsinhaber im Prozess obsiegen oder unterliegen wird und sich damit ein etwaiges Kostenrisiko verwirklichen könnte.

3. Finanzierungsentscheidung des Prozessfinanzierers

a) Die Finanzierungsentscheidung als Risikoabwägung

aa) Entscheidung zum Risikogeschäft im Einzelfall

Prozessfinanzierer spekulieren darauf, dass ein Anspruchsinhaber einen Prozess gewinnt. Sie investieren ein bestimmtes Kapital und hoffen darauf, dass der Prozess erfolgreich ist und sie damit ihr Kapital vervielfachen können. Dementsprechend gehen sie ein Risikogeschäft ein. Dieses Risikogeschäft unterliegt grundsätzlich keinen strikten Voraussetzungen, weil Prozessfi-

---

399 *Kochheim*, Die gewerbliche Prozessfinanzierung, S. 37; *Jaskolla*, Prozessfinanzierung, S. 17.
400 *Dimde*, Rechtsschutzzugang und Prozessfinanzierung im Zivilprozess, S. 19.
401 *Frechen/Kochheim*, NJW 2004, 1213.
402 Hierzu Kap. 3 C.III.1.

nanzierer verschiedene Kriterien gegeneinander abwägen, um zu prüfen, ob sich die Risikoinvestition lohnt. Solange es die Klageart erlaubt, dass der Prozessfinanzierer wirtschaftlich am Klageerfolg partizipieren kann,[403] ist die Finanzierungsentscheidung daher eine Einzelfallentscheidung.

bb) Vollstreckungsaussichten

Maßgebliches Kriterium für die Finanzierungsentscheidung des Prozessfinanzierers ist, ob Vollstreckungsaussichten für den Fall bestehen, dass der Anspruchsinhaber obsiegt. Der Prozessfinanzierer muss prüfen, ob ein Titel aus dem Prozess faktisch überhaupt etwas wert wäre, er also notfalls vollstreckt werden kann. Das hängt neben der Art des Titels und dem Vollstreckungsort vor allem von der Bonität des Prozessgegners ab.[404] Wenn der Gegner weder Barmittel noch Vermögen hat, in das vollstreckt werden kann, können die Erfolgsaussichten noch so gut sein. Der Prozessfinanzierer wird sich nicht auf eine Investition einlassen, die sich von vornherein nicht auszahlen kann.[405]

cc) Erfolgsaussichten

Eines der wichtigsten Elemente der Abwägung ist die Frage danach, ob die vom Anspruchsinhaber vorgesehene Klage Erfolgsaussichten hat. Von dem Erfolg der Klage hängt die Vergütung des Prozessfinanzierers ab. Ohne Erfolg geht die Investition verloren. Der Prozessfinanzierer muss neben den bereits geleisteten Zahlungen häufig auch noch die Kosten der Gegenpartei bezahlen. Daher wird es ihm entscheidend darauf ankommen, wie hoch die Erfolgsaussichten tatsächlich sind. Daraus folgt aber nicht, dass Prozessfinanzierer nur vermeintlich sichere Fälle[406] oder solche mit guten Erfolgsaussichten[407] übernehmen. Natürlich macht es wenig Sinn, eine Finanzierungsanfrage für einen Fall zu formulieren, bei dem nach der Einschätzung des Rechtsanwalts keine Erfolgsaussichten bestehen. Abhängig vom Portfolio des Prozessfinanzierers und damit einhergehend seiner Risikobereitschaft kann es aber auch dazu kommen, dass Prozessfinanzierer Fälle mit aus ihrer Sicht ungewissem Ausgang übernehmen. Die Übernahme eines risikoreichen Falls kann der Prozessfinanzierer durch die Finanzierung weiterer, vermeintlich sicherer, Fälle in seinem Portfolio ausgleichen. Insgesamt be-

---

403 *Krüger*, ZEV 2019, 575.
404 Vgl. zur Bonitätsprüfung auch *Jaskolla*, Prozessfinanzierung, S. 12.
405 *Lenz*, AnwBl 2007, 483 (484) bringt das wie folgt auf den Punkt: „Die Übernahme des Risikos des Forderungsausfalls gehört nicht zu seinem Geschäftsfeld."
406 *Ruby*, ZEV 2005, 383.
407 *Kuhn/Trappe*, ZEV 2013, 246 (247) nennt dafür als Anhaltspunkt, ob der Rechtsanwalt die Erfolgsaussichten eher bei 75 % oder bei 50 % sähe.

ruht das Geschäftsmodell von Prozessfinanzierern auf einer Quersubventionierung dergestalt, dass die Einnahmen aus erfolgreichen Prozessen den Verlust erfolgloser Fälle ausgleichen.[408] Die Risikobereitschaft des Prozessfinanzierers hängt also von seinem Portfolio ab, sodass sich abstrakt nicht beschreiben lässt, wie hoch die Erfolgsaussichten im Einzelfall aus Sicht des Finanzierers sein müssen, damit er einen Fall übernimmt.

dd) Prozessbudget, Streitwert und Verhältnis zwischen Streitwert und Prozessbudget

Weiterhin wird der Prozessfinanzierer abwägen, wie viele Mittel er zur Finanzierung des Prozesses als Budget bereithalten muss, wie hoch der Streitwert ist und wie hoch das Verhältnis zwischen Budget und Streitwert ist.

Das Prozessbudget umfasst alle Mittel, die der Prozessfinanzierer entweder bereitstellen oder für den Misserfolgsfall zurückhalten muss, also sowohl die Gerichtskosten als auch eigene und – für den Fall, dass er das Gegenkostenrisiko übernimmt – fremde Anwaltskosten. Indem der Prozessfinanzierer das Prozessbudget für einen Fall festlegt, bestimmt er gleichermaßen seinen Risikoeinsatz. Dieses Kapital geht bei einem Totalverlust des Prozesses komplett unter, ohne dass der Prozessfinanzierer dafür eine Gegenleistung erhält.[409] Das Budget umschreibt daher seine Investition.

Je höher das ermittelte Budget im Vergleich zum Streitwert ist, desto weniger lohnt sich eine Prozessfinanzierung wirtschaftlich. Der Prozessfinanzierer lässt sich als Entgelt für seine Finanzierungsleistung eine Streitbeteiligung versprechen. Damit sich die Prozessfinanzierung für den Prozessfinanzierer lohnt, muss die Erfolgsbeteiligung zumindest einen Teil seines investierten Kapitals – je nach Risiko auch das gesamte Kapital – ausmachen.[410] Wenn der Streitwert gering ist und das Prozesskostenrisiko aufgrund der degressiven Gebührenstruktur im Verhältnis zum Streitwert dementsprechend hoch ist, bleibt also wenig Raum dafür, den Prozessfinanzierer für seine Finanzierungsleistung zu vergüten. Bei einem Teilerfolg droht bereits die Investition den gesamten Gewinn auszumachen. Umgekehrt kann der Prozessfinanzierer bei hohen Streitwerten sein eingesetztes Risikokapital im Erfolgsfall vervielfachen, weil das Prozesskostenrisiko abnimmt, je höher der Streitwert ist. Daher sind hohe Streitwerte für Prozessfinanzierer besonders attraktiv,

---

408 *Siebert-Reimer*, Der Anspruch auf Erstattung der Kosten der Prozessfinanzierung, S. 366.
409 *Berger/Henze/Kohlmeiner*, zur Kombination von Prozessfinanzierung und ATE-Versicherung, S. 8.
410 Zur Berechnung der Mindesterfolgsbeteiligung auch *Berger/Henze/Kohlmeiner*, zur Kombination von Prozessfinanzierung und ATE-Versicherung, S. 4.

wohingegen die Prozessfinanzierung bei sehr geringen Streitwerten wirtschaftlich sinnlos ist.[411]

Dementsprechend richten Prozessfinanzierer ihr Angebot nur an Parteien, deren Ansprüche eine bestimmte Mindesthöhe haben. Die Anforderungen daran, wie hoch der Streitwert tatsächlich mindestens sein muss, variieren aber erheblich unter Prozessfinanzierern. Teilweise werden Finanzierungen bereits ab einem Streitwert von EUR 3.000 angeboten.[412] Angesichts eines Gesamtkostenrisikos von EUR 1.921,01, wenn beide Parteien anwaltlich vertreten sind,[413] dürfte sich die Prozessfinanzierung für den Finanzierer bei einem Streitwert von EUR 3.000 für den Normalfall[414] aber nicht lohnen. Andere Prozessfinanzierer setzen ihren Mindeststreitwert daher deutlich höher an. Die meisten von ihnen setzen einen Streitwert von mindestens EUR 100.000 voraus.[415] Vereinzelt finden sich aber auch Finanzierungsangebote für Streitwerte ab EUR 20.000[416], wohingegen Finanzierungsangebote der großen Prozessfinanzierer einen Mindeststreitwert von mehreren Millionen[417] voraussetzen.

ee) Verfahrensdauer

Darüber hinaus muss sich der Prozessfinanzierer damit auseinandersetzen, wie lange der zu finanzierende Rechtsstreit voraussichtlich dauern wird. Das ist für ihn deswegen relevant, weil die Verfahrensdauer darüber entscheidet, wie lange die Investition voraussichtlich gebunden ist, bevor sich entscheidet, ob sie verloren geht oder sich auszahlt. Während der Verfahrensdauer kann der Prozessfinanzierer die Mittel für den Prozess also nicht fremdinvestieren.

ff) Persönlicher Eindruck vom Kläger und Anwalt

Der Prozessfinanzierer investiert in den Rechtsstreit des Klägers. Anders als beispielsweise Inkassodienstleister führt der Prozessfinanzierer den Rechts-

---

411 *Homberg*, Erfolgshonorierte Prozessfinanzierung, S. 15.
412 Armida UG (service-armida.de).
413 S. Anhang 1.
414 Denkbar ist, dass sich das Angebot auf standardisierbare Massenfälle bezieht, s. hierzu Kap. 6 C.II.2.c).
415 So die Foris AG (foris.com/prozessfinanzierung), LEGIAL AG (legial.de), LEXDROIT International (lexdroit.com), Liti-Link AG (litilink.com) und Obligatio AG (obligatio.de).
416 Vgl. hierzu das Angebot der B&K Prozessfinanzierung GmbH (bk-prozessfinanzierung.de), die sich auf Verbraucherschutzklagen spezialisiert hat.
417 So setzt Nivalion (nivalion.com/en/what-we-do/direct-funding) einen Mindeststreitwert von EUR 7 Millionen voraus.

streit aber nicht selbst, sondern ist zur Anspruchsdurchsetzung auf den Kläger selbst angewiesen. Ob der Rechtsstreit Erfolg haben wird, hängt also auch vom Kläger ab. Das heißt, der Prozessfinanzierer muss sich darauf verlassen können, dass der Kläger den Rechtsstreit ordentlich führen wird, obwohl er das Prozesskostenrisiko selbst nicht trägt. Daher wird sich der Prozessfinanzierer einen persönlichen Eindruck vom Kläger verschaffen und auch nach diesem Eindruck beurteilen, ob er bereit dazu ist, dessen Rechtsstreit zu finanzieren. Ähnlich wie eine Bank, die die Kreditwürdigkeit eines Darlehensnehmers prüft, wird der Prozessfinanzierer nur dann eine Finanzierungszusage erteilen, wenn er davon überzeugt ist, dass der Kläger mit den fremden Mitteln verantwortungsvoll umgeht.

Darüber hinaus ist für den Prozessfinanzierer auch entscheidend, welcher Anwalt die Prozessvertretung übernehmen soll. Er wird beurteilen müssen, ob er davon ausgeht, dass der vom Kläger ausgewählte Rechtsanwalt dem Fall gewachsen ist. Dafür kommt es maßgeblich auf dessen Spezialisierung an.

gg) Bonität des Klägers

Grundsätzlich spielt es für den Prozessfinanzierer keine Rolle, ob der Kläger über Mittel verfügt oder, ob es seine wirtschaftlichen Verhältnisse ihm erlauben würden, den Rechtsstreit auch ohne fremde Hilfe zu führen. Der Prozessfinanzierer befriedigt sich aus dem erstrittenen Betrag und Kostenerstattungsansprüchen, sodass es für ihn auf die Bonität des Beklagten, nicht aber des Klägers, ankommt.

Von diesem Grundsatz kann es aber Ausnahmen geben. Einerseits können die beim Kläger vorhandenen Mittel für Prozessfinanzierer im Hinblick auf eine Verpflichtung zur Leistung von Prozesskostensicherheit relevant werden. Beispielsweise sind Kläger, die ihren gewöhnlichen Aufenthalt nicht in einem Mitgliedstaat der Europäischen Union oder einem Vertragsstaat des Abkommens über den Europäischen Wirtschaftsraum haben, nach § 110 Abs. 1 ZPO auf Verlangen des Beklagten zur Leistung von Prozesskostensicherheit verpflichtet. Geht der Prozessfinanzierer davon aus, dass der Kläger diese Mittel nicht aufbringen kann und auch im Übrigen kein Ausnahmetatbestand in § 110 Abs. 3 ZPO greift, muss er die Mittel zur Prozesskostensicherheit bereithalten. Andernfalls kann der Prozess nicht weiterbetrieben werden, weil die Klage nach Fristablauf ohne Leistung der Prozesskostensicherheit nach § 113 S. 1 Alt. 1 ZPO für zurückgenommen zu erklären ist. Dann scheitert der Prozess, bevor überhaupt die Möglichkeit besteht, einen Gewinn zu erstreiten, an dem der Prozessfinanzierer beteiligt werden könnte. Demzufolge wird sich der Prozessfinanzierer schon bei seiner Finanzierungsentscheidung fragen müssen, ob der Kläger zur Leistung von Prozesskostensicherheit verpflichtet sein könnte und, ob er diese aus eigenen Mitteln leisten kann und soll. Sonst muss der Prozessfinanzierer gegebenenfalls in seiner Budgetplanung berücksichtigen, dass er das Prozesskostenrisiko für die gegnerischen Anwaltskosten übernehmen und entsprechende Mittel schon frühzeitig bereitstellen muss. Andererseits kann die Bonität des Klägers für den Prozessfinanzierer relevant sein, wenn er eigene Ansprüche gegenüber dem Kläger durchsetzen möchte. In Betracht kommen dabei Schadensersatzansprüche gegenüber dem Kläger wegen eines Verstoßes gegen Pflichten aus dem Finanzierungsvertrag. Ist der Kläger mittellos, muss dem Prozessfinanzierer bewusst sein, dass er etwaige Schadensersatzansprüche gegen ihn nicht durchsetzen können wird.

hh) Sonstige Kriterien

Daneben können je nach Einzelfall weitere Faktoren eine Rolle spielen, die mit dem Rechtsstreit selbst nichts zu tun haben. Dabei handelt es sich etwa um das Portfolio des Prozessfinanzierers. Sein Geschäftsmodell lebt von der Quersubventionierung,[418] das heißt, er muss darauf vertrauen können, dass die Erfolgsbeteiligungen seiner erfolgreichen Fälle die verlorenen Investitionen seiner erfolglosen Fälle ausgleichen. Das kann im Einzelfall dazu führen, dass er an sich zur Prozessfinanzierung geeignete Fälle ablehnen muss, weil sie beispielsweise aus einer Branche stammen, in die der Prozessfinanzierer bereits in Form von mehreren Fällen investiert hat. Bestünde das Portfolio des Finanzierers ausschließlich aus Fällen, die alle auf die gleichen Rechtsfragen hinausliefen, könnte er Verluste nicht mehr quersubventionieren. Entweder er gewinnt alles oder er verliert alles. Solche Risikoerwägungen können daher dazu führen, dass Fälle aus bestimmten Branchen oder Fälle, die von einer bestimmten Rechtsfrage abhängen, derzeit abgelehnt werden.

Daneben können auch Marketingerwägungen für den Prozessfinanzierer eine Rolle spielen. So wird er gegebenenfalls auch Fälle ablehnen, wenn er davon ausgeht, dass diese in der Öffentlichkeit seinen Ruf schädigen könnten.

b) Anbahnung und Abschluss des Finanzierungsvertrags

aa) Finanzierungsanfrage

Dem Vertragsschluss geht eine Finanzierungsanfrage voraus, die in der Regel der vom Mandanten mit dem Fall betreute Rechtsanwalt formuliert. Ziel der Anfrage ist es, den Prozessfinanzierer in die Lage zu versetzen, die

---

418 S. Kap. 3 C.VI.3.a)cc).

Kap. 3 Finanzierungsmodelle für einen Prozess

soeben beschriebene Risikoabwägung[419] durchzuführen. Alle Tatsachen, die dem Prozessfinanzierer für seine Risikoabwägung bekannt sein sollten, müssen ihm mitgeteilt werden. Dazu gehört auch, ihn über vorprozessual erhobene Einwendungen des Gegners zu unterrichten und vorhandene Informationen zur Bonität des Gegners weiterzugeben. Zur Einschätzung der Erfolgsaussichten sollte dem Prozessfinanzierer ein Klageentwurf oder zumindest eine schriftliche Darstellung des Falls[420] zur Verfügung gestellt werden.

bb) Finanzierungsvertrag

Kommt der Prozessfinanzierer nach seiner Abwägung zu dem Ergebnis, dass er das Risiko eingehen möchte, den Fall zu finanzieren, schließt er mit dem Kläger einen Finanzierungsvertrag.[421] Gegenstand des Vertrags ist in erster Linie die Kosteneinstandspflicht und Erfolgsbeteiligung des Prozessfinanzierers. Der Prozessfinanzierer kann alle Kostenrisiken übernehmen, in dem Vertrag können aber beispielsweise auch die Kosten der Gegenseite aus der Risikoübernahme ausgenommen werden. Zudem kann die Kostenübernahme auch in ihrer Höhe und auf Instanzen beschränkt werden. Als Erfolgsbeteiligung ist eine Quote von 30 bis 35 % von den ersten EUR 500.000 und 20 % vom darüber hinausgehenden Erlös üblich.[422]

Neben diesen Hauptpflichten enthalten Prozessfinanzierungsverträge typischerweise zahlreiche Nebenpflichten.[423] Diese sollen vor allem einen Einfluss des Prozessfinanzierers auf die Prozessführung des Klägers sichern. Dazu enthalten die Verträge Auskunfts- und Informationspflichten, Zustimmungspflichten, Sorgfaltspflichten sowie Regelungen für den Fall, dass Ver-

---

419 Kap. 3 C.VI.3.a).
420 So bspw. die Anforderung der LEGIAL AG (vgl. https://www.legial.de/prozessfinanzierung/prozessfinanzierung-risikolos-vor-gericht).
421 Dessen Rechtsnatur ist umstritten. Nach hM soll es sich um einen Gesellschaftsvertrag handeln (vgl. *Böttger*, Gewerbliche Prozessfinanzierung und staatliche Prozesskostenhilfe, S. 188 ff.; *Jaskolla*, Prozessfinanzierung, S. 35 ff.; *Kochheim*, Die gewerbliche Prozessfinanzierung, S. 57 ff.; *Homberg*, Erfolgshonorierte Prozessfinanzierung, S. 141; *Maubach*, gewerbliche Prozessfinanzierung gegen Erfolgsbeteiligung, S. 104; *Frechen/Kochheim*, NJW 2004, 1213 (1214); *Dethloff*, NJW 2000, 2225 (2227); *Grunewald*, BB 2000, 729 (731)). Nach **aA** soll es sich um ein partiarisches Austauschverhältnis (vgl. *Siebert-Reimer*, Der Anspruch auf Erstattung der Kosten der Prozessfinanzierung, S. 471 ff.; ähnlich *Sturm*, Zivilrechtliche, prozessuale und anwaltsrechtliche Probleme der gewerblichen Prozessfinanzierung, S. 49 ff.) oder um einen selbstständigen Garantievertrag (*Skrzepski*, Die gewerbliche Fremdfinanzierung von Prozessen gegen Erfolgsbeteiligung, S. 179 ff.) handeln. Für diese Arbeit wird der Meinungsstreit nicht relevant, weshalb der Hinweis auf den Meinungsstreit genügen soll.
422 *Krüger*, ZEV 2019, 575 (576).
423 Ausf. hierzu *Jaskolla*, Prozessfinanzierung, S. 17 ff.

gleichsvorschläge vorliegen.[424] Darüber hinaus lässt sich der Prozessfinanzierer zur Sicherung seiner Erfolgsbeteiligung den streitgegenständlichen Anspruch in Form einer stillen Zession abtreten und berechtigt und verpflichtet den Anspruchsinhaber gleichzeitig zur Einziehung des Anspruchs im eigenen Namen.[425]

cc) Erfolglose Finanzierungsanfragen

Ist der Prozessfinanzierer demgegenüber nicht davon überzeugt, dass sich seine Investition in den Rechtsstreit lohnen würde, lehnt er die Finanzierung ab. In der Praxis überwiegen die Absagen gegenüber den Zusagen bei Weitem. Es wird davon ausgegangen, dass insgesamt lediglich 10% aller Finanzierungsanfragen erfolgreich sind.[426]

Über die Gründe für dieses Verhältnis lässt sich nur spekulieren.[427] Für die Absage erhalten der Kläger und sein Rechtsanwalt oft keine oder keine ausführliche Begründung. Das ist zum einen darauf zurückzuführen, dass der Prozessfinanzierer interne Erwägungen vermutlich nicht nach außen tragen möchte. Zum anderen ist aber auch die mögliche Wirkung einer Ablehnung der Finanzierung auf das Verhältnis zwischen dem Kläger und seinem Rechtsanwalt zu bedenken, wenn die Finanzierung deswegen versagt wird, weil aus Sicht des Prozessfinanzierers keine Erfolgsaussichten bestehen. Prozessfinanzierer übernehmen oft selbst dann nicht die Kosten des Rechtsanwalts, die für die Vorbereitung einer Finanzierungsanfrage anfallen, wenn später ein Finanzierungsvertrag geschlossen wird.[428] Diese Kosten trägt in der Regel der Mandant. Wenn der Prozessfinanzierer die Finanzierung mit der Begründung ablehnt, dass aus seiner Sicht keine hinreichenden Erfolgsaussichten bestünden, wird sich der Mandant an seinen Rechtsanwalt wenden. Dieser wird sich dann erklären müssen, warum er Kosten verursacht, wenn ohnehin keine Erfolgs-chancen bestehen. Das bringt nicht nur den betroffenen Rechtsanwalt in die unangenehme Situation, sich gegenüber

---

424 Vgl. § 8 des Musterprozessfinanzierungsvertrags der LEGIAL AG (abrufbar unter https://www.legial.de/finanzierungsvertrag-muster), wonach der Prozessfinanzierer zur Vertragskündigung berechtigt ist, wenn der Anspruchsinhaber einen von ihm empfohlenen Vergleich nicht annimmt.
425 Vgl. § 6 des Musterprozessfinanzierungsvertrags der LEGIAL AG (Fn. 239).
426 *Jaskolla*, Prozessfinanzierung, S. 12.
427 Beispielsweise meinen *Kuhn/Trappe* ZEV 2013, 246, dass die hohe Ablehnungsquote darauf zurückzuführen sei, dass das Interesse an einer Fremdfinanzierung besonders hoch sei, weil das Interesse an einer Fremdfinanzierung insbesondere dann bestünde, wenn eine Klage geringe Erfolgsaussichten hat; ebenso *Jaskolla*, Prozessfinanzierung, S. 12; vgl. zum Interesse an einer Fremdfinanzierung bei fehlenden hinreichenden Erfolgsaussichten auch Kap. 6 E.
428 *Kuhn/Trappe*, ZEV 2013, 246 (248).

seinem Mandanten erklären zu müssen, sondern widerspricht auch dem Interesse des Prozessfinanzierers. Er ist darauf angewiesen, dass Rechtsanwälte ihren Mandanten erklären, wie die Prozessfinanzierung funktioniert, und Finanzierungsanfragen im Namen ihrer Mandanten an Prozessfinanzierer richten. Davon werden Rechtsanwälte abgehalten, wenn sie fürchten müssen, dass sie in Konflikt mit ihren Mandanten geraten, wenn der Prozessfinanzierer die Erfolgsaussichten anders bewertet.

c) Ergebnis

Prozessfinanzierer investieren in einen Rechtsstreit, dessen Ausgang ungewiss ist. Bevor sie sich dazu entschließen, einen Rechtsstreit zu finanzieren, wägen sie verschiedene Risiken gegeneinander ab. Davon stehen einige, wie beispielsweise die Erfolgsaussichten des Falls, in unmittelbarem Zusammenhang zum Fall. Andere Risiken, die der Prozessfinanzierer berücksichtigt, stehen demgegenüber in keinerlei Zusammenhang mit dem Einzelfall.

Gelangt der Prozessfinanzierer nach seiner Abwägung zu dem Ergebnis, dass er den Rechtsstreit finanzieren möchte, schließt er mit dem Kläger einen Finanzierungsvertrag. Darin verpflichtet sich der Prozessfinanzierer zur Übernahme bestimmter Kosten und Kostenrisiken, wogegen der Anspruchsinhaber ihm eine Streitbeteiligung verspricht und im Übrigen Nebenpflichten übernimmt, die es dem Prozessfinanzierer ermöglichen, auf den Prozess Einfluss zu nehmen und informiert zu bleiben. Lehnt der Prozessfinanzierer die Anfrage demgegenüber ab, erhalten der Anspruchsinhaber und sein Anwalt in der Regel keine Begründung dafür, warum die Anfrage erfolglos war.

4. Zulässigkeit und Verstoß gegen die prozessuale Waffengleichheit

a) Bedenken gegen die Zulässigkeit

Die Zulässigkeit des Geschäftsmodells gewerblicher Prozessfinanzierer wurde zu Beginn der Prozessfinanzierung in Deutschland noch in Frage gestellt.[429] Heute bestehen allerdings keine Zweifel mehr, dass das Geschäftsmodell grundsätzlich zulässig ist.[430] Das OLG Köln fordert von Rechtsanwälten sogar, dass sie Mandanten auf die Möglichkeit einer Prozessfinanzierung durch einen Prozessfinanzierer hinweisen müssen.[431] Unzulässig ist die Prozessfinanzierung nur dann, wenn weitere Umstände hinzutreten, beispielsweise wenn das Verbot zur Vereinbarung von Erfolgs-

---

429 *Bruns*, JZ 2000, 232.
430 OLG München, Urt. v. 4.12.2017 – 19 U 1807/17, BeckRS 2017, 143003; OLG München, Urt. v. 31.3.2015 – 15 U 2227/14, NJW-RR 2015, 1333; *Wais*, JZ 2022, 404 (407); *Frechen/Kochheim*, NJW 2004, 1213 (1215).
431 OLG Köln, Beschl. v. 5.11.2018 – 5 U 33/18, NJW-RR 2019, 759.

honoraren nach § 49b Abs. 2 S. 1 BRAO umgangen wird, weil der mitwirkende Rechtsanwalt an der Finanzierungsgesellschaft beteiligt ist und dadurch am Gewinn partizipiert.[432]

Gegen die Zulässigkeit der gewerblichen Prozessfinanzierung wurde insbesondere[433] vorgebracht, dass sie gegen den Grundsatz der prozessualen Waffengleichheit verstieße.[434] Danach soll die prozessökonomische und prozesspsychologische Gleichgewichtslage durch die Prozessfinanzierung empfindlich gestört werden, weil dem Kläger jegliches Prozesskostenrisiko abgenommen wird, während es dem Beklagten unmöglich sei, sich seinen Prozess finanzieren zu lassen.[435]

b) Prozessfinanzierungen zugunsten von Beklagten

Es trifft zu, dass es Beklagten schwerer fällt, Finanzierungsverträge für einen Prozess zu schließen, wenn sie nicht selbst aktiv Ansprüche, beispielsweise in Form einer Widerklage, geltend machen.[436] Das zeigt sich auch darin, dass in der Praxis nur ein geringes Angebot für Prozessfinanzierungen zugunsten von Beklagten besteht.[437] Eine Prozessfinanzierung zugunsten von Beklagten ist deswegen praktisch schwer umsetzbar, weil sie sich gegen Ansprüche verteidigen. Eine Erlösbeteiligung an einer erfolgreichen Verteidigung gegen einen Anspruch ist aber ausgeschlossen, weil der erfolgreiche Prozess keinen Erlös, sondern eine Klageabweisung bringt. Für Beklagte bleibt daher nur die Möglichkeit, dem Prozessfinanzierer eine Zahlung in bestimmter Höhe zu versprechen und die Zahlung von einem bestimmten Erfolg, in aller Regel der Klageabweisung, abhängig zu machen. Diese Vereinbarung würde dann zwar keiner Streitbeteiligungs-, aber einer *no win, no fee* – Vereinbarung[438] entsprechen. Dadurch ist es auch Beklagten möglich, ihr Prozesskostenrisiko auszulagern.

---

432 KG, Urt. v. 5.11.2002 – 13 U 31/02, BeckRS 2002, 30291741; OLG München, Urt. v. 10.5.2012 – 23 U 4635/11, NJW 2012, 2207; vgl. auch *Dethloff*, NJW 2000, 2225 (2228).
433 Daneben wurde die Zulässigkeit auch im Hinblick auf andere Gesichtspunkte, wie etwa einen Verstoß gegen das Verbot zur Vereinbarung von Erfolgshonoraren, angezweifelt, ausf. hierzu *Homberg*, Erfolgshonorierte Prozessfinanzierung, S. 142 ff.; *Maubach*, Gewerbliche Prozessfinanzierung gegen Erfolgsbeteiligung, S. 31 ff.
434 *Bruns*, JZ 2000, 232 (237).
435 *Bruns*, JZ 2000, 232 (237).
436 *Siebert-Reimer*, Der Anspruch auf Erstattung der Kosten der Prozessfinanzierung, S. 74.
437 Von den in Fn. 398 genannten Prozessfinanzierern bieten nur die Foris AG und die Omni Bridgeway GmbH eine Prozessfinanzierung auch zugunsten von Beklagten an.
438 Zu den Begriffen Kap. 3 C.IV.2.

Kap. 3 Finanzierungsmodelle für einen Prozess

Zu bedenken ist dabei jedoch, dass ein solches Modell sowohl für den Prozessfinanzierer als auch für Beklagte weniger attraktiv ist. Aus Sicht des Beklagten fühlt sich eine Prozessfinanzierung so an, als könne er wirtschaftlich nur verlieren: wenn er obsiegt, muss er einen Prozessfinanzierer aus seinem eigenen Vermögen vergüten, obwohl mit der für ihn günstigen Gerichtsentscheidung feststeht, dass er dem Kläger nie etwas geschuldet hat. Wenn er verliert, übernimmt der Prozessfinanzierer zwar die Prozesskosten, er muss aber die eingeklagte Forderung erfüllen. In jedem Fall muss der Beklagte also Mittel aus seinem Vermögen aufbringen, während Kläger den Erlös einer Klage mit dem Prozessfinanzierer teilen können.

Aus Sicht des Prozessfinanzierers ist eine solche Vereinbarung weniger attraktiv, weil er keine Sicherheit dafür hat, dass der Beklagte in der Lage sein wird, ihn im Erfolgsfall zu bezahlen. Bei Prozessfinanzierungen zugunsten von Klägern ist die Sicherheit für den Prozessfinanzierer die geltend zu machende Forderung selbst, die sich der Prozessfinanzierer abtreten lässt. Ohne eine Streitbeteiligungsvereinbarung muss sich der Prozessfinanzierer anderweitig Sicherheit darüber verschaffen, dass der Beklagte im Erfolgsfall das Erfolgshonorar bezahlen können wird.

c) Ungleichbehandlung trotz bestehender Möglichkeiten zur Prozessfinanzierung zugunsten von Beklagten

Die prozessuale Waffengleichheit schützt die Gleichwertigkeit der prozessualen Stellung beider Parteien vor dem Richter.[439] Der Abschluss eines Prozessfinanzierungsvertrags ändert formal nichts an der prozessualen Ausgangslage.[440] Beide Parteien tragen nach wie vor das gleiche Prozesskostenrisiko, weil die unterlegene Partei nach § 91 Abs. 1 S. 1 ZPO im Grundsatz die Kosten des Rechtsstreits zu tragen hat. Einzig im Verhältnis zwischen Kläger und Prozessfinanzierer besteht die Verpflichtung des Prozessfinanzierers, alle Kosten im Misserfolgsfall zu ersetzen und damit das Prozesskostenrisiko zu tragen.[441]

Ein Verstoß gegen die prozessuale Waffengleichheit käme also allein vor dem Hintergrund in Betracht, dass es für den Beklagten schwieriger ist, einen Prozessfinanzierungsvertrag abzuschließen.[442] Dieser Einwand ist aus

---

439 BVerfG, Beschl. v. 12.12.2006 – 1 BvR 2576/04, NJW 2007, 979 Rn. 69; BVerfG, Beschl. v. 25.7.1979 – 2 BvR 878/74, NJW 1979, 1925 (1927).
440 S. auch *Kochheim*, Die gewerbliche Prozessfinanzierung, S. 170 und *Frechen/Kochheim*, NJW 2004, 1213 (1215), die darauf hinweisen, dass die prozessualen Kostenerstattungsregeln überhaupt nicht zur Disposition stehen.
441 *Jaskolla*, Prozessfinanzierung, S. 134.
442 Ähnlich für das Erfolgshonorar BVerfG, Beschl. v. 12.12.2006 – 1 BvR 2576/04, NJW 2007, 979 Rn. 69 (hier sollte das BVerfG aber bewerten, ob das Verbot von Erfolgshonorarvereinbarungen durch die prozessuale Waffengleichheit (noch) gerechtfertigt

C. Private Finanzierungsmodelle Kap. 3

den genannten Gründen nicht von der Hand zu weisen: Beklagte können keine Forderung als Sicherheit stellen und haben auch im Erfolgsfall nicht mehr Mittel, mit denen sie das Erfolgshonorar des Prozessfinanzierers vergüten könnten. Dieser Umstand ist aber allein Ausfluss der prozessualen Rollenverteilung und verletzt nicht das Gleichgewicht der prozessualen Stellung im Prozess: der Beklagte hält etwas, worauf der Kläger meint, einen Anspruch zu haben. Der Kläger fordert etwas, wovon der Beklagte meint, dass es zu seinem Vermögen gehörte. Wirtschaftlich betrachtet handelt es sich um zwei Seiten einer Medaille: die Forderung des Klägers einerseits und das Nichtbestehen einer Herausgabepflicht des Beklagten andererseits.[443] Im Streit ums Recht verlangt der Prozessfinanzierer dem Kläger ab, ihn an der Forderung zu beteiligen. Ebenso ist dem prozessfinanzierten Beklagten zuzumuten, den Vermögensgegenstand, auf den sich die Forderung des Klägers bezieht, aufzuwenden, um seinen Prozess finanzieren zu können. Erst die Gerichtsentscheidung legt endgültig fest, welche der Parteien recht hat. Dann steht fest, ob der Beklagte den Gegenstand der Forderung auch behalten darf oder nicht. Nur weil der Beklagte den Streitgegenstand bereits vor der Klage endgültig in seinem Vermögen wähnte, fühlt sich die Prozessfinanzierung für ihn so an, als würde er etwas verlieren. Die prozessökonomische Gleichgewichtslage ist dadurch nicht gestört.

Darüberhinausgehende Bedenken hinsichtlich einer psychologischen Waffengleichheit bestehen nicht. Psychologisch ist der prozessfinanzierte Kläger insoweit im Vorteil, als dass er das Prozesskostenrisiko nicht selbst spürt, weil der Prozessfinanzierer die nötigen Mittel aufbringen muss. Wollte man darin einen Verstoß gegen die prozessuale Waffengleichheit sehen, müsste man den Kläger dazu verpflichten, Prozesskostenrisiken selbst zu tragen und dafür eigene Mittel aufzubringen. Dritten, wie etwa Familienmitgliedern, ist es aber unbenommen, den Kläger von Prozesskostenrisiken freizustellen, indem sie ihm die Mittel zur Prozessführung und Kostenerstattung zur Verfügung stellen.[444] Ebenso sind rechtsschutzversicherte Kläger von jeglichen Kostenrisiken freigestellt und es kann zu einem psychologischen Ungleichgewicht allein deswegen kommen, weil der Kläger mehr Geld hat und daher das Prozesskostenrisiko nicht so spürt wie der Beklagte.[445]

---

werden kann und nicht umgekehrt prüfen, ob die Zulassung von Erfolgshonoraren verfassungswidrig wäre.).
443 *Wais*, JZ 20222, 404 (408).
444 *Kochheim*, Die gewerbliche Prozessfinanzierung, S. 170.
445 *Maubach*, Gewerbliche Prozessfinanzierung gegen Erfolgsbeteiligung, S. 66, der auch darauf hinweist, dass der Begriff der gestörten Gleichgewichtslage impliziere, dass Kläger und Beklagter sonst immer finanziell gleichgestellt seien; *Kochheim*, Die gewerbliche Prozessfinanzierung, S. 170; *Grunewald*, BB 2000, 729 (732).

d) Ergebnis

Die Zulässigkeit der gewerblichen Prozessfinanzierung wird nicht mehr angezweifelt. Das Argument, wonach die Prozessfinanzierung die prozessuale Waffengleichheit gefährde, schlägt nicht durch. Die Prozessfinanzierung ändert nichts an der Tatsache, dass der Kläger dem Beklagten nach den §§ 91 ff. ZPO seine Kosten im Fall des Unterliegens zu erstatten hat. Zudem ist es Ausfluss der prozessualen Rollenverteilung, dass es dem Beklagten schwerer fällt, einen Prozessfinanzierer einzuschalten, als dem Kläger.

D. Abgrenzung der Finanzierung eigener Prozesse von wirtschaftlich vergleichbaren Konstellationen

I. Einführung

Neben den dargestellten Möglichkeiten, einen Prozess zu finanzieren und so gegebenenfalls Prozesse risikolos führen zu können, gibt es noch weitere Möglichkeiten, Forderungen risikolos zu verwerten. Wirtschaftlich betrachtet lassen sich dabei vergleichbare Ergebnisse erzielen. Allerdings muss der Anspruchsinhaber seine Forderung dafür abtreten und der Zessionar macht die Forderung im eigenen Namen geltend. Nachdem der Anspruchsinhaber die Forderung so aus der Hand gegeben hat, stellt sich für ihn nicht mehr die Frage, wie er seinen Prozess finanzieren soll. Nichtsdestotrotz soll aufgrund der wirtschaftlichen Vergleichbarkeit und der damit verbundenen Wahl des Anspruchsinhabers, ob er seinen Anspruch selbst oder durch Dritte geltend machen möchte,[446] kurz auf sonstige Verwertungsmodelle eingegangen werden. Bei diesen Verwertungsmodellen handelt es sich um das Factoring und Inkassodienstleistungen[447].

II. Factoring

1. Überblick

Eine Möglichkeit, eine Forderung zu verwerten, ist das Factoring. Dabei lässt sich ein Factor Forderungen zur Einziehung im eigenen Namen abtreten, die er dann gegenüber den Drittschuldnern geltend macht. In der Praxis werden so eine Vielzahl von Forderungen auf den Factor übertragen, oft im Rahmen von Mantel- oder Globalzessionen.[448] Der Zedent („Anschlusskun-

---

446 Vgl. hierzu *Fries*, AcP 221 (2021), 108 (112), nach dem es zunehmend zu einer interessenorientierten Beratung gehört, auch die Übertragung von streitigen Rechten auf professionelle Dritte in Betracht zu ziehen.
447 Zum Masseninkasso bereits unter Kap. 3 C.IV.4.c)aa).
448 MüKoBGB/*Kieninger*, § 398 Rn. 161.

de") erhält dafür vom Factor, in der Regel einer Bank, sofort den Wert der Forderung abzüglich eines Abschlags für seine Leistungen und Risiken.[449] Dadurch bevorschusst der Factor die Forderung des Anschlusskunden,[450] sodass dieser sofort Barmittel zur Verfügung hat und sich die eigenhändige Forderungseinziehung erspart.[451] Damit dient das Factoring vor allem der Auslagerung der Forderungsverwaltung (Servicefunktion) und der Sicherung von Liquidität (Liquiditätsfunktion).[452] Zu unterscheiden sind dabei echtes und unechtes Factoring.

2. Echtes Factoring

Beim echten Factoring übernimmt der Factor nach der Abtretung das Risiko, dass die Forderung tatsächlich beigetrieben werden kann.[453] Das heißt, der Factor kann sich nicht an den Zedenten halten, wenn es ihm unmöglich ist, die Forderung gegenüber dem Drittschuldner durchzusetzen. Daher überwiegen beim echten Factoring die kaufvertraglichen Elemente.[454] Das echte Factoring ist keine Inkassodienstleistung im Sinne von § 2 Abs. 2 S. 1 RDG, weil der Factor die Forderung endgültig übernimmt und damit die spätere Einziehung auf eigene, nicht aber auf fremde Rechnung erfolgt.[455]

3. Unechtes Factoring

Beim unechten Factoring verbleibt das Beitreibungsrisiko demgegenüber beim Zedenten. Der Factor gewährt dem Zedenten einen Kredit, den er sich durch die erfüllungshalber abgetretene Forderung absichern lässt.[456] Ist es dem Factor nicht möglich, die Forderung durchzusetzen, muss der Zedent den Kredit zurückbezahlen. Daher überwiegen beim unechten Factoring die Elemente des Kreditgeschäfts.[457] Das unechte Factoring ist deswegen keine Inkassodienstleistung im Sinne von § 2 Abs. 2 S. 1 RDG, weil Geschäftsgegenstand des Factors beim unechten Factoring die Bereitstellung von Liqui-

---

449 MüKoBGB/*Kieninger*, § 398 Rn. 158.
450 *Canaris*, NJW 1981, 249.
451 Hk-BGB/*Fries/Schulze*, § 398 BGB Rn. 26.
452 Erman/*Martens*, § 398 Rn. 54; MüKoBGB/*Kieninger*, § 398 Rn. 158.
453 BGH, Urt. v. 15.4.1987 – VIII ZR 97/86, NJW 1987, 1878.
454 BGH, Beschl. v. 20.12.2007 – IX ZR 105/07, BeckRS 2008, 1258 Rn. 10; BGH, Urt. v. 15.4.1987 – VIII ZR 97/86, NJW 1987, 1878 (1879); MüKoBGB/*Kieninger*, § 398 Rn. 158; *Serick*, NJW 1981, 794; aA *Canaris,* NJW 1981, 246 (251), der mit einer Darlehenskonstruktion arbeitet.
455 BGH, Urt. v. 21.3.2018 – VIII ZR 17/17, NJW 2018, 2254 (2256) mwN.
456 *Canaris*, NJW 1981, 246 (250); *Canaris*, NJW 1981, 1347 (1349) (in Reaktion auf *Serick*, NJW 1981, 794).
457 BGH, Urt. v. 14.10.1981 – VIII ZR 149/89, NJW 1982, 164 (165); MüKoBGB/*Kieninger*, § 398 Rn. 158; *Serick*, NJW 1981, 794; *Canaris*, NJW 1981, 246 (251).

Kap. 3 Finanzierungsmodelle für einen Prozess

dität ist und die Forderungseinziehung bloße Nebenleistung im Vergleich zu diesem Hauptgeschäft ist.[458]

4. Wirtschaftliche Vergleichbarkeit und Anwendungsbereiche

Der große Vorteil des Factorings besteht aus Sicht des Anspruchsinhabers darin, dass er sich nicht um die Beitreibung der Forderung bemühen muss. Wirtschaftlich können vergleichbare Ergebnisse wie bei der Finanzierung von Prozessen erzielt werden, weil dem Anspruchsinhaber im Ergebnis (wie beispielsweise auch bei der gewerblichen Prozessfinanzierung) der Wert seiner Forderung abzüglich eines bestimmten Prozentsatzes[459], der ebenso wie bei der Prozessfinanzierung das Beitreibungsrisiko umfasst, zur Verfügung steht.

Allerdings ist das Factoring keine echte Alternative gegenüber einem Prozess und einer damit verbundenen Finanzierung. Der Anspruchsinhaber kann also nicht wählen, ob er es bevorzugt, entweder die Forderung selbst durchzusetzen und notfalls einen Prozess zu führen oder die Forderung einem Factor zu überlassen.

Das liegt einerseits daran, dass Factoringverträge in Dauerrechtsbeziehungen auftreten und nicht für den Einzelfall geeignet sind.[460] In Dauerrechtsbeziehungen erlaubt es der Factoringvertrag, dass sich der Anschlusskunde auf sein eigentliches Geschäft konzentrieren kann, während der Factor für ihn die Forderungen einzieht. Kern der Rechtsbeziehung ist damit das arbeitsteilige Vorgehen.[461] Dieses arbeitsteilige Vorgehen bietet sich aber nur an, wenn es eine Vielzahl von Forderungen gibt, die es zu verwalten gilt.[462] Andererseits hat der Anschlusskunde in dieser Dauerrechtsbeziehung auch nicht mehr die Wahl, ob er die Forderung selbst geltend machen möchte. Factoringverträge erfassen nämlich eine Vielzahl von Forderungen, praktisch meist die gesamten Außenstände des Zedenten. Dadurch wird verhindert, dass sich der Factor nur die sicheren Forderungen herauspickt oder der Zedent ihm nur die zweifelhaften Forderungen überlässt.[463] Werden aber von vornherein alle Forderungen an den Factor abgetreten, steht von vornherein fest, dass der Factor Forderungsinhaber wird und der Anschlusskunde keinen Prozess führen kann.

---

458 BGH, Urt. v. 21.3.2018 – VIII ZR 17/17, NJW 2018, 2254 (2256) mwN.
459 Für das echte Factoring liegt dieser Prozentsatz bei ca. 20%, vgl. BeckOK BGB/*Rohe*, § 398 Rn. 100.
460 MüKoBGB/*Kieninger*, § 398 Rn. 161; Erman/*Martens*, § 398 Rn. 54.
461 *Martinek*, Band I, S. 2 f.
462 MüKoBGB/*Kieninger*, § 398 Rn. 161.
463 *Martinek*, Band I, S. 227.

III. Inkassodienstleistung in Form der Legal-Tech Geschäftsmodelle

Demgegenüber können Inkassodienstleistungen eine echte Alternative für Anspruchsinhaber sein, die ihre Forderungen verwerten möchten, ohne selbst einen Prozess führen zu müssen. Das zeigt sich gerade anhand der bereits angesprochenen Geschäftsmodelle moderner Inkassodienstleister.[464] Hier stehen Verbraucher vor der Wahl, ob sie Ansprüche beispielsweise im Rahmen des Dieselskandals entweder selbst oder durch einen Inkassodienstleister geltend machen. Letztere Alternative ist für Verbraucher deswegen attraktiver, weil sie bequem ist: der Verbraucher kann durch wenige Klicks seinen Anspruch umschreiben. Er hat dann mit dem eigentlichen Prozess und seinen Risiken nichts zu tun und erhält am Ende bei erfolgreichem Ausgang den Wert seiner Forderung abzüglich einer Beteiligung des Inkassodienstleisters, wie auch bei den privaten Finanzierungsmodellen abgesehen vom Darlehen. Für solche Inkassodienstleistungen eignen sich aber nur Massenfälle, auf die sich entsprechende Inkassodienstleister spezialisieren.

---

464 Kap. 3 C.IV.4.c)aa).

Kapitel 4 – Das Verhältnis der Finanzierungsmodelle zueinander

A. Einführung

Wenn ein Anspruchsinhaber die Voraussetzungen mehrerer der im dritten Kapitel dargestellten Finanzierungsmodelle erfüllt, steht er grundsätzlich vor der Wahl, welches Finanzierungsmodell er in Anspruch nehmen möchte. Dieses Wahlrecht könnte aber eingeschränkt sein, wenn zwischen den Finanzierungsmodellen ein Stufenverhältnis bestehen würde, also vor der Inanspruchnahme eines Finanzierungsmodells vorrangig versucht werden müsste, ein anderes in Anspruch zu nehmen.

Die Frage danach, ob vorrangig andere Finanzierungsmodelle in Anspruch genommen werden müssen, stellt sich namentlich mit Blick auf das Erfolgshonorar und die Prozesskostenhilfe. Erfolgshonorarvereinbarungen sind nach § 49 Abs. 2 S. 1 BRAO grundsätzlich immer noch unzulässig, sodass hier eine Pflicht bestehen könnte, vorrangig zu versuchen, andere Finanzierungsmodelle in Anspruch zu nehmen. Dasselbe gilt für die Prozesskostenhilfe, die Parteien, die sonst keinen Zugang zu Gericht hätten, einen solchen Zugang eröffnet.[465] Auch hier liegt der Schluss nahe, dass sich Anspruchsinhaber vorrangig eines anderen Finanzierungsmodells bedienen müssen, wenn dieses ihnen einen Zugang zum Recht bieten kann.

B. Konkurrenzverhältnisse im Hinblick auf das Erfolgshonorar

I. Relevante Fälle

Beim Erfolgshonorar stellt sich die Frage nach seinem Verhältnis zu den anderen Finanzierungsmodellen wegen § 4a Abs. 1 S. 1 Nr. 3 RVG. Danach sind Erfolgshonorarvereinbarungen dann zulässig, wenn der Auftraggeber im Einzelfall bei verständiger Betrachtung ohne die Vereinbarung eines Erfolgshonorars von der Rechtsverfolgung abgehalten würde. Im Vergleich zu § 4a Abs. 1 S. 1 RVG aF stellt die Vorschrift zwar nicht mehr auf die wirtschaftlichen Verhältnisse des Auftraggebers ab.[466] Sie fordert aber nach wie vor, dass das Erfolgshonorar die Rechtsverfolgung bei verständiger Betrachtung erst ermöglicht. Ähnlich formulierte das BVerfG, dass das Verbot von Erfolgshonorarvereinbarungen ein Hindernis für den Zugang zum Recht sei,

---

465 Zur verfassungsrechtlichen Herleitung s. Kap. 2 B.III.
466 Kap. 3 C.IV.4.d).

wenn die Vereinbarung eines Erfolgshonorars „*die Inanspruchnahme von Rechtsschutz erst eröffnet.*"[467]

Daraus könnte der Schluss abgeleitet werden, dass Erfolgshonorarvereinbarungen nach § 4a Abs. 1 S. 1 Nr. 3 RVG nur dann zulässig sind, wenn andere Finanzierungsmodelle den Zugang zum Recht nicht eröffnen können. Alle anderen Fälle des § 4a Abs. 1 S. 1 RVG enthalten keine vergleichbare Voraussetzung, sodass sich die Frage nach einem etwaigen Konkurrenzverhältnis nicht stellt.

II. Vorrangige Inanspruchnahme der Prozesskostenhilfe

Auch die Prozesskostenhilfe ermöglicht es bedürftigen Anspruchsinhabern, sich durch einen Rechtsanwalt vertreten zu lassen, wenn ein Rechtsanwalt nach § 121 ZPO beizuordnen ist. Daher könnten Erfolgshonorarvereinbarungen nach § 4a Abs. 1 S. 1 Nr. 3 RVG unzulässig sein, wenn der Anspruchsinhaber in der Lage wäre, Prozesskostenhilfe zu beanspruchen.[468]

Nach § 4a Abs. 1 S. 3 RVG bleibt für die Beurteilung, ob der Auftraggeber im Einzelfall bei verständiger Betrachtung ohne die Vereinbarung eines Erfolgshonorars von der Rechtsverfolgung abgehalten würde, die Möglichkeit, Beratungs- oder Prozesskostenhilfe in Anspruch zu nehmen, jedoch explizit außer Betracht. Die Vorschrift stellt damit klar, dass auch ein hypothetisch Prozesskostenhilfeberechtigter ein Erfolgshonorar vereinbaren kann.[469] Dadurch sollen sich Entlastungen für die Staatskasse ergeben.[470] Es entspricht also gerade dem Willen des Gesetzgebers, dass ein Anspruchsinhaber ein Erfolgshonorar nach § 4a Abs. 1 S. 1 Nr. 3 RVG vereinbaren kann, anstatt Prozesskostenhilfe in Anspruch zu nehmen.

---

467 BVerfG, Beschl. v. 12.12.2006 – 1 BvR 2576/04, NJW 2007, 979 Rn. 103.
468 Die umgekehrte Frage, ob ein Antrag auf die Bewilligung von Prozesskostenhilfe abgelehnt werden darf, weil der Anspruchsinhaber die Möglichkeit zum Abschluss einer Erfolgshonorarvereinbarung hat, wird beim Konkurrenzverhältnis im Hinblick auf die Prozesskostenhilfe behandelt (s. Kap. 4 C.IV.1).
469 OLG Dresden, Beschl. v. 1.3.2022 – 4 W 3/22, NJW 2022, 1627 Rn. 7; *Kilian*, NJW 2022, 1629 (Anm. zur Entscheidung des OLG Dresden); *Fölsch*, MDR 2016, 133; aA ohne Begründung im Hinblick auf § 4a Abs. 1 S. 3 RVG Hk-RVG/*Winkler/Teubel*, § 4a Rn. 33.
470 BT-Drs. 17/11472, S. 50 (die Beweggründe zielen vor allem auf die Beratungshilfe ab, gelten aber für die Prozesskostenhilfe gleichermaßen, vgl. OLG Dresden, Beschl. v. 1.3.2022 – 4 W 3/22, NJW 2022, 1627 Rn. 7; *Mayer*, AnwBl 2013, 894 (895)).

III. Vorrangige Inanspruchnahme eines Darlehens oder der gewerblichen Prozessfinanzierung

Der Vereinbarung eines Erfolgshonorars nach § 4a Abs. 1 S. 3 RVG könnte ferner entgegenstehen, wenn der Anspruchsinhaber seinen Rechtsstreit über ein Darlehen oder die gewerbliche Prozessfinanzierung finanzieren kann.

Gegen einen Verweis auf das Darlehen spricht aber, dass es nach der Neuregelung in § 4a Abs. 1 S. 1 Nr. 3 RVG gerade nicht mehr auf die wirtschaftlichen Verhältnisse des Auftraggebers ankommen soll.[471] Damit erkennt der Gesetzgeber ebenso wie das BVerfG[472] ein spezifisches Interesse gerade an der Möglichkeit zur Auslagerung von Kostenrisiken an. Es soll gerade nicht nur Bedürftigen, die einen Rechtsstreit ohne die Inanspruchnahme eines Finanzierungsmodells nicht führen könnten, möglich sein, ein Erfolgshonorar zu vereinbaren. Auch wohlhabende Parteien, die Kostenrisiken scheuen, sollen diese auslagern können, auch wenn sie sich den Prozess selbst leisten könnten.[473] Mit einem Darlehen lassen sich Kostenrisiken aber nicht auslagern. Daher muss der Auftraggeber nicht vorrangig versuchen, einen Kredit aufzunehmen, um zulässigerweise ein Erfolgshonorar nach § 4a Abs. 1 S. 1 Nr. 3 RVG vereinbaren zu können.

Letzteres Argument schlägt zwar im Hinblick auf die gewerbliche Prozessfinanzierung nicht durch, da sich mittels der Prozessfinanzierung Kostenrisiken im Hinblick auf die eigenen Rechtsanwaltskosten des Anspruchsinhabers sehr wohl auslagern ließen. Allerdings überzeugt es auch insofern nicht, dem Anspruchsinhaber die Möglichkeit zur Vereinbarung eines Erfolgshonorars mit Verweis auf die gewerbliche Prozessfinanzierung zu versagen.[474] Dem erwiderte bereits das BVerfG, dass die Angebote von Prozessfinanzierungsunternehmen nicht für alle Rechtsangelegenheiten gleichermaßen geeignet sind und durch die Einschaltung eines Dritten zur Prozessfinanzierung zusätzliche Kosten entstehen.[475] Darüber hinaus haben die wenigsten Finanzierungsanfragen Erfolg,[476] sodass die Inanspruchnahme eines gewerblichen Prozessfinanzierers in den meisten Fällen auch dann

---

471 Kap. 3 C.IV.4.d).
472 BVerfG, Beschl. v. 12.12.2006 – 1 BvR 2576/04, NJW 2007, 979 Rn. 100: *„Für diese Rechtsuchenden ist das Bedürfnis anzuerkennen, das geschilderte Risiko durch Vereinbarung einer erfolgsbasierten Vergütung zumindest teilweise auf den vertretenden Rechtsanwalt zu verlagern."*.
473 BT-Drs. 19/27673, S. 37.
474 AA Hk-RVG/*Winkler/Teubel*, § 4a Rn. 33 (zu § 4a Abs. 1 S. 3 RVG aF, der noch auf die wirtschaftlichen Verhältnisse des Auftraggebers abstellte), die meinen, dass angesichts der Prozessfinanzierung und der Prozesskostenhilfe nur noch Ausnahmefälle für § 4a Abs. 1 S. 3 RVG verblieben.
475 BVerfG, Beschl. v. 12.12.2006 – 1 BvR 2576/04, NJW 2007, 979 Rn. 101.
476 Kap. 3 C.VI.3.b)cc).

unmöglich sein wird, wenn sich der Fall grundsätzlich für die Prozessfinanzierung eignet.

IV. Vorrangige Inanspruchnahme einer Rechtsschutzversicherung

Auch rechtsschutzversicherte Kläger könnten ein Interesse daran haben, Erfolgshonorare nach § 4a Abs. 1 S. 1 RVG zu vereinbaren. Auf den ersten Blick erscheint es nicht sinnvoll, ein Erfolgshonorar zu vereinbaren, wenn Versicherungsschutz für einen bestimmten Rechtsstreit besteht. Dann steht nämlich fest, dass der Versicherer die Kosten des Rechtsanwalts übernehmen muss. Ein Interesse an der Vereinbarung eines Erfolgshonorars kann sich aber auch bei rechtsschutzversicherten Klägern beispielsweise dann ergeben, wenn der Rechtsanwalt ihrer Wahl nicht dazu bereit ist, den Rechtsstreit zu den gesetzlichen Gebühren zu übernehmen oder der Kläger einen finanziellen Anreiz für seinen Rechtsanwalt schaffen möchte, damit dieser zum Prozesserfolg beiträgt.

Rechtsschutzversicherte Auftraggeber werden aber wohl kaum darlegen können, dass ihnen, wie von § 4a Abs. 1 S. 1 Nr. 3 RVG gefordert, erst die Vereinbarung eines Erfolgshonorars die Rechtsverfolgung ermöglicht.[477] Ihre Rechtsschutzversicherung übernimmt die Kosten des Rechtsanwalts und trägt insoweit auch das Kostenrisiko. Daher ist davon auszugehen, dass rechtsschutzversicherten Klägern auch nach der Neufassung von § 4a Abs. 1 S. 1 Nr. 3 RVG die Vereinbarung von Erfolgshonoraren grundsätzlich nicht möglich ist.[478] Etwas Anderes könnte nur dann gelten, wenn der Anspruchsinhaber darlegen kann, dass sich kein geeigneter Rechtsanwalt finden lässt, der ihn gegen die Gebühren vertreten würde, deren Übernahme die Rechtsschutzversicherung zusichert.[479] Dann ist der Anspruchsinhaber gezwungen, seinem Rechtsanwalt höhere Gebühren zuzusichern, damit er seine Rechte effektiv verfolgen kann. Dabei muss der Anspruchsinhaber aber bedenken, dass seine Versicherung den Erfolgszuschlag, der über die gesetzlichen Gebühren hinausgeht, nicht übernehmen wird. Die gängigen ARB und Rechtsschutzversicherungsverträge sehen eine Kostenübernahme nur bis zur Höhe der gesetzlichen Gebühren vor.[480] Das gilt auch dann, wenn der Anspruchs-

---

477 S. zu den Voraussetzungen für die Vereinbarung eines Erfolgshonorars nach § 4a Abs. 1 S. 1 Nr. 3 RVG unter Kap. 3 C.IV.4.d).
478 *Mais*, SVR 2021, 375.
479 Dann ist nach der Rspr. das Honorar eines Rechtsanwalts auch dann erstattungsfähig, wenn er es in Zeiteinheiten abrechnet (vgl. Nachweise in Fn. 685).
480 Auch *Mais*, SVR 2021, 375 meint, dass ihm Regelungen in ARB zum Erfolgshonorar bislang nicht bekannt seien.

inhaber eine Erfolgshonorarvereinbarung nach § 4a Abs. 1 S. 1 Nr. 1 oder Nr. 2 RVG vereinbart.

V. Ergebnis

Der Anspruchsinhaber muss grundsätzlich nicht vorrangig versuchen, ein anderes Finanzierungsmodell in Anspruch zu nehmen, um zulässigerweise ein Erfolgshonorar nach § 4a Abs. 1 S. 1 Nr. 3 RVG vereinbaren zu können. Einzig rechtsschutzversicherte Mandanten können in der Regel kein Erfolgshonorar nach § 4a Abs. 1 S. 1 Nr. 3 RVG vereinbaren, weil es ihnen bereits die Rechtsschutzversicherung ermöglicht, ihre Rechte zu verfolgen.

C. Konkurrenzverhältnisse im Hinblick auf die Prozesskostenhilfe

I. Einführung

Wie bereits angedeutet,[481] ist die Frage danach, wie die Finanzierungsmodelle zueinander konkurrieren, insbesondere im Hinblick auf die Prozesskostenhilfe als das staatliche Finanzierungsmodell relevant. Dazu wurde bei den verfassungsrechtlichen Grundlagen im ersten Kapitel erarbeitet, dass die Prozesskostenhilfe Teil der Rechtsschutzgewährung ist. Seinem über das Sozialstaatsprinzip vermittelten Auftrag, Regelungen für Bedürftige vorzuhalten, kann sich der Staat nicht dadurch entziehen, dass er Bedürftige an private Finanzierer verweist. In Einzelfällen erscheint es aber zweifelhaft, ob der Anspruchsinhaber mit Blick auf andere Finanzierungsmodelle überhaupt bedürftig ist.

II. Darlehen

1. Verweis auf einen Realkredit

Unproblematisch ist das Verhältnis zwischen Darlehen und Prozesskostenhilfe dann, wenn es um die Verwertung von Vermögen geht, das der Antragsteller nach § 115 Abs. 3 S. 1 ZPO oder – für Parteien kraft Amtes, juristische Personen und parteifähige Vereinigungen – nach § 116 S. 1 Nr. 1 und Nr. 2 ZPO zur Finanzierung des Prozesses einsetzen muss. Dann hat sich der Antragsteller die Mittel zur Prozessführung dadurch zu verschaffen, dass er den

---

481 Kap. 4 A.

Kap. 4 Das Verhältnis der Finanzierungsmodelle zueinander

Vermögensgegenstand entweder veräußert[482] oder ihn beleiht (sog. Realkredit[483]), wenn er sich als Kreditsicherheit eignet.[484]

Insbesondere Grundstücke eignen sich dazu, sie zu belasten, um einen Kredit zur Finanzierung eines Prozesses zu erhalten. Dabei ist jedoch zu beachten, dass natürlichen Personen die jeweilige Verwertungsart nach § 115 Abs. 3 S. 1 ZPO zumutbar sein muss.[485] Deshalb müssen sie ihr Grundstück beispielsweise dann nicht beleihen, wenn die Darlehensraten die Prozesskostenhilferaten übersteigen würden.[486] Den Antragsteller auf die Beleihung des Schonvermögens zu verweisen, scheidet nach § 115 Abs. 3 S. 2 ZPO von vornherein aus.

2. Verweis auf Personalkredit

a) Grundsatz

Davon zu unterscheiden ist die Frage danach, ob eine Partei darauf verwiesen werden kann, von ihrer Kreditwürdigkeit Gebrauch zu machen, ohne dass es Vermögen gibt, das sie verwerten muss (sog. Personalkredit[487]). Grundsätzlich ist es ausgeschlossen, bedürftige Parteien auf die Aufnahme eines Kredits zu verweisen.[488] Das Gesetz verlangt natürlichen Personen in § 115 Abs. 3 S. 1 ZPO nur ab, ihr vorhandenes Vermögen einzusetzen. Sie können also nicht darauf verwiesen werden, sich Vermögen über eine Kreditaufnahme erst zu verschaffen.

---

482 OLG Brandenburg, Beschl. v. 6.3.2007 – 3 W 68/06, NJOZ 2007, 2144; OLG Köln, Beschl. v. 24.2.2006 – 4 WF 28/06, BeckRS 2006, 9826 (Veräußerung eines im Ausland gelegenen Grundstücks).
483 Stein/Jonas/*Bork*, § 115 Rn. 101.
484 AllgM OLG Karlsruhe, Beschl. v. 30.10.2003 – 15 W 3/03, BeckRS 2003, 30332034; LAG Hamm, Beschl. v. 07.12.2009 – 14 Ta 349/09, BeckRS 2010, 66726; MüKoZPO/*Wache*, § 115 Rn. 91; Musielak/Voit/*Fischer*, ZPO, § 115 Rn. 50; BeckOK ZPO/*Reichling*, § 115 Rn. 84.3; Stein/Jonas/*Bork*, § 115 Rn. 101; *Kothe*, DB 1981, 1174; *Schneider*, MDR 1981, 793 (796); bei Prozesskostenhilfeanträgen des Insolvenzverwalters muss die Rückzahlung gesichert sein, vgl. MüKoZPO/*Wache*, § 116 Rn. 16; *Uhlenbruck*, ZIP 1982, 288 (289).
485 OLG Hamm, Beschl. v. 21.5.2021 – 9 W 11/21, BeckRS 2021, 14586 Rn. 4 ff.; OLG Naumburg, Beschl. v. 7.12.2007 – 1 W 57/07, BeckRS 2008, 1689; OLG Koblenz, Beschl. v. 6.7.2005 – 9 WF 544/05, BeckRS 2005, 8276.
486 OLG Brandenburg, Beschl. v. 6.3.2007 – 3 W 68/06, NJOZ 2007, 2144 (2145); Musielak/Voit/*Fischer*, ZPO, § 115 Rn. 46; *Nickel*, FPR 2009, 391 (393).
487 Stein/Jonas/*Bork*, § 115 Rn. 102.
488 OLG Karlsruhe, Beschl. v. 30.10.2003 – 15 W 3/03, BeckRS 2003, 30332034; Zöller/*Schultzky*, § 115 Rn. 97; Musielak/Voit/*Fischer*, ZPO, § 115 Rn. 50; MüKoZPO/*Wache*, § 115 Rn. 91; Burgard, NJW 1990, 3240 (3242); *Christl*, NJW 1981, 785 (790); Prütting/Gehrlein, § 115 Rn. 64.

C. Konkurrenzverhältnisse im Hinblick auf die Prozesskostenhilfe Kap. 4

Das führt dazu, dass die Inanspruchnahme von Prozesskostenhilfe auch in Fällen möglich ist, in denen an der Hilfsbedürftigkeit des Antragstellers durchaus Zweifel bestehen können. Die §§ 114 ff. ZPO ermöglichen die Inanspruchnahme von Prozesskostenhilfe auch dann, wenn der Anspruchsinhaber ein sehr hohes Einkommen hat, aber keine Rücklagen gebildet hat, mit denen er die Mittel zur Prozessführung aufbringen könnte. Auch ein „Spitzenverdiener" kann die Mittel zur Prozessfinanzierung nach § 114 Abs. 1 S. 1 Var. 3 ZPO nur in Raten aufbringen, wenn er kein Vermögen hat, das ausreicht, um den Prozess finanzieren zu können. Angesichts des hohen Einkommens könnten solche „Spitzenverdiener" statt der Prozesskostenhilfe ein Darlehen aufnehmen. Der Bundesrat brachte in den Jahren 2006[489] und 2010[490] jeweils einen Gesetzesentwurf ein, der vorsah, dass Antragsteller ausnahmsweise vorrangig auf ein Darlehen verwiesen werden können. § 115 Abs. 4 ZPO aF sollte ein neuer Satz mit folgendem Wortlaut angefügt werden:

> *„Bei einem einzusetzenden Einkommen von mehr als 450 Euro wird Prozesskostenhilfe nur bewilligt, wenn der Antragsteller glaubhaft macht, dass ihm die Aufnahme eines Darlehens nicht zumutbar ist."*[491]

Beide Gesetzesinitiativen haben sich aber wegen des Grundsatzes der Diskontinuität[492] durch den Ablauf der Wahlperiode erledigt. Dass bislang keine vergleichbare Regelung geschaffen wurde, ist wohl darauf zurückzuführen, dass Fälle mit einem einzusetzenden Einkommen von EUR 450 oder mehr in der Praxis eine völlig untergeordnete Rolle spielen.[493] Dass „Spitzenverdiener" ihr Einkommen verschleudern, ohne Vermögen zu bilden, über das sie auf die Aufnahme eines Realkredits verwiesen werden können, ist zwar denkbar, dürfte aber ein absoluter Ausnahmefall sein.

Nach der geltenden Gesetzeslage bleibt es also bei dem Grundsatz, dass eine Partei selbst dann nicht vorrangig einen Kredit in Anspruch nehmen muss, wenn ihre Einkommensverhältnisse ihr das gestatten würden.[494] Das gilt nach § 115 Abs. 4 ZPO nur dann nicht, wenn die Kosten der Prozessführung

---

489 Gesetzentwurf des Bundesrates, Entwurf eines Gesetzes zur Begrenzung der Aufwendungen für die Prozesskostenhilfe (Prozesskostenhilfebegrenzungsgesetz – PKHBegrenzG), BT-Drs. 16/1994, S. 1 ff.
490 Gesetzentwurf des Bundesrates, Entwurf eines Gesetzes zur Begrenzung der Aufwendungen für die Prozesskostenhilfe (Prozesskostenhilfebegrenzungsgesetz – PKHBegrenzG), BT-Drs. 17/216, S. 1 ff.
491 BT-Drs. 16/1994 (s. Fn. 495), S. 5; BT-Drs. 17/216 (s. Fn. 496), S. 5.
492 Hierzu Dürig/Herzog/Scholz/*Kersten*, GG, Art. 76 Rn. 116.
493 Stellungnahme der Bundesregierung zur Gesetzesinitiative aus dem Jahr 2006, BT-Drs. 16/1994, S. 41.
494 Zöller/*Schultzky*, § 115 Rn. 97; *Christl*, NJW 1981, 785 (790).

Kap. 4 Das Verhältnis der Finanzierungsmodelle zueinander

vier Monatsraten und die aus dem Vermögen aufzubringenden Teilbeträge voraussichtlich nicht übersteigen. Dann wird es Parteien zugemutet, ihren Rechtsstreit anderweitig zu finanzieren.[495] Sie muss also ein Darlehen oder sonst eine andere Finanzierungshilfe in Anspruch nehmen, wenn sie den Prozess führen möchte.

b) Ausnahmen nach der Rechtsprechung und Literatur

Von diesem Grundsatz möchten die Rechtsprechung und große Teile der Literatur einige Fälle ausnehmen. Das betrifft Parteien, die unternehmerisch tätig sind. Nach dem BGH soll eine Partei, die Rechte geltend macht, die ihren Gewerbebetrieb betreffen, auf eine Kreditaufnahme verwiesen werden können, wenn diese im Rahmen eines ordnungsgemäßen kaufmännischen Geschäftsbetriebs erfolgen kann.[496] Auch juristischen Personen und parteifähigen Vereinigungen iSv § 116 S. 1 Nr. 2 ZPO soll es grundsätzlich zuzumuten sein, einen Kredit aufzunehmen.[497]

In den genannten Fällen muss der Antragsteller also nicht nur zu seinen eigenen wirtschaftlichen Verhältnissen vortragen, sondern darüber hinaus auch darlegen und glaubhaft machen, dass es ihm unmöglich ist, einen Kredit aufzunehmen und diesen zu bedienen.[498] Teilweise geht die Rechtsprechung so weit, dass vom Antragsteller der Vortrag gefordert wird, dass das Unternehmen ohne die Gewährung von Prozesskostenhilfe insolvent wäre, wenn es die Mittel zur Prozessführung selbst aufbringen müsste.[499]

---

495 Kap. 3 B.IV.2.a)dd).
496 H. M. BGH, Beschl. v. 7.12.2006 – VII ZB 50/06, NJW-RR 2007, 379; OLG Naumburg, Beschl. v. 28.9.2012 – 12 W 45/12, BeckRS 2012, 24073; OLG Nürnberg, Beschl. v. 4.12.2002 – 6 W 3409/02, BeckRS 2002, 30296806; OLG Frankfurt a. M., Beschl. v. 7.11.1986 – 2 WF 235/86, NJW-RR 1987, 320; zust. Stein/Jonas/*Bork*, § 115 Rn. 102; Musielak/Voit/*Fischer*, ZPO, § 115 Rn. 50; MüKoZPO/*Wache*, § 115 Rn. 91; Zöller/*Schultzky*, § 115 Rn. 97; aA OLG Jena, Beschl. v. 27.6.2005 – 2 W 108/05, OLG-NL 2005, 186; Burgard, NJW 1990, 3240 (3242); *Christl*, NJW 1981, 785 (790); *Schneider*, MDR 1981, 1 (2); *Schneider*, MDR 1981, 793 (796).
497 BGH, Beschl. v. 7.12.2006 – VII ZB 50/06, NJW-RR 2007, 379; OLG Frankfurt a. M., Beschl. v. 5.4.2016 – 8 W 19/16, NZG 2016, 1386 Rn. 10; OLG Naumburg, Beschl. v. 28.9.2012 – 12 W 45/12, BeckRS 2012, 24073; OVG Münster, Beschl. v. 30.4.2008 – 8 D 20/08, BeckRS 2008, 36783 Rn. 8; KG, Beschl. v. 13.4.2006 – 12 U 249/04, NJOZ 2007, 58 (60); MüKoZPO/*Wache*, § 116 Rn. 23; Musielak/Voit/*Fischer*, ZPO, § 116 Rn. 12.
498 BGH, Beschl. v. 7.12.2006 – VII ZB 50/06, NJW-RR 2007, 379; OLG Naumburg, Beschl. v. 28.9.2012 – 12 W 45/12, BeckRS 2012, 24073; OLG Nürnberg, Beschl. v. 4.12.2002 – 6 W 3409/02, BeckRS 2002, 30296806; OLG Frankfurt a. M., Beschl. v. 7.11.1986 – 2 WF 235/86, NJW-RR 1987, 320.
499 OLG Naumburg, Beschl. v. 28.9.2012 – 12 W 45/12, BeckRS 2012, 24073; OLG Nürnberg, Beschl. v. 4.12.2002 – 6 W 3409/02, BeckRS 2002, 30296806.

C. Konkurrenzverhältnisse im Hinblick auf die Prozesskostenhilfe   Kap. 4

Auch bei unternehmerisch tätigen Insolvenzschuldnern könnte mit der Rechtsprechung und der herrschenden Meinung die Frage aufgeworfen werden, ob der Insolvenzverwalter vorrangig versuchen muss, einen Personalkredit aufzunehmen.[500] Das setzt voraus, dass Banken alleine aufgrund ihres Vertrauens in die Kreditwürdigkeit des Insolvenzschuldners dazu bereit wären, ein Darlehen auszuzahlen.[501] Spätestens mit der Insolvenzeröffnung dürfte sich aber das Vertrauen in die Kreditwürdigkeit des Insolvenzschuldners erübrigt haben und keine Bank wird mehr dazu bereit sein, ein ungesichertes Darlehen in die Insolvenzmasse auszuzahlen.[502] Von Insolvenzverwaltern sollte daher nicht verlangt werden, vor der Antragstellung den ohnehin zum Scheitern verurteilten Versuch zu unternehmen, ein Darlehen in Gestalt eines Personalkredits aufzunehmen.

c) Stellungnahme
aa) Gewerbetreibende natürliche Personen

Bei einer Auslegung der Vorschriften zur Prozesskostenhilfe spricht alles gegen eine Pflicht gewerbetreibender natürlicher Personen, vorrangig einen Kredit in Anspruch nehmen zu müssen, um eine Forderung mittels der Prozesskostenhilfe einklagen zu können, die zu ihrem Gewerbebetrieb gehört. Schon der Wortlaut des § 115 Abs. 3 ZPO setzt voraus, dass eine Partei *ihr* Vermögen einzusetzen hat. Das betrifft nur vorhandenes Vermögen.[503] Bei einer bloßen Möglichkeit zur Kreditaufnahme ist der Kredit aber gerade noch nicht Teil des Vermögens des Antragstellers. Wie schwer sich auch die Rechtsprechung tut, die Möglichkeit zur Kreditaufnahme unter den Vermögensbegriff zu subsumieren, zeigt eine Entscheidung des OLG Frankfurt a. M.[504] Darin heißt es:

> *„Zum Vermögen gehören alle geldwerten Positionen. Nach der Rechtsprechung des Senats (...) gehört hierzu unter bestimmten Voraussetzungen auch die Finanzierung der Prozeßkosten über eine Kreditaufnahme."*[505]

Die Finanzierung der Prozesskosten über eine Kreditaufnahme kann nicht als Teil des Vermögens gemeint sein, weil das Vermögen in Abgrenzung zum Einkommen bei der Antragstellung vorhandene Güter erfasst.[506] Beim

---

500 So Hk-ZPO/*Kießling*, § 116 Rn. 12 (s. aber sogleich).
501 S. die Definition von Personalkredit unter Kap. 4 C.II.2.a).
502 Auch Hk-ZPO/*Kießling*, § 116 Rn. 12 meint, dass eine Darlehensaufnahme zumeist aussichtslos sei.
503 Zöller/*Schultzky*, § 115 Rn. 97; aA Stein/Jonas/*Bork*, § 115 Rn. 102.
504 OLG Frankfurt a. M., Beschl. v. 7.11.1986 – 2 WF 235/86, NJW-RR 1987, 320.
505 OLG Frankfurt a. M., Beschl. v. 7.11.1986 – 2 WF 235/86, NJW-RR 1987, 320.
506 Kap. 3 B.IV.2.a)bb).

Kap. 4 Das Verhältnis der Finanzierungsmodelle zueinander

Verweis auf eine Kreditaufnahme ist allenfalls die bloße *Möglichkeit*, einen Kredit aufzunehmen, beim Antragsteller vorhanden. Richtigerweise könnte man unter die geldwerten Positionen also nur diejenigen Faktoren subsumieren, die das Vertrauen einer Bank in die Kreditwürdigkeit des Antragstellers schaffen.[507] Allein diese Faktoren sind beim Antragsteller schon bei der Antragstellung vorhanden. Davon könnte vor allem die Arbeitskraft des Gewerbetreibenden und seiner Angestellten oder die Erwerbskraft des Gewerbes geldwert sein.[508] Gegen deren Berücksichtigung als Vermögen spricht aber, dass die Arbeits- oder Erwerbskraft erst durch ihren Einsatz in der Zukunft Einkünfte bringt. Künftige Werte sind aber kein Vermögen, sondern Einkommen im Sinne der Vorschriften zur Prozesskostenhilfe.[509] Systematische Erwägungen stützen diese Auslegung des Vermögensbegriffs. Ein Verweis auf eine Kreditaufnahme würde dazu führen, dass eine Partei Einkommen für die Zinsen und die Tilgung des Kredits einsetzen müsste, um die Darlehenssumme zu erhalten. Auch dieser Gedanke, dass eine Partei Einkommen einsetzen muss, um Vermögen zu erwerben, ist dem Gesetz fremd.[510]

Dasselbe gilt für die Unterscheidung von natürlichen Personen und gewerblich tätigen natürlichen Personen, die dem Gesetz fremd ist. Es unterscheidet lediglich zwischen natürlichen Personen und den in § 116 ZPO genannten sonstigen Antragstellern.[511] Weiterhin sieht das Gesetz in § 115 Abs. 4 ZPO bereits einen Fall vor, in dem eine Partei auf andere Finanzierungsmöglichkeiten verwiesen werden kann.[512] Andere Normen sehen keine Möglichkeit des Gerichts vor, einen Antragsteller auf alternative Finanzierungsmöglichkeiten zu verweisen.

Zuletzt spricht vor allem auch der Sinn und Zweck der Prozesskostenhilfe gegen einen Verweis auf eine Kreditaufnahme. Sie soll die im zweiten Kapitel erarbeiteten verfassungsrechtlichen Vorgaben umsetzen.[513] Danach ist die Prozesskostenhilfe eine Rechtsschutzgarantie. Deren Vorhaltung ist eine staatliche Pflicht und deren Gewährung staatliche Pflichterfüllung. Durch die Gewährung von Prozesskostenhilfe verteilt der Staat keine Almosen. Zu welchen Ergebnissen die Argumentation führt, zeigt die bereits zitierte Entscheidung des OLG Frankfurt a. M.[514] Dort hatte der Antragsteller ausgewiesene Verbindlichkeiten von über DM 480.000, wobei sich die Kosten der

---

507 Ähnlich Zimmermann, Prozesskosten- und Verfahrenskostenhilfe, Rn. 148.
508 Ähnlich Zimmermann, Prozesskosten- und Verfahrenskostenhilfe, Rn. 148.
509 Kap. 3 B.IV.2.a)bb).
510 *Burgard*, NJW 1990, 3240 (3242).
511 OLG Jena, Beschl. v. 27.6.2005 – 2 W 108/05, OLG-NL 2005, 186.
512 *Christl*, NJW 1981, 785 (790) zur Viermonatsgrenze in § 115 aF.
513 Kap. 2 B.III.
514 OLG Frankfurt a. M., Beschl. v. 7.11.1986 – 2 WF 235/86, NJW-RR 1987, 320.

C. Konkurrenzverhältnisse im Hinblick auf die Prozesskostenhilfe **Kap. 4**

Prozessführung auf DM 3.000 bis 4.000 beliefen. Nach Ansicht des Gerichts kann derjenige, der mit Fremdkapital hantiert und bei seinem ordnungsgemäßen Geschäftsgang Verbindlichkeiten eingeht, die die Finanzierung der Prozesskosten um ein Vielfaches übersteigen, keine Prozesskostenhilfe beanspruchen.[515] Daraus folgt, dass Parteien, die viele Verbindlichkeiten durch Kredite begründen, keine Prozesskostenhilfe beanspruchen können sollen. Mit anderen Worten: Je ärmer eine Partei ist, desto unwahrscheinlicher ist es, dass sie Prozesskostenhilfe beanspruchen kann. Das ist mit dem verfassungsrechtlichen Auftrag, „arme" und „reiche" Parteien gleich zu behandeln, nicht zu vereinbaren.

Praktisch dürfte es die Intention der herrschenden Meinung sein, ähnlich wie auch bei juristischen Personen,[516] die Leidenszeit gescheiterter wirtschaftlicher Unternehmungen nicht auf Kosten der Allgemeinheit zu verlängern. Dem stehen aber das Gesetz und die Verfassung entgegen.

bb) Juristische Personen und parteifähige Vereinigungen

Anders zu beurteilen ist die Situation dagegen bei juristischen Personen und parteifähigen Vereinigungen. Hier ist der Wortlaut weiter, weil er nach § 116 S. 1 Nr. 2 Alt. 1 ZPO nur fordert, dass die Kosten nicht von der juristischen Person oder der parteifähigen Vereinigung *aufgebracht* werden können. Darunter lässt sich durchaus auch der Fall subsumieren, dass die Antragstellerin die Kosten durch eine Kreditaufnahme aufbringen kann.

Mit Blick auf den Sinn und Zweck der Vorschriften zur Prozesskostenhilfe stellt sich hier wiederum die Frage, inwieweit die Verfassung eine Prozesskostenhilfe auch zugunsten von juristischen Personen und parteifähigen Vereinigungen fordert.[517] Nach hier vertretener Ansicht können sich auch juristische Personen und parteifähige Vereinigungen über Art. 19 Abs. 3 GG auf den Justizgewährungsanspruch berufen, sodass eine verfassungsrechtliche Pflicht besteht, auch juristischen Personen und parteifähigen Vereinigungen Prozesskostenhilfe zu gewähren.[518] Demgegenüber gehen der Gesetzgeber[519] und das BVerfG[520] davon aus, dass das Sozialstaatsprinzip nicht für juristische Personen gelte[521] und es daher nicht die Aufgabe der Allgemeinheit sei, unternehmerische Tätigkeiten Einzelner zu fördern.

---

515 OLG Frankfurt a. M., Beschl. v. 7.11.1986 – 2 WF 235/86, NJW-RR 1987, 320.
516 Dazu sogleich unter Kap. 4 C.II.2.c)bb).
517 Hierzu bereits unter Kap. 3 B.IV.3.b)cc).
518 Kap. 3 B.IV.3.b)cc).
519 BT-Drs. 8/3068, S. 26.
520 BVerfG, Beschl. v. 3.7.1973 – 1 BvR 153/69, NJW 1974, 229.
521 Zur Anwendung des Sozialstaatsprinzips auf juristische Personen über Art. 19 Abs. 3 GG auch *Krausnick*, JuS 2008, 869 (872).

Kap. 4 Das Verhältnis der Finanzierungsmodelle zueinander

Wenn die Prozesskostenhilfe für juristische Personen und parteifähige Vereinigungen nicht als Erfüllung eines grundgesetzlichen Gebots zu verstehen ist,[522] liegt es nahe, den Zugang zu Gericht über staatliche Hilfsmittel nur dann zu eröffnen, wenn kein Kredit Abhilfe schaffen kann. Insoweit entspricht die Ansicht der herrschenden Meinung und der Rechtsprechung dem Willen des Gesetzgebers. Allerdings folgt ein Recht auf Prozesskostenhilfe nach hier vertretener Ansicht nicht aus dem Sozialstaatsprinzip, sondern aus dem allgemeinen Justizgewährungsanspruch iVm dem allgemeinen Gleichheitssatz.[523] Die Prozesskostenhilfe lässt sich also nicht mit dem Argument versagen, dass das Sozialstaatsprinzip nicht für juristische Personen streite.

3. Ergebnis

Parteien müssen grundsätzlich vorrangig ein Darlehen aufnehmen, um die Mittel zur Prozessführung aufzubringen, wenn sie damit Vermögen beleihen, das sie nach § 115 Abs. 3 ZPO einsetzen müssen. Im Übrigen können Antragsteller nicht darauf verwiesen werden, von ihrer Kreditwürdigkeit Gebrauch zu machen. Entgegen der herrschenden Meinung gilt das auch für Gewerbetreibende, juristische Personen und parteifähige Vereinigungen.

III. Rechtsschutzversicherungen

1. Allgemeines

Anspruchsinhaber können nicht auf Rechtsschutzversicherungen verwiesen werden, wenn sie (noch) nicht rechtsschutzversichert sind. Eine Rechtsschutzversicherung kann nicht rückwirkend[524] auch für den Fall geschlossen werden, für den der Anspruchsinhaber Prozesskostenhilfe beantragt. Es wäre dem Anspruchsinhaber also unmöglich, einen Versicherungsvertrag abzuschließen und damit den Prozess zu finanzieren, anstatt Prozesskostenhilfe in Anspruch zu nehmen.

Wenn Versicherungsschutz für einen Fall besteht, steht fest, dass der Anspruchsinhaber zu dessen Finanzierung keine Prozesskostenhilfe in Anspruch nehmen darf. Zum Vermögen, das nach § 115 Abs. 3 ZPO einzusetzen ist, gehören auch vertragliche Ansprüche gegen Dritte auf Übernahme der Prozesskosten.[525] Der Versicherungsschutz lässt damit die Bedürftigkeit

---
522 BVerfG, Beschl. v. 3.7.1973 – 1 BvR 153/69, NJW 1974, 229 (232) für die juristische Person.
523 Kap. 2 B.III.1.
524 Kap. 3 C.III.2.b).
525 BFH, Beschl. v. 26.8.2020 – V S 12/20, BeckRS 2020, 37132; BAG, Beschl. v. 5.11.2012 – 3 AZB 23/12, NJW 2013, 493; OLG Karlsruhe, Beschl. v. 1.3.2016 – 9 W 50/15, BeckRS 2016, 9013 Rn. 9; MüKoZPO/*Wache*, § 115 Rn. 92; Zöller/*Schultzky*,

entfallen.[526] Umgekehrt folgt daraus aber auch, dass eine Rechtsschutzversicherung die Prozesskostenhilfe nur ausschließt, soweit die Deckung der Rechtsschutzversicherung reicht. Daher kann ein Prozesskostenhilfeantrag beispielsweise auf eine im Versicherungsvertrag vorgesehene Selbstbeteiligung beschränkt werden, wenn der Anspruchsinhaber insoweit bedürftig ist.[527] Ebenso kann Prozesskostenhilfe nur für bestimmte Streitjahre gewährt werden, wenn für die übrigen Jahre Versicherungsschutz besteht.[528]

2. Deckungsverweigerung wegen mangelnder Erfolgsaussichten oder Mutwilligkeit

Wenn die Rechtsschutzversicherung die Deckung verweigert, weil aus ihrer Sicht keine Erfolgsaussichten bestehen oder die Rechtsverfolgung mutwillig ist, stellt sich aus Sicht des Anspruchsinhabers die Frage, ob er entweder gegen den Rechtsschutzversicherer vorgeht oder – wenn er bedürftig ist – Prozesskostenhilfe beantragt. Anspruchsinhaber könnten deswegen dazu neigen, Prozesskostenhilfe zu beantragen, weil eine Deckungsklage gegen den Rechtsschutzversicherer eigene Prozessrisiken mit sich bringt und darüber hinaus schlimmstenfalls Jahre vergehen können, bevor feststeht, dass der Versicherer die Mittel zur Führung des angestrebten Prozesses übernehmen muss.

a) Vorrangiges Stichentscheid- oder Schiedsgutachterverfahren

Wenn der Rechtsschutzversicherer die Deckung zu Recht mangels Erfolgsaussichten oder wegen Mutwilligkeit ablehnt, besteht kein Anspruch des Klägers gegen den Rechtsschutzversicherer darauf, die Kosten für den Prozess zu übernehmen. Dementsprechend wäre dieser Anspruch nicht Teil seines Vermögens und der Anspruchsinhaber wäre bedürftig iSd Prozesskostenhilfe. Allerdings ist der Prüfungsmaßstab für die Erfolgsaussichten und eine etwaige Mutwilligkeit für Rechtsschutzversicherer derselbe wie der Prüfungsmaßstab für Gerichte bei der Prüfung der Voraussetzungen der Pro-

---

§ 115 Rn. 58; dasselbe gilt entsprechend bei Parteien kraft Amtes, juristischen Personen und parteifähigen Vereinigungen nach § 116 S. 1 Nr. 1 und Nr. 2 ZPO, vgl. Stein/Jonas/*Bork*, § 116 Rn. 7, 21, 32.
526 BSG, Beschl. v. 14.6.2006 – B 7b AS 22/06 B, NZS 2006, 612; BGH, Beschl. v. 4.10.1990 – IV ZB 5/90, NJW 1991, 109; BGH, Beschl. v. 3.6.1987 – IVa ZR 318/86, NJW-RR 1987, 343; BGH, Beschl. v. 14.7.1981 – IVa ZR 9/81, BeckRS 1981, 30401524; LAG Rheinland-Pfalz, Beschl. v. 28.4.1988 – 2 Ca 2738/87, LAGE § 115 ZPO Nr. 31; LAG Düsseldorf, Beschl. v. 12.11.1981 – 7 Ta 153/81, AnwBl 1982, 77.
527 BSG, Beschl. v. 14.6.2006 – B 7b AS 22/06 B, NZS 2006, 612.
528 BFH, Beschl. v. 26.8.2020 – V S 12/20, BeckRS 2020, 37132.

zesskostenhilfe.[529] Lehnt der Rechtsschutzversicherer die Deckung also zu Recht ab, wäre auch ein Prozesskostenhilfeantrag abzulehnen. Entscheidend ist daher sowohl im Hinblick auf die Einstandspflicht des Versicherers als auch im Hinblick auf die Erfolgsaussichten des Prozesskostenhilfeantrags, ob der Rechtsschutzversicherer die Deckung zu Recht verweigert.

Die ARB sehen mit dem Stichentscheid- und dem Schiedsgutachterverfahren Rechtsbehelfe vor, mit denen sich der Antragsteller gegen die Deckungsverweigerung des Rechtsschutzversicherers wegen mangelnder Erfolgsaussichten oder Mutwilligkeit zur Wehr setzen kann.[530] Ist der Versicherte entgegen der Rechtsschutzversicherung der Ansicht, dass Erfolgsaussichten bestehen oder seine Rechtsverfolgung nicht mutwillig ist, muss er einen Stichentscheid herbeiführen, bevor er Prozesskostenhilfe beantragen kann.[531] Das Herbeiführen eines Stichentscheids ist dem Antragsteller auch nach § 115 Abs. 3 S. 1 ZPO zuzumuten, weil der Rechtsschutzversicherer die Kosten zu tragen hat.[532] In der Praxis überwiegen Stichentscheidverfahren gegenüber Schiedsgutachterverfahren, sodass Anspruchsinhabern in der Regel die Kostenlast für ihren Rechtsbehelf abgenommen wird.[533] Wenn der Versicherungsvertrag ausnahmsweise ein Schiedsgutachterverfahren vorsieht, dürfte dessen vorrangige Inanspruchnahme dem Anspruchsinhaber ebenfalls zumutbar sein, weil der Versicherer auch insoweit zunächst die Kosten trägt und dem Anspruchsinhaber nur dann Kosten entstehen, wenn die Leistungsverweigerung des Versicherers vollständig – und nicht nur teilweise – berechtigt war.[534]

b) Vorgehen nach gescheitertem Stichentscheid- oder Schiedsgutachterverfahren

Wenn das Stichentscheid- oder Schiedsgutachterverfahren ebenfalls erfolglos bleibt, der Anspruchsinhaber aber immer noch meint, dass seine Rechtsverfolgung hinreichende Erfolgsaussichten hat und nicht mutwillig ist, stellt sich die Frage, wie weiter zu verfahren ist. Es könnte davon ausgegangen

---

529 Kap. 3 C.III.2.c)aa); BGH, Beschl. v. 4.10.1990 – IV ZB 5/90, NJW 1991, 109 (110); *Bauer*, VersR 1988, 174.
530 Ausf. hierzu unter Kap. 3 C.III.2.c)bb).
531 BGH, Beschl. v. 4.10.1990 – IV ZB 5/90, NJW 1991, 109 (110); BGH, Beschl. v. 3.6.1987 – Iva ZR 318/86, NJW-RR 1987, 1343; OLG Karlsruhe, Beschl. v. 1.3.2016 – 9 W 50/15, BeckRS 2016, 9013; MüKoZPO/*Wache*, § 115 Rn. 92 f.; Stein/Jonas/*Bork*, § 115 Rn. 139; Zöller/*Schultzky*, § 115 Rn. 58; Musielak/Voit/*Fischer*, ZPO, § 114 Rn. 43; MAH VersR/*Lensing*, § 27 Rn. 657; *Römer*, r+s 2000, 177; *Sieg*, NJW 1992, 2992 (2995).
532 BGH, Beschl. v. 3.6.1987 – Iva ZR 318/86, NJW-RR 1987, 1343.
533 Kap. 3 C.III.2.c)bb)(3).
534 Kap. 3 C.III.2.c)bb)(3).

C. Konkurrenzverhältnisse im Hinblick auf die Prozesskostenhilfe Kap. 4

werden, dass dann auch der Prozesskostenhilfeantrag keinen Erfolg haben kann, weil der Prüfungsmaßstab des Gerichts derselbe ist. Gerichte sind aber nicht an die Rechtsauffassungen Privater gebunden. Die Prozesskostenhilfe soll den Zugang zu Gerichten eröffnen und ist damit der Verwirklichung des rechtlichen Gehörs vorgelagert. Antragsteller haben daher einen Anspruch darauf, dass das Gericht die Erfolgsaussichten selbst prüft und sich nicht an die Rechtsauffassungen privater Dritter hält. Daher kann der Prozesskostenhilfeantrag auch dann noch erfolgreich sein, wenn die Erfolgsaussichten zuvor durch den Versicherer und einen Schiedsgutachter oder – beim Streitentscheid – durch einen Rechtsanwalt abgelehnt wurden.

Der Anspruchsinhaber könnte nach einem gescheiterten Stichentscheid- oder Schiedsgutachterverfahren also entweder Prozesskostenhilfe beantragen oder einen Deckungsprozess führen, ohne dass die Erfolgsaussichten vorab entschieden sind. Nach soweit ersichtlich allgemeiner Ansicht besteht keine Pflicht, vorrangig einen Deckungsprozess zu führen, weil das dem Anspruchsinhaber nach § 115 Abs. 3 S. 1 ZPO nicht zumutbar wäre.[535] Dafür spricht, dass es der Gleichbehandlung von „armen" und „reichen" Parteien zuwiderliefe, wenn der Anspruchsinhaber nicht in der Lage wäre, seine Forderung alsbald zu realisieren, weil er vorrangig einen Deckungsprozess führen müsste.[536] Wirksam ist nur ein Rechtsschutz, der zeitnah erfolgt.[537] Darüber hinaus würden rechtsschutzversicherte Parteien sonst schlechter gestellt als Parteien, die keine Rechtsschutzversicherung abgeschlossen haben.[538] Letztere könnten nämlich ihre Forderungen nach der Gewährung von Prozesskostenhilfe realisieren, ohne dass sie dafür einen weiteren Prozess führen müssten.

Wenn der Anspruchsinhaber gegen seinen Versicherer einen Deckungsprozess führt und in diesem obsiegt, ist er nachträglich nicht mehr bedürftig. Dem ist dadurch Rechnung zu tragen, dass die Prozesskostenhilfe nach § 120a ZPO aufgehoben wird.[539]

---

535 Speziell zum Deckungsprozess im Anschluss an das Schiedsgutachter- oder Stichentscheidverfahren: Zöller/*Schultzky*, § 115 Rn. 58; für den Deckungsprozess allgemein: LAG Düsseldorf, Beschl. v. 12.11.1981 – 7 Ta 153/81, AnwBl 1982, 77 (nach Gegenvorstellung); Musielak/Voit/*Fischer*, ZPO, § 114 Rn. 43; MüKoZPO/*Wache*, § 115 Rn. 93; Stein/Jonas/*Bork*, § 115 Rn. 139; *Sieg*, NJW 1992, 2992 (2995).
536 LAG Rheinland-Pfalz, Beschl. v. 28.4.1988 – 2 Ca 2738/87, LAGE § 115 ZPO Nr. 31; LAG Düsseldorf, Beschl. v. 12.11.1981 – 7 Ta 153/81, AnwBl 1982, 77.
537 BVerfG, Beschl. v. 27.9.2011 – 1 BvR 232/11, BeckRS 2014, 45903 Rn. 16.
538 LAG Rheinland-Pfalz, Beschl. v. 28.4.1988 – 2 Ca 2738/87, LAGE § 115 ZPO Nr. 31.
539 Stein/Jonas/*Bork*, § 115 Rn. 139.

3. Deckungsverweigerung aus anderen Gründen

Weiterhin ist auch möglich, dass der Rechtsschutzversicherer die Kostenübernahme aus anderen Gründen ablehnt, etwa, weil aus seiner Sicht kein Versicherungsschutz für den Prozess des Anspruchsinhabers besteht. Für diese Fälle ist kein Schiedsgutachter- oder Stichentscheidverfahren vorgesehen. Der Anspruchsinhaber könnte also lediglich einen Deckungsprozess führen, nach dem der Versicherer dann verpflichtet wäre, die Kosten zu übernehmen. Auch in diesem Fall ist es dem Anspruchsinhaber aber aus den genannten Gründen nicht zumutbar, vorrangig einen Deckungsprozess zu führen und damit auf eine alsbaldige Durchsetzung seiner Forderung zu verzichten.[540]

4. Ergebnis

Soweit Versicherungsschutz besteht, ist der Anspruchsinhaber nicht bedürftig. Wenn der Versicherer seine Einstandspflicht ablehnt, weil keine hinreichenden Erfolgsaussichten bestünden oder die Rechtsverfolgung mutwillig sei, muss der Anspruchsinhaber ein Schiedsgutachten oder einen Stichentscheid herbeiführen, bevor sein Prozesskostenhilfeantrag Erfolg haben kann. Nach einem gescheiterten Schiedsgutachter- oder Stichentscheidverfahren muss der Anspruchsinhaber nicht noch einen Deckungsprozess führen. Verweigert der Versicherer die Kostenübernahme aus anderen Gründen, muss der Anspruchsinhaber ebenfalls nicht vorrangig einen Deckungsprozess führen.

IV. Anwaltliche Erfolgshonorare

1. Vorrangige Inanspruchnahme des anwaltlichen Erfolgshonorars?

Zur Entlastung der Staatskasse scheint es auch naheliegend, Anspruchsinhaber vorrangig auf Erfolgshonorarvereinbarungen zu verweisen, bevor sie Prozesskostenhilfe beanspruchen können. Bedürftige können ihre Rechte ohne Fremdmittel nicht verfolgen. Daher wird die Vereinbarung eines Erfolgshonorars in Fällen, in denen eine Partei nach den Vorschriften zur Prozesskostenhilfe bedürftig ist, nach § 4a Abs. 1 S. 1 Nr. 3 RVG zulässig sein. Über das Erfolgshonorar könnten Bedürftige dann zumindest ihre eigenen Anwaltskosten finanzieren, sodass der Staat nur noch im Hinblick auf die Gerichtskosten aushelfen müsste, sofern der Antragsteller insoweit (noch) bedürftig ist.

---

540 Stein/Jonas/*Bork*, § 115 Rn. 139; Musielak/Voit/*Fischer*, ZPO, § 114 Rn. 43; MüKoZPO/*Wache*, § 115 Rn. 93; *Sieg*, NJW 1992, 2992 (2995).

C. Konkurrenzverhältnisse im Hinblick auf die Prozesskostenhilfe Kap. 4

Einem Verweis auf die vorrangige Inanspruchnahme eines Erfolgshonorars haben das BVerfG[541] und der Gesetzgeber[542] aber eine klare Absage erteilt. Dagegen spricht vor allem, dass sich der Staat durch einen Verweis auf private Finanzierer nicht seinem verfassungsrechtlichen Handlungsgebot entziehen darf.[543] Darüber hinaus würden Bedürftige sonst anders als finanziell besser gestellte Parteien wegen des Erfolgszuschlags zugunsten des Rechtsanwalts faktisch gezwungen werden, auf einen Teil ihrer Forderung zu verzichten.[544] Das würde entgegen der verfassungsrechtlich gebotenen Gleichbehandlung zu einer Ungleichbehandlung von Bemittelten und Unbemittelten führen.[545]

2. Kombination aus Erfolgshonorar und Prozesskostenhilfe

Verfassungsrechtlich nicht zu beanstanden wäre es demgegenüber, wenn der Anspruchsinhaber nicht auf ein Erfolgshonorar verwiesen werden würde, sondern von sich aus ein Erfolgshonorar vereinbaren und zumindest die Gerichtskosten über die Prozesskostenhilfe finanzieren möchte. Dann erscheint aber problematisch, wie das im Einzelfall umzusetzen ist.

a) Finanzierung der gesetzlichen Vergütung des Rechtsanwalts über die Prozesskostenhilfe

aa) Ausschluss durch § 3a Abs. 4 S. 1 RVG bei Überschreitung der gesetzlichen Gebühr

Aus Sicht des Anspruchsinhabers wäre es wünschenswert, wenn ihm ein Rechtsanwalt beigeordnet werden würde, der bis zur Prozesskostenhilfe-Vergütung aus der Staatskasse bezahlt wird und er mit diesem Rechtsanwalt eine Erfolgshonorarvereinbarung schließen könnte. Dann würde die Staatskasse die bei der Prozesskostenhilfe reduzierten gesetzlichen Gebühren übernehmen und der Anspruchsinhaber müsste im Erfolgsfall nur den Erfolgszuschlag aus eigenen Mitteln aufbringen. Dem steht aber § 3a Abs. 4 S. 1 RVG entgegen. Danach ist eine Vereinbarung, nach der ein im Wege der Prozesskostenhilfe beigeordneter Rechtsanwalt für die von der Beiordnung erfasste Tätigkeit eine höhere als die gesetzliche Vergütung erhalten soll, nichtig. Das gilt insoweit, als dass die vereinbarte Vergütung die gesetzliche Vergütung überschreitet.[546] Mit der gesetzlichen Vergütung ist die Vergütung

---

541 BVerfG, Beschl. v. 12.12.2006 – 1 BvR 2576/04, NJW 2007, 979 Rn. 78.
542 BT-Drs. 17/11472, S. 50.
543 BVerfG, Beschl. v. 12.12.2006 – 1 BvR 2576/04, NJW 2007, 979 Rn. 78.
544 BVerfG, Beschl. v. 12.12.2006 – 1 BvR 2576/04, NJW 2007, 979 Rn. 78.
545 BVerfG, Beschl. v. 12.12.2006 – 1 BvR 2576/04, NJW 2007, 979 Rn. 78.
546 OLG Hamm, Beschl. v. 12.1.2018 – I-7 W 21/17, BeckRS 2018, 4164.

eines Wahlanwalts angesprochen, d. h. die normale nicht reduzierte gesetzliche Vergütung.[547]

Daraus folgt, dass der Anspruchsinhaber das Erfolgshonorar grundsätzlich nicht teilweise aus der Staatskasse finanzieren lassen kann. Schließen der Rechtsanwalt und sein bedürftiger Mandant dennoch eine Erfolgshonorarvereinbarung, begründet das in Höhe der Differenz zwischen dem Erfolgshonorar und der gesetzlichen Vergütung keine Ansprüche.[548] Zahlt der Anspruchsinhaber aufgrund der Vereinbarung dennoch, verweist § 3a Abs. 4 S. 2 RVG auf die Vorschriften zur ungerechtfertigten Bereicherung.

Aus § 3a Abs. 4 S. 1 RVG folgt somit, dass Bedürftige allenfalls dann wirksam Erfolgshonorare über der gesetzlichen Vergütung vereinbaren und gleichzeitig Prozesskostenhilfe in Anspruch nehmen können, wenn eine Beiordnung unterbleibt. Ohne eine Beiordnung muss der Anspruchsinhaber das Erfolgshonorar selbst, das heißt ohne staatliche Hilfe, bezahlen. Prozesskostenhilfe könnte dann nur noch im Hinblick auf die Gerichtskosten beantragt werden.

bb) Ausschluss durch § 4a Abs. 2 RVG bei Erfolgshonoraren in Höhe der gesetzlichen Gebühr

Weil § 3a Abs. 4 S. 1 RVG aber nur Vergütungsvereinbarungen ausschließt, nach denen der Bedürftige eine höhere als die Vergütung eines Wahlanwalts bezahlen muss, könnte der Anspruchsinhaber seinem Rechtsanwalt nach der Norm zumindest zusichern, ihm im Erfolgsfall die „normale" gesetzliche Vergütung zu bezahlen.[549] Dagegen spricht aber § 4a Abs. 2 RVG. Danach muss sich der Rechtsanwalt für den Erfolgsfall einen Zuschlag auf die gesetzliche Vergütung versprechen lassen, wenn er im Misserfolgsfall keine oder eine geringere als die gesetzliche Vergütung erhalten soll. Wenn man die gesetzliche Vergütung als die Vergütung eines Wahlanwalts definiert, erhält der Rechtsanwalt im Misserfolgsfall über die Prozesskostenhilfe-Vergütung eine geringere als die gesetzliche Vergütung. Demzufolge muss die Erfolgshonorarvereinbarung nach § 4a Abs. 2 RVG eine höhere als die gesetzliche Vergütung im Erfolgsfall vorsehen. Das würde aber wiederum dazu führen, dass die Vereinbarung in Höhe der Differenz zwischen dem

---

547 OLG Hamm, Beschl. v. 12.1.2018 – I-7 W 21/17, BeckRS 2018, 4164; Hk-RVG/*Winkler/Teubel*, § 4a Rn. 67 f.; Hartung/Schons/Enders/*Schons*, § 3a Rn. 145; Baumgärtel/Hergenröder/Houben/*Baumgärtel*, § 3a Rn. 15; *Schneider*, NJW-Spezial 2016, 91.
548 OLG Hamm, Beschl. v. 12.1.2018 – I-7 W 21/17, BeckRS 2018, 4164 und Hk-RVG/*Winkler/Teubel*, § 4a Rn. 67.
549 OLG Hamm, Beschl. v. 12.1.2018 – I-7 W 21/17, BeckRS 2018, 4164; ausf. auch im Hinblick auf das Verhältnis zu § 122 Abs. 1 Nr. 3 ZPO Hk-RVG/*Winkler/Teubel*, § 4a Rn. 67 f.; Hartung/Schons/Enders/*Schons*, § 3a Rn. 145; Baumgärtel/Hergenröder/Houben/*Baumgärtel*, § 3a Rn. 15; *Schneider*, NJW-Spezial 2016, 91.

Erfolgshonorar und der gesetzlichen Vergütung nach § 3a Abs. 4 S. 1 RVG nichtig ist.

Eine Ausnahme von dem Grundsatz, dass der Erfolgszuschlag die gesetzliche Vergütung überschreiten muss, gilt nach § 4a Abs. 2 RVG nur für Erfolgshonorarvereinbarungen nach § 4a Abs. 1 S. 1 Nr. 2 RVG. Für diejenigen Fälle, die § 4a Abs. 1 S. 1 Nr. 2 RVG erfasst (außergerichtliche Inkassodienstleistungen und das Mahnverfahren), wird sich aber die Frage nach einer Konkurrenz zwischen der Prozesskostenhilfe und dem Erfolgshonorar nicht stellen. Als Inkassodienstleistungen sind in erster Linie außergerichtliche Tätigkeiten des Rechtsanwalts erfasst.[550] Für das Mahnverfahren kommt die Beiordnung eines Rechtsanwalts nur ausnahmsweise in Betracht, weil es dem Antragsteller zuzumuten ist, die entsprechenden Formulare auch ohne einen Rechtsanwalt auszufüllen.[551]

b) Finanzierung nur der Gerichtskosten über die Prozesskostenhilfe
aa) Verzicht auf zwingende Beiordnung nach § 121 Abs. 1 ZPO?

Mithin kann sich der Anspruchsinhaber das Erfolgshonorar nicht teilweise über die Prozesskostenhilfe finanzieren lassen. Dann könnte er zumindest versuchen, die anwaltliche Vergütung über das Erfolgshonorar selbst zu begleichen und nur für die Gerichtskosten Prozesskostenhilfe zu beanspruchen. Dazu müsste er in den Fällen des § 121 Abs. 1 ZPO auf eine Beiordnung verzichten können, weil sonst die Beiordnung einen Vergütungsanspruch oberhalb der gesetzlichen Vergütung wiederum nach § 3a Abs. 4 S. 1 RVG ausschließen würde. Nach § 121 Abs. 1 ZPO *wird* der Partei ein zur Vertretung bereiter Rechtsanwalt ihrer Wahl beigeordnet, wenn eine Vertretung durch Anwälte vorgeschrieben ist. Die Vorschrift ist ihrem Wortlaut nach zwingend. Gerichte haben hier deswegen kein Ermessen, weil eine Partei ohne Anwalt im Anwaltsprozess keine Handlungen wirksam vornehmen kann.[552] Ein Verzicht auf die Beiordnung erscheint daher ausgeschlossen.

Nach herrschender Ansicht darf eine Beiordnung trotz des zwingenden Charakters der Norm ausnahmsweise unterbleiben, wenn die anwaltliche Vertretung einer Partei durch eine Erfolgshonorarvereinbarung gesichert ist.[553]

---

550 Kap. 3 C.IV.4.c)bb)(2).
551 Kap. 3 C.IV.6.b)aa); *Wielgoß*, NJW 1991, 2070 (2071).
552 Stein/Jonas/*Bork*, § 121 Rn. 4.
553 OLG Köln, Beschl. v. 13.7.2018 – 5 W 10/18, AnwBl Online 2018, 875; OLG Hamm, Beschl. v. 12.1.2018 – I-7 W 21/17, BeckRS 2018, 4164; Musielak/Voit/*Fischer*, ZPO, § 121 Rn. 9; Zöller/*Schultzky*, § 121 Rn. 15; *Schons*, AnwBl 2020, 372 (381); *Mayer*, FD-RVG 2018, 406952; aA noch LG Paderborn, Beschl. v. 23.8.2017 – 3 O 174/16, BeckRS 2017, 129547 (der Beschluss wurde aber vom OLG Hamm in nächster In-

Kap. 4   Das Verhältnis der Finanzierungsmodelle zueinander

Es wird vorgeschlagen, die Vorschrift teleologisch zu reduzieren.[554] Dafür spricht, dass nach § 4a Abs. 1 S. 3 RVG die Möglichkeit, Beratungs- oder Prozesskostenhilfe in Anspruch zu nehmen, bei der Frage, ob ein Erfolgshonorar nach § 4a Abs. 1 S. 1 Nr. 3 RVG vereinbart werden darf, außer Betracht bleiben soll. Die Vorschrift soll es dadurch gerade auch hypothetisch Prozesskostenhilfeberechtigten ermöglichen, ein Erfolgshonorar zu vereinbaren und damit einen Anreiz für ihren Anwalt dahingehend zu setzen, dass er das Mandat mit gebotenem Aufwand betreut.[555] Darüber hinaus soll die Inanspruchnahme von Erfolgshonoraren aus Sicht des Gesetzgebers die Staatskasse entlasten.[556]

Dieser Zweck würde unterlaufen werden, wenn dem Anspruchsinhaber gegen seinen Willen eine Beiordnung aufgedrängt werden würde. Die Beiordnung hätte nämlich zur Folge, dass Rechtsanwälte ihre Forderung aus der Erfolgshonorarvereinbarung gegenüber dem Mandanten nach § 122 Abs. 1 Nr. 3 ZPO nicht geltend machen könnten und die Vereinbarung nach § 3a Abs. 4 S. 1 RVG teilweise unwirksam wäre. Dieser Konflikt kann nur dadurch aufgelöst werden, dass eine Beiordnung unterbleibt, wenn die anwaltliche Vertretung des Bedürftigen durch das Erfolgshonorar gesichert ist. Die Prozesskostenhilfe kann dann nur noch die Gerichtskosten umfassen. Insoweit überzeugt es, § 121 Abs. 1 ZPO teleologisch zu reduzieren, sodass der Anspruchsinhaber ein Erfolgshonorar ohne Beiordnung vereinbaren und die Gerichtskosten über die Prozesskostenhilfe finanzieren kann.

bb) Aufhebung der Beiordnung und Folgen nach § 3a Abs. 4 S. 1 RVG

Weiterhin könnten Erfolgshonorarvereinbarungen teilweise nach § 3a Abs. 4 S. 1 RVG nichtig sein, wenn die Erfolgshonorarvereinbarung erst geschlossen wurde, nachdem dem Bedürftigen ein Rechtsanwalt beigeordnet wurde oder dem Bedürftigen trotz einer bestehenden Erfolgshonorarvereinbarung ein Rechtsanwalt beigeordnet wird. In beiden Fällen könnte die Beiordnung zwar aus wichtigem Grund nach § 48 Abs. 2 BRAO[557] aufgehoben und der

---

stanz aufgehoben (OLG Hamm, Beschl. v. 12.1.2018 – I-7 W 21/17, BeckRS 2018, 4164)).
554   OLG Köln, Beschl. v. 13.7.2018 – 5 W 10/18, AnwBl Online 2018, 875.
555   BT-Drs. 17/11472, S. 50 (die Beweggründe zielen vor allem auf die Beratungshilfe ab, gelten aber für die Prozesskostenhilfe gleichermaßen, vgl. OLG Dresden, Beschl. v. 1.3.2022 – 4 W 3/22, NJW 2022, 1627 Rn. 7; OLG Hamm, Beschl. v. 12.1.2018 – I-7 W 21/17, BeckRS 2018, 4164 Rn. 12); *Mayer*, AnwBl 2013, 894 (895); s. zum Gesetzeszweck auch Kap. 4 B.II.
556   BT-Drs. 17/11472, S. 50; OLG Dresden, Beschl. v. 1.3.2022 – 4 W 3/22, NJW 2022, 1627 Rn. 7; OLG Hamm, Beschl. v. 12.1.2018 – I-7 W 21/17, BeckRS 2018, 4164 Rn. 12.
557   So OLG Hamm, Beschl. v. 12.1.2018 – I-7 W 21/17, BeckRS 2018, 4164 Rn. 8 f.

C. Konkurrenzverhältnisse im Hinblick auf die Prozesskostenhilfe Kap. 4

Rechtsanwalt damit entpflichtet werden, sodass kein Konflikt mehr zwischen der Beiordnung und der Erfolgshonorarvereinbarung bestünde.[558] Anders als beim Verzicht auf eine Beiordnung bestanden aber zeitgleich eine Erfolgshonorarvereinbarung und eine Beiordnung, sodass § 3a Abs. 4 S. 1 RVG an sich eine Teilnichtigkeit insoweit anordnet, als dass die Erfolgshonorarvereinbarung die gesetzliche Vergütung eines Wahlanwalts überschreitet.[559]

Für eine Teilnichtigkeit spricht, dass die Aufhebung der Beiordnung keine Rückwirkung entfaltet. Das zeigt sich beispielsweise an § 54 RVG. Nach der ersten Alternative der Norm kann der beigeordnete Rechtsanwalt seine Gebühren nicht fordern, wenn er durch schuldhaftes Verhalten die Beiordnung eines anderen Rechtsanwalts veranlasst. Der Norm bedürfte es nicht, wenn die Beiordnung nach deren Aufhebung rückwirkend wirkungslos wäre. Dann könnte der beigeordnete Rechtsanwalt seine Vergütung nämlich ohnehin nicht fordern. Somit könnte die Aufhebung der Beiordnung eine Teilnichtigkeit nach § 3a Abs. 4 S. 1 RVG nicht beseitigen, indem sie eine Rückwirkung entfaltet.

Regelungen für den Fall, dass eine Beiordnung gewollt aufgehoben wird, weil der Anspruchsinhaber seinen Rechtsanwalt (über die Erfolgshonorarvereinbarung) selbst vergüten kann, finden sich dagegen nicht im Gesetz. Somit hat der Gesetzgeber weder den Fall geregelt, dass eine Beiordnung wegen einer bestehenden Erfolgshonorarvereinbarung trotz des zwingenden Charakters des § 121 Abs. 1 ZPO unterbleiben soll, noch den Fall, dass eine Beiordnung später aufgehoben wird. Angesichts des gesetzgeberischen Willens, Prozesskostenhilfeberechtigten Erfolgshonorarvereinbarungen zu ermöglichen, ist es naheliegend, dass der Gesetzgeber schlicht die Auswirkungen der Beiordnung auf die Vergütungsvereinbarung in Gestalt des Erfolgshonorars nicht berücksichtigt hat. Aus Sicht des Gesetzgebers müssen Bedürftige nämlich nicht vor Vergütungsvereinbarungen in Gestalt von Erfolgshonorarvereinbarungen geschützt werden, sondern es soll ihnen im Gegenteil ermöglicht werden, Erfolgshonorare zu vereinbaren. Die Rechtsfolge aus § 3a Abs. 4 S. 1 RVG, die Teilnichtigkeit von Erfolgshonoraren oberhalb der gesetzlichen Vergütung anzuordnen, steht dem aber entgegen. § 3a Abs. 4 S. 1 RVG ist deswegen ebenfalls insoweit teleologisch zu redu-

---

558 Vgl. etwa OLG Dresden, Beschl. v. 1.3.2022 – 4 W 3/22, NJW 2022, 1627; OLG Köln, Beschl. v. 13.7.2018 – 5 W 10/18, AnwBl Online 2018, 875; OLG Hamm, Beschl. v. 12.1.2018 – I-7 W 21/17, BeckRS 2018, 4164.
559 OLG Hamm, Beschl. v. 12.1.2018 – I-7 W 21/17, BeckRS 2018, 4164 Rn. 18 stellt deswegen darauf ab, dass das Erfolgshonorar zumindest teilweise wirksam sein kann.

zieren, als dass Erfolgshonorarvereinbarungen nach Aufhebung der Beiordnung nicht teilnichtig sind.[560]

3. Ergebnis

Es besteht keine Pflicht, gegenüber der Prozesskostenhilfe vorrangig ein Erfolgshonorar in Anspruch zu nehmen. Für den Antragsteller besteht aber auch nicht die Möglichkeit, Teile des Erfolgshonorars über die Prozesskostenhilfe zu finanzieren. Ihm ist es demgegenüber möglich, ein Erfolgshonorar für seine eigenen Anwaltskosten zu vereinbaren und für die Gerichtskosten Prozesskostenhilfe in Anspruch zu nehmen. Wurde dem Anspruchsinhaber bereits ein Rechtsanwalt beigeordnet, ist die Beiordnung nach Abschluss der Erfolgshonorarvereinbarung aufzuheben. Andernfalls muss die Beiordnung unterbleiben.

V. Gewerbliche Prozessfinanzierung

1. Konkurrenzverhältnis in der Praxis

Die Prozesskostenhilfe könnte auch mit dem Hinweis abgelehnt werden, dass sich der Fall für eine gewerbliche Prozessfinanzierung eigne und der Antragsteller daher vorrangig versuchen sollte, eine gewerbliche Prozessfinanzierung in Anspruch zu nehmen. In der Praxis dürften die beiden Finanzierungsmodelle in einigen Fällen konkurrieren, obwohl gewerbliche Prozessfinanzierer einen hohen Streitwert voraussetzen, der die wirtschaftliche Tätigkeit bedürftiger Parteien typischerweise übersteigen wird. Das ist darauf zurückzuführen, dass gewerbliche Prozessfinanzierer die Vermögenslage des Anspruchsinhabers häufig nicht interessiert, weil sie aus dem Prozessertrag vergütet werden.[561]

Daher kann etwa ein Insolvenzverwalter vor der Wahl stehen, ob er einen Prozess über die gewerbliche Prozessfinanzierung oder die Prozesskostenhilfe finanzieren soll. Dasselbe gilt für Erben, die selbst vermögenslos sind, jedoch Erbstreitigkeiten im Hinblick auf ein erhebliches Vermögen führen.[562] Zuletzt kann sich dieselbe Frage auch für Schiedsverfahren stellen, bei denen sich der Schiedskläger das Schiedsverfahren nicht leisten kann.

---

560 Im Ergebnis ähnlich OLG Dresden, Beschl. v. 1.3.2022 – 4 W 3/22, NJW 2022, 1627 Rn. 7, indem es der Auffassung der Antragsgegnerin, dass die Erfolgshonorarvereinbarung nichtig sei, den Sinn und Zweck des § 4a Abs. 1 S. 3 RVG entgegenhält; krit. *Kilian*, NJW 2022, 1629.
561 Kap. 3 C.VI.3.a)gg).
562 Für erbrechtliche Streitigkeiten ist die Prozessfinanzierung allgemein beliebt, weil die Streitwerte und Kostenrisiken hoch sind, Rechtsschutzversicherungen oft nicht greifen und Gegenstand des Streits Vermögen ist, für das der Anspruchsinhaber keine

C. Konkurrenzverhältnisse im Hinblick auf die Prozesskostenhilfe Kap. 4

In Schiedsverfahren sind die Streitwerte erfahrungsgemäß höher, sodass es wahrscheinlicher ist, dass sich der Rechtsstreit auch für die Inanspruchnahme eines Prozessfinanzierers eignet. Gleichzeitig wird die Schiedsvereinbarung nach § 1032 Abs. 1 ZPO undurchführbar, wenn sich der Schiedskläger die Kosten des Schiedsverfahrens nicht leisten kann, sodass der mittellose Schiedskläger Prozesskostenhilfe beantragen könnte.[563] Diese Beispielsfälle zeigen, dass es nicht immer abwegig erscheint, bedürftige Antragsteller auf die Inanspruchnahme eines gewerblichen Prozessfinanzierers zu verweisen.

2. Vorrangige Inanspruchnahme nach Abschluss eines Finanzierungsvertrags

Unproblematisch ist die Frage nach dem Verhältnis zwischen der Prozesskostenhilfe und der gewerblichen Prozessfinanzierung dann, wenn der Antragsteller bereits einen Finanzierungsvertrag abgeschlossen hat, bevor er Prozesskostenhilfe beantragt. Zum Vermögen des Antragstellers gehören auch Vorschussansprüche gegen Dritte.[564] Durch den Abschluss des Prozessfinanzierungsvertrags wurde ein Anspruch auf die Übernahme der Kosten gegenüber dem Prozessfinanzierer begründet. Daher entspricht es der allgemeinen Ansicht, dass der Antragsteller vorrangig seinen Prozessfinanzierer in Anspruch nehmen muss.[565]

Das setzt aber voraus, dass der Anspruch auf Kostenübernahme gegen den Prozessfinanzierer tatsächlich alsbald realisierbar ist.[566] Entsprechend den Erwägungen zur Rechtsschutzversicherung[567] sollte dem Anspruchsinhaber daher nicht vorrangig abverlangt werden, einen Deckungsprozess gegen den Prozessfinanzierer zu führen. Dann könnte er seine Forderung gerade nicht zeitnah realisieren und er würde schlechter gestellt als eine Partei, die sich nicht um den Abschluss eines Finanzierungsvertrags bemüht hat. Letztere könnte nämlich unmittelbar Prozesskostenhilfe in Anspruch nehmen.

---

originäre Gegenleistung erbracht hat (*Krüger*, ZEV 2019, 575; *Kuhn/Trappe*, ZEV 2013, 246 (248); MPFormB ErbR/*Ruby*, Form A.III.5. Anm. 1).
563 S. bereits unter Kap. 3 B.III.1; BGH, Urt. v. 14.9.2000 – III ZR 33/00, NJW 2000, 3720; BeckOK ZPO/*Wolf/Eslami*, § 1032 Rn. 17; *Komuczky*, SchiedsVZ 2022, 8.
564 Vgl. hierzu bereits die Ausführungen zur Rechtsschutzversicherung unter Kap. 4 C.III.1.
565 BGH, Urt. v. 3.9.2015 – III ZR 66/14, NJW 2015, 3101 Rn. 17; OLG Rostock, Beschl. v. 15.4.2008 – 1 U 49/07, OLGR 2009, 112 Rn. 3; Zöller/*Schultzky*, § 115 Rn. 58; Musielak/Voit/*Fischer*, ZPO, § 115 Rn. 54; Stein/Jonas/*Bork*, § 115 Rn. 156.
566 BGH, Urt. v. 3.9.2015 – III ZR 66/14, NJW 2015, 3101 Rn. 17; *Schäfer*, NJW 2015, 3103 (3104) (Anm. zum Urteil des BGH).
567 Kap. 4 C.III.2.

Kap. 4 Das Verhältnis der Finanzierungsmodelle zueinander

3. Verweis auf die Prozessfinanzierung auch vor Abschluss eines Finanzierungsvertrags?

a) Allgemeines

Dass Anspruchsinhaber grundsätzlich nicht vorrangig auf die gewerbliche Prozessfinanzierung verwiesen werden können, ergibt sich bereits daraus, dass weder das BVerfG noch der Gesetzgeber es für zulässig hielten, den Anspruchsinhaber auf die Vereinbarung eines Erfolgshonorars zu verweisen.[568] Die Einwände gegen den Verweis auf das Erfolgshonorar gelten erst recht für die gewerbliche Prozessfinanzierung: bei einem Verweis auf die gewerbliche Prozessfinanzierung würden Bedürftige gezwungen, auf einen noch größeren Teil ihrer Forderung zu verzichten, weil die Erfolgsbeteiligung zugunsten von Prozessfinanzierern höher ausfällt als die Erfolgsbeteiligung zugunsten von Rechtsanwälten.[569] Grundsätzlich kann das verfassungsrechtliche Handlungsgebot, Prozesskostenhilfe vorzuhalten, also nicht dadurch unterlaufen werden, dass Bedürftige an gewerbliche Prozessfinanzierer verwiesen werden.

b) Prozesse des Insolvenzverwalters

aa) Ansichten zur vorrangigen Inanspruchnahme der Prozessfinanzierung

Teilweise wird vertreten, dass Insolvenzverwalter vorrangig versuchen müssten, eine gewerbliche Prozessfinanzierung in Anspruch zu nehmen, bevor sie Prozesskostenhilfe beanspruchen können.[570] Das entspräche nach *Böttger* dem Willen des Gesetzgebers, die Länderkassen zu entlasten.[571] Zudem stünde der Insolvenzverwalter einem Unternehmer wertungsgemäß näher als einem Antragsteller aus dem Kreise der Verbraucher. Unternehmer müssten sich aber ebenfalls vorrangig um die Aufnahme eines Kredits bemühen. Daher sei die Bewilligungsentscheidung im Rahmen der Prozesskostenhilfe von der Ablehnungsentscheidung gewerblicher Prozessfinanzierer abhängig zu machen.

Böttger geht so weit, dass er meint, der Insolvenzverwalter müsse sich fragen lassen, ob die Klage tatsächlich Aussicht auf Erfolg haben könne, wenn

---

568 Kap. 4 C.IV.1.
569 Prozessfinanzierer tragen ein höheres Risiko und müssen sich das entsprechend vergüten lassen, vgl. Kap. 5 B für einen Vergleich der Finanzierungskosten.
570 *Böttger*, Gewerbliche Prozessfinanzierung und staatliche Prozessfinanzierung, S. 51 ff. mit Verweis auf Beschlüsse des LG Stendal (Az. 22 T 26/05, abgedr. in *Böttger*, S. 203) und LG Freiburg (Az. 6 O 299/05, abgedr. in *Böttger*, S. 206); zust. Wieczorek/Schütze/*Smid/Hartmann*, § 116 Rn. 15.
571 S. hierzu und zu den nachfolgend dargestellten Argumenten *Böttger*, Gewerbliche Prozessfinanzierung und staatliche Prozessfinanzierung, S. 52 f.

C. Konkurrenzverhältnisse im Hinblick auf die Prozesskostenhilfe Kap. 4

ein Prozessfinanzierer die Finanzierung ablehnt.[572] Die Prozesskostenhilfe könne folgerichtig nach einer ablehnenden Finanzierungsentscheidung wegen Mutwilligkeit abgelehnt werden.

bb) Stellungnahme zur Ansicht von *Böttger*

(1) Verweis auf die gewerbliche Prozessfinanzierung

Die Ansicht von *Böttger* überzeugt nicht. Gegen den Verweis auf die gewerbliche Prozessfinanzierung spricht schon der Wortlaut des § 116 S. 1 Nr. 1 ZPO. Danach müssen die Kosten vorrangig *aus der verwalteten Vermögensmasse* aufgebracht werden. Die Möglichkeit zur Inspruchnahme eines gewerblichen Prozessfinanzierers könnte nur dann der verwalteten Vermögensmasse zuzurechnen sein, wenn man die streitgegenständliche Forderung selbst zur verwalteten Vermögensmasse zählen würde. Letztlich ist es nämlich die streitgegenständliche Forderung, die als Sicherheit die Möglichkeit zur Inspruchnahme eines Prozessfinanzierers vermittelt und bereits bei Antragstellung auf Seiten des Antragstellers vorhanden ist. Die streitgegenständliche Forderung als Vermögenswert anzusehen, wäre aber systemwidrig. Dann wären im Ergebnis nämlich nach § 114 Abs. 1 S. 1 ZPO die Erfolgsaussichten im Hinblick auf einen Vermögenswert zu prüfen.

Darüber hinaus blendet die Ansicht die verfassungsrechtliche Gewährleistung der Prozesskostenhilfe für Insolvenzverwalter aus. Auch im Hinblick auf Insolvenzverwalter ist die Prozesskostenhilfe den Rechtsschutzgarantien zuzuordnen,[573] sodass ihr nicht entgegengehalten werden kann, dass die Länderkassen zu schonen sind. Es ist auch keine gegenteilige Ansicht bekannt, wonach – vergleichbar der Argumentation bei juristischen Personen und parteifähigen Vereinigungen – kein verfassungsrechtliches Handlungsgebot bestünde, Insolvenzverwaltern eine Prozesskostenhilfe vorzuhalten. Daher würde, ebenso wie beim Erfolgshonorar[574], der Verweis auf die Prozessfinanzierung die verfassungsrechtliche Gewährleistung der Prozesskostenhilfe unterlaufen.

Zudem überzeugt auch das Argument nicht, dass der Insolvenzverwalter einem Unternehmer näherstünde, dem ebenfalls abverlangt wird, vorrangig einen Kredit in Anspruch nehmen. Der Verweis auf die Inspruchnahme eines Kredits überzeugt nach hier vertretener Ansicht zumindest nicht im Hinblick auf unternehmerisch tätige natürliche Personen.[575] Selbst wenn

---

572 *Böttger*, Gewerbliche Prozessfinanzierung und staatliche Prozessfinanzierung, S. 53.
573 Kap. 2 B.III.1.b)bb); *Göttler*, Die Prozesskostenhilfe für den Insolvenzanfechtungsprozess, S. 123 ff.; *Gelpcke/Hellstab/Wache/Weigelt*, Der Prozesskostenhilfeanspruch des Insolvenzverwalters, S. 1 ff.; *Mitlehner*, NZI 2001, 617 (622).
574 Kap. 4 C.IV.1.
575 Kap. 4 C.II.2.c)aa).

Kap. 4 Das Verhältnis der Finanzierungsmodelle zueinander

man aber der herrschenden Meinung insoweit folgen wollte, überzeugt es nicht, den Insolvenzverwalter einem Unternehmer gleichzusetzen. Insolvenzverwalter werden als Parteien kraft Amtes nicht im eigenen, sondern im öffentlichen Interesse tätig. Zum einen erscheint deswegen fragwürdig, den im öffentlichen Interesse tätigen Insolvenzverwalter mit einem Unternehmer zu vergleichen. Zum anderen folgt daraus, dass es für die Bewertung des Prozesskostenhilfeantrags nicht auf persönliche Eigenschaften des Insolvenzverwalters ankommen kann. Das zeigt auch, dass ein Verweis auf die Aufnahme eines Realkredits bei Prozesskostenhilfeanträgen von Insolvenzverwaltern allenfalls dann für möglich gehalten wird, wenn der Insolvenzschuldner – und nicht der Insolvenzverwalter – unternehmerisch tätig war.[576]

Praktisch würde die Ansicht von *Böttger* dazu führen, dass Insolvenzverwalter aufgrund ihrer einem Unternehmer ähnlichen Stellung gerade auch bei Insolvenzschuldnern, die nur in geringem Umfang wirtschaftlich tätig sind, zunächst versuchen müssten, einen Finanzierungsvertrag abzuschließen. Für den „normalen" Insolvenzschuldner, der nicht in erheblichem Umfang wirtschaftlich tätig war, erscheint das aber abwegig, weil der Insolvenzverwalter kaum Aktivprozesse führen wird, die einen zur Prozessfinanzierung geeigneten Streitwert erreichen können. Dennoch müsste der Insolvenzverwalter auch hier vortragen, dass er versucht hat, eine gewerbliche Prozessfinanzierung in Anspruch zu nehmen und dieser Versuch gescheitert ist.

(2) Ablehnung der Prozessfinanzierung und Mutwilligkeit

Abwegig ist die Annahme, dass Prozesskostenhilfe wegen Mutwilligkeit versagt werden könne, wenn ein Prozessfinanzierer die Finanzierungsanfrage ablehnt. *Böttger* scheint auf Fälle abzustellen, in denen der Prozessfinanzierer die Erfolgsaussichten ablehnt und deswegen die Finanzierung verweigert.[577] Andere Ablehnungsgründe können erst recht nicht dazu führen, dass die Prozesskostenhilfe wegen Mutwilligkeit versagt wird. Das gilt insbesondere für die Ablehnungsgründe, die überhaupt nichts mit dem konkreten Fall zu tun haben, sondern sich aus dem Portfolio des Prozessfinanzierers ergeben.[578]

---

576 Hk-ZPO/*Kießling* § 116 Rn. 12.
577 *Böttger*, Gewerbliche Prozessfinanzierung und staatliche Prozessfinanzierung, S. 53: *„Soweit dem Insolvenzverwalter eine Finanzierungszusage gewerblicher Prozessfinanzierer nach umfassender Prüfung sowohl der Sach- und Rechtslage, als auch der Werthaltigkeit der Forderung versagt bleibt, muss er sich fragen lassen, ob die Klage dann auch tatsächlich noch Aussicht auf Erfolg hätte."*.
578 Beispiele sind in Kap. 3 C.VI.3.a)hh) aufgeführt.

In Fällen, in denen der Prozessfinanzierer die Erfolgsaussichten ablehnt, wird der Anspruchsinhaber davon kaum erfahren, weil der Prozessfinanzierer kein Interesse daran hat, dem Anspruchsinhaber seine Ansicht mitzuteilen, dass der Fall keine Erfolgsaussichten hat.[579] Er bringt damit den Rechtsanwalt des Anspruchsinhabers in die unangenehme Lage, sich gegenüber seinem Mandanten erklären zu müssen. Wenn Anwälte aber fürchten müssen, gegenüber Mandanten – so werden es einige Rechtsanwälte zumindest empfinden – bloßgestellt zu werden, werden sie keine Finanzierunganfragen mehr stellen, woran Prozessfinanzierer selbstverständlich kein Interesse haben. In den meisten Fällen wird der Anspruchsinhaber also nur die ablehnende Finanzierungsentscheidung empfangen. Daraus auf eine Mutwilligkeit zu schließen, überzeugt aber nicht, weil unterschiedliche Gründe für die Ablehnung bestehen können.

Selbst wenn ein Prozessfinanzierer tatsächlich einmal die Prozessfinanzierung deswegen ablehnt, weil aus seiner Sicht keine hinreichenden Erfolgsaussichten bestehen, kann die Prozesskostenhilfe nicht wegen Mutwilligkeit abgelehnt werden. Dagegen spricht schon, dass die Mutwilligkeit nach ihrer Legaldefinition in § 114 Abs. 2 ZPO[580] voraussetzt, dass Erfolgsaussichten bestehen. Darüber hinaus würde der Verweis auf die Rechtsauffassung des Prozessfinanzierers dazu führen, dass private Dritte über den Zugang zu Gericht abschließend entscheiden könnten. Das verträgt sich wiederum nicht mit der verfassungsrechtlichen Gewährleistung der Prozesskostenhilfe. Zuletzt verkennt die Ansicht auch, dass der Prüfungsmaßstab für die Erfolgsaussichten aus Sicht von Prozessfinanzierern einerseits und aus Sicht des Gerichts, das über die Prozesskostenhilfe entscheidet, andererseits ein anderer ist. Gerichte müssen bei der Prüfung der Erfolgsaussichten die verfassungsrechtliche Gewährleistung der Prozesskostenhilfe beachten.[581] Demgegenüber interessiert den Prozessfinanzierer lediglich, ob die Erfolgsaussichten aus seiner Sicht so hoch sind, dass sich eine Investition in den Fall lohnt.

c) Ausnahme für juristische Personen und parteifähige Vereinigungen

Wenn es nach der herrschenden Meinung keine verfassungsrechtliche Pflicht gibt, auch für juristische Personen und parteifähige Vereinigungen eine Prozesskostenhilfe vorzuhalten,[582] ist damit auch die Möglichkeit eröffnet, sie auf die Inanspruchnahme eines gewerblichen Finanzierers zu verweisen.

---
579 Kap. 3 C.VI.3.b)cc).
580 Das galt auch nach der alten Gesetzeslage, als die Mutwilligkeit noch nicht legal definiert war (vgl. MüKoZPO/*Motzer*, Band 1, 3. Auflage 2008, § 114 Rn. 85 zu § 114 aF).
581 Kap. 3 B.IV.2.b).
582 S. Kap. 3 B.IV.3.b)cc).

Kap. 4   Das Verhältnis der Finanzierungsmodelle zueinander

Wie im Hinblick auf die vorrangige Kreditaufnahme bereits dargestellt,[583] ist der Wortlaut in § 116 S. 1 Nr. 2 ZPO weiter, weil auch der Gesetzgeber nicht von einem verfassungsrechtlichen Handlungsgebot für juristische Personen und parteifähige Vereinigungen ausging. Der Wortlaut steht einem Verweis auf die gewerbliche Prozessfinanzierung also nicht entgegen. Nach hier vertretener Ansicht ist aber auch die Prozesskostenhilfe für juristische Personen und parteifähige Vereinigungen Teil der Rechtsschutzgarantien, sodass ein Verweis auf die gewerbliche Prozessfinanzierung abzulehnen ist.

4. Bindungswirkungen ablehnender Entscheidungen des Prozessfinanzierers

Bei der Stellungnahme zur Ansicht von *Böttger* wurde bereits dargestellt, dass es bei Prozesskostenhilfeanträgen des Insolvenzverwalters nicht überzeugt, die ablehnende Finanzierungsentscheidung eines Prozessfinanziers bei der Entscheidung über den Prozesskostenhilfeantrag zu berücksichtigen. Das gilt allgemein unabhängig davon, wer einen Prozesskostenhilfeantrag stellt, weil sonst private Dritte über den Zugang zu Gerichten letztverbindlich entscheiden könnten.

5. Ergebnis

Wenn eine Partei einen Finanzierungsvertrag bereits abgeschlossen hat, muss sie gegenüber der Prozesskostenhilfe vorrangig ihren Prozessfinanzierer in Anspruch nehmen. Die Pflicht zur vorrangigen Inanspruchnahme des Prozessfinanzierers entfällt nur dann, wenn der Anspruch der Partei gegenüber dem Prozessfinanzierer auf die Übernahme der Mittel zur Prozessführung nicht zeitnah realisierbar ist. Im Übrigen kann eine Partei nach hier vertretener Ansicht nicht darauf verwiesen werden, vorrangig zu versuchen, einen Finanzierungsvertrag abzuschließen.

D. Zusammenfassung der wesentlichen Ergebnisse

Unter den Finanzierungsmodellen privater Anbieter hat der Anspruchsinhaber grundsätzlich ein freies Wahlrecht, d. h., er kann das Finanzierungsmodell wählen, das aus seiner Sicht am meisten Vorteile bietet. Einzig für Erfolgshonorarvereinbarungen nach § 4a Abs. 1 S. 1 Nr. 3 RVG besteht eine Einschränkung darin, dass sie meist unzulässig sind, wenn der Kläger rechtsschutzversichert ist, weil ihm dann bereits die Rechtsschutzversicherung die Rechtsverfolgung ermöglicht.

---

583   Vgl. Kap. 4 C.II.2.c)bb).

D. Zusammenfassung der wesentlichen Ergebnisse Kap. 4

Bei der Frage, ob der Anspruchsinhaber bei der Prüfung seines Prozesskostenhilfeantrags auf private Finanzierungsmodelle verwiesen werden kann, ist angesichts der verfassungsrechtlichen Gewährleistung der Prozesskostenhilfe Vorsicht geboten. Aus der verfassungsrechtlichen Gewährleistung folgt, dass Anknüpfungspunkt für einen Verweis auf private Finanzierungsmodelle nur Vermögen sein kann, das beim Antragsteller tatsächlich vorhanden ist. Daher muss der Anspruchsinhaber Vermögen, das er nach § 115 Abs. 3 ZPO einzusetzen hat, grundsätzlich beleihen, und Ansprüche gegenüber Dritten auf die Übernahme der Prozesskosten vorrangig durchsetzen, wenn diese zeitnah realisierbar sind.

Die Rechtsprechung und der Gesetzgeber gehen demgegenüber davon aus, dass ein verfassungsrechtliches Handlungsgebot im Hinblick auf eine Prozesskostenhilfe für juristische Personen und parteifähige Vereinigungen nicht besteht. Demzufolge halten sie es auch nicht für problematisch, juristische Personen und parteifähige Vereinigungen vollumfänglich auf private Finanzierer zu verweisen. Darüber hinaus werden auch gewerbetreibende natürliche Personen auf die Aufnahme eines Realkredits verwiesen, wenn sie Forderungen geltend machen, die ihren Gewerbebetrieb betreffen. Dabei handelt es sich vermutlich um ein Relikt der verfassungsrechtlichen Herleitung der Prozesskostenhilfe aus dem Sozialstaatsprinzip. Ordnet man die Prozesskostenhilfe den Rechtsschutzgarantien zu, wie es das BVerfG in neuerer Rechtsprechung tut, ist dieser Ansatz nicht haltbar.

Zuletzt wird auch in Bezug auf Insolvenzverwalter vorgeschlagen, diese auf die Finanzierung ihres Rechtsstreits über die gewerbliche Prozessfinanzierung zu verweisen. Auch das ist angesichts der verfassungsrechtlichen Gewährleistung der Prozesskostenhilfe nicht haltbar. Selbstverständlich sollte sein, dass sich Gerichte bei der Entscheidung über einen Prozesskostenhilfeantrag nicht an die Rechtsauffassungen privater Dritter gebunden fühlen dürfen.

Kapitel 5 – Finanzierungskosten und deren Erstattung

A. Einführung

Wenn ein Anspruchsinhaber die Voraussetzungen mehrerer Finanzierer erfüllt (s. dazu Kapitel 3), die verschiedene Finanzierungsmodelle anbieten, muss er erwägen, welches Finanzierungsmodell für ihn die meisten Vorteile bietet. Aus Sicht der Anspruchsinhaber werden bei der Wahl des Finanzierungsmodells neben der Frage, welche Kosten und Kostenrisiken übernommen werden, vor allem zwei Gesichtspunkte wesentlich sein: Erstens darf das Finanzierungsmodell aus Sicht des jeweiligen Anspruchsinhabers nicht zu teuer sein und zweitens stellt sich für ihn die Frage, ob die Kosten für die Finanzierungsleistung erstattungsfähig sind. Wenn sich der Anspruchsinhaber bei seinem Gegner im Hinblick auf die Finanzierungskosten schadlos halten kann, werden die Kosten, die das Finanzierungsmodell verursacht, für ihn weniger relevant. Dann steht aus seiner Sicht vor allem im Vordergrund, welche Leistungen der Finanzierer erbringt, also insbesondere, welche Kosten und Risiken übernommen werden.

B. Höhe der Finanzierungskosten im Vergleich

Die Finanzierungsmodelle unterscheiden sich erheblich dadurch, dass die Finanzierungsleistungen unterschiedlich teuer sind. In Bezug auf die Finanzierungskosten der Rechtsschutzversicherung gegenüber anderen Finanzierungsmodellen lässt sich dabei abstrakt keine Aussage treffen. Das folgt daraus, dass eine Rechtsschutzversicherung nicht für einen bestimmten Fall abgeschlossen werden kann. Ob die Finanzierungskosten einer Rechtsschutzversicherung gegenüber den Finanzierungskosten der übrigen Finanzierungsmodelle günstiger sind oder nicht, hängt also davon ab, wie viele Prozesse der Anspruchsinhaber während der Versicherungsdauer führt und, ob für jeden Prozess ein Versicherungsschutz besteht.

In Bezug auf alle anderen Finanzierungsmodelle lassen sich demgegenüber konkrete Aussagen zu den anfallenden Finanzierungskosten treffen. Das günstigste Finanzierungsmodell ist die Prozesskostenhilfe, weil keine Finanzierungskosten anfallen. Im Regelfall wirkt die Prozesskostenhilfe wie ein zinsloses Darlehen.[584] Der Anspruchsinhaber bekommt also die Mittel zur Prozessführung zur Verfügung gestellt, ohne dass er dafür eine andere Gegenleistung erbringen müsste; er muss lediglich das Darlehen zurück-

---

584 Kap. 3 B.II.4.

Kap. 5 Finanzierungskosten und deren Erstattung

zahlen. Am teuersten dürfte demgegenüber in aller Regel die gewerbliche Prozessfinanzierung sein. Das ist darauf zurückzuführen, dass alle Kosten und Kostenrisiken durch den Prozessfinanzierer übernommen werden können. Seine Investition ist also deutlich höher als die eines Rechtsanwalts, der über die Vereinbarung eines Erfolgshonorars nur seine eigenen Kosten und Kostenrisiken übernimmt. Die Erfolgsbeteiligung des Rechtsanwalts sollte daher für den Fall, dass eine Streitbeteiligungsvereinbarung geschlossen wird, geringer ausfallen.

Die Kosten der Finanzierung eines Prozesses mittels eines Kredits dürften zumindest geringer sein als die Finanzierung eines Prozesses mittels der Prozessfinanzierung.[585] Um den Prozess mittels eines Kredits zu finanzieren, muss der Anspruchsinhaber einen Kredit in Höhe der Prozesskosten aufnehmen. Für die Dauer des Darlehens wird der Kreditgeber einen marktüblichen Zins verlangen. Aus Sicht des Kreditgebers besteht aber kein Ausfallrisiko in Abhängigkeit zu den Erfolgsaussichten, sondern lediglich in Bezug auf die Leistungsfähigkeit des Kreditnehmers. Letzteres lässt sich aber durch Kreditsicherheiten minimieren, wohingegen der Prozessfinanzierer keine Sicherheit dafür hat, dass der Prozess Erfolg haben wird. Prozessfinanzierer müssen daher nicht nur den marktüblichen Zins für die Dauer, zu der sie die Mittel zur Verfügung stellen, in ihre Erfolgsbeteiligung mit einkalkulieren. Sie müssen darüberhinausgehend auch das Ausfallrisiko eines Totalverlusts berücksichtigen.

Im Verhältnis zwischen Kredit und Erfolgshonorar dürfte in der Regel das Erfolgshonorar höhere Kosten verursachen, vorausgesetzt, dass ein Kredit nur für die Anwaltskosten aufgenommen wird. Auch beim Erfolgshonorar muss der Rechtsanwalt berücksichtigen, dass er im Misserfolgsfall seine Zeit umsonst aufgewendet hat. Wenn man davon ausgeht, dass es in der Regel gerechtfertigt ist, dass Rechtsanwälte bei *no win, no fee*-Vereinbarungen wegen des Ausfallrisikos ihr übliches Honorar um 100% erhöhen,[586] wird das einen üblichen Darlehenszins übersteigen. Es ist aber nicht ausgeschlossen, dass etwa *no win, less fee* -Vereinbarungen im Erfolgsfall weniger Kosten verursachen als ein Kredit in Höhe der erfolgsunabhängigen üblichen Vergütung des Rechtsanwalts. Das gilt deswegen, weil das Ausfallrisiko des Rechtsanwalts bei *no win, less fee*-Vereinbarungen geringer ist, da er im Misserfolgsfall immer noch eine Vergütung erhält. Gleichzeitig kann der Erfolgszuschlag gering ausfallen, wenn das Prozessrisiko aus Sicht des Rechtsanwalts gering ist. Darüber hinaus muss der Rechtsanwalt nicht

---

585 *Lieberknecht*, NJW 2022, 3318 Rn. 8; *Böttger*, Gewerbliche Prozessfinanzierung und Staatliche Prozesskostenhilfe, S. 53: „*Die prozentuale Erfolgsbeteiligung ist letztendlich das Pendant zur Zinszahlungspflicht, jedoch erhöht um den Betrag der Übernahme des Ausfallrisikos.*".
586 Kap. 3 C.IV.5.b)cc).

zwangsläufig Zinsen in seine Erfolgsbeteiligung einkalkulieren, weil er keine Geldmittel, sondern seine Zeit aufwendet. In wenigen Ausnahmefällen ist es also möglich, dass ein Erfolgshonorar geringere Kosten als ein Kredit verursacht.

Insgesamt ist somit die Prozesskostenhilfe das günstigste Finanzierungsmodell, weil damit keine Finanzierungskosten einhergehen. Bei der Kreditaufnahme belaufen sich die Kosten für den Kreditnehmer auf die Zinsen. Diese dürften in der Regel geringer sein als das Erfolgshonorar eines Rechtsanwalts. Die gewerbliche Prozessfinanzierung ist das teuerste Finanzierungsmodell, da sich der Finanzierer das vergleichsweise hohe, übernommene Risiko entsprechend vergüten lässt.

C. Erstattungsfähigkeit der Finanzierungskosten

I. Vorüberlegungen

Ob die Kosten der Finanzierungsleistung für den Anspruchsinhaber das ausschlaggebende Kriterium bei der Wahl eines Finanzierungsmodells sind, hängt davon ab, ob die Finanzierungskosten erstattungsfähig sind. Wenn eine Erstattungspflicht uneingeschränkt bestünde, wäre es Anspruchsinhabern zu empfehlen, all ihre Kostenrisiken inklusive des Gegenkostenrisikos auf einen gewerblichen Prozessfinanzierer auszulagern. Obwohl die gewerbliche Prozessfinanzierung am teuersten ist, müssten sich Anspruchsinhaber nicht um die Finanzierungskosten sorgen, weil diese im Erfolgsfall erstattungsfähig wären und im Misserfolgsfall erst gar nicht anfielen. Aber selbst wenn, mit Blick auf die übrigen Finanzierungsmodelle, nur ein Teil der Kosten erstattungsfähig sein sollte, ist dies für einen Anspruchsinhaber womöglich ein ausschlaggebendes Kriterium bei der Wahl des Finanzierungsmodells, weil er sich zumindest teilweise schadlos halten könnte. Nachfolgend soll daher der Frage nachgegangen werden, ob und inwieweit die Finanzierungskosten der einzelnen Finanzierungsmodelle für einen Prozess erstattungsfähig sind, namentlich die Zinsen eines Kredits zur Prozessführung, das anwaltliche Erfolgshonorar und die Erfolgsbeteiligung eines Finanzierers.

Auf die Erstattung von Beiträgen, die der Versicherungsnehmer zur Rechtsschutzversicherung leistet, wird demgegenüber nicht eingegangen. Die Erstattung von Beiträgen zur Rechtsschutzversicherung scheidet von vornherein aus, weil sich der Versicherungsnehmer dadurch einen Schutz davor erkauft, in einer unbestimmten Vielzahl von Fällen die Kosten von Rechtsstreitigkeiten tragen zu müssen.[587] Würde der Prozessgegner also

---
587 Kap. 3 C.III.2.a).

verpflichtet werden, dem Anspruchsinhaber seine Beiträge zur Rechtsschutzversicherung zu erstatten, würde er dazu verpflichtet werden, die Finanzierungskosten einer unbestimmten Anzahl von Fällen zu tragen. Die Finanzierungskosten von Rechtsstreitigkeiten, die der Anspruchsgegner nicht veranlasst hat, sind ihm aber nicht zuzurechnen.

II. Allgemeines zur Erstattung von Rechtsverfolgungskosten

1. Prozessuale Kostenerstattung

Rechtsverfolgungskosten können zunächst der allgemeinen prozessualen Kostenerstattungspflicht nach den §§ 91 ff. ZPO unterliegen und somit im Kostenfestsetzungsverfahren zu berücksichtigen sein. Das setzt nach § 91 Abs. 1 S. 1 ZPO voraus, dass es sich bei ihnen um Kosten des Rechtsstreits handelt, die zur zweckentsprechenden Rechtsverfolgung notwendig waren. Wenn Kosten im Rahmen des Kostenfestsetzungsverfahrens geltend gemacht werden können, hat die prozessuale Kostenerstattung gegenüber materiell-rechtlichen Kostenerstattungsansprüchen grundsätzlich Vorrang.[588] Das gilt aber nur, soweit die geltend gemachten Kosten mit denjenigen, die bei der prozessualen Kostenverteilung geltend gemacht werden können, identisch sind.

2. Materiell-rechtliche Kostenerstattung

a) Geltendmachung von Aufwendungen zur Rechtsverfolgung als Schadensersatz

Sind Rechtsverfolgungskosten nicht mit den Kosten der prozessualen Kostenverteilung identisch, können sie im Rahmen von materiell-rechtlichen Ansprüchen verfolgt werden. Dazu müssen die Voraussetzungen einer entsprechenden Anspruchsgrundlage erfüllt sein. Typischerweise können Rechtsverfolgungskosten als Verzugsschaden nach §§ 280 Abs. 1, 2, 286 BGB oder – soweit es sich bei dem Hauptanspruch selbst um eine Schadensersatzforderung handelt – als Schadensposition beispielsweise auch im Rahmen eines Schadensersatzanspruchs aus Delikt nach § 823 Abs. 1 BGB geltend gemacht werden.[589]

Bei der Prüfung der jeweiligen Anspruchsgrundlage stellt sich dann die Frage, ob die Schädigungshandlung für das Entstehen der Rechtsverfolgungskosten kausal war. Die Kausalität im Sinne der *conditio sine qua non* – For-

---

588 Hierzu und zum nachfolgenden BGH, Urt. v. 11.2.2010 – VII ZR 153/08, NJW-RR 2010, 674 Rn. 13 mwN.
589 *Lieberknecht*, NJW 2022, 3318 Rn. 10; *Arz/Gemmer*, NJW 2019, 263 (265); *Jerger/Zehentbauer*, NJW 2016, 1353 (1354).

mel[590] ist zu bejahen, weil es ohne des Verhaltens des Schädigers, das die Hauptforderung begründet, keiner Rechtsverfolgung bedurft hätte. Allerdings handelt es sich um Fälle der psychisch vermittelten Kausalität.[591] Der Geschädigte ist keineswegs gezwungen, Aufwendungen zur Rechtsverfolgung zu tätigen.[592] Daher stellt sich die Frage, ob Rechtsverfolgungskosten dem Schädiger zuzurechnen und wie ein Schaden zu behandeln sind, obwohl es sich bei ihnen um Aufwendungen handelt.

Nach der ständigen Rechtsprechung sollen Rechtsverfolgungskosten nur dann erstattungsfähig sein, wenn die Kosten der Rechtsverfolgung aus Sicht des Geschädigten zur Wahrung und Durchsetzung des Hauptanspruchs erforderlich und zweckmäßig waren.[593] Es bestehen keine Zweifel daran, dass Kosten zur Finanzierung der Rechtsverfolgung für die Rechtsverfolgung zweckmäßig sind.[594] Einzig die Erforderlichkeit kann im Hinblick auf die Möglichkeit zur Prozessfinanzierung aus eigenen Mitteln und der Prozessfinanzierung durch günstigere Finanzierungsmodelle problematisch sein.[595] Bevor auf die Erstattungsfähigkeit der Kosten der einzelnen Finanzierungsmodelle eingegangen wird, soll daher nachfolgend zunächst allgemein danach gefragt werden, woraus sich das Erforderlichkeitskriterium ergibt und wann Rechtsverfolgungskosten erforderlich sein können.

b) Dogmatische Einordnung des Erforderlichkeitskriteriums und Abgrenzung zum Mitverschulden

aa) Gleichbehandlung von Aufwendungen und Schäden

Die Voraussetzung, dass Rechtsverfolgungskosten nur dann erstattungsfähig sind, wenn sie erforderlich sind, könnte sich einerseits als Frage der nor-

---

590 MüKoBGB/*Oetker*, § 249 Rn. 103.
591 Vgl. etwa *Medicus*, JuS 2005, 289 (295).
592 *Lieberknecht*, NJW 2022, 3318 Rn. 12; *Rensen*, MDR 2010, 182 (183).
593 BGH, Urt. v. 16.7.2015 – IX ZR 197/14, NJW 2015, 3447 Rn. 55; BGH, Urt. v. 23.1.2014 – III ZR 37/13, NJW 2014, 939 Rn. 48; BGH, Urt. v. 8.5.2012 – XI ZR 262/10, NJW 2012, 2427 Rn. 70; BGH, Beschl. v. 31.1.2012 – VIII ZR 277/11, NZM 2012, 607 Rn. 4; BGH, Urt. v. 6.10.2010 – VIII ZR 271/09, NJW 2011, 296 Rn. 9; BGH, Urt. v. 10.1.2006 – VI ZR 43/05, NJW 2006, 1065 Rn. 5; BGH, Urt. v. 23.10.2003 – IX ZR 249/02, NJW 2004, 444 (446); BGH, Urt. v. 8.11.1994 – VI ZR 3/94, NJW 1995, 446 (447).
594 So etwa auch *Rensen*, MDR 2010, 182 (183) im Hinblick auf die gewerbliche Prozessfinanzierung.
595 Vgl. nachfolgend unter Kap. 5 C.IV.2.b) für das Erfolgshonorar und unter Kap. 5 C.V.3.a) für die gewerbliche Prozessfinanzierung.

mativen Zurechnung[596] stellen und andererseits beim Mitverschulden[597] zu verorten sein.[598] Aus einem Verweis auf Darlegungs- und Beweislastprobleme lassen sich weder für die eine noch für die andere Ansicht überzeugende Argumente ableiten.[599] Der Schädiger und Anspruchsgegner wird zwar kaum dazu in der Lage sein, zu den finanziellen Verhältnissen des geschädigten Anspruchsinhabers vorzutragen. Ihm wird es daher unmöglich sein, darzulegen, dass der Geschädigte überhaupt keiner Finanzierungshilfe bedurft hätte, um den Rechtsstreit führen zu können. Allerdings ließe sich diese Problematik auch im Rahmen des Mitverschuldens, wo der Schädiger darlegungs- und beweislastpflichtig wäre, beheben, weil anerkannt ist, dass eine sekundäre Behauptungslast in Bezug auf Umstände besteht, zu denen der Beweispflichtige nichts vortragen kann.[600]

Für eine Zuordnung zur normativen Zurechnung spricht aber der Sinn und Zweck des Erforderlichkeitskriteriums. Die Erforderlichkeitsprüfung dient dazu, Aufwendungen ausnahmsweise einem Schaden gleichzustellen.[601] Das erfordert eine Abwägung[602] der Interessen des Schädigers und des Geschädigten: einerseits soll der Schädiger nur für Aufwendungen aufkommen müssen, die er durch seine Schädigungshandlung veranlasst hat. Der Geschädigte soll also nicht in die Lage versetzt werden, vom Schadensfall unabhängige Verpflichtungen in dem Wissen einzugehen, dass der Schädiger diese letztlich über eine materiell-rechtliche Kostenerstattung zu erfüllen

---

596 Wohl hM, vgl. BGH, Urt. v. 16.7.2015 – IX ZR 197/14, NJW 2015, 3447 Rn. 55; BGH, Urt. v. 23.1.2014 – III ZR 37/13, NJW 2014, 939 Rn. 47 f.; BGH, Urt. v. 8.5.2012 – XI ZR 262/10, NJW 2012, 2427 Rn. 70; *Siebert-Reimer*, Der Anspruch auf Erstattung der Kosten der Prozessfinanzierung, S. 382 ff.; *Arz/Gemmer*, NJW 2019, 263 (265); *Jerger/Zehentbauer*, NJW 2016, 1353 (1354); *Feldmann*, r + s 2016, 546 (549); *Mediger*, MDR 2017, 245; *Hunecke*, NJW 2015, 3745 (3746); *Streyl/Wietz*, WuM 2012, 475; *Wagner*, NJW 2006, 3244; *Medicus*, JuS 2005, 289 (295).
597 BGH, Urt. v. 6.10.2010 – VIII ZR 271/09, NJW 2011, 296 Rn. 8 f.; *Looschelders*, Mitverantwortlichkeit im Privatrecht, S. 489 ff.; *Lieberknecht*, NJW 2022, 3318 Rn. 15 (aber nur im Hinblick auf den Vergleich zwischen Kreditkosten und Kosten der Prozessfinanzierung, s. Kap. 5 C. V.3.a)cc)(1)); *Bauerschmidt*, JuS 2011, 602; *Löwisch*, NJW 1986, 1725 (1726).
598 Ausf. zu den unterschiedlichen Ansichten *Siebert-Reimer*, Der Anspruch auf Erstattung der Kosten der Prozessfinanzierung, S. 382 ff.
599 Allerdings wird zu Recht darauf hingewiesen, dass der Streit um die Einordnung der Erforderlichkeit im Rahmen der Zurechnung oder im Rahmen des Mitverschuldens nicht bloß dogmatischer Natur ist, weil sich daraus eine andere Darlegungs- und Beweislastverteilung ergibt (vgl. *Looschelders*, Mitverantwortlichkeit im Privatrecht, S. 490; *Siebert-Reimer*, Der Anspruch auf Erstattung der Kosten der Prozessfinanzierung, S. 384; *Streyl/Wietz*, WuM 2012, 475).
600 Hierzu Baumgärtel/*Laumen*, Handbuch der Beweislast, Bd. 1, Kap. 22 Rn. 41 ff.
601 *Streyl/Wietz*, WuM 2012, 475; *Wagner*, NJW 2006, 3244.
602 Vgl. hierzu auch *Feldmann*, r + s 2016, 546 (549); *Siebert-Reimer*, Der Anspruch auf Erstattung der Kosten der Prozessfinanzierung, S. 398 ff.

hat. Andererseits soll der Schädiger aber für solche Aufwendungen einstehen, die der Geschädigte für die Rechtsverfolgung tätigen musste, bei denen also gewissermaßen ein faktischer Zwang[603] besteht. Diese Abwägung lässt sich auch dadurch umschreiben, dass danach gefragt wird, ob der Geschädigte zur Fremdfinanzierung „herausgefordert"[604] wurde. Erst nachdem durch diese Abwägung feststeht, dass Aufwendungen zur Rechtsverfolgung ausnahmsweise einem Schaden gleichzustellen sind, kann danach gefragt werden, ob der Geschädigte nach § 254 Abs. 1 BGB bei der Entstehung des Schadens mitgewirkt hat oder nach § 254 Abs. 2 BGB seine Schadensminderungsobliegenheit verletzt hat. Daher überzeugt es, die Erforderlichkeit bei der normativen Zurechnung und nicht erst beim Mitverschulden zu prüfen.

bb) Die Erforderlichkeit und das Alles-oder-Nichts-Prinzip

Dem wird teilweise entgegengehalten, dass die Vorverlagerung der Erforderlichkeitsprüfung in den Tatbestand einer Norm zur Folge habe, dass Aufwendungen nach dem Alles-oder-Nichts-Prinzip entweder zu erstatten sind oder nicht.[605] Eine Herabsetzung eines Erstattungsanspruchs bis zur Höhe von angemessenen Aufwendungen käme dann nicht in Betracht, weil Aufwendungen entweder erforderlich seien oder eben nicht.[606]

Dagegen spricht aber, dass das Alles-oder-Nichts-Prinzip nach hier vertretener Ansicht nur im Hinblick auf Maßnahmen gilt, die schon dem Grunde nach nicht erforderlich sind. Insoweit wäre aber auch der Schadensersatzanspruch im Rahmen von § 254 Abs. 2 BGB auf null zu reduzieren, weil es der Aufwendung überhaupt nicht bedurfte, sie also insgesamt unnötig Kosten verursachte.[607] Das Erforderlichkeitskriterium schließt die Erstattung von Aufwendungen, die dem Grunde nach erforderlich, der Höhe nach aber unangemessen sind, in angemessener Höhe keineswegs aus.[608] Vielmehr setzt das Erforderlichkeitskriterium auch voraus, dass die Aufwendungen nicht

---

603 *Wagner*, NJW 2006, 3244 mit Verweis auf *Becker-Eberhard*, Grundlagen der Kostenerstattung, S. 54 f., der meint, es bestünde eine nur scheinbare Freiwilligkeit.
604 Die Herausforderung spielt als Zurechnungskriterium bei der psychisch vermittelten Kausalität eine Rolle (vgl. etwa *Musielak*, JA 2013, 241 (246)) und wird teilweise auch bei der Zurechnung von Rechtsverfolgungskosten herangezogen (*Medicus*, JuS 2005, 289 (295); *Jerger/Zehentbauer*, NJW 2016, 1353 (1354)).
605 *Looschelders*, Mitverantwortlichkeit im Privatrecht, S. 489; Staudinger/*Höpfner*, § 249 Rn. 51; das Problem wurde insbesondere im Hinblick auf die sog. „Verfolgungsfälle" diskutiert, vgl. *Hübner*, JuS 1974, 496 (498 f.).
606 *Looschelders*, Mitverantwortlichkeit im Privatrecht, S. 489.
607 *Siebert-Reimer*, Der Anspruch auf Erstattung der Kosten der Prozessfinanzierung, S. 394.
608 *Medicus*, JuS 2005, 289 (295).

nur dem Grunde nach, sondern auch in ihrer Höhe erforderlich sind.[609] Somit können Aufwendungen, die dem Grunde nach erforderlich sind, der Höhe nach aber das erforderliche Maß überschreiten, auf ein erforderliches Maß herabgesetzt werden. Das Erforderlichkeitskriterium wird danach sowohl bei der Frage, ob eine bestimmte Aufwendung überhaupt als Schaden erstattungsfähig ist, als auch bei der Schadenshöhe relevant.

cc) Abgrenzung der Erforderlichkeit der Höhe nach gegenüber dem Mitverschulden

Das wirft die Frage auf, wann Aufwendungen über eine Erforderlichkeitsprüfung der Höhe nach und wann Aufwendungen über § 254 BGB herabzusetzen sind. Dasselbe Problem stellt sich bei einer Abgrenzung von § 249 Abs. 2 S. 1 BGB gegenüber § 254 BGB.[610] Nach § 249 Abs. 2 S. 1 BGB kann der Gläubiger statt der Herstellung den dazu erforderlichen Betrag verlangen, wenn Schadensersatz wegen der Verletzung einer Person oder der Beschädigung einer Sache zu leisten ist. Auch in § 249 Abs. 2 S. 1 BGB wird die Aufwendungshöhe auf den zur Herstellung *erforderlichen* Geldbetrag begrenzt.

Zur Abgrenzung der Erforderlichkeitsprüfung gegenüber dem Mitverschulden wird im Hinblick auf § 249 Abs. 2 S. 1 BGB darauf abgestellt, ob es um den Vorwurf geht, dass die Maßnahme des Geschädigten zu teuer sei oder, ob es um sonstige Vorwürfe ginge.[611] Wenn es um den Vorwurf geht, dass eine Maßnahme zu teuer ist, sei diesem Vorwurf im Rahmen der Erforderlichkeitsprüfung nachzugehen. Im Übrigen handele es sich um eine Frage des Mitverschuldens. Übertragen auf Finanzierungskosten heißt das, dass bei der Erforderlichkeit der Höhe nach zu prüfen ist, ob das Finanzierungsmodell höhere Kosten als notwendig verursacht hat. Im Mitverschulden sind sonstige Vorwürfe zu prüfen, wie etwa die Frage, ob der Geschädigte den Schädiger darauf hätte hinweisen müssen, dass er sich die Rechtsverfolgung

---

609 Vgl. zum Kriterium, dass Aufwendungen auch der Höhe nach erforderlich sein müssen etwa BGH, Urt. v. 24.4.1990 – VI ZR 110/89, NJW 1990, 2060 (2062 f.); *Mediger*, MDR 2017, 245 (248).
610 *Siebert-Reimer*, Der Anspruch auf Erstattung der Kosten der Prozessfinanzierung, S. 395 ff. entwickelt die nachfolgenden Abgrenzungskriterien und schlägt vor, sie auf die Erstattung von Finanzierungskosten zu übertragen.
611 *Fricke*, VersR 2011, 966 (967); *Alexander*, VersR 2006, 1168 (1175); der Ansicht folgt auch der BGH, ohne sie besonders zu begründen, indem er die Höhe von Finanzierungskosten zur Herstellung des ursprünglichen Zustands an der Erforderlichkeit misst (vgl. BGH, Urt. v. 6.11.1973 – VI ZR 27/73, NJW 1974, 34 (35)) und die Frage, ob der Geschädigte den Schädiger auf eine Notwendigkeit zur Kreditaufnahme hinweisen muss, im Mitverschulden prüft (BGH, Urt. v. 6.11.1973 – VI ZR 27/73, NJW 1974, 34 (35)); vgl. zum Ganzen auch *Siebert-Reimer*, Der Anspruch auf Erstattung der Kosten der Prozessfinanzierung, S. 395 ff.; MüKoBGB/*Oetker*, § 249 Rn. 405 ff.

selbst nicht leisten kann und deswegen den Rechtsstreit durch einen Dritten finanzieren lassen muss.[612]

c) Maßstab für die Erforderlichkeitsprüfung
aa) Erforderlichkeit dem Grunde nach

In der Rechtsprechung findet sich zu der Frage, ob Rechtsverfolgungskosten dem Grunde nach erforderlich sind, lediglich der Hinweis, dass Aufwendungen erstattungsfähig sind, die ein verständiger, wirtschaftlich denkender Mensch in der Lage des Geschädigten für zweckmäßig und erforderlich halten darf und, dass der Geschädigte im Rahmen des ihm Zumutbaren von mehreren möglichen den wirtschaftlicheren Weg der Schadensbeseitigung zu wählen hat.[613] Hierfür trägt der Geschädigte die Darlegungs- und Beweislast, weil das Erforderlichkeitskriterium im Tatbestand und nicht erst beim Mitverschulden zu prüfen ist.[614] Eine weitere Konkretisierung dessen, was noch erforderlich ist, findet sich in der Rechtsprechung nicht. Das Merkmal wird vor allem mit einzelnen Fallgruppen ausgefüllt.[615] Das hängt mit dem Sinn und Zweck des Erforderlichkeitskriteriums[616] zusammen. Es soll nach Abwägung der Interessen zwischen dem Schädiger und dem Geschädigten im Einzelfall[617] danach fragen, ob eine Aufwendung des Geschädigten ausnahmsweise einem Schaden gleichzusetzen ist. Dementsprechend betont der BGH beispielsweise im Hinblick auf Rechtsanwaltskosten, dass der Schädiger nicht schlechterdings alle durch das Schadensereignis adäquat verursachten Rechtsanwaltskosten zu ersetzen hat, sondern eben nur solche, die erforderlich und zweckmäßig sind.[618] Vor diesem Hintergrund lässt sich vertreten, dass die Erforderlichkeitsprüfung einer Verhältnismäßigkeitsprü-

---

612 So etwa *Fricke*, VersR 2011, 966 (967) im Hinblick auf Fremdfinanzierungskosten für eine KFZ-Reparatur oder Ersatzbeschaffung.
613 BGH, Urt. v. 15.2.2005 – VI ZR 74/04, NJW 2005, 1041 (1042) mwN zur stRspr.
614 S. unter Kap. 5 C.II.2.b).
615 Vgl. etwa BGH, Urt. v. 16.7.2015 – IX ZR 197/14, NJW 2015, 3447 Rn. 55 zu der Frage, wann die Einschaltung eines Rechtsanwalts in einfach gelagerten Fällen erforderlich ist.
616 Hierzu unter Kap. 5 C.II.2.b)aa).
617 BGH, Urt. v. 12.7.2011 – VI ZR 214/10, NJW 2011, 3657 Rn. 20; BGH, Urt. v. 26.5.2009 – VI ZR 174/08, NJW-RR 2010, 428 Rn. 29.
618 BGH, Urt. v. 16.7.2015 – IX ZR 197/14, NJW 2015, 3447 Rn. 55 mwN zur stRspr.

Kap. 5 Finanzierungskosten und deren Erstattung

fung im engeren Sinne[619] gleichkommt, bei der die schutzwürdigen Interessen des Schädigers und des Geschädigten gegeneinander abzuwägen sind.[620]
Im Rahmen der vorzunehmenden Abwägung sind vor allem zwei Gesichtspunkte relevant: erstens ist entscheidend, ob es dem Geschädigten möglich gewesen wäre, den Prozess aus seinen eigenen vorhandenen Mitteln zu finanzieren.[621] Danach besteht eine Obliegenheit des Geschädigten, vorrangig seine eigenen Mittel zur Prozessfinanzierung einzusetzen. Dafür sind seine Einkommens- und Vermögensverhältnisse vor Abschluss des Finanzierungsvertrags entscheidend. Selbstverständlich wird dem Geschädigten dabei nicht abverlangt, sein „letztes Hemd zu geben", um die Rechtsverfolgung aus eigenen Mitteln zu ermöglichen. Der Einkommens- und Vermögenseinsatz muss ihm zumutbar sein.[622] Die Obliegenheit zum Einsatz der eigenen Mittel ergibt sich daraus, dass es schon dem Wortlaut nach schwerfällt, von einer erforderlichen Inanspruchnahme eines Finanzierungsmodells zu sprechen, wenn der Anspruchsinhaber die Mittel zur Finanzierung des Prozesses selbst hätte aufbringen können. Darüber hinaus spricht für das Kriterium auch der Sinn und Zweck der Erforderlichkeit, Aufwendungen ausnahmsweise wie einen Schaden zu behandeln. Hat der Anspruchsinhaber keine Wahl und muss Hilfe in Anspruch nehmen, um einen Prozess führen zu können, so ist zwar die Entscheidung, einen Prozess führen zu wollen, freiwillig. Das Einschalten eines Finanziers zur Prozessführung, nachdem der Entschluss getroffen wurde, einen Prozess zu führen, lässt sich aber als unfreiwillig bezeichnen. Es besteht ein faktischer Zwang dazu, sich einen

---

619 Die Verhältnismäßigkeit im engeren Sinn wird vor allem mit dem öffentlichen Recht in Verbindung gebracht (zur Bedeutung im öffentlichen Recht vgl. Dürig/Herzog/Scholz/*Grzeszick*, GG, Art. 20 Rn. 119 ff., *Daiber*, JA 2020, 37), hat aber auch einen Anwendungsbereich im Zivilrecht (*Stürner*, Der Grundsatz der Verhältnismäßigkeitsprüfung im Schuldvertragsrecht, *passim*).
620 *Siebert-Reimer*, Der Anspruch auf Erstattung der Kosten der Prozessfinanzierung, S. 407 ff.
621 Zur Prozessfinanzierung: *Siebert-Reimer*, Der Anspruch auf Erstattung der Kosten der Prozessfinanzierung, S. 411 ff.; LG Aachen, Urt. v. 22.12.2009 – 10 O 277/09, BeckRS 2010, 28938; *Rensen*, MDR 2010, 182 (183); im Hinblick auf das Darlehen setzen einige Gerichte diese Prüfung voraus, indem sie unter Hinweis auf den erheblichen Prüfungsumfang eine prozessuale Kostenerstattung ablehnen: OLG Koblenz, Beschl. v. 4.1.2006 – 14 W 810/05, NJW-RR 2006, 502; Beschl. v. 16.6.1997 – 14 W 331-97, NJW-RR 1998, 718; OLG Frankfurt a. M., Beschl. v. 1.3.1988 – 6 W 357/87, NJW-RR 1989, 192.
622 *Siebert-Reimer* setzt sich zur Herleitung des Zumutbarkeitskriteriums mit den entscheidenden Wertungsgesichtspunkten auseinander (vgl. *Siebert-Reimer*, Der Anspruch auf Erstattung der Kosten der Prozessfinanzierung, S. 411 ff.); vgl. dazu auch die Ausführungen zur Rspr. des BGH unter Kap. 5 C.II.2.c)aa), nach der es auf die Perspektive eines wirtschaftlich denkenden Menschen ankommt und der Geschädigte im Rahmen des Zumutbaren die günstigere Finanzierungsalternative zu wählen hat.

Prozess finanzieren zu lassen.[623] Daher erscheint es in Fällen, in denen aufgrund der finanziellen Lage des Anspruchsinhabers ein faktischer Zwang besteht, gerechtfertigt, eine streng genommen freiwillige Aufwendung einer unfreiwilligen Vermögenseinbuße gleichzustellen.

Als zweiter wesentlicher Abwägungsgesichtspunkt ist entscheidend, ob dem Anspruchsinhaber ein anderes Finanzierungsmodell zur Verfügung gestanden hätte, das weniger oder keine Finanzierungskosten verursacht hätte.[624] Auch der BGH betont, dass der Geschädigte im Rahmen des ihm Zumutbaren von mehreren möglichen Optionen zur Schadensbeseitigung den wirtschaftlicheren Weg zu wählen hat.[625] Das entspricht dem Interesse des Geschädigten daran, nicht mit übermäßig hohen Kosten konfrontiert zu werden. Auch im Hinblick auf alternative Finanzierungsmöglichkeiten ist jedoch vorauszusetzen, dass sich der Anspruchsinhaber nicht „in den Ruin stürzen" muss, um sich ein für den Schädiger günstigeres Finanzierungsmodell leisten zu können. Die Inanspruchnahme des günstigeren Finanzierungsmodells muss ihm zumutbar sein.[626]

bb) Erforderlichkeit der Höhe nach

Die Voraussetzung, dass Rechtsverfolgungskosten der Höhe nach erforderlich sein müssen, ist Ausdruck des Wirtschaftlichkeitsgebots[627]: Wenn der Gläubiger für den Rechtsstreit ein bestimmtes Finanzierungsmodell in Anspruch nehmen muss, ist dessen Inanspruchnahme zwar dem Grunde nach erforderlich. Das gibt ihm aber keinen „Freifahrtschein", unbegrenzt Kosten zu verursachen und diese dann auf den Schuldner über die materiell-rechtliche Kostenerstattung abzuwälzen.

---

623 Ähnlich *Wagner*, NJW 2006, 3244; *Becker-Eberhard*, Grundlagen der Kostenerstattung, S. 54 („*scheinbare Freiwilligkeit*").
624 *Siebert-Reimer*, Der Anspruch auf Erstattung der Kosten der Prozessfinanzierung, S. 429 ff.; zur Prozessfinanzierung: LG Aachen, Urt. v. 22.12.2009 – 10 O 277/09, BeckRS 2010, 28938; *Rensen*, MDR 2010, 182 (183); im Hinblick auf das Darlehen setzen einige Gerichte diese Prüfung voraus, indem sie unter Hinweis auf den erheblichen Prüfungsumfang eine prozessuale Kostenerstattung ablehnen: OLG Koblenz, Beschl. v. 4.1.2006 – 14 W 810/05, NJW-RR 2006, 502; Beschl. v. 16.6.1997 – 14 W 331-97, NJW-RR 1998, 718; OLG Frankfurt a. M., Beschl. v. 1.3.1988 – 6 W 357/87, NJW-RR 1989, 192.
625 BGH, Urt. v. 15.2.2005 – VI ZR 74/04, NJW 2005, 1041 (1042) mwN zur stRspr.
626 *Siebert-Reimer*, Der Anspruch auf Erstattung der Kosten der Prozessfinanzierung, S. 445 ff. im Hinblick auf die Möglichkeit zur Kreditfinanzierung bei Inanspruchnahme eines Prozessfinanzierers.
627 *Siebert-Reimer*, Der Anspruch auf Erstattung der Kosten der Prozessfinanzierung, S. 468.

Kap. 5 Finanzierungskosten und deren Erstattung

Durch die Prüfung der Erforderlichkeit der Höhe nach können unverhältnismäßig hohe Aufwendungen (im Rahmen ein und desselben – dem Grunde nach erforderlichen – Finanzierungsmodells) auf ein angemessenes Maß herabgesetzt werden.[628] Finanzierungskosten sind dann der Höhe nach nicht erforderlich, wenn sie marktübliche Preise überschreiten.[629] Denkbar ist außerdem, dass sich der Geschädigte vom Finanzierer Leistungen versprechen lässt, die ihrer Art nach nicht zur Rechtsverfolgung erforderlich sind, die erforderlichen Leistungen also zu einem günstigeren marktüblichen Preis hätten erlangt werden können.[630] Auch diese Kosten sind von den erstattungsfähigen Finanzierungskosten abzuziehen. In beiden Fällen hätte der Anspruchsinhaber diejenigen Leistungen, denen es zur Rechtsverfolgung bedarf, zu einem günstigeren Preis erhalten können.

3. Ergebnis

Finanzierungskosten können prozessual oder materiell-rechtlich erstattungsfähig sein. Eine materiell-rechtliche Kostenerstattung kommt nur insoweit in Betracht, als Kosten geltend gemacht werden, die nicht mit denjenigen der prozessualen Kostenerstattung identisch sind.

Materiell-rechtliche Kostenerstattungsansprüche können sich aus Verzug, aber auch beispielsweise als Schadensposition im Rahmen eines Schadensersatzanspruchs aus Delikt ergeben. Bei Finanzierungskosten handelt es sich um Aufwendungen, die nur dann wie ein Schaden zu behandeln sind, wenn sie aus Sicht des Geschädigten zur Wahrung und Durchsetzung des Hauptanspruchs erforderlich und zweckmäßig waren. Finanzierungskosten sind zur Durchsetzung des Hauptanspruchs zweckmäßig, sodass nur die Frage der Erforderlichkeit im Einzelfall problematisch sein kann. Zur Erstattung müssen Finanzierungskosten sowohl dem Grunde als auch der Höhe nach erforderlich sein. Ersteres ist durch Abwägung der Interessen des Anspruchsinhabers und seines Gegners im Einzelfall zu ermitteln. Dabei ist insbesondere zu berücksichtigen, ob der Anspruchsinhaber den Prozess aus eigenen Mitteln hätte finanzieren können oder, ob ihm alternative Finanzierungsmodelle zur Verfügung standen, die im Einzelfall geringere Kosten verursacht hätten. Bei der Erforderlichkeit der Höhe nach ist zu prüfen, ob das Finanzierungsmodell im Einzelfall zu teuer ist, also insbesondere, ob die Finanzierungskosten marktüblich waren. Alle verbliebenen Einwände, wie der Vorwurf, dass der Anspruchsinhaber seinen Gegner darauf hätte hin-

---

628 Kap. 5 C.II.2.b)bb).
629 *Fricke*, VersR 2011, 966 (967) führt als Beispiel den Fall an, dass der Geschädigte einen Kredit zu schlechten Konditionen vereinbart.
630 S. dazu die Auslagerung des Gegenkostenrisikos bei der Prozessfinanzierung unter Kap. 5 C.V.3.b)cc).

III. Erstattung der Kosten eines Kredits zur Prozessfinanzierung

1. Prozessuale Kostenerstattung

Nach § 91 Abs. 1 S. 1 ZPO hat die unterliegende Partei die Kosten des Rechtsstreits zu tragen und insbesondere die dem Gegner erwachsenen Kosten zu erstatten, soweit sie zur zweckentsprechenden Rechtsverfolgung oder Rechtsverteidigung notwendig waren. Kosten des Rechtsstreits sind dabei nur die Kosten der gerichtlichen Auseinandersetzung, also solche, die mit dem Rechtsstreit in unmittelbarem Zusammenhang stehen.[631] Davon sind unproblematisch die Gerichtskosten und nach § 91 Abs. 2 S. 1 ZPO auch die gesetzlichen Gebühren und Auslagen des Rechtsanwalts der obsiegenden Partei erfasst. Wenn das Darlehen zur Prozessführung aufgenommen wird und der Darlehensbetrag damit die Gerichtskosten und die eigenen Rechtsanwaltskosten des Anspruchsinhabers erfasst, kann der Anspruchsinhaber also das Darlehen zurückzahlen, nachdem er sich diese Kosten im Erfolgsfall hat erstatten lassen.

Darüber hinaus könnten auch die Darlehenszinsen der prozessualen Kostenerstattungspflicht unterliegen, wenn das Darlehen, wie im Regelfall, gegen Zins gewährt wird. Die herrschende Meinung[632] lehnt es aber ab, Darlehenszinsen im Kostenfestsetzungsverfahren zu berücksichtigen. Dem ist zuzustimmen. Die Kostenfestsetzung betreffend die Darlehenszinsen erfordert eine umfangreiche Sachaufklärung, die sich mit der Einfachheit und Praktikabilität des Kostenfestsetzungsverfahrens nicht verträgt.[633] Nach § 91 Abs. 1 S. 1 ZPO wäre im Kostenfestsetzungsverfahren zu prüfen, ob die Aufnahme eines Darlehens zur zweckentsprechenden Rechtsverfolgung oder Rechtsverteidigung notwendig war. Daher wäre im Kostenfestset-

---

631 *Jerger/Zehentbauer*, NJW 2016, 1353 (1354); BeckOK ZPO/*Jaspersen*, § 91 Rn. 93 spricht insoweit von dem „*Erfordernis der Prozessbezogenheit der Kosten*".
632 OLG Koblenz, Beschl. v. 4.1.2006 – 14 W 810/05, NJW-RR 2006, 502; Beschl. v. 16.6.1997 – 14 W 331-97, NJW-RR 1998, 718; OLG München, Beschl. v. 14.9.1999 – 11 W 2389/99, NJW-RR 2000, 1096; OLG Frankfurt a. M., Beschl. v. 1.3.1988 – 6 W 357/87, NJW-RR 1989, 192 (Kosten der Kreditbeschaffung für Sicherheitsleistung); ausf. hierzu *Jerger/Zehentbauer*, NJW 2016, 1353; BeckOK ZPO/*Jaspersen*, § 91 Rn. 133; MüKoZPO/*Schulz*, § 91 Rn. 180; Stein/Jonas/*Muthorst*, § 91 Rn. 37; Zöller/*Herget*, § 91 Rn. 13.56; *Köppen*, Rechtskonfliktkosten im Zivilrecht, S. 77; *Arz/Gemmer*, NJW 2019, 263 **aA** ohne Begründung Prütting/Gehrlein/*Schneider*, § 91 Rn. 26.
633 OLG Koblenz, Beschl. v. 4.1.2006 – 14 W 810/05, NJW-RR 2006, 502; Beschl. v. 16.6.1997 – 14 W 331-97, NJW-RR 1998, 718; *Jerger/Zehentbauer*, NJW 2016, 1353.

Kap. 5 Finanzierungskosten und deren Erstattung

zungsverfahren der Frage nachzugehen, ob sich der Anspruchsinhaber den Prozess aufgrund seiner Einkommens- und Vermögensverhältnisse selbst hätte leisten können, also kein Darlehen benötigt hätte oder, ob er nicht Prozesskostenhilfe hätte beanspruchen können.[634] Eine derartige Prüfung würde das Kostenfestsetzungsverfahren überfrachten. Darlehenszinsen können daher nicht festgesetzt werden.

2. Materiell-rechtliche Kostenerstattung

a) Erstattungsfähigkeit von Darlehenszinsen und Unterbrechung des Zurechnungszusammenhangs im Hinblick auf § 104 Abs. 1 S. 2 ZPO

Teilweise wird in der untergerichtlichen Rechtsprechung vertreten, dass Darlehenszinsen wegen § 104 Abs. 1 S. 2 ZPO auch nicht materiell-rechtlich erstattungsfähig seien.[635] Danach sind die festgesetzten Kosten vom Eingang des Festsetzungsantrags, im Falle des § 105 Abs. 3 ZPO von der Verkündung des Urteils ab, auf Antrag mit fünf Prozentpunkten über dem Basiszinssatz nach § 247 BGB zu verzinsen. Nach dieser Ansicht ist der Norm die gesetzgeberische Wertung zu entnehmen, dass der prozessuale Kostenerstattungsanspruch erst ab Eingang eines Kostenfestsetzungsantrags zu verzinsen sei.[636] Diese gesetzgeberische Entscheidung diene dazu, den Hauptsacheprozess von jeder Kostenproblematik der Höhe nach zu entlasten.[637] Daher solle diese Wertung auch auf den materiell-rechtlichen Kostenerstattungsanspruch durchschlagen.[638] Schadensrechtlich könne dem dadurch entsprochen werden, dass von einer Unterbrechung des Zurechnungszusammenhangs auszugehen sei.[639] Andernfalls könne jeder Rechtsstreit, der nicht unter Inanspruchnahme von Prozesskostenhilfe geführt wird, um einen zusätzlichen Streit über etwaige Finanzierungskosten erweitert werden.[640]

---

634 OLG Koblenz, Beschl. v. 4.1.2006 – 14 W 810/05, NJW-RR 2006, 502; *Jerger/Zehentbauer*, NJW 2016, 1353; s. zur Prüfung im Einzelnen unter Kap. 5 C.III.2.b).
635 So das OLG München, NJW-RR 2017, 437 Rn. 31 f. in einem *obiter dictum* mit Verweis auf OLG Brandenburg, Urt. v. 6.2.2013 – 7 U 6/12, BeckRS 2013, 3993, das sich aber nur zur Frage geäußert hat, ob der Gerichtskostenvorschuss bis zur Beantragung der Kostenfestsetzung zu verzinsen ist; auch das OLG Jena (Urt. v. 25.9.2013 – 7 U 180/13, BeckRS 2015, 6550) hat eine Verzinsung des Gerichtskostenvorschusses vor dem in § 104 Abs. 1 S. 2 ZPO bezeichneten Zeitpunkt abgelehnt, dem Kläger war es aber nicht gelungen, einen konkreten Zinsschaden darzulegen.
636 OLG München, NJW-RR 2017, 437 Rn. 31 f.; OLG Brandenburg, Urt. v. 6.2.2013 – 7 U 6/12, BeckRS 2013, 3993; OLG Jena, Urt. v. 25.9.2013 – 7 U 180/13, BeckRS 2015, 6550.
637 OLG München, NJW-RR 2017, 437 Rn. 32.
638 OLG München, NJW-RR 2017, 437 Rn. 32.
639 OLG München, NJW-RR 2017, 437 Rn. 32.
640 OLG München, NJW-RR 2017, 437 Rn. 32.

C. Erstattungsfähigkeit der Finanzierungskosten Kap. 5

Nach anderer Ansicht sollen demgegenüber zumindest konkrete Zinsschäden, wie sie bei der Aufnahme eines Darlehens zur Prozessfinanzierung entstehen, schon aufgrund eines Verzugs des Schuldners hinsichtlich der streitgegenständlichen Hauptforderung nach §§ 280 Abs. 1, 2, 286 BGB materiell erstattungsfähig sein.[641] Eine Sperrwirkung ließe sich § 104 Abs. 1 S. 2 ZPO nicht entnehmen, weil es um Zinsschäden ginge, die vor dem in § 104 Abs. 1 S. 2 ZPO bestimmten Zeitpunkt eingetreten sind.[642]

Der BGH hat sich bislang zu der Frage, ob Kreditkosten zur Prozessfinanzierung erstattungsfähig sind, nicht geäußert.[643] Er hält jedoch Kreditkosten zur Reparatur eines beschädigten Fahrzeugs im Rahmen von § 249 Abs. 2 S. 1 BGB für erstattungsfähig, wenn die Kreditaufnahme erforderlich war.[644] Da Rechtsverfolgungskosten nach seiner Ansicht auch als Aufwendungen nach § 249 Abs. 2 S. 1 BGB erstattungsfähig sind,[645] ist davon auszugehen, dass er auch Kreditkosten zur Prozessfinanzierung für erstattungsfähig hielte, wenn eine materiell-rechtliche Kostenerstattung nicht durch § 104 Abs. 1 S. 2 ZPO ausgeschlossen ist.

Es überzeugt nicht, § 104 Abs. 1 S. 2 ZPO eine Sperrwirkung im Hinblick auf konkrete Zinsschäden zuzuschreiben. Zum einen ist die materiell-rechtliche Kostenerstattung von der prozessualen Kostenverteilung unabhängig[646] und kann sogar Rechtsfolgen herbeiführen, die der prozessualen Kostenverteilung widersprechen.[647] Daher scheint es fragwürdig, eine Sperrwirkung für materielle Ansprüche aus den Vorschriften zur prozessualen Kostenerstattung abzuleiten. Zum anderen ließe sich § 104 Abs. 1 S. 2 ZPO selbst dann keine Sperrwirkung im Hinblick auf die Erstattungsfähigkeit von Darlehenszinsen entnehmen, wenn davon auszugehen wäre, dass Wertungen aus der prozessualen Kostenverteilung im Rahmen von materiell-rechtlichen

---

641 OLG Frankfurt aM, Urt. v. 28.4.2017 – 29 U 166/16, NJW 2018, 79 Rn. 65; OLG Karlsruhe, Urt. v. 10. 7. 2012 – 8 U 66/11, NJW 2013, 473 (474); AG Wertheim, Urt. v. 9.8.2013 – 1 C 279/12, BeckRS 2013, 15190; BeckOK ZPO/*Jaspersen*, § 104 Rn. 51 c; MüKoZPO/*Schulz*, § 91 Rn. 180; *Arz/Gemmer*, NJW 2019, 263; *Jerger/Zehentbauer*, NJW 2016, 1353; *Lüttringhaus*, NJW 2014, 3745.
642 OLG Frankfurt aM, Urt. v. 28.4.2017 – 29 U 166/16, NJW 2018, 79 Rn. 64; OLG Karlsruhe, Urt. v. 10. 7. 2012 – 8 U 66/11, NJW 2013, 473 (474); *Arz/Gemmer*, NJW 2019, 263 (264); *Jerger/Zehentbauer*, NJW 2016, 1353 (1354); *Lüttringhaus*, NJW 2014, 3745 (3747).
643 Offen gelassen in BGH, Urt. v. 7.4.2011 – I ZR 34/09, NJW 2011, 2787 Rn. 37; BGH, Urt. v. 22.7.2014 – VI ZR 357/13, BeckRS 2014, 16279 Rn. 22.
644 BGH, Urt. v. 6.11.1973 – VI ZR 27/73, NJW 1974, 34.
645 BGH, Urt. v. 29.10.2019 – VI ZR 45/19, NJW 2020, 144 Rn. 21 mwN; vgl. hierzu Staudinger/*Höpfner*, § 249 Rn. 265 ff.; das lässt sich bezweifeln, weil durch die Rechtsverfolgung der Primärschaden nicht beseitigt wird (ausf. hierzu *Siebert-Reimer*, Der Anspruch auf Erstattung der Kosten der Prozessfinanzierung, S. 530 ff.).
646 MüKoZPO/*Schulz*, Vorb. zu § 91 Rn. 20.
647 Ausf. hierzu *Köppen*, Rechtskonfliktkosten im Zivilrecht, S. 287 ff.

Kap. 5 Finanzierungskosten und deren Erstattung

Kostenerstattungsansprüchen zu berücksichtigen seien. Erstens betrifft § 104 Abs. 1 S. 2 ZPO lediglich die pauschale Verzinsung der festgesetzten Kosten. Sollen die Zinsen eines Darlehens zur Prozessfinanzierung erstattet werden, wird aber keine pauschale Verzinsung, sondern ein konkreter Zinsschaden geltend gemacht. Zweitens ist die Verzinsung eines Gerichtskostenvorschusses als Teil der festzusetzenden Kosten nicht mit der Verzinsung eines Darlehens gleichzusetzen. Die Darlehensaufnahme zur Prozessfinanzierung erfolgt nämlich, bevor der Gerichtskostenvorschuss überhaupt geleistet wurde. Selbst wenn man also § 104 Abs. 1 S. 2 ZPO die gesetzgeberische Entscheidung entnehmen wollte, dass festzusetzende Kosten nur im dort bestimmten Umfang zu verzinsen wären, wären Zinsen eines Darlehens zur Prozessfinanzierung davon nicht erfasst.

b) Voraussetzungen für die Erstattung von Darlehenszinsen

aa) Erforderlichkeit der Darlehensaufnahme dem Grunde nach

Eine materiell-rechtliche Kostenerstattung ist also nicht ausgeschlossen. Wie bereits dargestellt,[648] ist Voraussetzung für eine materiell-rechtliche Kostenerstattung, dass die Aufnahme eines Darlehens aus Sicht des Geschädigten *ex ante* zur Wahrung und Durchsetzung des Hauptanspruchs erforderlich ist.[649] Überwiegend geht die Literatur nicht näher auf die Voraussetzung ein, dass die Darlehensaufnahme erforderlich gewesen sein muss.[650] Teilweise wird davon ausgegangen, dass die Darlehensaufnahme in der Regel erforderlich sei, wenn die Rechtsverfolgung einen Prozess erforderte, weil dieser dann auch finanziert werden müsse.[651]

Die Rechtsprechung scheint demgegenüber eine ausführliche Prüfung der Erforderlichkeit zu fordern.[652] Wie bereits dargestellt, hat sich der BGH

---

648 Kap. 5 C.II.2.
649 Vgl. zur Erstattung von Rechtsverfolgungskosten im Allgemeinen Kap. 5 C.II; vgl. zum Darlehen im Speziellen *Arz/Gemmer*, NJW 2019, 263 (265); *Jerger/Zehentbauer*, NJW 2016, 1353 (1354); *Lüttringhaus*, NJW 2014, 3745 (3746).
650 *Jerger/Zehentbauer*, NJW 2016, 1353 (1354) und *Lüttringhaus*, NJW 2014, 3745 (3746).
651 *Arz/Gemmer*, NJW 2019, 263 (265): „*Dies trifft auf Prozesskosten in aller Regel zu. Wenn die Rechtsverfolgung einen Gerichtsprozess notwendig macht, sind auch die zur Finanzierung anfallenden Kosten erstattungsfähig.*"
652 OLG Koblenz, Beschl. v. 4.1.2006 – 14 W 810/05, NJW-RR 2006, 502; Beschl. v. 16.6.1997 – 14 W 331-97, NJW-RR 1998, 718; OLG Frankfurt a. M., Beschl. v. 1.3.1988 – 6 W 357/87, NJW-RR 1989, 192; AG Wertheim, Urt. v. 9.8.2013 – 1 C 279/12, BeckRS 2013, 15190, bei dem es zwar nicht um die Erstattungsfähigkeit von Darlehenszinsen ging, wohl aber um die Frage, ob konkrete Zinsschäden erstattungsfähig sind; sofern Gerichte Darlehenszinsen für erstattungsfähig hielten, kam es aber oft nicht auf die Erforderlichkeit an, weil der Kläger schon nicht zu einem konkreten Schaden vorgetragen hat, vgl. OLG Frankfurt aM, Urt. v. 28.4.2017 – 29 U 166/16,

zu dieser Frage bislang nicht geäußert. Auch bei der Erstattung von Kreditkosten zur Reparatur eines beschädigten Fahrzeugs prüft er jedoch die Erforderlichkeit der Inanspruchnahme eines Kredits,[653] sodass dieselbe Prüfung auch bei der Erstattung von Kreditkosten zur Prozessfinanzierung vorzunehmen wäre. Das scheinen auch andere Gerichte, die Kreditkosten zur Prozessfinanzierung für erstattungsfähig halten, so zu sehen.[654] In der Rechtsprechung wird die Berücksichtigung von Darlehenszinsen im Rahmen der prozessualen Kostenverteilung mit dem Argument abgelehnt, dass dies eine umfangreiche Sachaufklärung im Hinblick auf die Einkommens- und Vermögensverhältnisse des Anspruchsinhabers erforderte, die sich mit der Einfachheit und Praktikabilität des Kostenfestsetzungsverfahrens nicht vertrage.[655] Beispielsweise heißt es in einem Beschluss des OLG Koblenz:

> *„Denn die Entscheidung darüber, ob es sich um zur Führung des Rechtsstreits notwendige Kosten i. S. des § 91 I 1 ZPO handelt, erfordert im Regelfall eine umfangreiche Sachaufklärung, die die Einkommens- und Vermögensverhältnisse der betroffenen Partei zum Gegenstand hat. Dabei müssten auch ihre anderweitigen finanziellen Dispositionen einbezogen werden. Außerdem wäre zu prüfen, ob schuldhaft ein Antrag auf die Gewährung von Prozesskostenhilfe versäumt wurde, der Erfolg gehabt hätte. Das verträgt sich nicht mit den Geboten der Einfachheit und Praktikabilität, die das Kostenfestsetzungsverfahren kennzeichnen.“*[656]

Wenn diese Prüfung, wie auch nach der hier vertretenen Ansicht das Kostenfestsetzungsverfahren, überladen würde, wäre sie doch im Rahmen der materiellen Kostenerstattung vorzunehmen. Bei der Prüfung der Erforderlichkeit[657] der Darlehensaufnahme sind nämlich insbesondere diejenigen Gesichtspunkte relevant, auf die auch das OLG Koblenz abstellt: die Einkommens- und Vermögensverhältnisse des Geschädigten sind für die Frage entscheidend, ob er den Prozess mit seinen eigenen Mitteln hätte finanzieren können. Ob der Geschädigte es schuldhaft unterlassen hat, einen Antrag auf Prozesskostenhilfe zu stellen, ist deswegen relevant, weil die Erforderlich-

---

NJW 2018, 79 Rn. 65 und OLG Karlsruhe, Urt. v. 10. 7. 2012 – 8 U 66/11, NJW 2013, 473 (474).
653 BGH, Urt. v. 6.11.1973 – VI ZR 27/73, NJW 1974, 34.
654 OLG Koblenz, Beschl. v. 4.1.2006 – 14 W 810/05, NJW-RR 2006, 502; Beschl. v. 16.6.1997 – 14 W 331-97, NJW-RR 1998, 718; OLG Frankfurt a.M., Beschl. v. 1.3.1988 – 6 W 357/87, NJW-RR 1989, 192.
655 OLG Koblenz, Beschl. v. 4.1.2006 – 14 W 810/05, NJW-RR 2006, 502; Beschl. v. 16.6.1997 – 14 W 331-97, NJW-RR 1998, 718; OLG Frankfurt a.M., Beschl. v. 1.3.1988 – 6 W 357/87, NJW-RR 1989, 192.
656 OLG Koblenz, Beschl. v. 4.1.2006 – 14 W 810/05, NJW-RR 2006, 502.
657 S. hierzu Kap. 5 C.II.2.c)aa).

Kap. 5 Finanzierungskosten und deren Erstattung

keit abzulehnen ist, wenn dem Geschädigten günstigere Finanzierungsmodelle zur Verfügung standen.

Dem OLG Koblenz folgend ist somit zu prüfen, ob es dem Anspruchsinhaber zumutbar gewesen wäre, den Prozess selbst oder durch die Prozesskostenhilfe zu finanzieren. Alleine der Umstand, dass mit der Prozessfinanzierung aus eigenen Mitteln oder durch die Prozesskostenhilfe günstigere Finanzierungsmöglichkeiten bestehen, schließt die Erforderlichkeit nicht aus, weil im Einzelfall[658] zu prüfen ist, ob dem Anspruchsinhaber die Möglichkeit zur Prozessfinanzierung aus eigenen Mitteln oder über die Prozessfinanzierung tatsächlich offenstand. Für den Anwendungsbereich einer materiell-rechtlichen Kostenerstattung verbleiben daher Fälle, in denen der Anspruchsinhaber die Mittel zur Prozessführung selbst nicht aufbringen kann, aber auch keine Prozesskostenhilfe beanspruchen kann. Darunter dürften vor allem die im vierten Kapitel untersuchten Fälle zu fassen sein, in denen Parteien aufgrund ihrer wirtschaftlichen Verhältnisse ein Zugang zum Recht nicht offensteht, die Rechtsprechung sie aber dennoch auf die Aufnahme eines Kredits verweist.[659]

Mit Blick auf die Erforderlichkeit der Höhe nach müsste der Anspruchsinhaber etwa vortragen, dass er ein Darlehen zum marktüblichen Zins aufgenommen hat und nicht etwa Kosten verursacht hat, die über den marktüblichen Preis hinausgehen. Insofern sind keine über die allgemeinen Ausführungen[660] hinausgehenden Besonderheiten zu berücksichtigen.

bb) Normative Zurechnung im Übrigen bei erforderlicher Darlehensaufnahme

Wenn die Darlehensaufnahme dem Grunde nach erforderlich war, könnte (erneut)[661] die Frage aufgeworfen werden, ob dem Schädiger diejenigen Schäden zuzurechnen sind, die aufgrund einer erforderlichen Darlehensaufnahme entstehen. Immerhin hat es allein der Geschädigte in der Hand, ob er ausreichende Mittel zu einer gegebenenfalls erforderlichen Prozessführung zurückhält. Der Schädiger hat auch keinen Einfluss darauf, ob der Geschädigte die Bewilligungsvoraussetzungen für eine Prozesskostenhilfe erfüllt.

---

658 Kap. 5 C.II.2.c)aa).
659 Das betrifft vor allem natürliche gewerblich tätige Personen und juristische Personen, vgl. Kap. 4 C.II.2.
660 S. oben unter Kap. 5 C.II.2.c)bb).
661 Nach hier vertretener Ansicht ist die Erforderlichkeit dem Grunde nach bei der normativen Zurechnung zu prüfen (s. Kap. 5 C.II.2.b)).

Soweit ersichtlich, scheint sich weder die Rechtsprechung noch die Literatur hieran zu stören.[662] *Jaspersen* argumentiert zwar im Hinblick auf die prozessuale Kostenerstattung wie folgt:

> *„Entscheidend gegen eine Notwendigkeit solcher Kosten spricht aber, dass es grundsätzlich im Risikobereich einer Partei liegt, ob sie einer Drittfinanzierung bedarf. Dieses Risiko darf nicht auf den Kostenschuldner verlagert werden, weil es für ihn nicht abschätzbar ist (...).“*[663]

Derselbe Rechtsgedanke könnte zur Unterbrechung des Zurechnungszusammenhangs führen. Im Rahmen der materiellen Kostenerstattung greift *Jaspersen* diesen Gedanken aber nicht wieder auf.[664] Vertreter der Auffassung, dass Darlehenszinsen trotz § 104 Abs. 1 S. 2 ZPO erstattungsfähig sein können, scheinen also nicht davon auszugehen, dass nach der Erforderlichkeit der Darlehensaufnahme noch zu prüfen sei, ob die Darlehensaufnahme dem Schädiger trotz dieser Argumente auch noch zurechenbar ist. Gegen eine solche Prüfungspflicht spricht in der Tat, dass die Interessen des Schädigers bereits bei der Frage der Erforderlichkeit und der damit verbundenen Interessenabwägung[665] zu berücksichtigen sind: der Geschädigte darf sich eben nicht frei dazu entscheiden, ein Darlehen „auf Kosten" des Geschädigten aufzunehmen, statt den Rechtsstreit mit seinen Mitteln zu finanzieren. Eine Kostenerstattung kommt nämlich nur dann in Betracht, wenn die Darlehensaufnahme erforderlich war, dem Geschädigten also keine anderen Alternativen zur Verfügung standen. Dadurch werden bereits die Risikosphären von Schädiger und Geschädigtem voneinander abgegrenzt.

c) Unterbliebener Hinweis auf Kreditaufnahme als Verletzung der Schadensminderungsobliegenheit

Im Rahmen des Mitverschuldens stellt sich die Frage, ob der Anspruchsinhaber seinen Gegner darauf hinweisen muss, dass er ein Darlehen zur Prozessfinanzierung aufnehmen wird. Im Hinblick auf Kreditkosten zur Schadensbeseitigung, beispielsweise zur Reparatur eines Fahrzeugs, ist anerkannt, dass der Gläubiger den Schuldner auf die Notwendigkeit einer Kreditaufnahme hinweisen muss, damit der Schuldner durch die Zahlung

---

662 Das OLG München hat sich zwar dafür ausgesprochen, die Zurechnung bei der materiellen Erstattung von Darlehenszinsen abzulehnen. Anknüpfungspunkt der Argumentation war aber die Sperrwirkung von § 104 Abs. 1 S. 2 ZPO (OLG München, NJW-RR 2017, 437 Rn. 32; s. Kap. 5 C.III.2.a)).
663 BeckOK ZPO/*Jaspersen*, § 91 Rn. 133.1.
664 BeckOK ZPO/*Jaspersen*, § 104 Rn. 51 b ff.
665 Kap. 5 C.II.2.c)aa).

Kap. 5 Finanzierungskosten und deren Erstattung

eines Vorschusses die Finanzierungskosten abwenden kann.[666] Andernfalls wird der Ersatzanspruch des Schädigers über § 254 Abs. 2 BGB gekürzt.[667] Diesen Rechtsgedanken könnte man auf die Kreditaufnahme zur Prozessführung übertragen: auch hier könnte der Schuldner die Finanzierungskosten abwenden, indem er den Anspruch erfüllt oder dem Anspruchsinhaber anbietet, dessen Rechtsanwaltskosten und den Gerichtskostenvorschuss vorzufinanzieren.

Bereits diese Erwägungen zeigen aber, dass es praxisfern wäre, dem Gläubiger einen derartigen Hinweis abzuverlangen: ein Schuldner, der es auf einen Prozess ankommen lassen möchte, wird den Anspruch nicht in letzter Sekunde nur deswegen erfüllen, weil der Gläubiger erneut um Zahlung bittet und ihn darauf hinweist, dass er einen Kredit zur Prozessführung aufnehmen wird. Erst recht würde der Schuldner dem Gläubiger nicht anbieten, seinen Prozess vorzufinanzieren. Eine Obliegenheit des Gläubigers, seinen Schuldner vor der Inanspruchnahme eines Kredits zu warnen, besteht aber nur dann, wenn der Schuldner die Warnung auch beachtet hätte.[668] Ein Indiz dafür, dass die Warnung nichts genützt hätte, ist, dass der Schädiger seine Verpflichtung noch im Prozess bestreitet.[669] In aller Regel wird der Gläubiger die Leistung angemahnt haben, bevor er zu einem Kreditinstitut geht, um ein Prozessdarlehen zu erlangen. Das alleine schon deswegen, um der Kostenfolge aus § 93 ZPO zu entgehen,[670] aber auch deswegen, weil die Kreditaufnahme für ihn mit zusätzlichen Risiken behaftet ist: wenn er den Prozess verliert, muss er dem Gegner seine Kosten erstatten, das Darlehen zurückzahlen und darüber hinaus noch Zinsen bezahlen. Nachdem der Schuldner aber vorprozessual und voraussichtlich im Prozess mehrfach bestritten hat, dass er dem Gläubiger etwas schuldet, wird er wohl kaum glaubhaft darlegen können, dass er nach einem entsprechenden Hinweis geleistet oder die Prozesskosten vorfinanziert hätte. Ein Mitverschuldenseinwand des Schuldners kann also nur dann Erfolg haben, wenn der Schuldner keine Veranlassung zur Klageerhebung gegeben hat und der Gläubiger trotzdem ein Darlehen zur Prozessfinanzierung aufnimmt. Ein unterlassener Hinweis auf die erforderliche Kreditaufnahme begründet dagegen keinen Mitverschuldenseinwand.

---

666 BGH, Urt. v. 6.11.1973 – VI ZR 27/73, NJW 1974, 34; OLG Düsseldorf, Urt. v. 29.9.2020 – 1 U 294/19, BeckRS 2020, 41175; MüKoBGB/*Oetker*, § 249 Rn. 405.
667 MüKoBGB/*Oetker*, § 249 Rn. 405.
668 BGH, Urt. v. 26.5.1988 – III ZR 42/87, NJW 1989, 290 (292); MüKoBGB/*Oetker*, § 254 Rn. 74; Staudinger/*Höpfner*, § 254 Rn. 77.
669 Staudinger/*Höpfner*, § 254 Rn. 77; s. ausf. und mwN die Ausführung zur Hinweisobliegenheit bei der Prozessfinanzierung unter Kap. 5 C. V. 3. b)ee).
670 An einer Klageveranlassung iSv § 93 ZPO fehlt es dann, wenn der Schuldner weder in Verzug war, noch den Anspruch bestritten oder die Leistung verweigert hat (vgl. MüKoZPO/*Schulz*, § 93 Rn. 7).

3. Ergebnis

Darlehenszinsen unterliegen nicht der prozessualen Erstattungspflicht. Materiell sind konkrete Zinsschäden nach hier vertretener Ansicht erstattungsfähig. Allerdings muss dafür die Kreditaufnahme erforderlich gewesen sein, das heißt, der Anspruchsinhaber dürfte nicht in der Lage gewesen sein, den Prozess unter zumutbarem Einsatz seiner eigenen Mittel oder über die Prozesskostenhilfe zu finanzieren. Ist die Darlehensaufnahme erforderlich, sind die Kreditkosten dem Schuldner zurechenbar. Vom Gläubiger ist in der Regel nicht im Rahmen von § 254 Abs. 2 BGB zu verlangen, den Schuldner darauf hinzuweisen, dass er ein Darlehen zur Prozessfinanzierung aufnehmen wird. Ein solcher Hinweis ist nur dann erforderlich, wenn der Schuldner keine Veranlassung zur Klageerhebung und damit keinen Anlass zur Kreditaufnahme zur Prozessfinanzierung gegeben hat.

IV. Erstattung der Erfolgsbeteiligung eines Rechtsanwalts bei Vereinbarung eines anwaltlichen Erfolgshonorars

1. Prozessuale Kostenerstattung

Beim Erfolgshonorar stellt sich die Frage, ob auch der Erfolgszuschlag erstattungsfähig ist, der die gesetzliche Vergütung überschreitet. Unstreitig ist, dass zumindest die fiktive gesetzliche Vergütung des Rechtsanwalts im Rahmen der prozessualen Kostenerstattung zu ersetzen ist, wenn das Erfolgshonorar die gesetzliche Vergütung überschreitet.[671] Hätte der Anspruchsinhaber seinen Rechtsanwalt erfolgsunabhängig vergüten wollen, wären nämlich zumindest die gesetzlichen Gebühren angefallen. Nach § 49b Abs. 1 S. 1 BRAO ist es grundsätzlich unzulässig, geringere Gebühren zu vereinbaren oder zu fordern als das Rechtsanwaltsvergütungsgesetz vorsieht.

Problematisch und umstritten ist jedoch, ob eine Vergütung, die über die gesetzlichen Gebühren hinausgeht, prozessual erstattungsfähig sein kann. Nach herrschender Ansicht bildet die gesetzliche Gebühr die Obergrenze für erstattungsfähige Anwaltskosten im Rahmen der prozessualen Kostenerstattung, weil § 91 Abs. 2 S. 1 ZPO vorschreibt, dass die gesetzlichen Gebühren und Auslagen des Rechtsanwalts der obsiegenden Partei in allen Prozessen zu erstatten sind.[672] Demgegenüber soll nach anderer Ansicht § 91 Abs. 2

---

671 BeckOK ZPO/*Jaspersen*, § 91 Rn. 167.1; MüKoZPO/*Schulz*, § 91 Rn. 61; *Vogeler*, JA 2011, 321 (325); vgl. zur Kostenerstattung für den Fall, dass das Erfolgshonorar hinter der gesetzlichen Vergütung zurückbleibt *Overkamp*, NJW 2022, 998.
672 BVerfG, Beschl. v. 6.11.1984 – 2 BvL 16/83, NJW 1985, 727; BGH, Beschl. v. 24.1.2018 – VII ZB 60/17, NJW 2018, 1477 Rn. 20 mwN; MüKoZPO/*Schulz*, § 91 Rn. 61; Zöller/*Herget*, § 91 Rn. 13.36 (Schlagwort „Erfolgshonorar"); Kern/Diehm/ *Goldbeck*, § 91 Rn. 93; *Köppen*, Rechtskonfliktkosten im Zivilrecht, S. 75 ff.; *Medi-*

Kap. 5 Finanzierungskosten und deren Erstattung

S. 1 ZPO keine Ausschließlichkeit dergestalt beanspruchen, dass in allen Fällen *nur* die gesetzlichen Gebühren erstattet werden könnten.[673] Vielmehr könnten Mehrkosten auch nach § 91 Abs. 1 S. 1 ZPO zu erstatten sein, was aber voraussetze, dass sie zur zweckentsprechenden Rechtsverfolgung oder Rechtsverteidigung notwendig wären.

Der Wortlaut und historische Argumente[674] sprechen weder für die eine noch für die andere Ansicht. Systematische Erwägungen sind ebenso wenig zielführend. § 3a Abs. 1 S. 3 RVG verlangt zwar, in eine Vergütungsvereinbarung den Hinweis aufzunehmen, dass die gegnerische Partei regelmäßig nicht mehr als die gesetzliche Vergütung zu erstatten habe. Allerdings könnte das sowohl für die herrschende Meinung als auch für die Gegenansicht sprechen, weil die Vorschrift entweder so verstanden werden könnte, dass ausnahmsweise eine materiell-rechtliche Kostenerstattung oder ausnahmsweise eine Kostenerstattung nach § 91 Abs. 1 S. 1 ZPO in Betracht kommt.

Für die herrschende Meinung spricht, dass die Erstattung eines Honorars oberhalb der gesetzlichen Gebühr dem Gebot der Einfachheit und Praktikabilität des Kostenfestsetzungsverfahrens wie auch bei einer Möglichkeit zur Erstattung von Darlehenszinsen im Rahmen der prozessualen Kostenerstattung[675] zuwiderliefe.[676] Auch bei Erfolgshonoraren, die über die gesetzliche Vergütung hinausgehen, wäre im Einzelfall zu prüfen, ob die Vereinbarung eines Erfolgshonorars erforderlich war.[677] Das würde wiederum eine umfangreiche Überprüfung der Einkommens- und Vermögensverhältnisse des Auftraggebers erfordern. Es wäre nämlich im Kostenfestsetzungsverfahren der Frage nachzugehen, ob es sich der Auftraggeber hätte leisten können, seinen Rechtsanwalt erfolgsunabhängig zu vergüten oder, ob ein Zugang zum Recht über die Prozesskostenhilfe eröffnet gewesen wäre. Darüber hinaus hätte die Erstattung von Anwaltshonoraren oberhalb der gesetzlichen Gebühr zur Folge, dass das Kostenrisiko eines Rechtsstreits entgegen des

---

ger, MDR 2017, 245; *Saenger/Uphoff*, NJW 2014, 1412 (1413); *Hau*, JZ 2011, 1047 (1050); *Vogeler*, JA 2011, 321 (325); *Knott/Gottschalk/Ohl*, AnwBl. 2010, 749 (750); vgl. für eine Übersicht für dieselbe Problematik in Schiedsverfahren *Wilske/Markert*, Zur Erstattungsfähigkeit des Erfolgshonorars in Schiedsverfahren, S. 795 ff.

673 BeckOK ZPO/*Jaspersen*, § 91 Rn. 167.1 unter der Einschränkung, dass eine (strenge) Notwendigkeitsprüfung mit der im Kostenfestsetzungsverfahren eingeschränkten Prüfungskompetenz zu erfolgen habe; *Krüger/Raap*, MDR 2010, 422 (424 f.); *Schlosser*, NJOZ 2009, 2376 (2383); krit. aber unentschieden *Fölsch*, MDR 2008, 728 (731).

674 *Köppen*, Rechtskonfliktkosten im Zivilrecht, S. 75 ff. widerlegt überzeugend das Argument, dass § 91 Abs. 2 S. 1 ZPO aus einer Zeit stamme, in der noch keine Vergütungsvereinbarungen geschlossen werden konnten.

675 Hierzu unter Kap. 5 C.III.1.

676 So auch *Rensen*, MDR 2010, 182 im Hinblick auf die Prozessfinanzierung.

677 Kap. 5 C.II.2.

kostenrechtlichen Transparenzgebots unkalkulierbar werden würde.[678] Der Erstattungspflichtige kann nämlich von vornherein nicht wissen, welche Beträge der Erstattungsberechtigte seinem Rechtsanwalt nach der Honorarvereinbarung schuldet. Daher ist mit der herrschenden Meinung davon auszugehen, dass die prozessuale Erstattungspflicht nur gesetzliche Anwaltsgebühren umfasst.

2. Materiell-rechtliche Kostenerstattung

a) Einführung

Umgekehrt führt das Gebot zur Kostentransparenz aber nicht dazu, dass es von vornherein ausgeschlossen wäre, über die gesetzlichen Gebühren hinausgehende Schadensersatzansprüche geltend zu machen. Anknüpfungspunkt für eine materiell-rechtliche Erstattungspflicht ist nämlich ein eigenständiger Anspruch, der nicht an das bloße Obsiegen oder Unterliegen im Prozess anknüpft. Dass nicht sowohl die prozessuale als auch die materiell-rechtliche Kostenerstattung ausnahmslos auf die gesetzlichen Gebühren beschränkt sein kann, ergibt sich bereits aus § 3a Abs. 1 S. 3 RVG. Danach muss der Mandant nämlich darauf hingewiesen werden, dass die gegnerische Partei *regelmäßig* nicht mehr als die gesetzliche Vergütung zu erstatten habe. Daraus folgt, dass es Fälle geben muss, in denen die gegnerische Partei *ausnahmsweise* dazu verpflichtet ist, mehr als die gesetzliche Vergütung zu erstatten.[679]

Die Diskussion zur Erstattungsfähigkeit von Anwaltsvergütungen oberhalb der gesetzlichen Vergütung entbrannte vor allem im Hinblick auf Zeithonorarvereinbarungen.[680] Dort ist die Diskussion um die Erstattungsfähigkeit von erheblicher Bedeutung, weil Zeithonorarvereinbarungen in der Praxis

---

678 MüKoZPO/*Schulz*, § 91 Rn. 61; *Hau* bezeichnet die Erstattungspflicht in Verbindung mit der Abschätzbarkeit von Prozesskostenrisiken als „*German cost advantage*" (*Hau*, JZ 2011, 1047).

679 *Krüger/Raap*, MDR 2010, 422 (424); *Hau*, JZ 2011, 1047 (1051), der auf S. 1052 f. aber dafür plädiert, dass der Gesetzgeber eine Klarstellung einfügen sollte, wonach materiell-rechtliche Kostenerstattungsansprüche nicht über die gesetzlichen Gebühren hinausgehen; das BVerfG ging demgegenüber davon aus, dass Erfolgshonorare immer nur bis zur Grenze der gesetzlichen Gebühren zu erstatten seien (BVerfG, Beschl. v. 12.12.2006 – 1 BvR 2567/04, NJW 2007, 979 Rn. 75).

680 Vgl. nur *Mediger*, MDR 2017, 245; *Saenger/Uphoff*, NJW 2014, 1412; *Hau*, JZ 2011, 1047 (1050); *Knott/Gottschalk/Ohl*, AnwBl. 2010, 749; *Krüger/Raap*, MDR 2010, 422; *Schlosser*, NJOZ 2009, 2376; als Fallgruppe für die Erstattungsfähigkeit von Zeithonoraren ist der Fall anerkannt, dass kein geeigneter Rechtsanwalt dazu bereit ist, den Rechtsstreit zu den gesetzlichen Gebühren zu übernehmen (BGH, Urt. v. 16.7.2015 – IX ZR 197/14, NJW 2015, 3447 Rn. 58; BGH, Urt. v. 23.10.2003 – III ZR 9/03, NJW 2003, 3693 (3697 f.)); hierzu wird parallel auch für Schiedsverfahren diskutiert, vgl. *Ahrens/Erdmann*, NJW 2020, 3142.

Kap. 5   Finanzierungskosten und deren Erstattung

weit verbreitet sind. Bereits eine Umfrage aus dem Jahr 2009 ergab, dass nahezu die Hälfte aller Rechtsanwälte fast ausschließlich ihre Leistungen aufgrund von Zeithonorarvereinbarungen erbringen.[681] Es ist längst nicht mehr nur in Großkanzleien gang und gäbe, dass Anwälte nach der von ihnen investierten Zeit vergütet werden.[682] Demgegenüber schweigt die Literatur zur Erstattungsfähigkeit von Erfolgshonoraren bislang überwiegend,[683] was im Gegensatz zu Zeithonorarvereinbarungen vermutlich daran liegt, dass Erfolgshonorarvereinbarungen nach der alten Gesetzeslage wenig verbreitet waren.[684] Auch beim Erfolgshonorar handelt es sich aber um Rechtsverfolgungskosten, sodass die Grundsätze, die die Rechtsprechung zur Erstattungsfähigkeit von Rechtsverfolgungskosten entwickelt hat, auch für das Erfolgshonorar zu berücksichtigen sind.[685]

b) Erforderlichkeit der Vereinbarung eines Erfolgshonorars dem Grunde nach

Danach müsste die Vereinbarung eines Erfolgshonorars aus Sicht eines verständigen Menschen in der Lage des Geschädigten *ex ante* erforderlich gewesen sein, um die Folgen der Rechtsgutsverletzung zu beseitigen.[686]

---

681 *Hommerich/Kilian*, Vergütungsbarometer 2009, S. 25 ff.; zur Auswertung *Hommerich/Kilian*, BRAK-Mitt. 2009, 223 (224); s. auch *Knott/Gottschalk/Ohl*, AnwBl 2010, 749 (750).
682 So bereits *Saenger/Uphoff*, NJW 2014, 1412.
683 *Fölsch*, MDR 2008, 728 (731) meint, dass eine Erstattung des Erfolgshonorars wünschenswert sein könnte; Teubel/Schons/*Teubel*, Erfolgshonorar für Anwälte, S. 48 Rn. 78 meint nur, dass die Rspr. in Zukunft das Erfolgshonorar als adäquat verursachten Schaden sehen könnte; nach *Vogeler*, JA 2011, 321 (325) ist nur die gesetzliche Gebühr erstattungsfähig; *Knott/Gottschalk/Ohl*, AnwBl 2010, 749 (753) fordern wohl die Erstattungsfähigkeit von Erfolgshonoraren, indem sie wie folgt formulieren: „*Jedem Geschädigten, der nicht über die finanziellen Mittel verfügt, um die Vergütungsforderungen eines dem Fall gewachsenen Anwalts aus eigener Kraft zu begleichen, würde die Geltendmachung seines Schadens faktisch mit der Begründung unmöglich gemacht, dass er die Kosten für den Schädiger möglichst gering halten müsse.*"; *Stadler*, Prozessfinanzierung und Kostenerstattung, S. 562 meint, dass anwaltliche Erfolgshonorare nicht der prozessualen Kostenerstattungspflicht unterliegen, äußert sich aber nur oberflächlich zur materiellen Kostenerstattung (S. 567 f.); in Schiedsverfahren ist die Erstattungsfähigkeit von Erfolgshonoraren demgegenüber Thema, vgl. *Wilske/Markert*, Zur Erstattungsfähigkeit des Erfolgshonorars in Schiedsverfahren, S. 795 ff.
684 *Kilian*, NJW 2021, 445 Rn. 14, der eine Befragung des Soldan Instituts zum Vergütungsbarometer 2019 auswertet, die ergeben hat, dass vier von fünf Berufsträgern in ihrer Berufspraxis keine Erfolgshonorare vereinbaren, obwohl sich der Anteil der Rechtsanwälte, die Erfolgshonorarvereinbarungen schließen, seit 2009 verdoppelt hat.
685 S. hierzu Kap. 5 C.II.
686 *Lieberknecht*, NJW 2022, 3318 Rn. 12 im Hinblick auf die Prozessfinanzierung; s. Kap. 5 C.II.2.c)aa).

aa) Beauftragung eines Rechtsanwalts

Eine Erfolgshonorarvereinbarung kann dann nicht erforderlich sein, wenn es schon keines Rechtsanwalts bedurft hätte, damit der Anspruchsinhaber seine Rechte verfolgen kann.[687] Eines Rechtsanwalts bedarf es etwa dann nicht, wenn der Schädiger seine Schadensersatzpflicht nicht bestreitet und an seiner Zahlungsbereitschaft und -fähigkeit keine Zweifel bestehen.[688] Wenn es zu einem Zivilprozess kommt, dürfte die Beauftragung eines Rechtsanwalts in aller Regel erforderlich sein.

bb) Genereller Vorrang günstigerer Finanzierungsmodelle?

Die Erforderlichkeit von Erfolgshonorarvereinbarungen könnte deswegen problematisch sein, weil Erfolgsbeteiligungen (wie bereits ausgeführt)[689] oft höhere Finanzierungskosten als andere Finanzierungsmodelle verursachen. Teilweise wird der gewerblichen Prozessfinanzierung generell schon deswegen die Erforderlichkeit abgesprochen, weil die Prozesskostenhilfe, das Darlehen und die Prozessfinanzierung aus eigenen Mitteln gegenüber der Prozessfinanzierung günstigere Alternativen darstellten.[690] Ebenso ließe sich im Hinblick auf das Erfolgshonorar argumentieren, dass es mit der Prozesskostenhilfe, der Kreditaufnahme und der Finanzierung aus eigenen Mitteln günstigere Alternativen gibt.

Das überzeugt aber in dieser Pauschalität aus mehreren Gründen weder für die Prozessfinanzierung noch für das Erfolgshonorar. Dagegen spricht schon, dass nicht in jedem Fall die Voraussetzungen günstigerer Finanzierungsmodelle vorliegen. Ist der Anspruchsinhaber bedürftig, erfüllt aber nicht die Voraussetzungen zur Gewährung von Prozesskostenhilfe, weil es sich bei ihm etwa um eine juristische Person handelt,[691] steht ihm möglicher-

---

687 Die Rechtsprechung fordert immer dann, wenn Rechtsanwaltskosten als Schadensposition geltend gemacht werden, dass die Beauftragung eines Rechtsanwalts überhaupt erforderlich war, vgl. BGH, Urt. v. 12.12.2017 – VI ZR 611/16, NJW 2018, 938 Rn. 8 mwN.
688 MüKoBGB/*Oetker*, § 249 Rn. 181.
689 S. Kap. 5 B.
690 *Rensen*, MDR 2010, 182 (183); zu dieser Auffassung scheint auch das LG Aachen geneigt („*Trägt der Anspruchsteller demgegenüber vor, ihm sei es mangels wirtschaftlicher Leistungsfähigkeit nicht möglich gewesen, die Prozesskosten aus eigenen Mitteln zu bestreiten oder hierfür einen Kredit aufzunehmen, steht einem Ersatz der Kosten des Prozessfinanzierers entgegen, dass der Anspruchsteller Prozesskostenhilfe hätte beantragen können.*" (LG Aachen, Urt. v. 22.12.2009 – 10 O 277/09, BeckRS 2010, 28938)).
691 Bei juristischen Personen scheidet die Prozesskostenhilfe in den meisten Fällen aus, weil es aus Sicht des Gesetzgebers kein verfassungsrechtliches Gebot gibt, Prozesskostenhilfe auch für juristische Personen vorzuhalten, s. unter Kap. 3 B.IV.3.b)cc).

weise nur das Erfolgshonorar als Finanzierungsmodell für seine Anwaltskosten zur Verfügung. Auf ein günstigeres Darlehen kann er gegebenenfalls nicht zurückgreifen, wenn Banken ihn nicht für kreditwürdig halten und er nicht in der Lage ist, Sicherheiten zu bieten. Die gesetzliche Ausgestaltung der Prozesskostenhilfe führt gerade nicht dazu, dass „armen" Parteien immer die Prozesskostenhilfe offensteht und alle anderen Parteien einen Kredit in Anspruch nehmen könnten.

Im Übrigen überzeugt der pauschale Verweis auf andere Finanzierungsmöglichkeiten auch deswegen nicht, weil die Annahme nicht zutrifft, dass das Erfolgshonorar immer teurer als bestimmte andere Finanzierungsmodelle sei.[692] Es wurde bereits dargestellt, dass das Erfolgshonorar in Ausnahmefällen die gegenüber der Kreditaufnahme günstigere Alternative sein kann.[693]

Somit ist die Erstattungsfähigkeit von Erfolgshonoraren nicht schon deswegen ausgeschlossen, weil es günstigere Finanzierungsmodelle gibt. Zutreffend hat *Fölsch* bereits bei der Einführung des Erfolgshonorars angemerkt, dass eine Verpflichtung zur Erstattung des Erfolgshonorars wünschenswert sein könnte, wenn dem Mandanten erst und allein durch die Vereinbarung eines Erfolgshonorars der Zugang zum Recht eröffnet worden ist.[694] Damit umschreibt *Fölsch* die zwei wesentlichen Abwägungskriterien, die bei der Erforderlichkeitsprüfung im Hinblick auf Finanzierungskosten zu beachten sind[695]: *erst* die Erfolgshonorarvereinbarung eröffnet den Zugang zum Recht, wenn es dem Anspruchsinhaber unter zumutbarem Einsatz seiner eigenen Mittel nicht möglich ist, seinen eigenen Rechtsanwalt zu vergüten. *Allein* das Erfolgshonorar eröffnet den Zugang zum Recht, wenn es keine günstigeren Finanzierungsalternativen gibt. Dieser Maßstab sollte auch für das Erfolgshonorar gelten, weil keine Gründe dafür ersichtlich sind, das Erfolgshonorar anders als andere Rechtsverfolgungs- oder Finanzierungskosten zu behandeln.

cc) Möglichkeit zur Prozessfinanzierung aus eigenen Mitteln oder mittels eines günstigeren Finanzierungsmodells

Hat der Anspruchsinhaber genügend Eigenmittel, deren Einsatz aus seiner Sicht vor Abschluss der Erfolgshonorarvereinbarung zumutbar gewesen

---

692 Das meint auch *Rensen*, MDR 2010, 182 (183) (vgl. dort die Formulierung „so wird man **in der Regel** zu dem Ergebnis gelangen, dass eine alternative Finanzierung der Prozesskosten erheblich günstiger gewesen wäre" (Hervorhebung durch den Verfasser)), kommt aber dennoch zu dem Ergebnis, dass eine Erstattung pauschal ausgeschlossen sei.
693 S. Kap. 5 B.
694 *Fölsch*, MDR 2008, 728 (731).
695 S. Kap. 5 C.II.2.c)aa).

wäre, um seinem Anwalt die gewünschte erfolgsunabhängige Vergütung zu bezahlen, ist die Vereinbarung eines Erfolgshonorars nicht erforderlich und das Erfolgshonorar daher nicht erstattungsfähig.[696] Die Erstattung der Erfolgsbeteiligung scheidet auch dann aus, wenn der Anspruchsinhaber mittels eines günstigeren Finanzierungsmodells, dessen Inanspruchnahme ihm vor Abschluss der Erfolgshonorarvereinbarung zumutbar gewesen wäre, seinen Rechtsanwalt hätte vergüten können. Die Möglichkeit zur Kreditaufnahme oder zur Inanspruchnahme der Prozesskostenhilfe schließt also in der Regel ebenfalls die spätere Erstattung des Erfolgshonorars aus.

Für die Kreditaufnahme gilt das nur dann nicht, wenn der Anspruchsinhaber darlegen kann, dass ein Kredit ausnahmsweise höhere Kosten als das Erfolgshonorar verursacht hätte.[697] Im Hinblick auf die Prozesskostenhilfe sind Fälle auszunehmen, in denen auszuschließen ist, dass ein geeigneter Rechtsanwalt dazu bereit gewesen wäre, den Rechtsstreit zu den – nach Bewilligung von Prozesskostenhilfe noch gekürzten[698] – gesetzlichen Gebühren zu übernehmen.[699] Für diese Fälle ist bereits anerkannt, dass Zeithonorare als Schaden ausnahmsweise erstattungsfähig sein können, weil der Abschluss einer Vergütungsvereinbarung erforderlich ist.[700] Dafür muss der Anspruchsinhaber keineswegs den unmöglichen Negativbeweis führen, dass keiner der in Deutschland zugelassenen Rechtsanwälte den Rechtsstreit übernommen hätte. Nach der Rechtsprechung des BGH zur Erstattungsfähigkeit von Zeithonoraren reicht insoweit aus, wenn der Anspruchsinhaber vorträgt, dass etwa wegen der Aufwendigkeit des Rechtsstreits und des geringen Streitwerts, oder wegen der für den Rechtsstreit erforderlichen Spezialisierung ein Rechtsanwalt zu den gesetzlichen Gebühren nicht gefunden werden kann.[701] Dasselbe sollte im Hinblick auf die Prozesskostenhilfe gelten, weil der Anspruchsinhaber keinen zur Vertretung bereiten Rechtsanwalt iSd § 121 Abs. 2 ZPO finden wird, wenn er schon darlegen kann, dass kein geeigneter Rechtsanwalt den Rechtsstreit zu den gesetzlichen Gebühren übernehmen würde.

---

696 aA *Lieberknecht*, NJW 2022, 3318 Rn. 14 (zur Prozessfinanzierung, aber auf das Erfolgshonorar übertragbar) mit dem Argument, dass der Kläger bei vergleichbaren Kosten keine für ihn selbst ungünstigere Option zur Schadensregulierung wählen müsse. Dann hätte die Voraussetzung der Erforderlichkeit aber überhaupt keine Bedeutung mehr, weil eine Fremdfinanzierung selbst dann erforderlich wäre, wenn ein Anspruchsinhaber genug Kapital hat; s. unter Kap. 5 C. V.3.a)bb).
697 Hierzu Kap. 5 B.
698 Kap. 3 B.II.2.b).
699 Vgl. für dieselbe Ansicht im Hinblick auf das Verhältnis zwischen Prozessfinanzierung und Prozesskostenhilfe *Lieberknecht*, NJW 2022, 3318 Rn. 16.
700 BGH, Urt. v. 16.7.2015 – IX ZR 197/14, NJW 2015, 3447 Rn. 58; BGH, Urt. v. 23.10.2003 – III ZR 9/03, NJW 2003, 3693 (3697 f.); vgl. schon Fn. 688.
701 BGH, Urt. v. 16.7.2015 – IX ZR 197/14, NJW 2015, 3447 Rn. 58.

Kap. 5 Finanzierungskosten und deren Erstattung

Dagegen spricht auch nicht, dass der Vorsitzende nach § 121 Abs. 5 ZPO auf Antrag des Anspruchsinhabers einen Rechtsanwalt beiordnet, der dann nach § 48 Abs. 1 Nr. 1 BRAO zur Vertretung des Anspruchsinhabers verpflichtet wäre. Das würde dem Anspruchsinhaber abverlangen, von vornherein darauf zu hoffen, dass der Vorsitzende ihm einen geeigneten Rechtsanwalt beiordnen wird, obwohl er sich bewusst ist, dass kein geeigneter Rechtsanwalt dazu gewillt sein wird, den Fall gegen die Vergütung aus der Prozesskostenhilfe zu übernehmen. Die Prozesskostenhilfe stellt sich in diesem Fall nicht als echte Alternative gegenüber der Vereinbarung eines Erfolgshonorars dar, bei welcher der Anspruchsinhaber selbst sicherstellen kann, dass ihn ein geeigneter Anwalt vertritt.

Erfolgshonorarvereinbarungen können somit in Fällen erforderlich sein, in denen der Anspruchsinhaber einen Rechtsanwalt aus seinen eigenen Mitteln oder über eine im Einzelfall günstigere Kreditaufnahme nicht erfolgsunabhängig hätte vergüten können, die Prozesskostenhilfe aber trotzdem keine echte Alternative zur Vereinbarung eines Erfolgshonorars wäre. Das betrifft Fälle, in denen der Anspruchsinhaber seinen Rechtsanwalt aus eigenen Mitteln nicht dessen gewünschte erfolgsunabhängige Vergütung hätte bezahlen können, die Voraussetzungen für die Prozesskostenhilfe aus Sicht des Anspruchsinhabers *ex ante* nicht vorlagen oder eine Beiordnung voraussichtlich nicht erfolgt wäre oder sich kein zur Vertretung bereiter Rechtsanwalt gegen die Vergütung bei Bewilligung von Prozesskostenhilfe gefunden hätte.

c) Abzug wegen drohender schadensrechtlicher Bereicherung

Mit Blick auf die Höhe des erstattungsfähigen Betrags eines Erfolgshonorars ist der Geschädigte nach der Differenzhypothese so zu stellen, wie er „*ohne die Dazwischenkunft eines bestimmten beschädigenden Ereignisses*"[702] stünde. Er soll durch den Schadensfall aber auch nicht besser stehen als ohne das schädigende Ereignis, indem er sich schadensrechtlich bereichert.[703] Beim Erfolgshonorar droht eine Bereicherung[704] dadurch, dass der Anspruchsinhaber im Rahmen der prozessualen Kostenerstattung bereits die fiktiven gesetzlichen Gebühren seines Rechtsanwalts von seinem Gegner ersetzt bekommt.[705] Sowohl bei einfachen Erfolgshonorarvereinbarungen[706] als

---

702 *Mommsen*, Zur Lehre von dem Interesse, 1855, S. 3.
703 MüKoBGB/*Flume*, § 249 Rn. 20.
704 Auf dieses Problem weist auch *Lieberknecht* im Hinblick auf die Verfahrenskosten bei der Prozessfinanzierung hin (*Lieberknecht*, NJW 2022, 1318 Rn. 18).
705 Kap. 5 C.IV.1.
706 Vgl. die Muster einfacher Erfolgshonorarvereinbarungen in *Mayer*, Das neue Erfolgshonorar, S. 55 und S. 57 (jeweils § 7).

auch bei Streitbeteiligungsvereinbarungen[707] erhält der Rechtsanwalt üblicherweise[708] nicht neben dem Erfolgshonorar auch noch die Erträge aus der prozessualen Kostenerstattung. Wenn der Anspruchsinhaber die fiktive gesetzliche Gebühr festsetzen ließe und das Erfolgshonorar als Schaden ersetzt verlangen würde, wäre er daher um die fiktive gesetzliche Gebühr bereichert. Die gesetzlichen Gebühren, die Gegenstand der prozessualen Kostenerstattung waren, sind somit vom Erfolgshonorar abzuziehen.

d) Begrenzung der Schadenshöhe im Hinblick auf die Kosten zur Auslagerung von Kostenrisiken

aa) Problemstellung

Nach Abzug der gesetzlichen Gebühren verbleiben als möglicherweise erstattungsfähige Bestandteile des Erfolgshonorars in erster Linie diejenigen Aufwendungen, die der Anspruchsinhaber dafür leistet, dass sein Rechtsanwalt das Ausfallrisiko im Hinblick auf dessen eigene Vergütung übernimmt. Unabhängig davon, wie genau der Rechtsanwalt sein Erfolgshonorar berechnet, muss er berücksichtigen, dass der Prozess verloren gehen könnte und er in diesem Fall nur eine geringere oder gar keine Vergütung erhält. Das kann dazu führen, dass der Rechtsanwalt im Erfolgsfall das doppelte von dem Honorar erhält, zu dem er den Rechtsstreit ohne die Vereinbarung eines Erfolgshonorars übernommen hätte.[709]

Wäre auch dieser Teil des Erfolgshonorars, also der Erfolgszuschlag, erstattungsfähig, würde das Misserfolgsrisiko im Ergebnis auf den Gegner übertragen werden. Das erscheint auf den ersten Blick nicht gerechtfertigt, lässt sich aber über den Schutzzweck der einschlägigen Anspruchsgrundlage für den materiell-rechtlichen Erstattungsanspruch begründen.

bb) Grundlagen zur Bestimmung des Schutzzwecks

In der Rechtsprechung des BGH ist anerkannt, dass die Schadensersatzpflicht durch den Schutzzweck der Norm begrenzt ist und, dass dieser Schutzzweck durch eine wertende Betrachtung zu ermitteln ist.[710] Eine

---

707 Vgl. das Muster einer Streitbeteiligungsvereinbarung in Schulze/Grziwotz/Lauda, Vertrags- und Prozessformularhandbuch, Anhang zu §§ 611 ff. Rn. 77, Klausel 6 des Musters.
708 Natürlich sind auch Erfolgshonorarvereinbarungen dergestalt denkbar, dass der Rechtsanwalt im Erfolgsfall die gesetzliche Gebühr aus der prozessualen Kostenerstattung und eine prozentuale Erfolgsbeteiligung erhält.
709 Kap. 3 C.IV.5.b)cc).
710 BGH, Urt. v. 9.12.2020 – VIII ZR 238/18, NJW 2021, 1232 Rn. 26; BGH, Urt. v. 2.4.2019 – VI ZR 13/18, NJW 2019, 1741 Rn. 30; BGH, Urt. v. 20.5.2014 – VI ZR 381/13, NJW 2014, 2190 Rn. 10.

Kap. 5 Finanzierungskosten und deren Erstattung

Schadensersatzpflicht besteht danach nur insoweit, als dass die Tatfolgen, für die Ersatz begehrt wird, aus dem Bereich der Gefahren stammen müssen, zu deren Abwendung die verletzte Norm erlassen oder die verletzte vertragliche oder vorvertragliche Pflicht übernommen worden ist.[711] Mit anderen Worten sind nur diejenigen Schäden ersatzfähig, deren Realisierung die verletzte Pflicht verhindern sollte.[712] Bei der Verletzung einer vertraglichen Pflicht ist also danach zu fragen, ob die verletzte Vertragspflicht gerade das Entstehen von Schäden der eingetretenen Art verhindern sollte.[713] Das setzt voraus, dass ein innerer Zusammenhang zwischen dem Schaden und der Gefahrenlage besteht, die der Schädiger durch die Verletzung der Vertragspflicht geschaffen hat.[714] Der Schädiger hat nur für diejenigen Schäden einzustehen, die die durch den Vertrag geschützten Interessen betreffen.[715]

Nach diesen Maßstäben wäre danach zu fragen, ob Aufwendungen, die der Geschädigte zur Auslagerung von Kostenrisiken getätigt hat, vom Schutzzweck einer entsprechenden Norm erfasst sind. Der Schutzzweck fordert dabei eine Untersuchung der konkret verletzten Norm oder Vertragspflicht: wenn die Norm oder Vertragspflicht eine Gefahrenlage verhindern soll, aus deren Bereich der streitgegenständliche Schaden stammt, ist der Schaden vom Schutzzweck erfasst.

Das LG Aachen[716] und *Rensen*[717] untersuchen bei der Frage, ob die Kosten der Prozessfinanzierung erstattungsfähig sind, demgegenüber nicht nur den Schutzzweck einer bestimmten Norm oder Vertragspflicht, sondern den Schutzzweck des Schadensrechts insgesamt. Dabei gelangen sie zu dem Ergebnis, dass der Schutzzweck des Schadensrechts der Berücksichtigung des mit der Übernahme des Kostenrisikos für den Fall des Unterliegens verbundenen Vorteils entgegenstünde, weil der Geschädigte hier den Erwerb eines Vermögenszuwachses und nicht lediglich die Kompensation einer erlittenen Einbuße unternehme.[718] Diese Argumentation überzeugt nicht. Sie kommt der Aussage gleich, dass es der Schutzzweck des Schadensrechts sei,

---

711 BGH, Urt. v. 9.12.2020 – VIII ZR 238/18, NJW 2021, 1232 Rn. 26; BGH, Urt. v. 22.5.2012 – VI ZR 157/11, NJW 2012, 2024 Rn. 14; BGH, Urt. v. 11.6.2010 – V ZR 85/09, NJW 2010, 2873 Rn. 24; BGH, Urt. v. 14.3.2006 – X ZR 46/04, NJW-RR 2006, 965 Rn. 9; BGH, Urt. v. 4.7.1994 – II ZR 126/93, NJW 1995, 126 (127 f.).
712 BGH, Urt. v. 11.6.2010 – V ZR 85/09, NJW 2010, 2873 Rn. 24.
713 BGH, Urt. v. 9.12.2020 – VIII ZR 238/18, NJW 2021, 1232 Rn. 27.
714 BGH, Urt. v. 9.12.2020 – VIII ZR 238/18, NJW 2021, 1232 Rn. 26; BGH, Urt. v. 22.5.2012 – VI ZR 157/11, NJW 2012, 2024 Rn. 14.
715 BGH, Urt. v. 9.12.2020 – VIII ZR 238/18, NJW 2021, 1232 Rn. 27; BGH, Urt. v. 22.9.2016 – VII ZR 14/16, NJW 2016, 3715 Rn. 14.
716 LG Aachen, Urt. v. 22.12.2009 – 10 O 277/09, BeckRS 2010, 28938.
717 *Rensen*, MDR 2010, 182 (183).
718 LG Aachen, Urt. v. 22.12.2009 – 10 O 277/09, BeckRS 2010, 28938; *Rensen*, MDR 2010, 182 (183).

Schäden auszugleichen und die Auslagerung des Kostenrisikos kein Schaden, sondern ein Vorteil sei. Eine genauere Aussage ließe sich zum Schutzzweck des Schadensrechts auch nicht treffen, weil der Schutzzweck jeder Anspruchsgrundlage, die auf den Ersatz von Schäden zielt, ein anderer ist. Darüber hinaus überzeugt es angesichts der Vielzahl möglicher Vertragsgestaltungen nicht, wegen des Schutzzwecks des Schadensrechts insgesamt die Ersatzfähigkeit von Aufwendungen zur Auslagerung von Kostenrisiken abzulehnen. Parteien sind grundsätzlich frei darin, vertragliche Risiken so zu verteilen, wie sie es für richtig halten. Daher ist es durchaus denkbar, dass der Schädiger nach dem Vertrag explizit das Risiko tragen muss, dass der Geschädigte sich einen Prozess aus eigenen Mitteln nicht leisten kann.

Somit ist nicht abstrakt der Schutzzweck des Schadensrechts zu ermitteln, sondern es ist danach zu fragen, ob der Schutzzweck der verletzten Norm oder Pflicht es rechtfertigt, dass der Schädiger die Aufwendungen zur Auslagerung von Kostenrisiken zu ersetzen hat.

cc) Schutzzweck der §§ 280 Abs. 1, 2, 286 BGB

In den meisten Fällen, in denen der Anspruchsinhaber auf einen Dritten zurückgreifen muss, um seinen Prozess zu finanzieren, werden die Voraussetzungen eines Verzugsschadens nach §§ 280 Abs. 1, 2, 286 BGB erfüllt sein. Der Anspruchsinhaber wird den Schuldner mehrfach zur Leistungserbringung auffordern und der Schuldner wird dennoch nicht geleistet haben. Dann wird der Gläubiger versuchen, sich seinen Prozess finanzieren zu lassen, weil er sonst sein Recht nicht durchsetzen kann. Typischerweise ist daher in Fällen, in denen der Anspruchsinhaber Aufwendungen zur Auslagerung von Kostenrisiken tätigt, zu prüfen, welchen Schutzzweck die §§ 280 Abs. 1, 2, 286 BGB und damit verbunden die Pflicht zur rechtzeitigen Leistungserbringung erfüllen. Das hängt davon ab,[719] welchen Gefahren der Gesetzgeber dadurch vorbeugen möchte, dass er die Nichtleistung auf Mahnung nach Fälligkeit einer Forderung als Pflichtverletzung ansieht und daraus folgend eine Schadensersatzpflicht anordnet.

Die Einführung der §§ 286 ff. BGB diente auch der Umsetzung der Richtlinie 2000/35/EG, die durch die Richtlinie RL 2011/7/EU[720] neu gefasst wurde.[721] Grund für den Erlass der Richtlinie war es, den Zahlungsverzug im Geschäftsverkehr zu bekämpfen und einer schlechten Zahlungsmoral

---

719 S. die Grundlagen zum Schutzzweck unter Kap. 5 C.IV.2.d)bb).
720 Richtlinie 2011/7/EU des Europäischen Parlaments und des Rates vom 16.2.2011 zur Bekämpfung von Zahlungsverzug im Geschäftsverkehr („RL 2011/7/EU").
721 BeckOK BGB/*Lorenz*, § 286 Rn. 1; MüKoBGB/*Ernst*, § 286 Rn. 1.

Kap. 5 Finanzierungskosten und deren Erstattung

entgegenzuwirken.[722] Insbesondere der Verzug mit Geldforderungen zeigt, welche Gefahren für den Gläubiger damit verbunden sind, dass sein Schuldner nicht rechtzeitig leistet. Ein Zahlungsverzug wirkt sich negativ auf die Liquidität eines Unternehmens aus und beeinträchtigt dessen Wettbewerbsfähigkeit und Wirtschaftlichkeit, wenn Gläubiger aufgrund des Zahlungsverzugs eine Fremdfinanzierung in Anspruch nehmen müssen.[723] Schlechterdings kann der Zahlungsverzug damit die Ursache von Insolvenzen sein und den Verlust von Arbeitsplätzen nach sich ziehen.[724] Gleichzeitig kann der Zahlungsverzug Vorteile für den Schuldner bringen, wenn das Beitreibungsverfahren schwerfällig ist und keine oder nur geringe Verzugszinsen vorgesehen sind.[725] Dann kann sich der Schuldner ein Zwangsdarlehen schlichtweg dadurch erschleichen, dass er dem Gläubiger das geschuldete Geld erst verspätet zahlt.

Ein Verzug kann damit erhebliche Nachteile für den Gläubiger mit sich bringen und gleichzeitig kann ein Anreiz für Schuldner bestehen, nicht rechtzeitig zu leisten und sich so selbst Liquidität zu erhalten. Dieser Gefahrenlage soll dadurch begegnet werden, dass die Verzugsrisiken zulasten des Schuldners verteilt werden.[726] Durch den Schadensersatz sollen insgesamt alle Nachteile des Gläubigers ausgeglichen werden, die sich aus der Verzögerung der Leistung ergeben.[727] Dadurch soll der Gläubiger schadlos gestellt werden und Schuldner sollen präventiv von einem Zahlungsverzug abgeschreckt werden.[728] Das erfordert nicht nur den Ersatz von Verzugszinsen. Bei Verzugszinsen handelt es sich lediglich um den pauschalierten Mindestschaden für die vorenthaltene Nutzungsmöglichkeit.[729] Eine gerechte Entschädigung des Gläubigers für den Verzug erfordert darüber hinaus (vgl. § 288 Abs. 4 BGB) insbesondere den Ersatz der entstandenen Beitreibungskosten[730] sowie beispielsweise auch den entgangenen Gewinn aus nicht getätigten Anlageschäden[731].

---

722 *Oelsner*, GPR 2013, 182; RL 2011/7/EU, Erwägungsgrund 3 („*mehr Zahlungsdisziplin*").
723 Erwägungsgrund 3 RL 2011/7/EU.
724 *Siebert-Reimer*, Der Anspruch auf Erstattung der Kosten der Prozessfinanzierung, S. 320; *Heinrichs*, BB 2001, 157.
725 Erwägungsgrund 12 RL 2011/7/EU.
726 *Siebert-Reimer*, Der Anspruch auf Erstattung der Kosten der Prozessfinanzierung, S. 320 unter Verweis auf *Haberzettl*, Verschulden und Versprechen, S. 215.
727 BeckOK BGB/*Lorenz*, § 286 Rn. 1.
728 Erwägungsgrund 4 RL 2011/7/EU.
729 BGH, Urt. v. 14.4.1983 – VII ZR 258/82; *Mankowski*, WM 2009, 921.
730 Erwägungsgrund 19 RL 2011/7/EU.
731 *Mankowski*, WM 2009, 921.

dd) Vereinbarkeit der Erstattungsfähigkeit des Risikozuschlags mit dem Schutzzweck der §§ 280 Abs. 1, 2, 286 BGB

Der Schutzzweck des Verzögerungsschadens stünde einer Erstattung der Aufwendungen zur Auslagerung von Kostenrisiken dann nicht entgegen, wenn die §§ 280 Abs. 1, 2, 286 BGB der Gefahr vorbeugen sollen, dass der Gläubiger wegen der Leistungsverzögerung klagen muss und zur Beauftragung eines Rechtsanwalts Kostenrisiken in Form eines Erfolgshonorars auslagern muss. Das LG Aachen[732] und *Rensen*[733] einerseits sowie *Siebert-Reimer*[734] andererseits sind der Frage bereits nachgegangen, ob die Aufwendungen zur Auslagerung von Kostenrisiken angesichts des Schutzzwecks erstattungsfähig sind, und sie sind dabei zu unterschiedlichen Ergebnissen gelangt.

(1) Darstellung der Ansicht von *Siebert-Reimer*

Siebert-Reimer meint im Hinblick auf die Prozessfinanzierung, dass die Aufwendungen, die dem Geschädigten als Gegenleistung für die Übernahme des im Falle des Unterliegens im Rechtsstreit um den verzögerten Anspruch bestehenden Kostenrisikos durch einen Dritten entstehen, vom Schutzzweck des § 286 BGB erfasst und nicht dem allgemeinen Lebensrisiko zuzurechnen seien.[735] Übertragen auf das Erfolgshonorar hieße das, dass das Erfolgshonorar auch insoweit erstattungsfähig wäre, als dass es eine Gegenleistung des Auftraggebers für die Übernahme des Kostenrisikos durch den Rechtsanwalt ist.

Nach *Siebert-Reimer* ist für die Frage, ob die Gegenleistung zur Auslagerung von Prozesskostenrisiken erstattungsfähig ist, entscheidend, ob das Risiko, in einem Prozess mit einem Schadensersatzanspruch zu unterliegen (Prozessrisiko), dem Schädiger zuzurechnen ist oder vom Geschädigten selbst zu tragen ist.[736] Ausgangspunkt der Argumentation von *Siebert-Reimer* ist ein Vergleich zu der Diskussion um die Erstattungsfähigkeit der anwaltlichen Kosten für die Einholung der Deckungszusage bei einer Rechtsschutzversicherung.[737] Auch hier sei umstritten, ob die anwaltlichen Kosten

---

732 LG Aachen, Urt. v. 22.12.2009 – 10 O 277/09, BeckRS 2010, 28938.
733 *Rensen*, MDR 2010, 182 (183).
734 *Siebert-Reimer*, Der Anspruch auf Erstattung der Kosten der Prozessfinanzierung, S. 341 ff.
735 *Siebert-Reimer*, Der Anspruch auf Erstattung der Kosten der Prozessfinanzierung, S. 343 ff.
736 *Siebert-Reimer*, Der Anspruch auf Erstattung der Kosten der Prozessfinanzierung, S. 341.
737 Vgl. hierzu und zum nachfolgenden *Siebert-Reimer*, Der Anspruch auf Erstattung der Kosten der Prozessfinanzierung, S. 341 ff.

Kap. 5 Finanzierungskosten und deren Erstattung

für die Einholung der Deckungszusage bei einer Rechtsschutzversicherung erstattungsfähig seien. Interessant sei dabei, dass auch der BGH von einer Erstattungsfähigkeit ausginge und daher offenbar kein Problem darin sähe, die Kosten für die Verlagerung von Risiken der Rechtsverfolgung auf einen Dritten als erstattungsfähige Schadensposition anzusehen.[738]

In einer Stellungnahme zu den gegensätzlichen Ansichten zur Erstattungsfähigkeit der anwaltlichen Kosten für die Einholung einer Deckungszusage gelangt *Siebert-Reimer* zu dem Ergebnis, dass Aufwendungen, die als Gegenleistung für die Übernahme von Kostenrisiken erbracht werden, erstattungsfähig seien.[739] Diese Behauptung stützt sie im Wesentlichen auf zwei Argumente. Erstens sei den §§ 91 ff. ZPO kein allgemeiner Rechtsgedanke dahingehend zu entnehmen, dass der Gesetzgeber jedem Rechtssuchenden das mit einem Unterliegen verbundene Kostenrisiko unabhängig von einem Verschulden zumute. Das zeige sich darin, dass die Geltendmachung von Schadensersatzansprüchen trotz der prozessualen Kostenerstattung nicht ausgeschlossen sei. Daher würde der Zurechnungszusammenhang in Gestalt des Schutzzwecks durch die Wertungen der §§ 91 ff. ZPO nicht unterbrochen. Zweitens sei das Unterliegensrisiko ein typisches Verzögerungsrisiko, bei dessen Verwirklichung der Schutzzweck der §§ 280 Abs. 1, 2, 286 BGB eingreife. Der Schutzzweck der Pflicht zur rechtzeitigen Leistungserbringung und der daran anknüpfenden Schadensersatzpflicht bestünde darin, den Wert einer Forderung zu erhalten. Der Wert einer Forderung werde aber durch das Beitreibungsrisiko gemindert, das unabhängig davon bestünde, ob die Forderung tatsächlich besteht oder nicht.[740] Der Anspruchsinhaber könne im Prozess beispielsweise auch dann unterliegen, wenn die streitgegenständliche Forderung tatsächlich besteht, sofern seinem Rechtsanwalt oder dem Gericht Fehler unterlaufen oder eine Beweisführung nicht gelingt. Zudem sei die Werthaltigkeit der Forderung auch dadurch gemindert, dass der Anspruchsgegner eine mangelnde Bonität aufweisen könnte. Daher überzeuge der Einwand nicht, dass der Schädiger über die Erstattung das Risiko dafür trage, dass der Geschädigte gegen ihn eine unberechtigte Forderung erhebe.[741]

---

738 *Siebert-Reimer*, Der Anspruch auf Erstattung der Kosten der Prozessfinanzierung, S. 253.
739 Hierzu und zum nachfolgenden *Siebert-Reimer*, Der Anspruch auf Erstattung der Kosten der Prozessfinanzierung, S. 341 ff.
740 *Siebert-Reimer*, Der Anspruch auf Erstattung der Kosten der Prozessfinanzierung, S. 344 ff.
741 *Siebert-Reimer*, Der Anspruch auf Erstattung der Kosten der Prozessfinanzierung, S. 344.

C. Erstattungsfähigkeit der Finanzierungskosten   Kap. 5

(2) Stellungnahme zur Ansicht von *Siebert-Reimer*

Die Ansicht, dass das Prozessrisiko vom Schutzzweck des § 286 BGB erfasst sei, überzeugt nicht. Die §§ 280 Abs. 1, 2, 286 BGB können nicht der Gefahr vorbeugen, dass Gerichte zu Unrecht eine berechtigte Forderung für unberechtigt halten. Daher können die §§ 280 Abs. 1, 2, 286 BGB auch nicht vor einem Prozessrisiko bei berechtigten Forderungen schützen.

(a) Vergleich zur Diskussion um die Erstattungsfähigkeit der anwaltlichen Kosten für die Einholung einer Deckungszusage

Schon im Ausgangspunkt überzeugt der Vergleich zu der Diskussion um die Erstattungsfähigkeit der anwaltlichen Kosten für die Einholung einer Deckungszusage bei einer Rechtsschutzversicherung nicht. Aufwendungen zur Einholung einer Deckungszusage sind gerade nicht „*Aufwendungen, die als Gegenleistung für die Übernahme von Kostenrisiken erbracht werden*"[742]. Richtigerweise müsste die Erstattung der Kosten der Prozessfinanzierung mit der Erstattung der Beiträge des Versicherungsnehmers bei der Rechtsschutzversicherung verglichen werden. Die Beitragsleistung ist nämlich die Gegenleistung dafür, dass der Rechtsschutzversicherer sich dazu verpflichtet, Kostenrisiken zu übernehmen. Es ist aber unstreitig, dass der Anspruchsgegner dem Geschädigten seine Beiträge zur Rechtsschutzversicherung nicht zu erstatten hat. Durch die Beiträge erkauft sich der Anspruchsinhaber einen Versicherungsschutz nicht nur im Hinblick auf seinen konkreten Rechtsstreit mit dem Schädiger, sondern in Bezug auf eine unbestimmte Anzahl künftiger Rechtsstreitigkeiten.[743]

(b) Unterliegensgefahr als typisches Verzögerungsrisiko

Nicht überzeugend ist demgegenüber wiederum, die Unterliegensgefahr als typische Verzugsgefahr anzusehen, der die §§ 280 Abs. 1, 2, 286 BGB vorbeugen sollen. Es trifft zu, dass Gerichte aus verschiedenen Gründen zu der Ansicht gelangen können, dass eine Forderung nicht besteht, obwohl sie tatsächlich besteht. Demnach kann sich der Schädiger in den von *Siebert-Reimer* geschilderten Fällen faktisch in Verzug befinden, obwohl die bestehende Forderung des Geschädigten fälschlicherweise für unberechtigt gehalten wird. In diesen Fällen müssten Gerichte aber zu der Ansicht gelangen, dass sich der Schuldner gar nicht in Verzug befindet, weil das Bestehen der Forderung Voraussetzung des Verzugs ist. Der Gefahrenlage eines Fehlurteils

---

742 *Siebert-Reimer*, Der Anspruch auf Erstattung der Kosten der Prozessfinanzierung, S. 341.
743 Daher lässt sich auch keine Aussage zu den Kosten der Rechtsschutzversicherung im Vergleich zu den anderen Finanzierungsmodellen treffen, s. Kap. 5 B.

Kap. 5 Finanzierungskosten und deren Erstattung

können die §§ 280 Abs. 1, 2, 286 BGB aber ebenso wenig wie sonstige Anspruchsgrundlagen vorbeugen.

Gegen die Erstreckung des Schutzzwecks auf das Prozessrisiko spricht weiterhin, dass die Gründe dafür, dass ein Gericht zu Unrecht davon ausgehen könnte, dass eine Forderung nicht besteht, mehrheitlich aus der Sphäre des Geschädigten stammen. Sie sind damit nicht nur dem allgemeinen Lebensrisiko, sondern dem Geschädigten selbst zuzurechnen. Er hat es in der Hand, einen qualifizierten Anwalt auszuwählen oder sich bei diesem schadlos zu halten, wenn er Fehler begeht. Weiterhin kann der Geschädigte seinen Privat- oder Geschäftsbereich so organisieren, dass ihm eine Beweisführung im Zweifelsfall gelingen kann. Gerichtsfehler können durch Rechtsmittel korrigiert werden. Soweit diese zulässig sind, hat es wiederum der Geschädigte in der Hand, das Unterliegensrisiko zu beseitigen. Insgesamt liegt es demnach im Wesentlichen am Kläger, ob er einen Prozess gewinnt, wenn er eine berechtigte Forderung einklagen möchte.

Dass über die Zurechnung des Prozessrisikos nicht begründet werden kann, dass der Schädiger die Aufwendungen zur Auslagerung des Kostenrisikos zu tragen hat, zeigt auch folgende Erwägung: selbst wenn theoretisch überhaupt kein Unterliegensrisiko des Geschädigten bestünde, weil der Fall in rechtlicher und tatsächlicher Hinsicht klar wäre und auch keine Beweisschwierigkeiten bestünden, würde ein Finanzierer – beim Erfolgshonorar in Gestalt des Rechtsanwalts – für den Erfolgsfall einen Risikozuschlag vorsehen. Denn ein Risiko besteht aus Sicht des Finanzierers alleine deswegen, weil er die Erfolgsaussichten bereits bei Vertragsschluss mit seinem Mandanten und damit zu einem Zeitpunkt prognostizieren muss, zu dem der Prozess in der Regel noch nicht einmal eingeleitet wurde.[744] Zu diesem Zeitpunkt muss der Rechtsanwalt aber berücksichtigen, dass ihm beispielsweise relevante Tatsachen noch nicht bekannt sein könnten oder, dass der Schädiger Einwendungen erheben könnte, von denen der Rechtsanwalt noch keine Kenntnis haben kann. Die Prognose des Rechtsanwalts berücksichtigt also – wie auch die Prognose des Prozessfinanzierers – nicht nur das tatsächliche Unterliegensrisiko. Selbst wenn man dem Schuldner also das Prozessrisiko zurechnen wollte, wäre die Gegenleistung zur Auslagerung des Prozessrisikos mit den vorgebrachten Argumenten zumindest teilweise nicht zurechenbar.

---

744 Daher darf der Rechtsanwalt in der Regel von einer Erfolgswahrscheinlichkeit von 50 % ausgehen (hierzu bereits unter Kap. 3 C.IV.5.b)cc)).

(3) Eigene Ansicht zur Erstattungsfähigkeit von Kosten zur Auslagerung von Prozesskostenrisiken

Mithin lässt sich eine Zurechnung der Auslagerung von Kostenrisiken nicht damit begründen, dass dem Schädiger das Prozessverlustrisiko zuzurechnen sei. Nichtsdestotrotz überzeugt auch die Ansicht des LG Aachen[745] und von *Rensen*[746] nicht, wonach die Aufwendungen, die der Geschädigte als Gegenleistung dafür erbringt, dass er Kostenrisiken auslagert, nie erstattungsfähig wären. Zuzustimmen ist *Siebert-Reimer* insoweit, als dass – wie bereits erläutert[747] – die §§ 91 ff. ZPO nicht Ausdruck einer bewussten Risikoverteilung sind, die auf materielle Ersatzansprüche durchschlägt.[748] Außerdem entspricht es dem Schutzzweck des Verzögerungsschadens, der Gefahr vorzubeugen, dass der Gläubiger Kosten für die Beitreibung der Forderung aufwenden muss und, dass der Gläubiger wegen des Verzugs eine Fremdfinanzierung in Anspruch nehmen muss.[749] Zusammengefasst lässt sich daraus ableiten, dass der Verzögerungsschaden auch der Gefahr vorbeugen soll, dass der Gläubiger eine Fremdfinanzierung in Anspruch nehmen muss, um seine Forderung beitreiben zu können, weil der Schuldner mit deren Erfüllung in Verzug ist. Übertragen auf die Erstattungsfähigkeit von Erfolgshonoraren wären Aufwendungen zur Auslagerung des Kostenrisikos nach dem Schutzzweck des Verzögerungsschadens also immer dann erstattungsfähig, wenn die Vereinbarung eines Erfolgshonorars dem Grunde nach erforderlich ist. Die Erforderlichkeitsprüfung führt nämlich dazu, dass die Erstattungsfähigkeit von Erfolgshonoraren von vornherein nur dann in Betracht kommt, wenn dem Gläubiger keine andere Alternative zur Verfügung stand, als ein Erfolgshonorar zu vereinbaren und er damit eine Fremdfinanzierung in Gestalt des Erfolgshonorars in Anspruch nehmen muss.[750]

Das LG Aachen[751] und *Rensen*[752] wenden dagegen ein, dass sich der Gläubiger durch die Auslagerung von Kostenrisiken einen wirtschaftlichen Vorteil verschaffen würde, der über die Schadenskompensation hinausginge. Wenn der Geschädigte aber gezwungen ist, ein Erfolgshonorar zu vereinbaren, um seine Rechte geltend machen zu können, kann nicht davon die Rede sein, dass er sich einen Vorteil verschafft. Genau diese Fälle, in denen ein fakti-

---

745 LG Aachen, Urt. v. 22.12.2009 – 10 O 277/09, BeckRS 2010, 28938.
746 *Rensen*, MDR 2010, 182.
747 Mit Blick auf die Erstattung von Darlehenszinsen unter Kap. 5 C.III.2.a).
748 *Siebert-Reimer*, Der Anspruch auf Erstattung der Kosten der Prozessfinanzierung, S. 350 ff.; aA LG Aachen, Urt. v. 22.12.2009 – 10 O 277/09 – BeckRS 2010, 28938; *Rensen*, MDR 2010, 182 (183).
749 Zur Bestimmung des Schutzzwecks des Verzugsschadens unter Kap. 5 C.IV.2.d)cc).
750 Kap. 5 C.IV.2.b).
751 LG Aachen, Urt. v. 22.12.2009 – 10 O 277/09, BeckRS 2010, 28938.
752 *Rensen*, MDR 2010, 182 (183).

Kap. 5 Finanzierungskosten und deren Erstattung

scher Zwang zum Abschluss einer Erfolgshonorarvereinbarung besteht, verbleiben aber nach der Erforderlichkeitsprüfung.[753] Über den Schutzzweck lässt sich die Ersatzpflicht daher nicht beschränken. Denn dazu müsste man dem Verzugsschaden einen Normzweck zuschreiben, wonach der Geschädigte besonders hohe Schäden selbst tragen muss.[754]

Gegen die Erstattungsfähigkeit ließe sich allenfalls einwenden, dass der Schädiger – abgesehen von dem Vermögensnachteil infolge der Schädigungshandlung – keinen Einfluss auf die wirtschaftliche Lage des Geschädigten hat. Daraus lässt sich aber nicht der Schluss ziehen, dass der Zurechnungszusammenhang zumindest dann entfallen müsste, wenn der Schädiger keine Kenntnis von den wirtschaftlichen Verhältnissen des Geschädigten hatte. Die Zurechnung entfällt beispielsweise auch dann nicht, wenn der Geschädigte infolge körperlicher Anomalien oder Dispositionen besonders schadensanfällig ist.[755] Dem liegt der Gedanke zugrunde, dass der Schädiger sich fehlverhalten hat und daher nicht darauf vertrauen kann, dass er auf einen Geschädigten trifft, der dem Durchschnitt entspricht, also nicht an besonderen Vorerkrankungen leidet.[756] Dasselbe Argument lässt sich auch auf die Frage übertragen, ob es dem Schädiger zugerechnet werden kann, dass der Geschädigte keine finanziellen Mittel hat und deswegen Hilfe in Anspruch nehmen muss. Es ist der Schädiger, der durch die Verzögerung der Leistung die Notwendigkeit dafür schafft, dass sich der Geschädigte den Rechtsstreit fremdfinanzieren lassen muss. Daher darf er nicht darauf vertrauen, dass er auf einen solventen Geschädigten treffen wird, der sich den Prozess selbst leisten können wird. Darüber hinaus leuchtet es gerade auch dann ein, den Zurechnungszusammenhang zu bejahen, wenn der Schädiger seine Schädigungshandlung in Kenntnis der finanziellen Verhältnisse des Geschädigten deswegen ausführt, weil er meint, der Geschädigte habe nicht die nötigen finanziellen Mittel, um seinen Anspruch notfalls gerichtlich durchzusetzen.[757] Wenn der Schädiger darauf spekuliert, dass der Geschädigte sich nicht zur Wehr setzen kann, soll er nicht davon profitieren, dass

---

753 Kap. 5 C.IV.2.b)cc).
754 MüKoBGB/*Oetker*, § 249 Rn. 139 für die Fallgruppe der Schadensgeneigtheit.
755 HK-BGB/*Staudinger*, § 823 Rn. 53 mit dem Beispiel, dass der Geschädigte Bluter ist; BGH, Urt. v. 15.3.205 – VI ZR 356/03, NJW-RR 2005, 897 (898) mwN zur stRspr.; die Rspr. Ist nicht auf Personenschäden beschränkt, s. MüKoBGB/*Oetker*, § 249 Rn. 138.
756 So etwa BGH, Urt. V. 13.7.1989 – III ZR 64/88, NJW 1989, 2616 (2617): „*Damit, daß der durch seine Vorfahrtverletzung betroffene Verkehrsteilnehmer ein Hypertoniker sein kann, muß der Schädiger immer rechnen.*".
757 Ähnlich *Wilske/Markert*, Zur Erstattungsfähigkeit des Erfolgshonorars in Schiedsverfahren, S. 804.

der Geschädigte einem Rechtsanwalt einen Erfolgszuschlag versprechen muss, um doch zu seinem Recht zu kommen.[758]

ee) Verlagerung von Kostenrisiken als auszugleichender Vorteil?

Zuletzt könnte die Auslagerung von Kostenrisiken einen Vorteil darstellen, den sich der Anspruchsinhaber im Rahmen der Vorteilsausgleichung anrechnen lassen muss. Auch wenn, wie soeben erläutert,[759] im Rahmen der normativen Zurechnung nicht die Rede davon sein kann, dass sich der Anspruchsinhaber in den relevanten Fällen mit der Erfolgshonorarvereinbarung einen Vorteil verschafft, kann doch nicht bestritten werden, dass der Anspruchsinhaber nach Vereinbarung eines Erfolgshonorars einen Vorteil gegenüber einem Dritten hat, der den Prozess aus eigenen Mitteln bestreitet. Für Letzteren realisiert sich nämlich das Kostenrisiko, wenn er im Prozess unterliegt. Dieser Vorteil könnte anzurechnen sein, auch wenn er den Zurechnungszusammenhang nicht entfallen lässt. Dem vergleichbar möchte *Lieberknecht* Aufwendungen zur Auslagerung des Gegenkostenrisikos bei der gewerblichen Prozessfinanzierung abziehen, weil er als Richtschnur für die Vorteilsausgleichung das Ziel vorgibt, „*den TPF-finanzierten Anspruchsinhaber nicht besser zu stellen als einen autark prozessierenden Kläger.*"[760]

Gegen die Anrechnung des mit der Auslagerung des Kostenrisikos erlangten Vorteils spricht aber, dass über die Vorteilsausgleichung kein Vergleich zu einem Kläger gezogen werden kann, der aus eigenen Mitteln prozessiert. Die Vorteilsausgleichung fragt danach, ob beim Geschädigten eine Vermögensmehrung eingetreten ist, die er ohne das schädigende Ereignis nicht gehabt hätte.[761] Ohne das schädigende Ereignis hätte der Geschädigte überhaupt keine Klage erheben müssen. Er hätte also auch keine Kostenrisiken tragen müssen. Das gilt auch dann, wenn man den Vorteil des Klägers darin sähe, dass er durch die Auslagerung des Prozesskostenrisikos Verluste vermeiden kann. Es ist im Rahmen der Vorteilsausgleichung anerkannt, dass ein Vorteil in der Vermeidung von Verlusten bestehen kann, die der Geschädigte ohne

---

758 Ähnliche Gesichtspunkte rechtfertigen die Prozesskostenhilfe für Insolvenzverwalter, weil gerade hier droht, dass sich Gläubiger am Vermögen des (späteren) Insolvenzschuldners bedienen, da sich dieser wegen Vermögenslosigkeit nicht zur Wehr setzen können wird, vgl. etwa BGH, Beschl. V. 27.9.1990 – IX ZR 250/89, NJW 1991, 40 (41); *Uhlenbruck*, KTS 1988, 435; *Pape*, ZIP 1988, 1293 (1294).
759 Kap. 5 C.IV.2.d)dd)(3).
760 *Lieberknecht*, NJW 2022, 3318 Rn. 17.
761 Deswegen fällt die Abgrenzung zwischen dem Gesamtvermögensvergleich, der im Rahmen der Differenzhypothese vorzunehmen ist, und der Vorteilsausgleichung schwer (vgl. *Ganter*, NJW 2012, 801).

das schädigende Ereignis erlitten hätte.[762] Ohne das schädigende Ereignis hätte der Geschädigte aber wiederum seinen Anspruch überhaupt nicht verfolgen müssen. Daher hätte ohne das schädigende Ereignis überhaupt kein Kostenrisiko bestanden, das hätte ausgelagert werden müssen. Die Vorteilsausgleichung steht der Erstattung der Aufwendungen zur Auslagerung von Kostenrisiken in den dargestellten Ausnahmefällen daher nicht entgegen.

ff) Zwischenergebnis

Nach hier vertretener Ansicht ist das Prozessverlustrisiko nicht vom Schutzzweck des Verzugsschadens erfasst. Das Risiko, in einem Prozess zu unterliegen, ist dem Geschädigten selbst zuzurechnen, weil das Bestehen der Hauptforderung Voraussetzung für den Verzug ist und es der Geschädigte im Übrigen selbst in der Hand hat, berechtigte Forderungen so einzuklagen, dass er obsiegt. Nichtsdestotrotz sind vom Schutzzweck der §§ 280 Abs. 1, 2, 286 BGB Fälle erfasst, in denen der Geschädigte fremde Mittel beziehen muss, um seine Forderung gegen den Schädiger beitreiben zu können. Damit sind genau diejenigen Fälle angesprochen, in denen die Vereinbarung eines Erfolgshonorars dem Grunde nach erforderlich ist. Der Prüfung des Schutzzwecks kommt also keine besondere Bedeutung zu, wenn eine Erfolgshonorarvereinbarung dem Grunde nach erforderlich ist. Dann sind auch die Aufwendungen zur Auslagerung des Kostenrisikos erstattungsfähig.

e) Hinweisobliegenheit vor Vereinbarung eines Erfolgshonorars?

Auch bei Erfolgshonorarvereinbarungen ist – wie beim Darlehen[763] – nicht davon auszugehen, dass der Schuldner bei einer entsprechenden Warnung vor dem Abschluss die Hauptforderung erfüllt hätte oder gar die Rechtsanwaltskosten für den Gläubiger vorfinanzieren würde, indem er dessen Rechtsanwalt erfolgsunabhängig bis zum Ausgang des Prozesses vergüten würde.[764]

3. Ergebnis

Das Erfolgshonorar ist nach hier vertretener Ansicht über die prozessuale Kostenerstattung nur bis zur gesetzlichen Vergütung erstattungsfähig. Eine

---

762 BGH, Urt. v. 15.12.1988 – III ZR 110/87, NJW 1989, 2117; Grüneberg/*Grüneberg*, vor § 249 Rn. 72; MüKoBGB/*Oetker*, § 249 Rn. 229.
763 Kap. 5 C.III.2.c).
764 Der Frage wird noch einmal im Hinblick auf die Prozessfinanzierung unter Kap. 5 C.V.3.b)ee) nachgegangen, weil es dort angesichts der hohen Finanzierungskosten und der daraus resultierenden Schadenshöhe naheliegender ist, dass eine Obliegenheit zur Warnung besteht.

materiell-rechtliche Kostenerstattungspflicht kann bestehen, wenn die Voraussetzungen einer entsprechenden Anspruchsgrundlage erfüllt sind, also insbesondere die Vereinbarung eines Erfolgshonorars erforderlich war. Die Vereinbarung eines Erfolgshonorars ist dann nicht erforderlich, wenn es dem Anspruchsinhaber zumutbar gewesen wäre, seinen Rechtsanwalt aus eigenen Mitteln erfolgsunabhängig zu vergüten oder ihm ein anderes Finanzierungsmittel zur Verfügung stand, das im Einzelfall geringere Kosten als eine Erfolgshonorarvereinbarung verursacht hätte. Der Anspruchsinhaber kann aber nur dann auf andere Finanzierungsmodelle verwiesen werden, wenn diese echte Alternativen gegenüber einer Erfolgshonorarvereinbarung gewesen wären. Das setzt insbesondere voraus, dass die Voraussetzungen eines alternativen Finanzierungsmodells erfüllt waren.

Wenn das Erfolgshonorar danach grundsätzlich materiell-rechtlich erstattungsfähig ist, ist von ihm die gesetzliche Gebühr des Rechtsanwalts abzuziehen, wenn diese bereits Gegenstand der prozessualen Kostenerstattung war. Andernfalls wäre der Geschädigte schadensrechtlich bereichert. Im Übrigen ist der zu erstattende Betrag nicht um die Aufwendungen zur Auslagerung des Kostenrisikos zu reduzieren. Nach dem Schutzzweck des Verzugsschadens sind diese Aufwendungen dem Schädiger zuzurechnen, weil die §§ 280 Abs. 1, 2, 286 BGB gerade auch der Gefahr vorbeugen sollen, dass sich der Geschädigte die Kosten zur Beitreibung der Forderung fremdfinanzieren lassen muss. Wenn die Vereinbarung eines Erfolgshonorars dem Grunde nach erforderlich war, steht damit fest, dass der Anspruchsinhaber keine andere Wahl hatte, als ein Erfolgshonorar zu vereinbaren. Der Schutzzweck steht dann also nicht der Erstattung des Erfolgszuschlags entgegen.

V. Erstattung der Erfolgsbeteiligung bei der gewerblichen Prozessfinanzierung

1. Problemstellung

Die gewerbliche[765] Prozessfinanzierung verursacht in der Regel die höchsten Finanzierungskosten, kann den Anspruchsinhaber aber zeitgleich vollumfänglich gegenüber Prozesskostenrisiken absichern. Wäre die Erfolgsbeteiligung des Finanzierers also immer voll zu erstatten, wäre dem Anspruchsinhaber in der Regel dieses Finanzierungsmodell zu empfehlen: im Misserfolgsfall müsste er dann keine Kosten tragen und im Erfolgsfall wären die Kosten des Prozessfinanzierers vom Schädiger zu tragen. Die Erstattungsfähigkeit der Finanzierungskosten wird für den Anspruchsinhaber

---

765 Soweit in diesem Abschnitt von der „Prozessfinanzierung" die Rede ist, ist immer die gewerbliche Prozessfinanzierung gemeint.

Kap. 5 Finanzierungskosten und deren Erstattung

also insbesondere im Hinblick auf die Prozessfinanzierung vor der Wahl eines Finanzierungsmodells relevant sein.

Gerade weil die Prozessfinanzierung Vorteile gegenüber der Prozessfinanzierung aus eigenen Mitteln für den Anspruchsinhaber bringt, haben Rechtsprechung[766] und Teile der Literatur[767] die Erstattungsfähigkeit der Kosten der Prozessfinanzierung abgelehnt. Auch der BGH hat ohne Begründung die Erstattungsfähigkeit der Kosten der Prozessfinanzierung als Verzugsschaden in einem *obiter dictum* mit Verweis auf Entscheidungen des LG Aachen und OLG München abgelehnt.[768] Das LG Aachen musste die Frage, ob die Kosten der Prozessfinanzierung im konkreten Fall erstattungsfähig waren, jedoch nicht beantworten.[769] Es ging wie nach hier vertretener Ansicht davon aus, dass die Inanspruchnahme eines Prozessfinanzierers dem Grunde nach erforderlich sein muss und der Anspruchsinhaber für diese anspruchsbegründende Tatsache darlegungs- und beweispflichtig ist. In dem konkreten Fall hatte der Anspruchsteller aber nicht dazu vorgetragen, warum die Inanspruchnahme eines Prozessfinanzierers erforderlich ist. Ähnlich lag es bei dem Fall, den das OLG München zu entscheiden hatte:[770] Hier hatte die Klägerin schon die Kosten der Prozessfinanzierung nicht hinreichend dargelegt und im Übrigen nicht dazu vorgetragen, dass ein Fremdfinanzierungsbedarf bestand und dass die Prozessfinanzierungskosten, wie von ihr behauptet, günstiger als eine Kreditaufnahme waren. Daher bleibt abzuwarten, ob die Rechtsprechung auch dann davon ausgehen wird, dass die Erstattung von Kosten der Prozessfinanzierung ausscheidet, wenn die Inanspruchnahme eines Prozessfinanzierers tatsächlich erforderlich war und der Anspruchsinhaber entsprechend vorträgt.

In der Literatur gelangen Autoren, die sich ausführlich mit dieser Frage auseinandersetzen, zu dem Ergebnis, dass die Kosten der Prozessfinanzierung unter bestimmten Voraussetzungen erstattungsfähig sind.[771]

---

766 OLG München, Urt. v. 21.4.2011 – 1 U 2363/19, BeckRS 2011, 12191 (unter F.); LG Aachen, Urt. v. 22.12.2009 – 10 O 277/09 – BeckRS 2010, 28938.
767 *Rensen*, MDR 2010, 182 (der Autor war jedoch Richter am LG Aachen, sodass es nicht verwundert, dass er die Ansicht des LG Aachen (LG Aachen, Urt. v. 22.12.2009 – 10 O 277/09 – BeckRS 2010, 28938) teilt).
768 BGH, Urt. v. 13.9.2018 – I ZR 26/17, NJW 2018, 3581 Rn. 44 mit Verweis auf OLG München, Urt. v. 21.4.2011 – 1 U 2363/19, BeckRS 2011, 12191 und LG Aachen, Urt. v. 22.12.2009 – 10 O 277/09, BeckRS 2010, 28938.
769 LG Aachen, Urt. v. 22.12.2009 – 10 O 277/09, BeckRS 2010, 28938.
770 OLG München, Urt. v. 21.4.2011 – 1 U 2363/19, BeckRS 2011, 12191.
771 *Siebert-Reimer*, Der Anspruch auf Erstattung der Kosten der Prozessfinanzierung, *passim*; *Lieberknecht*, NJW 2022, 3318.

2. Prozessuale Kostenerstattung

Nach allgemeiner Ansicht können die Kosten der Prozessfinanzierung nicht im Rahmen der prozessualen Kostenerstattung berücksichtigt werden.[772] Die Prüfung, ob ein Finanzierungsvertrag zur zweckentsprechenden Rechtsverfolgung im Sinne des § 91 Abs. 1 S. 1 ZPO notwendig war, würde auch[773] bei der Prozessfinanzierung eine umfangreiche Sachaufklärung erfordern, die sich mit der Einfachheit und Praktikabilität des Kostenfestsetzungsverfahrens nicht verträgt.[774]

3. Materiell-rechtliche Kostenerstattung
a) Erforderlichkeit der Prozessfinanzierung dem Grunde nach
aa) Kein genereller Vorrang anderer Finanzierungsmodelle

Gestritten wird ausschließlich darüber, ob die Finanzierungskosten materiell-rechtlich erstattungsfähig sind, wenn die Voraussetzungen einer entsprechenden Anspruchsgrundlage erfüllt sind.[775] Das setzt voraus, dass der Abschluss eines Finanzierungsvertrags aus Sicht eines verständigen Menschen in der Lage des Geschädigten *ex ante* erforderlich gewesen ist, um die Folgen der Rechtsgutsverletzung zu beseitigen.[776]

Dabei überzeugt es, wie im Hinblick auf das Erfolgshonorar bereits dargestellt[777], nicht, der Prozessfinanzierung die Erforderlichkeit von vornherein abzusprechen, weil Anspruchsinhaber den Prozess aus eigenen Mitteln, über einen Kredit oder über die Prozesskostenhilfe finanzieren könnten.[778] Dagegen spricht vor allem, dass nicht in jedem Fall die Voraussetzungen anderer Finanzierungsmodelle vorliegen. Es steht daher nicht von vornherein fest, dass mittellose Parteien Prozesskostenhilfe beanspruchen können und Parteien mit hinreichenden Mitteln den Prozess selbst finanzieren oder einen Kredit aufnehmen können.

---

772 LG Aachen, Urt. v. 22.12.2009 – 10 O 277/09, BeckRS 2010, 28938; BeckOK ZPO/*Jaspersen*, § 91 Rn. 133.2; *Lieberknecht*, NJW 2022, 3318; *Siebert-Reimer*, Der Anspruch auf Erstattung der Kosten der Prozessfinanzierung, S. 198 ff.; *Rensen*, MDR 2010, 182.
773 Vgl. für dieselbe Argumentation im Hinblick auf das Darlehen unter Kap. 5 C.III.1 und das Erfolgshonorar unter Kap. 5 C.IV.1.
774 *Rensen*, MDR 2010, 182.
775 Zust. *Lieberknecht*, NJW 2022, 3318; *Siebert-Reimer*, Der Anspruch auf Erstattung der Kosten der Prozessfinanzierung, S. 242 ff.; abl. LG Aachen, Urt. v. 22.12.2009 – 10 O 277/09, BeckRS 2010, 28938; *Rensen*, MDR 2010, 182.
776 *Lieberknecht*, NJW 2022, 3318 (3320).
777 Kap. 5 C.IV.2.b)bb).
778 So *Rensen*, MDR 2010, 182 (183).

Kap. 5 Finanzierungskosten und deren Erstattung

Die Erforderlichkeit erfordert eine Abwägung der Interessen zwischen dem Gläubiger und dem Schuldner im Einzelfall. Dabei ist entscheidend, ob der Anspruchsinhaber den Prozess aus eigenen Mitteln hätte finanzieren können oder ihm ein günstigeres Finanzierungsmodell zur Verfügung stand. Dementsprechend forderte etwa auch das OLG München einen Vortrag der Klägerin dahingehend, warum sie den Rechtsstreit fremdfinanzieren musste und warum die Prozessfinanzierungskosten günstiger als die Kosten einer Kreditaufnahme sein sollten.[779]

bb) Möglichkeit zur Prozessfinanzierung aus eigenen Mitteln

Es wurde bereits dargestellt, dass die Erforderlichkeit zu verneinen ist, wenn der Anspruchsinhaber den Prozess aus eigenen Mitteln hätte finanzieren können.[780] *Lieberknecht* zweifelt dies jedoch an, weil der Erwartungswert einer Drittfinanzierung demjenigen einer autarken Prozessfinanzierung, das heißt einer Prozessfinanzierung aus eigenen Mitteln, entsprechen könne, wenn man die Erfolgsbeteiligung des Finanziers ersatzfähig stellen würde.[781] Weil der Kläger bei vergleichbaren Kosten keine für ihn selbst ungünstigere Option zur Schadensregulierung wählen müsse, könne daher die Erforderlichkeit auch in diesem Fall gegeben sein.[782]

Ausgangspunkt dieser Ansicht[783] ist ein Aufsatz von *Eidenmüller*, der die quantitative Analyse und Bewertung von Entscheidungen unter Unsicherheit zum Gegenstand hat.[784] *Eidenmüller* stellt dar, wie Prozesskostenrisiken nicht nur qualitativ (im Sinne der Höhe der Gewinnchancen), sondern auch quantitativ zu bewerten sind. Dafür schlägt er vor, einen Erwartungswert für jeden von mehreren Lösungswegen zu bilden und in der Entscheidung für einen bestimmten Lösungsweg zu berücksichtigen, welcher Erwartungswert der höchste sei.[785] Als Erwartungswert definiert *Eidenmüller* das Produkt aus dem Wert dieses Ereignisses und der Wahrscheinlichkeit seines Eintretens.[786] Im Wesentlichen ordnet *Eidenmüller* also jedem von mehreren

---

779 OLG München, Urt. v. 21.4.2011 – 1 U 2363/19, BeckRS 2011, 12191 (unter F.).
780 Kap. 5 C.II.2.c)aa); so auch die hM in Bezug auf die gewerbliche Prozessfinanzierung, vgl. LG Aachen, Urt. v. 22.12.2009 – 10 O 277/09, BeckRS 2010, 28938; das OLG München äußert sich dazu nicht eindeutig, es lässt sich aber aus dem Hinweis auf die Darlegungslast schließen, dass es auch von einer Obliegenheit zum vorrangigen Einsatz eigener Mittel ausgeht, vgl. OLG München, Urt. v. 21.4.2011 – 1 U 2363/19, BeckRS 2011, 12191 (unter F.); *Siebert-Reimer*, Der Anspruch auf Erstattung der Kosten der Prozessfinanzierung, S. 411 ff.; *Rensen*, MDR 2010, 182 (183).
781 *Lieberknecht*, NJW 2022, 3318 Rn. 14.
782 *Lieberknecht*, NJW 2022, 3318 Rn. 14.
783 *Lieberknecht*, NJW 2022, 3318 Rn. 5 Fn. 20.
784 *Eidenmüller*, ZZP 113 (2000), 5.
785 *Eidenmüller*, ZZP 113 (2000), 5 (6 ff.).
786 *Eidenmüller*, ZZP 113 (2000), 5 (7).

Lösungswegen einen bestimmten Erwartungswert zu und fragt danach, welcher Erwartungswert höher ist. Der Erwartungswert eines Prozesses lässt sich berechnen, indem das Kostenrisiko (bspw. EUR 10.000, wenn sich die Gerichts- und gegnerischen Anwaltskosten auf EUR 10.000 belaufen) mit der Unterliegenswahrscheinlichkeit multipliziert und dazu das Produkt aus einer Multiplikation der Obsiegenswahrscheinlichkeit und dem möglichen Ertrag des Prozesses addiert wird.[787]

Lieberknecht möchte diesen Ansatz auf die Erforderlichkeitsprüfung übertragen und vergleicht dabei den Erwartungswert einer Prozessführung aus eigenen Mitteln mit dem Erwartungswert einer Prozessführung mittels eines Prozessfinanzierers.[788] Er gelangt dabei zu dem Ergebnis, dass der Erwartungswert einer Drittfinanzierung demjenigen einer autarken Prozessfinanzierung entsprechen könne, wenn man die Erfolgsbeteiligung des Finanzierers ersatzfähig stellen würde und die Inanspruchnahme eines Prozessfinanzierers daher aus Sicht des Gläubigers erforderlich sein könne.[789] Diese Methode überzeugt aus mehreren Gründen nicht. Die Argumentation setzt bei der Prüfung der Frage, ob die Erfolgsbeteiligung zu erstatten ist, voraus, dass die Erfolgsbeteiligung zu erstatten ist. Nur so lässt sich das Ergebnis erzielen, dass sich die Erwartungswerte annähern. Andernfalls wäre bei der Berechnung des Erwartungswerts nämlich auch zu berücksichtigen, dass der Anspruchsinhaber im wahrscheinlichen (sonst würde sich der Fall zur Prozessfinanzierung nicht eignen) Erfolgsfall ca. 30 % an seinen Prozessfinanzierer abführen müsste. Angesichts der Berechnungsmethode für den Erwartungswert ist daher offensichtlich, dass der Erwartungswert eines Prozesses mittels eines Prozessfinanzierers hoch sein muss, wenn man die Erfolgsbeteiligung erstattungsfähig stellt. Wenn der Prozessfinanzierer dem Anspruchsinhaber das Kosten- und Gegenkostenrisiko abnimmt, kann das Kostenrisiko bei der Berechnung des Erwartungswerts aus Sicht des Anspruchsinhabers ausgeblendet werden. Es gibt keinen negativen Wert (im Beispielsfall oben EUR 10.000), der den Erwartungswert schmälern könnte. Ebenso wird der Erwartungswert aufgrund der Kostenerstattung nicht durch die Erfolgsbeteiligung des Prozessfinanzierers geschmälert. Damit errechnet *Lieberknecht* den Wert einer risikolosen Prozessführung, bei der am Ende in Abhängigkeit zur Erfolgswahrscheinlichkeit nur ein Gewinn in Höhe der Hauptforderung stehen kann.

Selbst wenn man aber die Erwartungswerte – insoweit methodisch nicht überzeugend – wie dargestellt berechnen wollte, überzeugt es nicht, die Erforderlichkeit am Erwartungswert verschiedener Finanzierungsmittel zu messen. Über den Erwartungswert lässt sich aus Sicht des Anspruchsinha-

---
[787] Vgl. hierzu etwa auch die Berechnung von *Lieberknecht*, NJW 2022, 3318 in Fn. 21.
[788] *Lieberknecht*, NJW 2022, 3318 Rn. 14, 7.
[789] *Lieberknecht*, NJW 2022, 3318 Rn. 7.

bers bestimmen, welcher von verschiedenen Wegen für ihn im Durchschnitt den höchsten Gewinn erzielen kann. Die Erforderlichkeit dem Erwartungswert gleichzusetzen, würde also bedeuten, dem Kläger immer dann zu gestatten, seine Finanzierungskosten ersetzt zu verlangen, wenn er den Weg gewählt hat, der für ihn den höchsten Gewinn bringt. Über das Erforderlichkeitskriterium sollen aber gerade nicht einseitig die Interessen des Klägers durchgesetzt werden, sondern es sollen die Interessen zwischen Gläubiger und Schuldner gegeneinander abgewogen und danach gefragt werden, ob Aufwendungen des Gläubigers ausnahmsweise einem Schaden gleichzustellen sind.[790]

Zuletzt überzeugt auch das Argument nicht, dass der Kläger bei vergleichbaren Kosten keine für ihn selbst ungünstigere Option zur Schadensregulierung wählen müsse. Der Erwartungswert sagt nichts über die Kosten der jeweiligen Finanzierungsart aus. Die Kosten eines Prozessfinanzierers werden immer höher sein als die Kosten einer Prozessfinanzierung aus eigenen Mitteln.

Insgesamt ist die Erforderlichkeit daher nicht am Erwartungswert zu messen. Der Anspruchsinhaber muss vorrangig versuchen, den Rechtsstreit aus seinen eigenen Mitteln zu finanzieren. Nur wenn ihm das unter zumutbarem Einsatz seines Vermögens nicht möglich ist, erscheint es gerechtfertigt, Aufwendungen zur Prozessfinanzierung gegebenenfalls als erforderlich anzusehen und damit einem Schaden gleichzusetzen.

cc) Möglichkeit zur Prozessfinanzierung mittels eines günstigeren Finanzierungsmodells

(1) Finanzierung über einen Kredit als günstigere Finanzierungsalternative

Der Abschluss eines Prozessfinanzierungsvertrags kann dann nicht erforderlich sein, wenn es dem Anspruchsinhaber zumutbar gewesen wäre, einen Kredit zur Prozessführung aufzunehmen.[791] Anders als beim Erfolgshonorar[792] scheint es bei der Prozessfinanzierung ausgeschlossen, dass sie im Einzelfall weniger Kosten verursachen könnte als die Kreditaufnahme.[793] Wenn Prozessfinanzierer Klägern lediglich die Mittel zur Prozessführung für die Dauer des Prozesses zur Verfügung stellen würden, könnten auch sie sich ihre Finanzierungsleistung dadurch vergüten lassen, dass sie Zinsen für

---

790 Kap. 5 C.II.2.b)aa).
791 LG Aachen, Urt. v. 22.12.2009 – 10 O 277/09, BeckRS 2010, 28938; *Siebert-Reimer*, Der Anspruch auf Erstattung der Kosten der Prozessfinanzierung, S. 445 ff.; *Rensen*, MDR 2010, 182 (183).
792 Kap. 5 B und C.IV.2.b)cc).
793 *Lieberknecht*, NJW 2022, 3318 Rn. 8; vgl. hierzu auch die Erwägungen zu den Kosten der Finanzierungsmodelle unter Kap. 5 B.

das Bereitstellen von Barmitteln über einen bestimmten Zeitraum verlangen würden. Prozessfinanzierer stellen dem Anspruchsinhaber aber nicht nur die Mittel zur Prozessführung zur Verfügung. Sie übernehmen darüber hinaus das Risiko eines Totalverlusts, weil im Misserfolgsfall keine Erfolgsbeteiligung möglich ist. Die Erfolgsbeteiligung des Prozessfinanzierers muss also nicht nur berücksichtigen, dass der Prozessfinanzierer dem Anspruchsinhaber Barmittel für einen bestimmten Zeitraum zur Verfügung stellt, sondern auch, dass er diese Mittel im Misserfolgsfall nicht zurückgezahlt bekommt. Damit ist die Erfolgsbeteiligung des Prozessfinanzierers wohl in jedem Fall[794] höher als ein Kredit über die Mittel, die zur Prozessführung erforderlich sind. Demzufolge muss der Anspruchsinhaber im Rahmen des Zumutbaren einen Kredit als die günstigere Finanzierungsalternative in Anspruch nehmen, wenn er die Finanzierungskosten erstattet verlangen möchte.

Demgegenüber meint *Lieberknecht*, dass die Prozessfinanzierung auch bei einer bestehenden Möglichkeit zur Kreditaufnahme erforderlich sei.[795] Dem Geschädigten sei es in diesem Fall nicht vorzuwerfen, dass er Kosten für eine Fremdfinanzierung verursacht habe. Es ginge nur darum, dass er mehr Mehrkosten verursacht habe. Daher überzeuge es nicht, der Prozessfinanzierung in diesen Fällen nach dem Alles-oder-Nichts-Prinzip[796] die Erforderlichkeit abzusprechen. Besser verortet sei das Problem im Rahmen des Mitverschuldens.

Dagegen spricht aber, dass auch *Lieberknecht* mit der hier vertretenen Ansicht im Tatbestand prüft, ob die Inanspruchnahme eines Prozessfinanzierers dem Grunde nach erforderlich ist.[797] Die Gegenansicht hält der Anwendung des Erforderlichkeitskriteriums im Tatbestand, wie bereits dargestellt,[798] entgegen, dass die Vorverlagerung der Erforderlichkeitsprüfung aus dem Mitverschulden in den Tatbestand einer Norm zur Folge habe, dass Aufwendungen nach dem Alles-oder-Nichts-Prinzip entweder zu erstatten sind oder nicht. Es leuchtet nicht ein, warum *Lieberknecht* an einer Stelle die Erforderlichkeit im Tatbestand prüfen möchte und an anderer Stelle mit der Gegenansicht und dem von ihr hervorgebrachten Alles-oder-Nichts Argument[799] eine Anwendung des Erforderlichkeitskriteriums auf Tatbestandsebene ablehnen möchte.

---

794 In dem bereits erwähnten Prozess vor dem OLG München hat die Klägerin wohl versucht, zu argumentieren, dass eine Prozessfinanzierung günstiger gewesen sei als eine Kreditaufnahme (OLG München, Urt. v. 21.4.2011 – 1 U 2363/10 (unter F.)). Das konnte sie aber nicht substantiiert darlegen.
795 *Lieberknecht*, NJW 2022, 3318 Rn. 15 mit Verweis auf Staudinger/*Höpfner*, § 249 Rn. 51, 59.
796 Hierzu auch *Hübner*, JuS 1974, 496 (498).
797 *Lieberknecht*, NJW 2022, 3318 Rn. 12.
798 Kap. 5 C.II.2.b)bb).
799 Kap. 5 C.II.2.b)bb).

Darüber hinaus überzeugt es auch nicht, in jedem Fall die Kosten des Prozessfinanzierers auf die Kosten einer Kreditfinanzierung nach § 254 Abs. 1 BGB herabzusetzen.[800] Mit diesem Ansatz soll nämlich nicht ein eingetretener Schaden auf ein bestimmtes Maß reduziert werden. Stattdessen soll mit dem Zinsschaden ein Schaden geltend gemacht werden, der eingetreten wäre, wenn sich der Geschädigte tatsächlich für das günstigere Finanzierungsmodell entschieden hätte und einen Kredit in Anspruch genommen hätte.[801] Dieser fiktive Schaden ergäbe sich daher einzig über einen Vergleich zur hypothetischen Situation, dass der Anspruchsinhaber den Rechtsstreit statt über die Prozessfinanzierer über ein Darlehen finanziert hätte. Fiktive Schäden sind aber nur über § 249 Abs. 2 S. 1 BGB ersatzfähig. Ähnlich argumentiert auch das LG Aachen:

> *„Einen Ersatz fiktiver Kreditfinanzierungskosten bzw. entgangener Zinsen einer fiktiven Anlage macht die Klägerin nicht geltend. Ihm stünde gegebenenfalls entgegen, dass eine fiktive Abrechnung nur auf der Grundlage des § 249 Abs. 2 S. 1 BGB in Betracht kommt, es im Vorprozess aber nicht um Ausgleich wegen Personen- oder Sachschäden ging."*[802]

Im Einzelfall müssten also die Voraussetzungen nach § 249 Abs. 2 S. 1 BGB geprüft werden und es könnte nicht über das Mitverschulden die Erfolgsbeteiligung des Finanzierers auf einen fiktiven Schaden herabgesetzt werden. Somit überzeugt es nicht, die Inanspruchnahme eines Prozessfinanzierers für erforderlich zu halten, wenn der Anspruchsinhaber günstiger einen Kredit hätte aufnehmen können.

(2) Finanzierung über die Prozesskostenhilfe als günstigere Finanzierungsalternative

Auch die Prozesskostenhilfe ist gegenüber der Prozessfinanzierung das stets günstigere Finanzierungsmodell. Daher entspricht es der allgemeinen Ansicht, dass der Anspruchsinhaber grundsätzlich vorrangig auf die Prozesskostenhilfe zu verweisen ist.[803]

Entsprechend der Erwägungen zum Verhältnis von Erfolgshonorar und Prozesskostenhilfe[804] kann die Inanspruchnahme eines Prozessfinanzierers aber

---

800 *Lieberknecht*, NJW 2022, 3318 Rn. 22.
801 Ähnlich argumentiert das LG Aachen (LG Aachen, Urt. v. 22.12.2009 – 10 O 277/09, BeckRS 2010, 28938).
802 LG Aachen, Urt. v. 22.12.2009 – 10 O 277/09, BeckRS 2010, 28938 (unter 2.).
803 LG Aachen, Urt. v. 22.12.2009 – 10 O 277/09, BeckRS 2010, 28938; *Lieberknecht*, NJW 2022, 3318 Rn. 9; *Rensen*, MDR 2010, 182; wohl auch *Siebert-Reimer*, Der Anspruch auf Erstattung der Kosten der Prozessfinanzierung, S. 449 ff.
804 Hierzu Kap. 5 C.IV.2.b)cc).

auch dann erforderlich sein, wenn ein geeigneter Anwalt nicht dazu bereit wäre, den Anspruchsinhaber gegen die im Rahmen der Prozesskostenhilfe noch gekürzten gesetzlichen Gebühren zu vertreten.[805] In diesen Fällen erkennt auch der BGH an, dass Zeithonorarvereinbarungen erforderlich sein können.[806] Wenn es aber erforderlich ist, einen Rechtsanwalt oberhalb der gesetzlichen Gebühren zu vergüten, kann die Prozesskostenhilfe keine Abhilfe leisten. Dann muss der Anspruchsinhaber sich eines anderen Finanzierungsmodells bedienen, um die Mittel zu erhalten, mit denen er seinen Rechtsanwalt bezahlen kann.

(3) Finanzierung über das anwaltliche Erfolgshonorar als günstigere Finanzierungsalternative

Auch das anwaltliche Erfolgshonorar ist gegenüber der Prozessfinanzierung in aller Regel das günstigere Finanzierungsmodell. Anwälte übernehmen nämlich – abgesehen von der anwaltlichen Prozessfinanzierung, die kaum einen Anwendungsbereich hat[807], – nicht auch die Gerichtskosten. Damit fällt das Ausfallrisiko, das sich Finanzierer durch die Erfolgsbeteiligung vergüten lassen müssen, bei der gewerblichen Prozessfinanzierung deutlich höher aus als beim Erfolgshonorar.[808]

Allerdings umfasst das Erfolgshonorar gerade nicht die Gerichtskosten. Als Finanzierungsalternative käme es nur dann in Betracht, wenn sich der Anspruchsinhaber tatsächlich nur die Anwaltskosten nicht leisten kann, die Gerichtskosten dahingegen selbst begleichen könnte. Gegen einen Verweis des Anspruchsinhabers auf das anwaltliche Erfolgshonorar spricht, dass Erfolgshonorarvereinbarungen nach § 49b Abs. 2 S. 1 Hs 1 BRAO grundsätzlich immer noch unzulässig sind. Selbst wenn aber die Vereinbarung eines Erfolgshonorars ausnahmsweise zulässig sein sollte, müsste der Anspruchsinhaber einen Rechtsanwalt finden, der dazu bereit ist, ein Erfolgshonorar zu vereinbaren. Das dürfte dem Anspruchsinhaber in aller Regel schwerfallen. Zum einen verlangen Erfolgshonorarvereinbarungen Rechtsanwälten eine Risikobereitschaft ab. Zum anderen setzen die meisten Prozessfinanzierer hohe Mindeststreitwerte voraus, für die ein Erfolgshonorar nur ausnahmsweise vereinbart werden darf.[809] Daraus folgt nicht zwangsläufig, dass Rechtsstreitigkeiten, die sich auch für die Prozessfinanzierung eignen, komplexer sind als Rechtsstreitigkeiten mit geringem Streitwert. Allerdings

---

805 So auch *Lieberknecht*, NJW 2022, 3318 Rn. 16.
806 BGH, Urt. v. 16.7.2015 – IX ZR 197/14, NJW 2015, 3447 Rn. 58; BGH, Urt. v. 23.10.2003 – III ZR 9/03, NJW 2003, 3693 (3697 f.).
807 Kap. 3 C. V.
808 Kap. 5 B.
809 Kap. 3 C.IV.4.d).

steigert ein hoher Streitwert die Bereitschaft der Parteien, intensiver um das Recht „zu kämpfen", weil bei einem Prozessverlust ein höherer Verlust droht und mehr Geld in Rechtsanwälte investiert werden kann, bevor der Rechtsstreit unwirtschaftlich wird. Demzufolge wird der Rechtsanwalt des Anspruchsinhabers in der Regel auch mehr Zeit in den Fall investieren müssen als bei anderen Rechtsstreitigkeiten. Daraus folgt, dass sein Verlustrisiko hoch wäre, wenn er ein Erfolgshonorar vereinbaren würde.

Ein Verweis auf das Erfolgshonorar würde also dem Anspruchsinhaber abverlangen, vorrangig einen Rechtsanwalt zu suchen, der davon überzeugt ist, dass eine Erfolgshonorarvereinbarung ausnahmsweise zulässig ist und bereit ist, im Einzelfall ein hohes Risiko einzugehen. Dass ihm das gelingen wird, ist aus den genannten Gründen nicht sicher. Die hypothetische Möglichkeit zur Vereinbarung eines anwaltlichen Erfolgshonorars schließt somit nicht aus, dass die Inanspruchnahme eines Finanzierers im Einzelfall erforderlich war. In Ausnahmefällen kann das Erfolgshonorar aber als echte Finanzierungsalternative erscheinen. So etwa dann, wenn der Rechtsanwalt dem Anspruchsinhaber, für den er eine Finanzierungsanfrage vorbereiten soll, den Abschluss einer Erfolgshonorarvereinbarung angeboten hat.

(4) Finanzierung über Kombination aus Prozesskostenhilfe und Erfolgshonorar als günstigere Alternative

Eine Kombination von Prozesskostenhilfe und Erfolgshonorar[810] kommt als günstigere Finanzierungsalternative gegenüber der Inanspruchnahme eines Prozessfinanzierers in den Fällen in Betracht, in denen sich kein geeigneter Rechtsanwalt finden lässt, der den Fall zu den bei der Prozesskostenhilfe noch reduzierten gesetzlichen Gebühren übernimmt. Der Anspruchsinhaber könnte in diesen Fällen die Gerichtskosten über die Prozesskostenhilfe finanzieren und mit seinem Rechtsanwalt ein Erfolgshonorar vereinbaren. Dadurch könnte der Anspruchsinhaber seinem Rechtsanwalt eine alternative Vergütung anbieten. Gegen die Verweisung des Anspruchsinhabers auf das Erfolgshonorar spricht aber wiederum, dass es im Regelfall unzulässig ist und, dass der Anspruchsinhaber häufig keinen Rechtsanwalt finden wird, der bereit wäre, mit ihm ein Erfolgshonorar zu vereinbaren, selbst wenn dieses ausnahmsweise zulässig wäre.

dd) Ergebnis

Die Inanspruchnahme einer Prozessfinanzierung ist nur dann erforderlich, wenn es dem Gläubiger im Rahmen des Zumutbaren nicht möglich ist, den

---

810 Der Frage, wie diese Kombination rechtlich umzusetzen ist, wird an anderer Stelle nachgegangen (s. hierzu Kap. 4 C.IV.2).

Rechtsstreit aus eigenen Mitteln oder über ein Finanzierungsmodell zu finanzieren, das weniger Kosten verursacht. Als günstigere Finanzierungsalternativen muss der Gläubiger grundsätzlich die Prozesskostenhilfe oder einen Kredit in Anspruch nehmen. Nur wenn die Voraussetzungen alternativer Finanzierungsmodelle aus Sicht des Geschädigten nicht erfüllt sind oder sich kein Anwalt finden ließe, der den Gläubiger gegen die im Rahmen der Prozesskostenhilfe noch reduzierten gesetzlichen Gebühren vertreten würde, kann die Inanspruchnahme eines Prozessfinanzierers erforderlich sein. Demgegenüber scheidet das Erfolgshonorar in den meisten Fällen als echte Finanzierungsalternative aus. Dessen Vereinbarung ist nach § 49b Abs. 2 S. 1 Hs 1 BRAO grundsätzlich immer noch unzulässig und die Wahrscheinlichkeit, dass der Gläubiger einen Rechtsanwalt findet, der zur Übernahme des Rechtsstreits gegen eine Erfolgsbeteiligung bereit ist, ist gering.

b) Erstattungsfähiger Schaden

aa) Schadensrechtliche Bereicherung im Hinblick auf verauslagte Kosten des Rechtsstreits

Der Schadensersatzanspruch scheidet wiederum insoweit aus, als dass der Gläubiger schadensrechtlich bereichert wäre, er also nach Leistung des Schadensersatzes besser stünde als ohne das schädigende Ereignis.[811] Über die prozessuale Kostenerstattung droht dann eine Bereicherung des Klägers, wenn er im Erfolgsfall neben der Hauptforderung die Mittel aus der prozessualen Kostenerstattung behalten dürfte.[812] Die Hauptforderung gleicht nämlich bereits seinen Primärschaden aus.

Prozessfinanzierer lassen sich regelmäßig diejenigen Mittel, die sie verauslagt haben, vor der prozentualen Aufteilung des erstrittenen Betrags erstatten.[813] Dann muss der Anspruchsinhaber diejenigen Mittel, die er von seinem Gegner erstattet bekommt, an den Prozessfinanzierer weiterleiten. Eine schadensrechtliche Bereicherung droht demnach nicht. Einzig für den Fall, dass der Prozessfinanzierer nur die Erfolgsbeteiligung und nicht auch die Mittel aus der prozessualen Kostenerstattung erhalten soll, kann der Anspruchsinhaber von seinem Gegner allenfalls die Differenz aus der Erfolgsbeteiligung und den Mitteln aus der prozessualen Kostenerstattung ersetzt verlangen. Andernfalls wäre er schadensrechtlich bereichert, wenn er die gesamte Erfolgsbeteiligung seines Prozessfinanzierers erstattet bekäme und die Mittel aus der prozessualen Kostenerstattung nicht an seinen Finanzierer weiterleiten müsste.

---

811 MüKoBGB/*Flume*, § 249 Rn. 20.
812 *Lieberknecht*, NJW 2022, 3318 Rn. 18.
813 Kap. 3 C.VI.2.

Kap. 5   Finanzierungskosten und deren Erstattung

bb) Begrenzung der Schadenshöhe im Hinblick auf die Kosten zur Auslagerung von Kostenrisiken (eigene Anwalts- und Gerichtskosten)

Ein wesentlicher Bestandteil der Erfolgsbeteiligung des Prozessfinanziers ist eine Gegenleistung dafür, dass der Prozessfinanzierer einen Totalverlust erleiden kann.[814] Im Misserfolgsfall muss er die Anwaltskosten des Anspruchsinhabers und die Gerichtskosten endgültig übernehmen, ohne dass er dafür eine Gegenleistung erhält. Angesichts der hohen Kosten für die Auslagerung dieser Kostenrisiken für den Anspruchsinhaber wird er besonders daran interessiert sein, dass die Erfolgsbeteiligung des Prozessfinanziers auch insoweit erstattungsfähig ist.

Es ist aber genau dieser Vorteil des Anspruchsinhabers, die Möglichkeit zur Auslagerung von Kostenrisiken, der an der Erstattungsfähigkeit der Kosten der Prozessfinanzierung zweifeln lässt.[815] Wäre die Erfolgsbeteiligung nämlich erstattungsfähig, stünde der Anspruchsinhaber besser, als wenn er den Prozess aus seinen eigenen Mitteln finanziert hätte. Dann müsste er im Misserfolgsfall nämlich die Kosten des Rechtsstreits selbst tragen. Bei der Inanspruchnahme der Prozessfinanzierung müsste er demgegenüber – die Erstattungsfähigkeit der Kosten vorausgesetzt – weder im Misserfolgsfall noch im Erfolgsfall Kosten tragen, weil die Erfolgsbeteiligung vom Gegner zu erstatten wäre. Das zeigt auch der Ansatz von *Lieberknecht* anschaulich, der die Erwartungswerte bei der Prozessführung aus eigenen Mitteln gegenüber der Prozessführung mittels eines Prozessfinanziers vergleicht.[816] Wenn man davon ausgeht, dass die Kosten der Prozessfinanzierung erstattungsfähig sind, übersteigt der Erwartungswert der Prozessführung mittels eines Prozessfinanziers denjenigen der Prozessführung aus eigenen Mitteln, weil die Pflicht zur Erstattung der Prozesskosten im Misserfolgsfall nicht zu berücksichtigen ist.[817]

---

814 Kap. 3 C.VI.3.a)dd).
815 LG Aachen, Urt. v. 22.12.2009 – 10 O 277/09, BeckRS 2010, 28938 und *Rensen*, MDR 2010, 182 betonen, dass die Prozessfinanzierung angesichts der Auslagerung von Kostenrisiken Vorteile bringt, die über den Ersatz eines Vermögensschadens hinausgehen.
816 *Lieberknecht*, NJW 2022, 3318 Rn. 7; vgl. zu diesem Ansatz und der Berechnung des Erwartungswerts Kap. 5 C. V.3.a)bb).
817 *Lieberknecht*, NJW 2022, 3318 Rn. 7 gelangt zwar auch zu dem Ergebnis, dass der Erwartungswert mit Prozessfinanzierung den Erwartungswert aus eigenen Mitteln unterschreiten könne. Das gelingt jedoch nur dadurch, dass er die Wahrscheinlichkeit, dass der Anspruchsinhaber die Erfolgsbeteiligung „*liquidieren*", also beim Gegner vollstrecken kann, auf 90 % herabsetzt. Wenn die Erwartungswerte verglichen werden, müsste er aber auch bei dem Erwartungswert der Prozessführung aus eigenen Mitteln die Vollstreckungswahrscheinlichkeit berücksichtigen.

C. Erstattungsfähigkeit der Finanzierungskosten   Kap. 5

Der Frage, ob die Gegenleistung zur Auslagerung von Kostenrisiken erstattungsfähig ist, wurde bereits bei der Erstattungsfähigkeit des anwaltlichen Erfolgshonorars nachgegangen.[818] Dieselben Erwägungen wie beim Erfolgshonorar greifen auch und insbesondere bei den Kosten der Prozessfinanzierung, auf die sich die bereits dargestellte Diskussion im Wesentlichen fokussiert. Wenn der Gläubiger keine anderen Mittel als einen möglichen Ertrag aus einem Prozess hat, um einen Finanzierer zu vergüten, und die Inanspruchnahme eines Prozessfinanzierers daher dem Grunde nach erforderlich war, ist auch die Gegenleistung zur Auslagerung von Kostenrisiken erstattungsfähig. Vom Schutzzweck der §§ 280 Abs. 1, 2, 286 BGB sind deshalb Fälle erfasst, in denen die Inanspruchnahme der Prozessfinanzierung dem Grunde nach erforderlich war. Dann hat der Gläubiger nämlich keine andere Wahl, als Kostenrisiken auszulagern: kein Finanzierer wird sich für den Misserfolgsfall darauf einlassen, die verauslagten Kosten beim Gläubiger einzutreiben, wenn dieser keine Mittel hat. Daher bleibt nur der mögliche Ertrag des Prozesses, um die Finanzierungsleistung zu vergüten.

cc) Begrenzung der Schadenshöhe im Hinblick auf die Kosten zur Auslagerung von Gegenkostenrisiken

Prozessfinanzierungsverträge können, müssen aber nicht, vorsehen, dass der Prozessfinanzierer im Misserfolgsfall auch die Kosten der Gegenseite übernimmt.[819] Wenn ein Finanzierungsvertrag die Übernahme des Gegenkostenrisikos durch einen Finanzierer vorsieht, ist die Erfolgsbeteiligung auch eine Gegenleistung des Anspruchsinhabers für die Übernahme des Gegenkostenrisikos. Insoweit bestehen vergleichbare Bedenken wie bei der Auslagerung sonstiger Kostenrisiken: Parteien, die einen Rechtsstreit aus eigenen Mitteln bestreiten, müssen das Gegenkostenrisiko selbst tragen. Selbst bei Parteien, die einen Rechtsstreit nur mithilfe der Prozesskostenhilfe führen können, müssen im Misserfolgsfall nach § 123 ZPO die dem Gegner entstandenen Kosten aus eigenen Mitteln erstattet werden.[820]

Auch im Hinblick auf die Auslagerung von Gegenkostenrisiken könnte mit den soeben dargestellten Argumenten davon ausgegangen werden, dass diese dann erstattungsfähig sein sollten, wenn die Inanspruchnahme eines gewerblichen Prozessfinanzierers dem Grunde nach erforderlich war. Dagegen spricht aber, dass es der Auslagerung von Gegenkostenrisiken nicht bedarf, damit der Gläubiger den Rechtsstreit gegen den Schuldner führen kann.[821] Daher verfängt das Argument, dass der Gläubiger faktisch zur Inanspruch-

---
818 Kap. 5 C.IV.2.d).
819 Kap. 3 C.VI.2.
820 Vgl. auch LG Aachen, Urt. v. 22.12.2009 – 10 O 277/09, BeckRS 2010, 28938.
821 *Lieberknecht*, NJW 2022, 3318 Rn. 19.

Kap. 5 Finanzierungskosten und deren Erstattung

nahme eines gewerblichen Finanziers gezwungen war, zumindest insoweit nicht, als dass er auch Gegenkostenrisiken übernimmt. Über den Schutzzweckzusammenhang wären die Aufwendungen zur Auslagerung des Gegenkostenrisikos dem Schuldner also nur dann zurechenbar, wenn man wie *Siebert-Reimer* davon ausginge, dass ihm das Prozessrisiko zuzurechnen sei.[822] Wie bereits dargestellt,[823] überzeugt dieser Ansatz aber nicht. Selbst wenn man ihm folgen wollte, müsste die Erstattung der Gegenleistung zur Auslagerung des Gegenkostenrisikos zumindest an der Voraussetzung scheitern, dass Aufwendungen zur Rechtsverfolgung auch der Höhe nach erforderlich sein müssen. Der Auslagerung von Gegenkostenrisiken bedarf es gerade nicht zur Rechtsverfolgung.

Somit sind in Fällen, in denen der Prozessfinanzierer das Gegenkostenrisiko übernimmt, in jedem Fall diejenigen Kosten von der Erfolgsbeteiligung abzuziehen, die für die Auslagerung des Gegenkostenrisikos entstanden sind. Wie hoch diese Kosten im Einzelfall sind, kann der Gläubiger entweder anhand der Angaben des Prozessfinanzierers im Einzelfall darlegen, oder das Gericht kann den nach Abzug der Kosten verbliebenen Schaden nach § 287 Abs. 1 S. 1 ZPO schätzen. Insoweit schlägt *Lieberknecht* vor, die marktübliche Vergütung von ATE-Versicherern als Anhaltspunkt für die Schätzung heranzuziehen.[824] Das überzeugt, weil ATE-Versicherer typischerweise das Gegenkostenrisiko versichern.[825]

dd) Begrenzung der Schadenshöhe im Hinblick auf die Erstattung von Rechtsanwaltskosten oberhalb der gesetzlichen Gebühren

Darüber hinaus kann im Einzelfall fraglich sein, ob die Kosten der Prozessfinanzierung auch der Höhe nach erforderlich sind. Über das Merkmal können unangemessen hohe Prozessfinanzierungskosten auf ein erforderliches Maß herabgesetzt werden. Erfasst sind also Fälle, in denen die dem Grunde nach erforderliche Leistung zu einem günstigeren, aber marktüblichen[826] Preis hätte erlangt werden können.

Zu Recht weist *Lieberknecht* darauf hin, dass es die Erstattung der Kosten der Prozessfinanzierung ermöglichen kann, Rechtsanwaltshonorare ober-

---

822 *Siebert-Reimer*, Der Anspruch auf Erstattung der Kosten der Prozessfinanzierung, S. 343 ff.
823 Kap. 5 C.IV.2.d)dd)(2).
824 *Lieberknecht*, NJW 2022, 3318 Rn. 19 mit Verweis auf *Berger/Henze/Kohlmeiner*, zur Kombination von Prozessfinanzierung und ATE-Versicherung, S. 9 zur marktüblichen Vergütung von ATE-Versicherern.
825 Kap. 3 C.III.1.
826 *Siebert-Reimer*, Der Anspruch auf Erstattung der Kosten der Prozessfinanzierung, S. 469 ff. unternimmt den Versuch, Kriterien dazu zu entwickeln, wie die angemessene Höhe einer Erfolgsbeteiligung punktgenau berechnet werden könnte.

halb der gesetzlichen Gebühren „*durch die Hintertür*" erstattet zu verlangen.[827] Insoweit ist von der Erfolgsbeteiligung zumindest die Differenz aus der Vergütung auf Honorarbasis und den gesetzlichen Gebühren abzuziehen. Das gilt nur dann nicht, wenn eine Honorarvereinbarung ausnahmsweise erforderlich war, weil kein geeigneter Rechtsanwalt den Fall zu den gesetzlichen Gebühren übernommen hätte.[828] In allen anderen Fällen wäre eine Vergütung des Rechtsanwalts oberhalb der gesetzlichen Gebühr dem Grunde nach nicht erforderlich und damit ist die Erfolgsbeteiligung des Prozessfinanzierers insoweit seiner Höhe nach nicht erforderlich.

ee) Unterbliebener Hinweis auf die Prozessfinanzierung als Verletzung der Schadensminderungsobliegenheit

Umstritten ist auch bei der Prozessfinanzierung, ob der Gläubiger nach § 254 Abs. 2 S. 1 Alt. 1 BGB dazu verpflichtet ist, den Schuldner auf die bevorstehende Einschaltung eines Prozessfinanzierers hinzuweisen, damit der Schuldner ein letztes Mal die Chance hat, den Schaden abzuwenden.[829] Den Schaden in Form der Kosten des Prozessfinanzierers kann der Schuldner abwenden, indem er entweder den Rechtsstreit des Gläubigers vorfinanziert oder indem er die Hauptforderung erfüllt.

Bei der Prozessfinanzierung wäre es aber zumindest praxisfern, dem Gläubiger einen Hinweis abzuverlangen, dass er einen Prozessfinanzierer in Anspruch nehmen wird. Das deswegen, weil viele Prozessfinanzierer vorsehen, dass bereits die Finanzierungsanfrage ein verbindliches Angebot zum Abschluss eines Prozessfinanzierungsvertrags ist.[830] Andernfalls könnte der Anspruchsinhaber zeitgleich bei mehreren Prozessfinanzierern eine Finanzierungsanfrage einreichen. Die Prozessfinanzierer würden dann die Erfolgsaussichten des Anspruchs und dessen Werthaltigkeit – insbesondere im Hinblick auf eine möglicherweise erforderliche Vollstreckung – prüfen. Insgesamt könnte der Anspruchsinhaber daher bei mehreren Prozessfinanzierern kostenfrei eine Risikoanalyse einholen, wenn nicht bereits die Finanzierungsanfrage ein verbindliches Angebot zum Abschluss eines Finanzierungsvertrags wäre.

Wenn die Finanzierungsanfrage bereits ein Angebot ist, kann der Prozessfinanzierer den Vertragsschluss durch eine Finanzierungszusage herbeiführen.

---

827 *Lieberknecht*, NJW 2022, 3318 Rn. 20.
828 S. hierzu bereits Kap. 5 C.IV.2.b)cc).
829 *Siebert-Reimer*, Der Anspruch auf Erstattung der Kosten der Prozessfinanzierung, S. 507 ff. zum erforderlichen Hinweis bei der Prozessfinanzierung; zu vergleichbaren Erwägungen beim Darlehen s. C.III.2.c).
830 Hierzu und zum nachfolgenden Argument *Jaskolla*, Prozessfinanzierung gegen Erfolgsbeteiligung, S. 9.

Kap. 5 Finanzierungskosten und deren Erstattung

Es liegt nicht mehr in der Hand des Gläubigers, ob der Finanzierungsvertrag zustande kommt. Mit dem Abschluss des Finanzierungsvertrags sichert der Anspruchsinhaber aber bereits dem Prozessfinanzierer eine Erfolgsbeteiligung zu, sodass der Schaden bereits entstanden ist. Daher müsste der Anspruchsinhaber bereits vor dem Absenden der Finanzierungsanfrage den Schuldner darauf hinweisen, dass er einen Prozessfinanzierungsvertrag abschließen wird, um seiner Hinweisobliegenheit zu genügen. In der Praxis wird der Großteil aller Finanzierungsanfragen aber abgelehnt.[831] Wenn der Gläubiger seinen Schuldner also darauf hinweist, dass er einen Prozessfinanzierer beauftragen möchte, ist es statistisch zumindest selten, dass er tatsächlich eine Finanzierungszusage erhält.

Nicht nur praktische, sondern auch rechtliche Erwägungen sprechen gegen eine Hinweispflicht. *Lieberknecht* meint, dass eine Hinweisobliegenheit des Gläubigers nicht bestünde, weil die Prozessfinanzierung keine ungewöhnliche Maßnahme, sondern so naheliegend sei, dass Rechtsanwälte ihre Mandanten auf diese Option hinweisen müssten.[832] Dagegen spricht aber, dass die Vorschrift des § 254 Abs. 2 S. 1 BGB den Schuldner vor einem ungewöhnlich hohen Schaden schützen soll.[833] Die Norm greift also nicht nur, wenn der Schuldner ungewöhnliche Maßnahmen ergreift. Vielmehr muss die Schadenshöhe ungewöhnlich hoch sein.[834] Es lässt sich nicht bestreiten, dass die Erfolgsbeteiligung, die im Regelfall etwa 30 % der Hauptforderung ausmacht,[835] aus Sicht des Schuldners ein ungewöhnlich hoher Schaden ist.

Nichtsdestotrotz besteht eine Hinweisobliegenheit, wie bei der Erstattung des Darlehenszinses dargelegt,[836] nur dann, wenn die Warnung etwas genützt hätte.[837] Der Schuldner hätte bei einem entsprechenden Hinweis auf die bevorstehende Prozessfinanzierung die Hauptforderung erfüllen oder dem Gläubiger die Mittel zur Prozessführung zur Verfügung stellen müssen. Andernfalls ist der unterbliebene Hinweis nicht kausal für den Schaden.[838] Der Gläubiger trägt die Darlegungs- und Beweislast dafür, dass der Schuldner trotz einer entsprechenden Warnung nicht reagiert hätte.[839] Als Indiz da-

---

831 Kap. 3 C.VI.3.b)cc).
832 *Lieberknecht*, NJW 2022, 3318 Rn. 22.
833 Staudinger/*Höpfner*, § 254 Rn. 74.
834 Staudinger/*Höpfner*, § 254 Rn. 74.
835 Kap. 3 C.VI.3.b)bb).
836 Kap. 5 C.III.2.c).
837 BGH, Urt. v. 3.7.2008 – I ZR 205/06, NJW-RR 2009, 175 Rn. 20; BGH, Urt. v. 26.5.1988 – III ZR 42/87; NJW 1989, 290 (292); Staudinger/*Höpfner*, § 254 Rn. 77; MüKoBGB/*Oetker*, § 254 Rn. 74; BeckOK BGB/*Lorenz*, § 254 Rn. 28.
838 BGH, Urt. v. 26.5.1988 – III ZR 42/87; NJW 1989, 290 (292); MüKoBGB/*Oetker*, § 254 Rn. 74; Staudinger/*Höpfner*, § 254 Rn. 77.
839 Staudinger/*Höpfner*, § 254 Rn. 77 (mit dem Argument, dass es sich um den Einwand obliegenheitsmäßigen Alternativverhaltens handelt); MüKoBGB/*Oetker*, § 254 Rn. 74.

C. Erstattungsfähigkeit der Finanzierungskosten Kap. 5

für, dass der Schuldner die Warnung nicht beachtet hätte, wird es angesehen, wenn der Schädiger die Pflichtverletzung noch im Prozess bestreitet.[840] Das leuchtet ein, weil ein Schädiger, der vom Bestehen der Hauptforderung nicht überzeugt ist, diese wohl kaum beglichen hätte. Ähnlich heißt es in einem Beschluss des BGH aus dem Jahr 2006:

> *„Grundsätzlich ist insoweit zwar der Geschädigte – hier also: die Klägerin – darlegungs- und beweispflichtig. Zu seinen Gunsten greift jedoch der Beweis des ersten Anscheins für die Nutzlosigkeit eines Hinweises ein, wenn der Schädiger im Rechtsstreit seine Verpflichtung durch alle Instanzen hindurch bestreitet (...)."*[841]

Auch das leuchtet ein, weil es widersprüchlich erscheint, wenn ein Schuldner meint, dass er bei einer entsprechenden Warnung die Hauptforderung erfüllt hätte, sich aber gleichzeitig im Prozess gegen die Forderung wehrt und zuvor über Instanzen hinweg seine Verpflichtung bestreitet.

Ähnlich wird es sich bei den Fällen verhalten, in denen der Gläubiger einen Prozessfinanzierer einschaltet. Prozessfinanzierer fordern vom Gläubiger, dass sie diejenigen Einwendungen mitteilen, die der Schuldner vorprozessual erhoben hat.[842] Dadurch wird es dem Finanzierer ermöglicht, das Prozessrisiko abzuschätzen. Ein Finanzierer wird also nur dann eingeschaltet, wenn der Schuldner bestreitet, dass die Hauptforderung besteht. Ebenso wird der Gläubiger vor Inanspruchnahme eines Prozessfinanzierers umso mehr – im Vergleich zur Kreditfinanzierung[843] – den Schuldner zur Erfüllung der Forderung aufgefordert haben. Eine Finanzierungszusage eines Prozessfinanzierers zu erlangen, erfordert nämlich einen deutlich höheren Aufwand als der Abschluss eines Darlehensvertrags. Insgesamt wird der Gläubiger daher vor Inanspruchnahme eines Prozessfinanzierers sichergestellt haben, dass der Schuldner ohne einen Prozess zur Leistung nicht bereit ist.

Wenn der Schuldner aber meint, dass die Hauptforderung nicht bestünde, kann er sich nicht darauf berufen, dass er sie bei einer Warnung des Gläubigers erfüllt hätte. Ebenso wenig kann er überzeugend darlegen, dass er den Prozess des Gläubigers finanziert hätte, wenn der Gläubiger ihn entsprechend gewarnt hätte. In Fällen, in denen die Inanspruchnahme eines Prozessfinanzierers in Betracht kommt, wird der Schuldner somit in aller Regel mit seinem Einwand, dass der Gläubiger seine Schadensminderungsobliegenheit verletzt habe, nicht erfolgreich sein.

---

840 BeckOK BGB/*Lorenz*, § 254 Rn. 28; Staudinger/*Höpfner*, § 254 Rn. 77 mit Verweis auf BGH, Urt. v. 16.12.1955 – I ZR 65/54, Betrieb 1956, 110.
841 BGH, Beschl. v. 9.2.2006 – IX ZR 101/04, juris Rn. 3.
842 Kap. 3 C.VI.3.b)aa); *Jaskolla*, Prozessfinanzierung gegen Erfolgsbeteiligung, S. 9 f.
843 Kap. 5 C.III.2.c).

c) Zwischenergebnis

Die materiell-rechtliche Erstattungsfähigkeit der Kosten einer gewerblichen Prozessfinanzierung wird häufig daran scheitern, dass die Inanspruchnahme eines gewerblichen Prozessfinanzierers dem Grunde nach nicht erforderlich war. Vorrangig müssen Anspruchsinhaber versuchen, den Prozess aus eigenen Mitteln, über einen Kredit oder über die Prozesskostenhilfe zu finanzieren.

Wenn die Inanspruchnahme eines gewerblichen Prozessfinanzierers dem Grunde nach erforderlich war, ist im Einzelnen zu prüfen, wie sich die Kosten der gewerblichen Prozessfinanzierung zusammensetzen und, ob diese im konkreten Fall erstattungsfähig sind. Dabei ist zu beachten, dass sich der Kläger nicht dadurch schadensrechtlich bereichern darf, dass er materiell-rechtlich Kosten erstattet bekommt, die bereits Gegenstand der prozessualen Kostenerstattungspflicht sind. Ebenso ist zu bedenken, dass es dem Anspruchsinhaber grundsätzlich nicht ermöglicht werden soll, Rechtsanwaltskosten oberhalb der gesetzlichen Vergütung erstattet zu verlangen. Kosten zur Auslagerung von Kostenrisiken sind erstattungsfähig, wenn die Inanspruchnahme eines gewerblichen Prozessfinanzierers dem Grunde nach erforderlich war. Demgegenüber sind Kosten zur Auslagerung von Gegenkostenrisiken nie erstattungsfähig, weil Kläger einen Prozess auch ohne die Auslagerung dieser Risiken führen können.

Eine Hinweispflicht darauf, dass der Anspruchsinhaber einen Finanzierungsvertrag abschließen wird, lässt sich § 254 Abs. 2 BGB nicht entnehmen. Dagegen spricht neben praktischen Erwägungen vor allem, dass der Beklagte in Fällen, bei denen gewerbliche Prozessfinanzierer eingeschaltet werden, wohl kaum glaubhaft darlegen können wird, dass er die Hauptforderung erfüllt oder den Prozess vorfinanziert hätte, wenn man ihn vor der Einschaltung eines Finanzierers gewarnt hätte.

4. Insbesondere: Erstattung der Kosten eines Prozessfinanzierers bei Verbandsklagen

Vor der Umsetzung der Verbandsklagenrichtlinie[844] wurde teilweise vorgeschlagen, die Verbandsklage in Deutschland so umzusetzen, dass qualifizierte Einrichtungen sich die Erfolgsbeteiligung eines Finanzierers vom beklagten Unternehmer erstatten lassen können, wenn sie mit einer Verbandsklage Erfolg haben.[845] Dadurch könnte das Problem behoben werden, dass es die

---

844 Hierzu BGBl. 2023 I 272, zur Umsetzung der Richtlinie (EU) 2020/1828 über Verbandsklagen zum Schutz der Kollektivinteressen der Verbraucher und zur Aufhebung der Richtlinie 2009/22/EG sowie zur Änderung des Kapitalanleger-Musterverfahrensgesetzes (Verbandsklagenrichtlinienumsetzungsgesetz – VRUG).
845 *Gsell/Meller-Hannich*, Die Umsetzung der neuen Verbandsklagenrichtlinie, S. 49.

Verbandsklagerichtlinie grundsätzlich nicht zulässt, einzelne Verbraucher mit den Kosten des Verfahrens zu belasten.[846]

Das Verbraucherrechtedurchsetzungsgesetz („**VDUG**") sieht keine besondere Pflicht zur Kostenerstattung der beklagten Unternehmen vor. Eine Berücksichtigung der Kosten der Prozessfinanzierung im Rahmen des Kostenfestsetzungsverfahrens scheidet aus.[847] Materiell-rechtlich dürfte eine Kostenerstattung nach geltendem Recht ebenfalls ausscheiden, weil allenfalls die an der Verbandsklage beteiligten Verbraucher einen materiell-rechtlichen Anspruch gegenüber dem Unternehmer auf eine Kostenerstattung haben könnten. In der Erforderlichkeitsprüfung wäre daher zu berücksichtigen, ob die an der Verbandsklage teilnehmenden Verbraucher eine Individualklage aus eigenen Mitteln oder über ein günstigeres Finanzierungsmodell hätten finanzieren können.[848] Somit könnte allenfalls eine Gesetzesänderung dazu führen, dass die Kosten der Prozessfinanzierung erstattungsfähig wären und Verbraucher nicht mit der Erfolgsbeteiligung belastet werden. Gegen eine solche Gesetzesänderung spricht aber, dass beklagte Unternehmer dann letztlich für eine Rechtsverfolgung im öffentlichen Interesse[849] aufkommen müssten.[850]

VI. Ergebnis

Die Finanzierungskosten der untersuchten Finanzierungsmodelle können nicht im Rahmen der prozessualen Kostenerstattung geltend gemacht werden, weil die Prüfung, ob der Anspruchsinhaber den Prozess im Rahmen des Zumutbaren aus eigenen Mitteln oder über ein günstigeres Finanzierungsmodell hätte führen können, der Einfachheit und Praktikabilität des Kostenfestsetzungsverfahrens widerspräche. Finanzierungskosten als materiell-rechtliche Kostenerstattungsansprüche geltend zu machen und damit einen neuen Streitgegenstand einführen zu müssen, ist zwar – auch perspektivisch – nicht der Königsweg.[851] *De lege lata* bleibt dem Anspruchsinhaber aber nichts Anderes übrig. Stattdessen ist daher die das Kostenfestsetzungsverfahren überlastende Prüfung auf Tatbestandsebene materiell-rechtlicher

---

846 Ausf. hierzu unter Kap. 6 D.II.2.
847 Speziell im Hinblick auf die Kostenerstattung bei der Verbandsklagerichtlinie s. *Stadler*, Prozessfinanzierung und Kostenerstattung, S. 562.
848 *Stadler*, Prozessfinanzierung und Kostenerstattung, S. 567.
849 Durch die Verbandsklagerichtlinie soll Verbrauchern auch deswegen eine Klagemöglichkeit eröffnet werden, weil es im öffentlichen Interesse ist, dass sich die Rechtsordnung bewähren kann und Verbraucher also nicht durch ein (rationales) Desinteresse von der Rechtsverfolgung abgehalten werden, vgl. Kap. 6 C.IV.3.a).
850 Abl. auch *Lühmann*, ZIP 2021, 824 (833); *Kern/Uhlmann*, ZEuP 2022, 849 (866 f.).
851 *Thole*, AnwBl 2023, 152 (154) in Bezug auf die Kostenerstattung bei der Vereinbarung von Stundensätzen.

Kap. 5 Finanzierungskosten und deren Erstattung

Kostenerstattungsansprüche durchzuführen, indem danach gefragt wird, ob die durch die Inanspruchnahme des Finanzierungsmodells entstandenen Kosten dem Schädiger zurechenbar sind, was insbesondere voraussetzt, dass sie aus Sicht des Geschädigten erforderlich waren. Zum einen folgt daraus eine Obliegenheit des Geschädigten, vorrangig seine eigenen Mittel einzusetzen, soweit ihm das möglich und zumutbar ist. Zum anderen folgt daraus aber auch die Obliegenheit, vorrangig günstigere Finanzierungsmodelle in Anspruch zu nehmen.

Mit der Prozesskostenhilfe bietet der Staat ein Finanzierungsmodell, das für den Anspruchsinhaber überhaupt keine Finanzierungskosten verursacht. Allerdings eröffnet die Prozesskostenhilfe, wie im zweiten und dritten Kapitel erarbeitet, nicht für jede Partei, die sich die Mittel zur Prozessführung nicht leisten kann, einen Zugang zum Recht. Insbesondere juristische Personen sind weitestgehend ausgenommen, weil aus Sicht des Gesetzgebers kein verfassungsrechtliches Gebot besteht, auch für sie eine Prozesskostenhilfe vorzuhalten. Daher ist im Einzelfall zu prüfen, ob der Anspruchsinhaber tatsächlich ein günstigeres Finanzierungsmodell hätte in Anspruch nehmen können. Die Gleichung, dass „arme" Parteien Prozesskostenhilfe beanspruchen und andere Parteien den Rechtsstreit aus eigenen Mitteln finanzieren können, geht nicht auf. Im Hinblick auf die Prozesskostenhilfe als das günstigere Finanzierungsmodell ist weiter zu beachten, dass Rechtsanwälten nach der Bewilligung von Prozesskostenhilfe nur eine geringere als die gesetzliche Gebühr zukommt. In Fällen, in denen der Anspruchsinhaber darlegen kann, dass er keinen geeigneten Rechtsanwalt gefunden hätte, der den Rechtsstreit zu diesen Gebühren übernommen hätte, scheidet ein Verweis des Anspruchsinhabers auf die Prozesskostenhilfe als das günstigere Finanzierungsmodell daher aus.

Bei der Schadenshöhe ist jeweils zu berücksichtigen, dass sich der Geschädigte nicht dadurch bereichern darf, dass sein Schadensersatz Kostenpunkte erfasst, die bereits bei der prozessualen Kostenerstattung zu berücksichtigen sind. Darüber hinaus sind Aufwendungen zur Auslagerung von Kostenrisiken zumindest als Verzugsschaden nach §§ 280 Abs. 1, 2, 286 BGB immer dann erstattungsfähig, wenn die Inanspruchnahme des Finanzierungsmodells dem Grunde nach erforderlich war. Der Schutzzweck des Verzugsschadens schließt die Erstattung dann nicht aus. Aufwendungen zur Auslagerung von Gegenkostenrisiken sind demgegenüber nie erstattungsfähig, weil die Auslagerung nicht dafür erforderlich ist, dass der Anspruchsinhaber seine Rechte verfolgen kann. Weitergehend können Finanzierungskosten nur insoweit erstattungsfähig sein, als sie tatsächlich angefallen sind. Macht der Anspruchsinhaber demgegenüber fiktive Finanzierungskosten geltend, sind diese nur unter den Voraussetzungen des § 249 Abs. 2 S. 1 BGB erstattungsfähig. Im Übrigen besteht in aller Regel keine Pflicht des Anspruchsinhabers, den Schädiger vor Inanspruchnahme eines Finanzierungsmodells darauf hinzuweisen und ihm so erneut die Gelegenheit zu geben, den streitgegenständlichen Anspruch doch noch zu erfüllen.

D. Zusammenfassung

Welches Finanzierungsmodell der Anspruchsinhaber wählen sollte, wird immer von den Umständen des Einzelfalls abhängen. Bei seiner Entscheidung für eines der dargestellten Finanzierungsmodelle sollte er aber die untersuchten Kosten und Nutzen gegeneinander abwägen.

Insoweit hat die Untersuchung ergeben, dass gewerbliche Prozessfinanzierer den größten Leistungsumfang bieten, weil sie nicht nur alle Mittel der Prozessführung vorstrecken, sondern auch das Kostenrisiko übernehmen sowie das Gegenkostenrisiko übernehmen können. Gleichzeitig verursacht die Prozessfinanzierung aber durch die vorgesehene Erfolgsbeteiligung die meisten Kosten und die Streitbeteiligung des Prozessfinanzierers ist vom Prozessgegner nur ausnahmsweise und selbst in diesen Ausnahmefällen nur in beschränktem Umfang zu erstatten. Wenn ein Anspruchsinhaber eine gewerbliche Prozessfinanzierung in Anspruch nehmen möchte, sollte ihm also bewusst sein, dass er die Finanzierungskosten im Erfolgsfall aller Voraussicht nach selbst zu tragen hat.

Die Kosten eines anwaltlichen Erfolgshonorars sind geringer als diejenigen eines Prozessfinanzierers, weil Rechtsanwälte Kostenrisiken nur im Hinblick auf ihre eigene Vergütung übernehmen. Auch hier kommt eine Kostenerstattung regelmäßig nur bis zur fiktiven gesetzlichen Gebühr in Betracht. Darüberhinausgehend ist der Erfolgszuschlag nur erstattungsfähig, wenn die Vereinbarung eines Erfolgshonorars erforderlich war. Die Kreditaufnahme verursacht gegenüber der Prozessfinanzierung und dem Erfolgshonorar die geringsten Kosten, gleichzeitig ermöglicht sie es aber nicht, Kostenrisiken auszulagern. Allerdings ist die Erstattung der Kreditzinsen im Vergleich zu den anderen Finanzierungsmodellen am wahrscheinlichsten, weil als alternative Finanzierungsmodelle nur die Prozessführung aus eigenen Mitteln und die Prozesskostenhilfe in Betracht kommen.

Die Rechtsschutzversicherung und die Prozesskostenhilfe nehmen im Hinblick auf eine etwaige Wahl eines Finanzierungsmodells eine Sonderrolle ein. Es wurde im vierten Kapitel bereits herausgearbeitet, dass der Anspruchsinhaber grundsätzlich nicht vor der Wahl steht, welches Finanzierungsmodell er wählen möchte, wenn er rechtsschutzversichert ist. Darüber hinaus lässt sich bei der Rechtsschutzversicherung auch nicht sagen, wie viele Kosten sie verursacht, weil das davon abhängig ist, wie viele Prozesse der Anspruchsinhaber führt, während er versichert ist. Die Prozesskosten-

Kap. 5 Finanzierungskosten und deren Erstattung

hilfe nimmt deswegen eine Sonderrolle ein, weil sie das günstigste Finanzierungsmodell ist, aber nur unter den dargestellten Voraussetzungen in Anspruch genommen werden darf.

Kapitel 6 – Finanzierungsmodelle gemessen am Bedürfnis nach einer Fremdfinanzierung

A. Einführung

In bestimmten Situationen ist das Bedürfnis, ein Finanzierungsmodell in Anspruch zu nehmen, typischerweise hoch. Dazu gehören insbesondere Fälle, in denen der Anspruchsinhaber die Mittel zur Prozessführung nicht aufbringen kann (hierzu B.), in denen aufgrund bestimmter Umstände ein Bedürfnis danach besteht, Kostenrisiken bei einer Individualrechtsverfolgung (hierzu C.) oder bei einer gebündelten Rechtsverfolgung (hierzu D.) auslagern zu können oder zuletzt in Fällen, in denen der Anspruchsinhaber seinem Fall selbst geringe Erfolgsaussichten zuschreibt und deswegen den Rechtsstreit lieber auf fremde Rechnung führen würde (hierzu E.).Diese Fälle sollen nachfolgend im Hinblick darauf untersucht werden, woraus sich typischerweise ein Bedürfnis nach einer Fremdfinanzierung ergibt und, ob die Finanzierungsmodelle dieses Bedürfnis befriedigen können.

B. Fremdfinanzierung mangels eigener wirtschaftlicher Leistungsfähigkeit

Ein faktisches Zugangshindernis besteht, wie bei der verfassungsrechtlichen Herleitung der Prozesskostenhilfe dargestellt,[852] dann, wenn der Anspruchsinhaber sich die Mittel zur Prozessführung nicht leisten kann. Das Bedürfnis nach einer Fremdfinanzierung erklärt sich hier von selbst, weil der Anspruchsinhaber ohne fremde Hilfe keinen Prozess führen kann. Daher wird ihm mit der Prozesskostenhilfe ein staatliches Finanzierungsmodell zur Verfügung gestellt.

Neben der Prozesskostenhilfe ermöglichen es grundsätzlich auch alle anderen Finanzierungsmodelle, dass ein Dritter die zur Prozessführung erforderlichen Mittel zumindest teilweise finanziert. Es dürfte dem Anspruchsinhaber aber selten gelingen, ein Darlehen aufzunehmen, wenn er sich die Mittel zur Prozessführung nicht leisten kann. Wie beim Verhältnis zwischen Darlehen und Prozesskostenhilfe bereits angemerkt,[853] sind Fälle, in denen das Einkommen des Anspruchsinhabers so hoch ist, dass er kreditwürdig ist, obwohl er sich die Mittel zur Prozessführung nicht leisten kann, prak-

---
852 Kap. 2 B.III.1.
853 Kap. 4 C.II.2.a).

tisch selten. Daher bieten sich für den Fall, dass der Anspruchsinhaber bedürftig ist, neben der Prozesskostenhilfe insbesondere Vergütungsmodelle an, bei denen die Vergütung vom Erfolg des Rechtsstreits abhängt. Das hat den Vorteil, dass die Finanzierungsleistung aus dem Ertrag vergütet werden kann, die Sicherheit für den Finanzierer also letztlich die geltend zu machende Forderung ist. Damit sind das anwaltliche Erfolgshonorar und die gewerbliche Prozessfinanzierung angesprochen. Die wirtschaftlichen Verhältnisse des Anspruchsinhabers sind bei der Vereinbarung eines Erfolgshonorars oder bei der gewerblichen Prozessfinanzierung von untergeordneter Relevanz, sodass Anwälte oder Prozessfinanzierer nicht etwa die „Kreditwürdigkeit" des Anspruchsinhabers prüfen würden.[854] Beim Erfolgshonorar muss der Anspruchsinhaber aber die Gerichtskosten gegebenenfalls über die Prozesskostenhilfe finanzieren,[855] wenn er sie nicht selbst aufbringen kann. Erfolgshonorarvereinbarungen sind auch nach § 4a Abs. 1 S. 1 Nr. 3 RVG zulässig, wenn sie mit Anspruchsinhabern vereinbart werden, die sich die Mittel zur Prozessführung nicht leisten können.[856] Die gewerbliche Prozessfinanzierung werden dagegen nur Gläubiger eines Anspruchs, der einen hohen Streitwert ausmacht, vereinbaren können.[857]

C. Fremdfinanzierung wegen der Kostenrisiken einer Individualrechtsverfolgung

I. Einführung

Wenn sich der Anspruchsinhaber die Mittel zur Prozessführung leisten kann, muss er kein Finanzierungsmodell in Anspruch nehmen, um einen Prozess führen zu können. Allerdings kann ihm in bestimmten Situationen daran gelegen sein, seine Kostenrisiken auszulagern. Kostenrisiken zwingen Anspruchsinhaber dazu, zu erwägen, ob sich der Prozess angesichts der drohenden Kosten lohnt. Sie führen dadurch zu einer Abwägung dahingehend, ob die möglichen Nutzen aus einem Prozess gegenüber den Lasten, die ein Prozess mit sich bringt, überwiegen. In dieser Abwägung können die Kostenrisiken so schwer wiegen, dass sie für einige Anspruchsinhaber zu einem Verzicht auf die Klageerhebung führen können, wenn keine Möglichkeit zu deren Auslagerung besteht. Das zeigt eine im Jahr 2021 durchgeführte Studie, die die Ursachen für die in Deutschland rückläufigen Gerichtszahlen

---

854 Kap. 3 C.IV.5.b)bb) (für das anwaltliche Erfolgshonorar) und C.VI.3.a)gg) (für die gewerbliche Prozessfinanzierung).
855 Zur Kombination von Prozesskostenhilfe und Erfolgshonorar unter Kap. 4 C.IV.2.
856 Kap. 3 C.IV.4.d).
857 Kap. 3 C.VI.3.a)dd).

erklären sollte.⁸⁵⁸ Sie ergab, dass über 40% der Befragten ihren Konflikt deswegen nicht auf gerichtlichem Weg gelöst haben, weil sie unter anderem Sorge vor hohen Prozesskosten und finanziellen Risiken gehabt haben.⁸⁵⁹

Für solche Anspruchsinhaber, die wegen der Kostenrisiken keine Klage erheben würden, besteht ein Bedürfnis danach, Kostenrisiken auslagern zu können. Denn wenn Kostenrisiken in ihrer Abwägung keine Rolle mehr spielen, weil sie durch einen Dritten übernommen werden könnten, ist es zumindest wahrscheinlicher,⁸⁶⁰ dass sie sich für einen Prozess entscheiden.

II. Auslagerung von Kostenrisiken bei Geringforderungen

1. Rationales Desinteresse an der Durchsetzung von Geringforderungen

Bei Geringforderungen tritt die Situation, dass die Kosten-Nutzen-Rechnung betroffener Anspruchsinhaber zulasten der Rechtsverfolgung ausfällt, besonders häufig auf. Aufgrund der degressiven Gebührenstruktur sind die Prozesskostenrisiken im Vergleich zum Streitwert bei Geringforderungen hoch. Die degressive Gebührenstruktur bewirkt nämlich, dass Gebühren im Verhältnis zum Streitwert geringer erscheinen, wenn der Streitwert höher ist.⁸⁶¹ Daher ist nachvollziehbar, dass Verbraucher auf eine Rechtsdurchsetzung bei Geringforderungen verzichten. Ihr Desinteresse an der Rechtsdurchsetzung ist rational.⁸⁶²

Bei Geringforderungen können die Kostenrisiken im Vergleich zum Ertrag aus dem Rechtsstreit gerade auch deswegen unverhältnismäßig erscheinen, weil das BVerfG – nach hier vertretener Ansicht zu Recht – Geringforderungen von seiner Rechtsprechung zur verfassungsrechtlich zulässigen Kostenhöhe ausgenommen hat.⁸⁶³ Daher darf der Gesetzgeber die Kostenrege-

---

858 Zur Auswertung Meller-Hannich/Höland/Nöhre, Abschlussbericht zum Forschungsvorhaben rückläufige Gerichtszahlen, *passim*.
859 Meller-Hannich/Höland/Nöhre, Abschlussbericht zum Forschungsvorhaben rückläufige Gerichtszahlen, S. 106, Abb. 17: 18,4% der Befragten gaben an, dass dies eher zutrifft und 22,5% an, dass dies zutrifft.
860 Wie hoch der Prozentsatz von Betroffenen ist, die *nur* wegen der Kosten und Kostenrisiken von der Rechtsverfolgung abgelassen haben, lässt sich der Studie nicht entnehmen, weil die Befragten neben diesem Grund auch angeben konnten, dass sie auf eine gerichtliche Rechtsdurchsetzung wegen einer außergerichtlichen Einigung verzichtet haben (Meller-Hannich/Höland/Nöhre, Abschlussbericht zum Forschungsvorhaben rückläufige Gerichtszahlen, S. 106, Abb. 17). Eine außergerichtliche Einigung kann aber wiederum durch Kostenrisiken beeinflusst sein oder eine Abwägung insgesamt überflüssig machen.
861 S. Anhang 1; MüKoZPO/*Schulz*, §92 Rn. 21; BeckOK ZPO/*Bacher*, §260 Rn. 2.
862 *Fries*, Verbraucherrechtsdurchsetzung, S. 57.
863 Kap. 2 B.IV.2.b).

Kap. 6 Bedürfnis nach Fremdfinanzierung

lungen so ausgestalten, dass die Kostenrisiken bei Geringforderungen den möglichen Ertrag aus dem Rechtsstreit erreichen können. Die Kostenrisiken für eine Instanz erreichen den Streitwert bei Geringforderungen von bis zu ca. EUR 850.[864] Für Forderungen bis zu diesem Streitwert erklärt sich somit von selbst, warum ein Bedürfnis nach der Auslagerung von Kostenrisiken besteht. Wenn die Kostenrisiken den möglichen Nutzen erreichen, erscheint die Rechtsverfolgung nämlich auch aus Sicht des BVerfG als „*praktisch unmöglich*".[865] Einige Rechtsgebiete, wie das Mietrecht, bei dem geringe Streitwerte angesichts von Streitigkeiten beispielsweise über Nebenkostenabrechnungen auftreten können, haben typischerweise mit dem rationalen Desinteresse Betroffener zu kämpfen.[866]

2. Auslagerung von Kostenrisiken bei Individualklagen

a) Rechtsverfolgung als Individualklage

Wenn es sich bei dem Sachverhalt, aus dem der Anspruchsinhaber seinen Anspruch ableiten möchte, nicht um einen standardisierbaren Fall handelt, muss er seine Geringforderung in einer eigenen Klage verfolgen. Die Möglichkeiten, sich an einer Verbandsklage zu beteiligen oder die Forderung an einen Masseninkassodienstleister abzutreten, stehen ihm nicht offen. Er ist bei der gerichtlichen Rechtsverfolgung auf sich allein gestellt. Kläger können ihre Ansprüche aber auch dann selbst verfolgen, wenn sich der Fall grundsätzlich für eine Verbandsklage[867] oder eine Abtretung an einen Masseninkassodienstleister eignen würde.

Verfolgen Anspruchsinhaber ihre Forderung im Rahmen einer eigenen Klage, nimmt ihnen niemand die Kosten und Kostenrisiken ihrer Rechtsverfolgung ab. Daher kann für sie ein Bedürfnis danach bestehen, ihre Kostenrisiken auslagern zu können.

b) Rationales Desinteresse (auch) aus anderen als finanziellen Gründen

Ein Bedürfnis nach einer Fremdfinanzierung besteht aber nur dann, wenn tatsächlich ausschließlich die Kosten und Kostenrisiken die Abwägung zulasten der Rechtsverfolgung kippen lassen. Gibt es demgegenüber noch

---

864 S. Anhang 1.
865 BVerfG, Beschl. v. 12.2.1992 – 1 BvL 1/89, NJW 1992, 1673 (nicht im Hinblick auf Geringforderungen, aber hier gilt dasselbe, weil die Rechtfertigung über fiskalische Interessen (Kap. 2 B.IV.2.b)) nichts daran ändert, wie schwer die Kostenrisiken bei der Entscheidung über die Klageerhebung wirken).
866 Hierzu *Meller-Hannich*, NZM 2022, 353.
867 Die Verbandsklage sperrt die Möglichkeit zur Individualrechtsverfolgung erst nachdem der Verbraucher seinen Anspruch angemeldet hat, § 11 Abs. 2 VDuG.

C. Fremdfinanzierung bei Individualrechtsverfolgung Kap. 6

weitere Gründe, die den Anspruchsinhaber auch nach der Auslagerung von Kostenrisiken auf die Rechtsdurchsetzung verzichten ließen, wäre ihm mit der Auslagerung des Kostenrisikos nicht weitergeholfen. Selbst wenn die Kostenrisiken durch die Auslagerung auf einen Dritten aus der Abwägung ausgeklammert werden könnten, würden den Anspruchsinhaber nämlich weitere Gründe von der Rechtsverfolgung abhalten.

Bei der Geltendmachung von Geringforderungen in Individualklagen ist der mögliche Ertrag aus dem Prozess gering, sodass auf der Nutzen-Seite im Rahmen der Abwägung wenig für eine Rechtsverfolgung spricht. Dadurch können Abwägungsgesichtspunkte, die bei der Verfolgung von hochwertigen Forderungen eine untergeordnete Rolle spielen würden, bei der Verfolgung von Geringforderungen den Ausschlag zu einer Entscheidung gegen die Rechtsverfolgung geben. Je geringer die geltend zu machende Forderung ist, desto mehr werden auch andere, sonst untergeordnete Gründe, in den Vordergrund rücken.

Neben dem Prozesskostenrisiko hält Verbraucher bereits die Vorstellung, vor Gericht stehen zu müssen, vom Prozessieren ab. Das ist auf psychologische und soziologische Aspekte, wie beispielsweise die Furcht vor dem als bedrohlich empfundenen Justizapparat, vor der Gerichtsöffentlichkeit sowie die Wirkung einschüchternder Justizgebäude zurückzuführen.[868] Ein weiterer im Hinblick auf den geringen Ertrag relevanter Aspekt in der Abwägung ist der persönliche Zeitaufwand, der mit einem Prozess verbunden ist.[869] Wenn der Verbraucher selbst als Partei auftreten muss, ist damit ein Zeitaufwand verbunden, der schnell daran zweifeln lässt, ob sich die Klage lohnt. Erschwerend kommt dabei hinzu, dass der Prozess eine vergleichsweise lange Dauer in Anspruch nimmt.[870] Streitig endende Verfahren dauern vor den Amtsgerichten durchschnittlich ca. neun Monate.[871] Durch die Finanzierung der bei der Rechtsverfolgung anfallenden Kosten kann Verbrauchern diese Bürde nicht abgenommen werden. Das ist einer der Gründe dafür, dass sich die bereits dargestellten Geschäftsmodelle moderner Inkassodienstleister[872] durchgesetzt haben. Sie finanzieren den Prozess nicht nur, sondern führen ihn auch selbst, sodass dem Anspruchsinhaber auch Lasten eines Prozesses

---

868 Ausf. hierzu *Fries*, Verbraucherrechtsdurchsetzung, S. 30 ff.; *Goebel*, Zivilprozeßdogmatik und Verfahrenssoziologie, S. 198 ff.; *Basedow*, VersR 2008, 750 (751).
869 Basedow/Hopt/Kötz/Baetge/*Schäfer*, Die Bündelung gleichgerichteter Interessen im Prozeß, S. 69; *Fries*, Verbraucherrechtsdurchsetzung, S. 30 ff.
870 *Meller-Hannich*, NZM 2022, 353.
871 Statistisches Bundesamt (Destatis), Fachserie 10 Reihe 2.1 2021 (erschienen am 5.8.2022), S. 26 (Dauer des Verfahrens vor den Amtsgerichten) und S. 56 (Dauer des Verfahrens vor den Landgerichten) (abrufbar unter https://www.destatis.de/DE/Themen/Staat/Justiz-Rechtspflege/Publikationen/Downloads-Gerichte/zivilgerichte-2100210217004.html (zuletzt abgerufen am 14.6.2023)).
872 Kap. 3 C.IV.4.c)aa).

abgenommen werden, die mit der Prozessführung selbst und nicht nur deren Finanzierung verbunden sind.

c) Rationales Desinteresse aus finanziellen Gründen
aa) Rechtsschutzversicherungen

Demgegenüber besteht ein Bedürfnis nach der Auslagerung von Kostenrisiken und damit ein Interesse an der Inanspruchnahme eines Finanzierungsmodells, das die Auslagerung von Kostenrisiken ermöglicht, wenn das Desinteresse an der Rechtsverfolgung durch die Auslagerung von Kostenrisiken beseitigt werden kann. Das einzige Finanzierungsmodell, das ein rationales Desinteresse aus finanziellen Gründen grundsätzlich unabhängig von der Höhe des Streitwerts beseitigen kann, ist die Rechtsschutzversicherung.[873] Der Rechtsschutzversicherer ist zur Übernahme der Kosten und Kostenrisiken verpflichtet. Daher muss der Anspruchsinhaber den Rechtsstreit weder aus eigenen Mitteln finanzieren, noch muss er fürchten, im Misserfolgsfall mit den Kosten des Rechtsstreits belastet zu werden. Für ihn besteht ein Desinteresse an der Rechtsverfolgung aus finanziellen Gründen also nicht.

Eine Ausnahme gilt nur dann, wenn der Versicherungsvertrag eine Selbstbeteiligung vorsieht.[874] Dann kann sich aus Sicht des Versicherungsnehmers die Frage stellen, ob sich der Rechtsstreit angesichts der Selbstbeteiligung im Verhältnis zum möglichen wirtschaftlichen Ertrag für ihn lohnen kann. In Höhe der Selbstbeteiligung[875] muss der Versicherungsnehmer nämlich die Kosten zur Rechtsverfolgung selbst tragen.

bb) Erfolgsbasierte Vergütungsmodelle

(1) Problemstellung

Auch über das Erfolgshonorar und die gewerbliche Prozessfinanzierung können Kostenrisiken ausgelagert werden. Allerdings ist es in einer Vielzahl der Fälle, in denen ein rationales Desinteresse besteht, ausgeschlossen, aus dem geringen Ertrag eines Rechtsstreits auch noch eine Finanzierungsleistung zu vergüten. Die Ursache dafür ist dieselbe Ursache wie für das rationale Desinteresse selbst. Wegen der degressiven Gebührenstruktur sind die Kosten eines Prozesses im Vergleich zu dem möglichen Ertrag bei Geringforderungen hoch. Wenn ein Dritter im Hinblick auf diese Kosten auch noch

---

873 Vgl. auch *Weber*, VuR 2013, 323 (326); *Basedow*, VersR 2008, 750 (751).
874 Hierauf weist auch *Meller-Hannich*, NZM 2022, 353 (357) hin.
875 Die Selbstbeteiligung kann bspw. von der Schadensfreiheits-Klasse und der Anzahl der Versicherungsjahre abhängen (vgl. G.6.1 ARB 2021 der HUK (abrufbar unter https://www.huk.de/content/dam/hukde/dokumente/produkte/allgemeine_versicherungsbedingungen_rechtsschutz.pdf; zuletzt abgerufen am 14.6.2023)).

Kostenrisiken übernehmen soll, muss er sich das durch einen Zuschlag im Erfolgsfall vergüten lassen. Dann erreicht dieser Zuschlag aber schnell eine Grenze, welche die Rechtsverfolgung unwirtschaftlich erscheinen lässt.[876]

Hinzu kommt, dass die gesetzlichen Gebühren eines Rechtsanwalts unabhängig von seinem tatsächlichen Aufwand berechnet werden, indem sie an den Streitwert anknüpfen. Nur weil ein Rechtsstreit eine Geringforderung zum Gegenstand hat, heißt das aber nicht, dass der Fall weniger komplex ist. Wenn Rechtsanwälte ihr Erfolgshonorar ausgehend vom prognostizierten Zeitaufwand berechnen,[877] wird häufig allein das Zeithonorar auch ohne die Berücksichtigung des Erfolgszuschlags den Streitwert erreichen. Vergleichbares würde auch für gewerbliche Prozessfinanzierer gelten, wenn sie sich ihren Zeitaufwand vergüten lassen würden. Allein der zeitliche Aufwand zur Durchführung der Risikoanalyse, also beispielsweise die Prüfung der Erfolgsaussichten und der Bonität des Gegners, kann so hoch sein, dass sich gewerbliche Prozessfinanzierer für den Erfolgsfall eine Vergütung versprechen lassen müssten, die den Ertrag übersteigt. Anspruchsinhaber werden in aller Regel nicht dazu bereit sein, für die anwaltliche Tätigkeit oder für einen gewerblichen Prozessfinanzierer ein Entgelt zu bezahlen, das den mit dem Prozess angestrebten Ertrag völlig aufzehren oder sogar noch übersteigen würde.[878]

(2) Mögliche Anwendungsbereiche

Für den Einzelfall wird es der geringe Streitwert somit kaum gestatten, einen Finanzierer einzuschalten und diesem ein Erfolgshonorar zu versprechen. Einzig Fälle mit (vermeintlich) gewissen Erfolgsaussichten und einem Minimalaufwand könnten sich zur Finanzierung trotz des geringen Streitwerts anbieten, da gesichert erscheint, dass der Gegner die Kosten erstatten muss und die Erfolgsbeteiligung entsprechend geringer ausfallen kann, je höher die Erfolgsaussichten sind. Das gilt zumindest für anwaltliche Erfolgshonorare, deren Vereinbarung nach § 4a Abs. 1 S. 1 Nr. 1 RVG bei einem Streitwert von bis zu EUR 2.000 zulässig ist. Gewerbliche Prozessfinanzierer, die eine Finanzierungsleistung in diesem Bereich anbieten würden, sind nicht bekannt.

Im Hinblick auf das Erfolgshonorar wurde bereits dargestellt, dass ein möglicher (Rest-)Anwendungsbereich Massenfälle sein könnten, die in Individualklagen verfolgt werden.[879] Auch gewerbliche Prozessfinanzierer könn-

---

876 S. zum Erfolgshonorar Kap. 3 C.IV.6.b)bb)(1); zur gewerblichen Prozessfinanzierung C.VI.3.a)dd).
877 Zur Berechnung Kap. 3 C.IV.5.b)cc).
878 BVerfG, Beschl. v. 10.2.1992 – 1 BvL 1/89, NJW 1992, 1673 (1674).
879 Kap. 3 C.IV.6.b)bb)(2); *Rücker/Bell*, MDR 2022, 470.

Kap. 6 Bedürfnis nach Fremdfinanzierung

ten, wenn sie sich auf Massenfälle spezialisieren, ihren Aufwand erheblich reduzieren, weil derartigen Massefällen ähnliche Sachverhalte zugrunde liegen.[880] Es reicht daher aus, die Erfolgsaussichten abstrakt zu prüfen und für den Einzelfall Kriterien festzulegen, die erfüllt sein müssen, damit ein Anspruch besteht. Dadurch kann die Prüfung der Erfolgs-aussichten standardisiert werden. Im Hinblick auf den Dieselskandal wären solche Kriterien etwa das Baujahr des Fahrzeugs, das Fahrzeugmodell und das Verkaufsjahr.

Theoretisch besteht also für Rechtsanwälte und gewerbliche Prozessfinanzierer die Möglichkeit, zumindest diese (Massen-)Fälle zu finanzieren. An der Konkurrenzfähigkeit vergleichbarer Geschäftsmodelle bestehen aber deswegen Bedenken, weil Masseninkassounternehmer Rechtsstreitigkeiten ebenfalls finanzieren und darüber hinaus dazu in der Lage sind, Verbrauchern auch die mit der Prozessführung verbundenen Lasten abzunehmen. Gerade das ist Rechtsanwälten durch die Vereinbarung eines Erfolgshonorars nicht möglich, weil sie sich die Forderungen ihrer Mandanten nicht zur eigenständigen Durchsetzung abtreten lassen dürfen.[881] Auch aus Sicht von Prozessfinanzierern ist es einfacher, einem Masseninkassounternehmer die Bündelung der Ansprüche durch Abtretung zu überlassen und dann den Rechtsstreit des Inkassodienstleisters zu finanzieren, anstatt selbst darauf zu hoffen, genügend Fälle zu finden, in denen Verbraucher Individualklagen erheben möchten. Die Standardisierung der Massenfälle erfordert nämlich eine Vorleistung, von der unklar ist, ob sie sich später auszahlen kann. Daher ist es unwahrscheinlich, dass Rechtsanwälte oder gewerbliche Prozessfinanzierer vergleichbare Geschäftsmodelle entwickeln werden.

3. Zwischenergebnis

Ein Bedürfnis nach einer Auslagerung von Kostenrisiken besteht bei Geringforderungen häufig, weil bei ihnen die Kostenrisiken im Vergleich zum möglichen Ertrag aus dem Rechtsstreit hoch sind. Gleichzeitig halten Anspruchsinhaber bei Geringforderungen auch andere Umstände als das Kostenrisiko von der Rechtsverfolgung ab, da der mögliche Ertrag aus dem Rechtsstreit gering ist. Ein Bedürfnis nach einer Fremdfinanzierung besteht daher nur dann, wenn der Anspruchsinhaber nicht auch nach der Auslagerung von Kostenrisiken von der Rechtsverfolgung absehen würde.

---

880 Auf solche Massenfälle dürfte das Angebot der Armida UG (service-armida.de) abzielen, die eine gewerbliche Prozessfinanzierung bereits ab einem Streitwert von EUR 3.000 anbietet. In ihrer „Checkliste für eine Finanzierungsanfrage" (abrufbar unter https://www.service-armida.de/downloads (zuletzt abgerufen am 14.6.2023)) werden die erforderlichen Unterlagen bei Fällen aufgezählt, in denen es um eine Kapitalanlage geht (unter II.).
881 Kap. 3 C.IV.4.c)bb)(1).

Besteht ein Bedürfnis nach einer Auslagerung von Kostenrisiken, kann häufig nur die Rechtsschutzversicherung dieses Bedürfnis befriedigen. Bei anwaltlichen Erfolgshonoraren oder der gewerblichen Prozessfinanzierung muss die Erfolgsbeteiligung in den meisten Fällen so hoch ausfallen, dass die Rechtsverfolgung aus Sicht des Anspruchsinhabers nicht mehr wirtschaftlich erscheint. Etwas Anderes kann dann gelten, wenn die Erfolgsaussichten aus Sicht des Finanziers gewiss sind.

III. Auslagerung von Kostenrisiken bei sonstigen Forderungen

1. Wirtschaftliche Verhältnisse des Anspruchsinhabers

Auch wenn es sich bei der geltend zu machenden Forderung nicht um eine Geringforderung handelt, kann Anspruchsinhabern daran gelegen sein, ihre Kostenrisiken auslagern zu können. Vom BVerfG wurde in seiner Entscheidung zum Verbot von Erfolgshonorarvereinbarungen die Situation hervorgehoben, dass ein Kläger aufgrund seiner wirtschaftlichen Verhältnisse das Risiko, im Misserfolgsfall mit den Kosten qualifizierter anwaltlicher Unterstützung belastet zu bleiben, nicht oder zumindest nicht vollständig zu tragen vermag.[882] Darunter fasste der Gesetzgeber beispielsweise Fälle, *„in denen um Vermögenswerte gestritten wird, die den einzigen oder wesentlichen Vermögensbestandteil einer rechtsuchenden Person ausmachen, wie es etwa beim Streit um einen Erbanteil, einen Entschädigungsbetrag oder Schmerzensgeld der Fall sein kann."*[883]

Dem vergleichbar kann ein Bedürfnis nach der Auslagerung von Kostenrisiken auch dann bestehen, wenn sich der Anspruchsinhaber zwar im Misserfolgsfall die Kosten des Rechtsstreits leisten könnte, die daraus resultierenden Ausgaben aber mit Blick auf seine wirtschaftlichen Verhältnisse außergewöhnlich sind. Damit sind Situationen angesprochen, in denen hohe Streitwerte auf „Normalverdiener" treffen.[884] Hier würden die Ausgaben für den Prozess die üblichen Ausgaben des Anspruchsinhabers bei weitem übersteigen, sodass seine Abwägung häufiger zulasten der Rechtsverfolgung ausfallen wird und ein Bedürfnis nach der Auslagerung von Kostenrisiken besteht. In bestimmten Rechtsgebieten tritt das Phänomen, dass „Normalverdiener" mit außergewöhnlich hohen Streitwerten konfrontiert werden, typischerweise auf. Für diese Rechtsgebiete ist die gewerbliche Prozessfinanzierung besonders beliebt, weil sie dem Anspruchsinhaber vollumfänglich seine Kostenrisiken abnehmen kann. Zu diesen Rechtsgebieten zählen

---

882 BVerfG, Beschl. v. 12.12.2006 – 1 BvR 2576/04, NJW 2007, 979 Rn. 102.
883 BT-Drs. 16/8384, S. 11.
884 *Kuhn/Trappe*, ZEV 2013, 246 (248).

neben dem Erbrecht[885] etwa auch Architekten-, Ingenieurhonorar- und Arzthaftungsprozesse.[886] Darüber hinaus könnte Klägern die Vereinbarung eines Erfolgshonorars nach § 4a Abs. 1 S. 1 Nr. 3 RVG offenstehen. Die Vorschrift setzt aber ihrem Wortlaut nach immer noch voraus, dass der Anspruchsinhaber ohne die Vereinbarung eines Erfolgshonorars von der Rechtsverfolgung abgehalten werden würde. Daher fällt es schwer, die Voraussetzungen zu bejahen, wenn der Anspruchsinhaber die Kosten des Rechtsstreits im Misserfolgsfall tragen könnte, sich aber angesichts der aus seiner Sicht hohen Kosten dagegen entscheidet.[887]

2. Individuelle Risikobewertung

Im Übrigen hängt die Frage, ob aus Sicht des Anspruchsinhabers ein Bedürfnis nach der Auslagerung von Kostenrisiken besteht, von seiner individuellen Risikobewertung ab. In der Abwägung, ob ein Anspruchsinhaber eine Klage erheben möchte, spielen zahlreiche Umstände eine Rolle. Dazu gehören neben dem Streitwert und den Kostenrisiken beispielsweise auch der persönliche Zeitaufwand und die Erfolgsaussichten.[888] Je nachdem, wie der Anspruchsinhaber diese Faktoren für sich und im Verhältnis zueinander bewertet, kann seine Abwägung dazu führen, dass er eine Klage nicht erheben würde, wenn er keine Kostenrisiken auslagern könnte. Ob ein Bedürfnis nach der Auslagerung von Kostenrisiken besteht, hängt somit von der subjektiven Bewertung dieser Faktoren eines jeden Anspruchsinhabers ab. Beispielsweise sind wohlhabende Kläger in der Lage, sich auch im Misserfolgsfall hohe Kosten zu leisten. Allerdings muss der Streitwert häufig höher sein, damit sich aus ihrer Sicht eine Klage lohnt. Auch für wohlhabende Anspruchsinhaber kann daher ein Bedürfnis nach der Auslagerung von Kostenrisiken bestehen, wenn der Streitwert, durchschnittlich betrachtet, hoch ist, aber aus Sicht wohlhabender Anspruchsinhaber nicht hoch genug ist. Ebenso wird ein Anspruchsinhaber, der risikoscheu ist und das Verlustrisiko trotz hoher Erfolgsaussichten scheut, auch dann von der Klage ablassen, wenn der mögliche Ertrag hoch ist, er aber seine Kostenrisiken nicht auslagern kann.

Klägern, die allein durch ihre eigene Risikobewertung von der gerichtlichen Geltendmachung ihrer Ansprüche abgehalten werden, konnte bislang nur die gewerbliche Prozessfinanzierung weiterhelfen. Für die Frage, ob eine Erfolgshonorarvereinbarung zulässig ist, kam es nach § 4a Abs. 1 S. 1 RVG aF bislang auf die wirtschaftlichen Verhältnisse des Anspruchsinhabers an.

---
885 *Krüger*, ZEV 2019, 575; *Kuhn/Trappe*, ZEV 2013, 246 (248).
886 *Frechen/Kochheim*, NJW 2004, 1213 (1217).
887 Kap. 3 C.IV.6.b)cc).
888 Kap. 6 C.II.2.b).

Nunmehr hat der Gesetzgeber auf die Voraussetzung, dass die Vereinbarung eines Erfolgshonorars gerade mit Blick auf die wirtschaftlichen Verhältnisse des Mandaten die Rechtsverfolgung erst ermöglicht, verzichtet, weil die drohenden Kosten wirtschaftlich besser gestellte Personen ebenso träfen und daher auch bei solchen Personen eine Risikoabwägung zu dem Ergebnis führen kann, dass die Vereinbarung eines Erfolgshonorars sachgerecht wäre.[889] Wie bereits dargestellt,[890] bringt § 4a Abs. 1 S. 1 Nr. 3 RVG aber nach wie vor eine erhebliche Rechtsunsicherheit mit sich, weil unklar ist, welche Gründe der Gesetzgeber und Gerichte dafür gelten lassen, dass die Erfolgshonorarvereinbarung die Rechtsverfolgung erst ermöglicht. Daher bleibt unklar, ob eine Erfolgshonorarvereinbarung allein deswegen zulässig sein soll, weil der Anspruchsinhaber risikoscheu ist.

3. Sonstige Faktoren (Drittfinanzierung aus Opportunitätsgründen)

Daneben besteht ein Interesse an einer Drittfinanzierung natürlich nicht nur dann, wenn sie die Rechtsverfolgung erst ermöglicht, weil Anspruchsinhaber sich die Kosten entweder mit Blick auf ihre wirtschaftlichen Verhältnisse nicht leisten können oder sie sich nicht leisten wollen. Eine Drittfinanzierung kann auch für Anspruchsinhaber attraktiv sein, die den Rechtsstreit aus eigenen Mitteln führen würden, sich aber bewusst für eine Drittfinanzierung entscheiden.

Aus Sicht von Unternehmen kann sich die Inanspruchnahme einer Drittfinanzierung beispielsweise bei hohen Streitwerten anbieten, um Eigenkapital zu erhalten, das anderweitig eingesetzt werden kann.[891] Dann dürfte die Vereinbarung eines Erfolgshonorars nach § 4a Abs. 1 S. 1 Nr. 3 RVG unzulässig sein, allerdings steht die gewerbliche Prozessfinanzierung offen. Privatpersonen können sich bewusst für eine Drittfinanzierung entscheiden, wenn sie keine Eigenmittel zur Rechtsverfolgung einsetzen möchten. Als Beispiel kann hier wieder das Erbrecht herangezogen werden, wo Erben häufig Ansprüche im Hinblick auf die Erbmasse einklagen. Gegenstand von erbrechtlichen Streitigkeiten ist häufig Vermögen, für das der Erbe keine originäre Gegenleistung erbracht hat.[892] Daher wird er gegebenenfalls kein eigenes Vermögen zur Rechtsverfolgung einsetzen wollen und sich dafür im Erfolgsfall eher Abzüge auf den erstrittenen Ertrag gefallen lassen.

---

889 BT-Drs. 19/27673, S. 37; s. hierzu bereits Kap. 3 C.IV.6.b)cc).
890 Kap. 3 C.IV.6.b)cc).
891 *Lieberknecht*, NJW 2022, 3318 Rn. 21.
892 *Krüger*, ZEV 2019, 575.

IV. Bewertung der Neuregelungen zum Erfolgshonorarverbot

1. Einleitung

Die bisherige Untersuchung ergab, dass Erfolgshonorarvereinbarungen in vielen Fällen, in denen ein Bedürfnis nach ihnen besteht, entweder nicht zulässig sind oder nicht rechtssicher vereinbart werden können. Das liegt daran, dass sich der Gesetzgeber dazu entschieden hat, das grundsätzliche Verbot des Erfolgshonorars beizubehalten, obwohl auch das BVerfG ihm aufzeigte, dass das Erfolgshonorarverbot gänzlich abgeschafft werden könnte.[893] Das Verbot wurde zwar kürzlich[894] gelockert, aber angesichts dessen, dass § 4a Abs. 1 S. 1 Nr. 1 RVG den zulässigen Höchststreitwert auf EUR 2.000 begrenzt und, dass unklar ist, wann Erfolgshonorarvereinbarungen nach § 4a Abs. 1 S. 1 Nr. 3 RVG zulässig sein sollen, können Erfolgshonorare rechtssicher nur bei geringen Streitwerten oder außergerichtlich nach § 4a Abs. 1 S. 1 Nr. 2 RVG vereinbart werden. Das gilt, obwohl das Bedürfnis nach der Vereinbarung eines Erfolgshonorars vor Gericht, wo Kostenrisiken anfallen, am höchsten ist.

Die bestehenden Einschränkungen sind aus verschiedenen Gründen unbefriedigend. Es überzeugt nicht, das Erfolgshonorarverbot für die gerichtliche Vertretung eines Rechtsanwalts aufrechtzuerhalten.

2. Unbefriedigende Gesetzeslage

a) Rationales Desinteresse nur bis EUR 2.000

Der zulässige Streitwert für Erfolgshonorarvereinbarungen nach § 4a Abs. 1 S. 1 Nr. 1 RVG wurde auf EUR 2.000 begrenzt, weil aus Sicht des Gesetzgebers bis zu diesem Streitwert ein rationales Desinteresse an der Rechtsverfolgung besteht. Grundlage für diesen Grenzwert war eine Studie,[895] der sog. Roland Rechtsreport 2020[896], die ergab, dass Bürger erst ab einem Streitwert von EUR 1.840 bereit seien, zu klagen. Zwar ist jeder Grenzwert letztlich bis zu einem gewissen Grad arbiträr.[897] Die Studie hat aber keinerlei Aussagekraft bezogen auf die Frage, ab welchem Streitwert die Kostenrisiken im Hinblick auf den möglichen Ertrag im Durchschnitt in einem

---

893 BVerfG, Beschl. v. 12.12.2006 – 1 BvR 2576/04, NJW 2007, 979 Rn. 110.
894 Gesetz zur Förderung verbrauchergerechter Angebote im Rechtsdienstleistungsmarkt, BGBl. 2021 I 3415; zu den Neuregelungen Kap. 3 C.IV.4.
895 BT-Drs. 19/27673, S. 35, 14 f. mit Verweis auf Roland Rechtsreport 2020, S. 24 (Schaubild 15).
896 S. Fn. 300.
897 *Kilian*, AnwBl Online 2021, 213 (215).

C. Fremdfinanzierung bei Individualrechtsverfolgung Kap. 6

solchen Verhältnis stehen, dass ein Anspruchsinhaber eine Klage auch ohne die Möglichkeit erheben würde, Kostenrisiken auslagern zu können.[898]

Um eine Aussage darüber treffen zu können, bis zu welchem Streitwert Mandanten eine Möglichkeit eröffnet werden muss, Kostenrisiken durch eine Erfolgshonorarvereinbarung auslagern zu können, müsste die Frage, die den Studienteilnehmern gestellt wird, den Streitwert in ein Verhältnis zum Kostenrisiko setzen. Stattdessen lautete die Frage, die Studienteilnehmer für den Roland-Rechtsreport 2020 zu beantworten hatten: *„Ab welchem Betrag, um den gestritten wird, würden Sie vermutlich vor Gericht ziehen, bei welcher Summe ungefähr?"*[899] Zu Recht setzt *Römermann* diese Frage mit der Frage danach gleich, ob die Studienteilnehmer bereit seien, ein Sofa zu kaufen, das laut Sachverständigengutachten EUR 2.000 wert sei.[900] Wenn den Studienteilnehmern nicht der Preis genannt wird, hat die Studie allenfalls eine Aussagekraft im Hinblick auf die Frage, ab wann der Streitwert so hoch ist, dass andere Gründe als die Kostenrisiken[901] nicht zu einem Verzicht auf die gerichtliche Geltendmachung eines Anspruchs führen. Daraus ließe sich allenfalls darauf schließen, ab wann ein Anspruch hoch genug ist, als dass Anspruchsinhaber dazu bereit wären, ihre Zeit für dessen Durchsetzung zu opfern. Die Aussage, die der Gesetzgeber eigentlich aus der Studie lesen möchte,[902] nämlich zu der Frage, ab wann die Kostenrisiken im Vergleich zum Streitwert in einem solchen Verhältnis stehen, dass Anspruchsinhaber auch ohne die Auslagerung von Kostenrisiken klagen würden, lässt sich der Studie nicht entnehmen.

Es überrascht nicht, dass Anspruchsinhaber laut der Folgestudie, dem Roland-Rechtsreport 2022[903], ab einer Forderung von durchschnittlich EUR 3.683 zu klagen bereit sind.[904] Damit hat sich der Streitwert, bis zu dem ein rationales Desinteresse an der Rechtsverfolgung aufgrund der Kostenrisiken aus Sicht des Gesetzgebers bestehen soll, verdoppelt. Mangels der Berücksichtigung von Kostenrisiken ist auch konsequent, dass das Kostenrisiko für die Frage, ob ein Anspruchsinhaber zur Klage bereit ist, nach dem Roland-Rechtsreport 2022 kaum eine Rolle spielt. Das zeigt sich darin, dass Personen mit einer Rechtsschutzversicherung, die also gar kein Kostenrisiko

---

898 Auch *Fries*, NJW 2021, 2537 (2539) meint, dass die Grenze frei gegriffen sei; krit. zur Grenze *Römermann*, AnwBl Online 2020, 588 (609) (hierzu sogleich).
899 Roland Rechtsreport 2020, S. 24 (Schaubild 15).
900 *Römermann*, AnwBl Online 2020, 588 (609).
901 S. zu diesen Gründen und inwiefern sie ein Desinteresse an der Rechtsverfolgung begründen können unter Kap. 6 C.II.2.b).
902 BT-Drs. 19/27673, S. 14.
903 ROLAND Rechtsreport 2022 abrufbar unter: https://www.roland-rechtsschutz.de/media/roland-rechtsschutz/pdf-rr/042-presse-pressemitteilungen/pressemitteilungen/dateien-im-artikel/20220222-rechtsreport_2022.pdf (zuletzt abgerufen am 14.6.2023).
904 ROLAND Rechtsreport 2022, S. 20, Schaubild 11.

spüren, nach der Folgestudie bei einem Streitwert ab EUR 3.567 zur Klage bereit sind.[905] Der Streitwert unterscheidet sich damit geringfügig von dem Durchschnittsstreitwert in Höhe von EUR 3.998, ab dem Personen ohne Rechtsschutzversicherung zu klagen bereit sind.[906]

b) Hohe Streitwerte und damit verbundene hohe Kostenrisiken

Ebenso wenig überzeugt es, die Vereinbarung eines Erfolgshonorars nach § 4a Abs. 1 S. 1 Nr. 3 RVG davon abhängig zu machen, dass der Mandant ohne die Erfolgshonorarvereinbarung von der Rechtsverfolgung abgehalten wird. Es wurde bereits mehrfach aufgezeigt, dass unklar ist, welche Gründe danach dafür ausreichen sollen, dass die Erfolgshonorarvereinbarung die Rechtsverfolgung erst ermöglicht.[907] Alleine die Kostenrisiken dürften wohl nicht als Grund für die Vereinbarung eines Erfolgshonorars ausreichen, obwohl es durchaus nachvollziehbar erscheint, wenn Anspruchsinhaber ein Erfolgshonorar bei einem Streitwert von EUR 5.000 oder EUR 10.000 vereinbaren möchten, weil das Gesamtkostenrisiko bei ca. der Hälfte des Streitwerts liegt.[908]

Letztlich hängt es von den Charakterzügen des jeweiligen Anspruchsinhabers ab, ob er risikogeneigt ist oder nicht und, ob die Abwägung dementsprechend zugunsten oder zulasten der gerichtlichen Geltendmachung einer Forderung ausfällt. Gerichte werden aber wohl kaum bewerten können, ob ein Anspruchsinhaber risikogeneigt ist oder nicht und daher vor Abschluss des Erfolgshonorars tatsächlich einen Prozess aus eigenen Mitteln geführt hätte oder nicht. Gleichzeitig würde die Vorschrift aber zur bloßen Makulatur, wenn es beispielsweise ausreichen würde, wenn der Anspruchsinhaber vorträgt, dass er allgemein eher risikoscheu ist.

c) Zwischenergebnis

Die neu geschaffene Gesetzeslage ist unbefriedigend. Weder kann der Grenzwert überzeugen, bis zu dem ein rationales Desinteresse an der Rechtsverfolgung bestehen soll, noch kann die Voraussetzung überzeugen, wonach eine Erfolgshonorarvereinbarung zulässig sein soll, wenn der Auftraggeber sonst von der Rechtsverfolgung abgehalten werden würde. Derzeit basiert die Gesetzeslage auf einer wenig aussagekräftigen Studie und fordert Gerichten im Einzelfall ab, zu bewerten, wie risikofreudig ein einzelner Anspruchsinhaber tatsächlich ist. Das ist misslich, weil gerade für die

---

905 ROLAND Rechtsreport 2022, S. 21, Schaubild 12.
906 ROLAND Rechtsreport 2022, S. 21, Schaubild 12.
907 Kap. 3 C.IV.6.b)cc).
908 S. Anhang 1.

gerichtliche Forderungsgeltendmachung ein gesteigertes Interesse an Erfolgshonorarvereinbarungen besteht, weil hier höhere Kosten als im außergerichtlichen Bereich entstehen. Rechtssicher lassen sich vor Gericht aber nur Erfolgshonorarvereinbarungen bei einem Streitwert von bis zu EUR 2.000 vereinbaren.

3. Regelungsvorschlag *de lege ferenda*
a) Erfolgshonorare als Zugang zu Gerichten

Dafür, stattdessen Erfolgshonorare streitwertunabhängig für die gerichtliche Vertretung durch Rechtsanwälte zuzulassen, spricht vor allem, dass sie Anspruchsinhabern, die sonst auf eine gerichtliche Durchsetzung ihrer Rechte verzichten würden, einen Zugang zu Gerichten eröffnen können.[909] Über Erfolgshonorare können Kostenrisiken aus der Kosten-Nutzen-Abwägung, die Anspruchsinhaber vor der gerichtlichen Geltendmachung ihrer Ansprüche vornehmen, ausgenommen werden. Damit ist das Erfolgshonorar einer der Schlüssel dafür, um Ansprüche, die sonst nicht gerichtlich geltend gemacht worden wären, einer gerichtlichen Klärung zuzuführen.

Daraus folgt, dass das Erfolgshonorar eine der Lösungen des derzeit heiß diskutierten Problems ist, wie Rechtsdurchsetzungsdefizite beseitigt werden können. Es war das Ziel der Musterfeststellungsklage[910] und ist das Ziel der Verbandsklagenrichtlinie, Verbrauchern einen Zugang zum Recht zu eröffnen, die sonst an der Rechtsverfolgung als Individualklage desinteressiert wären.[911] Es mag auf den ersten Blick verwundern, dass ein Desinteresse einzelner Anspruchsinhaber an der Rechtsverfolgung den Gesetzgeber beschäftigt, weil der Zivilprozess als Ausgleich für das Verbot der Selbsthilfe ein Angebot an den Einzelnen ist, ihm bei der Durchsetzung seiner Rechte zu helfen.[912] Daraus könnte man schließen, dass man demjenigen, der an einer Selbsthilfe desinteressiert ist, keine zusätzliche Hilfe anbieten muss. Wenn Anspruchsinhaber aber nach Abwägung von der Rechtsverfolgung

---

909 BVerfG, Beschl. v. 12.12.2006 – 1 BvR 2576/04, NJW 2007, 979 Rn. 102.
910 Die Musterfeststellungsklage konnte dieses Ziel allerdings aufgrund ihrer Beschränkung auf das Klageziel tatsächlicher und rechtlicher Feststellungen nicht erreichen (*Gsell*, BKR 2021, 521; *Gsell/Meller-Hannich*, Die Umsetzung der neuen Verbandsklagenrichtlinie, S. 17).
911 S. die Gesetzesbegründung zur Musterfeststellungsklage BT-Drs. 19/2507, S. 13; vgl. auch Assmann/Schütze/Buck-Heeb/*Reuschle,* KapAnlR-HdB, § 25 Rn. 3; *Mallmann/Erne*, NZKart 2019, 77; *Reuschle*, NZG 2004, 590; *Baums*, Bericht der Regierungskommission, Rn. 188; Erwägungsgründe 2 und 7 der Verbandsklagenrichtlinie verdeutlichen, dass der Individualrechtsschutz in Massenfällen nicht als wirksamer Rechtsschutzmechanismus in Fällen angesehen wird, die sich für eine Verbandsklage eignen.
912 Musielak/Voit/*Musielak*, ZPO, Einl. Rn. 6.

auch in begründeten Fällen ablassen, führt das dazu, dass sich die Rechtsordnung nicht bewähren kann – ein Umstand, der für sich genommen misslich ist, wenn er nur oberflächlich betrachtet auf einem freiverantwortlichen Entschluss des Anspruchsinhabers beruht.[913]

Der Abschlussbericht zur Erforschung der Ursachen des Rückgangs der Eingangszahlen bei den Zivilgerichten[914] bringt das wie folgt auf den Punkt: *„Wenn große Teile der Konflikte, die jeder Gesellschaft inhärent sind, nicht durch eine an Gesetz und Recht orientierte unabhängige Rechtsprechung entschieden werden, steht der Rechtsstaat vor Problemen."*[915] Aus Sicht der Betroffenen kann der Eindruck entstehen, dass „Recht haben" nicht „Recht bekommen" bedeutet.[916] Dadurch kann das Recht für Betroffene seine Legitimität verlieren.[917] Das mindert nicht nur ihr Vertrauen in die Rechtspflege, sondern kann durch einen Vertrauensverlust gegenüber dem Handelsverkehr auch zu geringerem Konsum führen und dadurch ökonomische Relevanz haben.[918] Speziell für Massenfälle ist aus Sicht des Gesetzgebers außerdem misslich, dass Unternehmen nicht dazu geneigt sein werden, sich an das Recht zu halten, wenn keine Konsequenzen drohen, weil Verbraucher ohnehin von einer Klage absehen werden. Illegale Geschäftspraktiken können sich aus Sicht der Unternehmen daher auszahlen.[919] Die Gefahr drohender Klagen hält sie nicht präventiv davon ab, weil von vorherein feststeht, dass Verbraucher angesichts der geringen Schäden an der Rechtsverfolgung desinteressiert sein werden.

Dass Kostenrisiken einer der Hauptgründe dafür sind, dass Anspruchsinhaber von der Rechtsdurchsetzung ablassen, zeigen die Erkenntnisse aus der Studie zur Erforschung der Gründe dafür, dass die Eingangszahlen bei den Zivilgerichten rückläufig sind.[920] Wenn Anspruchsinhaber ohne die Vereinbarung eines Erfolgshonorars von der Rechtsverfolgung ablassen würden, mit anderen Worten also nur die Kostenrisiken ausschlaggebend für die Entscheidung gegen eine Rechtsverfolgung sind, sollten Erfolgshonorare zulässig sein. Dann können sie nämlich einen Zugang zu Gerichten schaffen und damit dafür sorgen, dass sich die Rechtsordnung durchsetzen kann. Das erkennt auch der Gesetzgeber an und möchte daher Erfolgshonorare in Fällen zulassen, in denen Anspruchsinhaber typischerweise wegen der Kostenrisi-

---

913 *Wais*, JZ 2022, 404 (407); vgl. hierzu und zum Nachfolgenden auch Stein/Jonas/*Muthorst*, vor § 91 Rn. 9.
914 Vgl. hierzu bereits unter Kap. 6 C. I.
915 Meller-Hannich/Höland/Nöhre, Abschlussbericht zum Forschungsvorhaben rückläufige Gerichtszahlen, S. 1.
916 *Singer*, BRAK-Mitt. 2019, 211.
917 *Basedow*, VersR 2008, 750 (751).
918 *Fries*, Verbraucherrechtsdurchsetzung, S. 11 f.
919 *Gsell*, BKR 2021, 521 (523).
920 Hierzu Kap. 6 C. I.

ken (§ 4a Abs. 1 S. 1 Nr. 1 RVG) oder im Einzelfall aufgrund einer Abwägung der Risiken eines Prozesses (§ 4a Abs. 1 S. 1 Nr. 3 RVG) auf die gerichtliche Geltendmachung verzichten.[921] Beide Einschränkungen überzeugen aber, wie dargestellt, nicht. Sie führen vielmehr dazu, dass auch Anspruchsinhaber, die ohne die Erfolgshonorarvereinbarung von der Rechtsverfolgung abließen, ihre Ansprüche nicht geltend machen. Der Gesetzgeber hat nämlich für sie entschieden, dass ihr Desinteresse an der Rechtsverfolgung nur bis zu einem Streitwert von EUR 2.000 rational ist. In allen übrigen Fällen muss derjenige, der behauptet, dass eine Erfolgshonorarvereinbarung wirksam geschlossen wurde, fürchten, dass die Erfolgshonorarvereinbarung teilweise für unwirksam gehalten wird. Rechtssicher können Erfolgshonorarvereinbarungen nach § 4a Abs. 1 S. 1 Nr. 3 RVG nämlich nicht geschlossen werden. Diese Gesetzeslage überzeugt nicht. Eine gerichtliche Überprüfung der individuellen Risikobereitschaft von Anspruchsinhabern, die ein Erfolgshonorar geschlossen haben, ist überflüssig. Es gibt nämlich keinen überzeugenden Grund dafür, das Erfolgshonorarverbot für die gerichtliche Vertretung durch einen Rechtsanwalt aufrechtzuerhalten.

b) Aufgabe des tradierten Leitbildes von Rechtsanwälten

Zutreffend betitelt *Fries* die Ausführungen des Gesetzgebers zu den Gründen für ein Erfolgshonorarverbot als „*Reminiszenz an tradierte Leitbilder*".[922] Der Gesetzgeber stört sich deswegen an Erfolgshonoraren, weil Rechtsanwälte sich den Ausgang des Mandats möglicherweise zur eigenen wirtschaftlichen Angelegenheit machen könnten und die gebotene kritische Distanz zum Anliegen des Auftraggebers verlieren könnten.[923] Außerdem sei eine Übervorteilung der Rechtsuchenden durch überhöhte Vergütungssätze zu fürchten.[924] Sowohl die anwaltliche Unabhängigkeit als auch der Schutz der Mandanten sollen es daher rechtfertigen, das Erfolgshonorarverbot aufrechtzuerhalten.

Diese Obersätze erinnern an die bereits zitierte veraltete Rechtsprechung des BGH, wonach sich der Anwalt – selbst wenn das im Einzelfall nicht zutreffe – nicht dem Verdacht aussetzen solle, dass bei ihm kaufmännische Erwägungen im Vordergrund stünden.[925] Tatsächlich glaubt der Gesetzgeber selbst nicht mehr an das Leitbild eines altruistisch handelnden Rechtsanwalts, dessen wirtschaftliche Interessen nicht denjenigen des Mandanten entsprechen dürfen. Das zeigt sich darin, dass es Bedürftigen über §§ 4a Abs. 1

---

921 In diesen Fällen soll das Erfolgshonorar nach dem Gesetzgeber einen besseren Zugang zum Recht ermöglichen, BT-Drs. 19/27673, S. 34.
922 *Fries*, NJW 2021, 2537 Fn. 22.
923 BT-Drs. 19/27673, S. 16.
924 BT-Drs. 19/27673, S. 16.
925 BGH, Urt. v. 28.2.1963 – VII ZR 167/61, NJW 1963, 1147.

Kap. 6 Bedürfnis nach Fremdfinanzierung

S. 1 Nr. 3, S. 3 RVG immer ermöglicht wird, ein Erfolgshonorar zu vereinbaren, statt Prozesskostenhilfe in Anspruch zu nehmen und das unabhängig davon, wie hoch der Streitwert im Einzelfall ist.[926] Gerade Bedürftige wären aber – wenn der Schutz der Mandanten und die anwaltliche Unabhängigkeit wirklich relevant wären – vor unlauteren Anwälten zu schützen. Wegen ihren wirtschaftlichen Verhältnissen droht sich gerade hier die asymmetrische Informationsverteilung zwischen Rechtsanwalt und Mandant auszuwirken, weil sich „arme" Mandanten angesichts ihrer wirtschaftlichen Verhältnisse zum Abschluss einer Erfolgshonorarvereinbarung genötigt fühlen können, damit sie ein Rechtsanwalt vertritt. Aus Sicht des Gesetzgebers soll es aber die Schonung der Staatskasse rechtfertigen,[927] dass Erfolgshonorare vereinbart werden können. Wenn die Schonung der Staatskasse als Argument ausreichen soll, um den Schutz des Mandanten und die anwaltliche Unabhängigkeit aufzugeben, ist damit viel über diese Gesetzeszwecke ausgesagt.

Darüber hinaus entschloss sich der Gesetzgeber mittels der Einigungsgebühr (vgl. insbesondere Nr. 1000 VV RVG) dazu, finanzielle Anreize dafür zu setzen, dass Rechtsanwälte ihre Mandanten zu einem Vergleichsabschluss drängen, um Gerichte zu entlasten.[928] Etwas positiver formuliert die Gesetzesbegründung, dass die streitvermeidende oder -beendende Tätigkeit des Rechtsanwalts weiter gefördert werden solle.[929] Das ändert aber nichts daran, dass mit der Regelung ein finanzieller Anreiz für den Rechtsanwalt zu einem bestimmten Verhalten, nämlich einem Vergleichsschluss, geschaffen werden soll. Es scheint den Gesetzgeber also nicht zu stören, wenn Rechtsanwälte eigene wirtschaftliche Interessen bei der Beratung des Mandanten einfließen lassen, die im konkreten Fall sogar gegenläufig zu den Interessen des Mandanten sein können.

Die beiden vorgenannten Beispiele zeigen, dass es auch der Gesetzgeber nicht mehr mit dem althergebrachten Berufsbild eines Rechtsanwalts hält. Es ist inkonsequent, die anwaltliche Unabhängigkeit und den Schutz des Mandanten nur dann in den Vordergrund zu stellen, wenn sich gerade keine praktischen Gründe für die Zulassung des Erfolgshonorars mit Blick auf die Staatskasse oder die Entlastung der Justiz finden.[930]

---

926 Kap. 4 B.II.
927 Kap. 4 B.II.
928 BT-Drs. 15/1971, S. 204; *Römermann*, AnwBl Online 2020, 588 (611) kritisiert die Erwägungen zum Erfolgshonorar ebenfalls mit Blick auf die Einigungsgebühr.
929 BT-Drs. 15/1971, S. 204.
930 Deswegen erübrigen sich Diskussionen darum, ob das Erfolgshonorar wirklich das „bessere" Vergütungsmodell auch aus Sicht des Mandanten ist, weil der Rechtsanwalt am Erfolg interessiert ist (vgl. etwa *Römermann*, RDi 2021, 217 Rn. 48 ff.; krit. *Kilian*, AnwBl Online 2021, 213 (217), der über die Prinzipal-Agenten-Theorie darstellt, dass bei Streitbeteiligungsvereinbarungen der Idealaufwand aus Sicht des Rechtsanwalts geringer ist als der Idealaufwand aus Sicht des Mandanten.).

c) Geringe Missbrauchsgefahr vor Gericht

Wenig überzeugend ist es außerdem, Erfolgshonorarvereinbarungen im außergerichtlichen Bereich vollumfänglich zuzulassen und bei der gerichtlichen Vertretung einen Mindeststreitwert oder eine, ohne das Erfolgshonorar, negative Risikoabwägung vorauszusetzen. Im außergerichtlichen Bereich sind die vom Gesetzgeber behaupteten Gefahren deutlich höher als vor Gericht. Das hängt damit zusammen, dass die außergerichtliche Tätigkeit oft weniger Aufwand erfordert als die Aufarbeitung eines Falls vor Gericht. Mandanten drohen also gerade hier, mit verhältnismäßig überhöhten Erfolgshonoraren konfrontiert zu werden. Darüber hinaus ist die Gefahr höher, dass unlautere Rechtsanwälte Schuldner mit unbegründeten Forderungen überziehen und Zahlungsdruck ausüben, vergleichbar unseriösen Inkassodienstleistern. Vor Gericht dürfte bei unlauteren Rechtsanwälten aber eher der Eindruck entstehen, dass ihnen „über die Schulter geschaut" wird.

d) Schutz über vorhandene Schutzpflichten und Information

Ein Schutz der Mandanten vor einer Übervorteilung sollte dadurch erreicht werden, dass von den vorhandenen Sanktionsmöglichkeiten Gebrauch gemacht wird. Schon das BVerfG führte hierzu aus, dass Mandanten durch zivilrechtliche Wirksamkeitshindernisse und Haftungsansprüche, etwa nach §§ 280 ff. BGB, wegen einer Verletzung von Pflichten aus dem Anwaltsvertrag, sowie die Möglichkeit einer gerichtlichen Herabsetzung unangemessen hoher Gebühren und strafrechtliche Sanktionen (beispielsweise die Gebührenüberhebung nach § 352 StGB) geschützt werden.[931] Hinzu kommt, dass Rechtsanwälte als Organe der Rechtspflege auch besonderen Berufspflichten unterliegen. Bei grobem Fehlverhalten kann eine strafrechtliche Verurteilung zum Widerruf der Zulassung nach § 14 Abs. 2 Nr. 2 BRAO führen.

Das Erfolgshonorarverbot wurde nur deswegen nicht insgesamt für nichtig erklärt, weil es aus Sicht des BVerfG an ausreichendem Erfahrungsmaterial dazu mangelte, ob Mandanten auch durch die bestehenden Sanktionsmöglichkeiten hinreichend geschützt werden, und der Gesetzgeber einen weiten Einschätzungs- und Prognosespielraum hätte.[932] Erfahrungswerte, wonach unlautere Rechtsanwälte Erfolgshonorare in einem Sorgen erregenden Ausmaß ausnutzen würden, sind auch nachdem das Verbot aufgrund der Entscheidung des BVerfG teilweise aufgehoben wurde, nicht bekannt geworden. Es überzeugt daher nicht, ein Verbot mit dem Verweis darauf, dass es theoretisch – überspitzt formuliert – straftätige Rechtsanwälte geben könnte, die das Erfolgshonorar missbrauchen könnten, zu begründen.

---

931 BVerfG, Beschl. v. 12.12.2006 – 1 BvR 2576/04, NJW 2007, 979 Rn. 89.
932 BVerfG, Beschl. v. 12.12.2006 – 1 BvR 2576/04, NJW 2007, 979 Rn. 92.

Kap. 6 Bedürfnis nach Fremdfinanzierung

Schwarze Schafe wird es immer geben.[933] In einer liberalen Gesellschaft kann ein Verweis auf einzelne Straftäter aber kein allgemeinverbindliches Verbot begründen.[934] Zudem steht zu bezweifeln, ob das Erfolgshonorarverbot solche schwarzen Schafe von der Vereinbarung eines Erfolgshonorars abhalten kann.[935]

e) Prozessuale Waffengleichheit

Es wurde bei der Zulässigkeit der Prozessfinanzierung bereits dargestellt, dass die prozessuale Waffengleichheit nicht beeinträchtigt wird, weil es Gläubigern eines Anspruchs anders als Schuldnern möglich ist, einem Finanzierer – hier in Gestalt des Rechtsanwalts – eine Erfolgsbeteiligung zu versprechen.[936] Dass Gläubiger diese Möglichkeit haben, ist Folge der prozessualen Rollenverteilung und des Umstands, dass der Schuldner etwas hält, worauf der Gläubiger meint, einen Anspruch zu haben.

Allerdings könnte die prozessuale Waffengleichheit beeinträchtigt sein, wenn es von vornherein ausgeschlossen wäre, dass Schuldner Erfolgshonorare vereinbaren, weil für sie Erfolgshonorarvereinbarungen unzulässig wären. Für Schuldner besteht nämlich zumindest die Möglichkeit, einfache Erfolgshonorarvereinbarungen mit ihren Rechtsanwälten zu schließen, wonach der Rechtsanwalt bei einer erfolgreichen Forderungsabwehr ein bestimmtes (Erfolgs-)Gehalt erhalten soll.

f) Regelungsvorschlag

Vor diesem Hintergrund wäre es sinnvoll, das Erfolgshonorarverbot für die gerichtliche Rechtsverfolgung und -verteidigung in Zivilprozessen aufzuheben. Über das Festhalten an tradierten Leitbildern von Rechtsanwälten lässt sich nicht rechtfertigen, dass Anspruchsinhabern, denen über das Erfolgshonorar ein Zugang zu Gerichten eröffnet werden würde, dessen Vereinbarung verwehrt wird. Vor Gericht ist die Missbrauchsgefahr geringer und Missbräuche können über die vorhandenen Sanktionsmöglichkeiten geahndet werden. Zuletzt sollte für die prozessuale Waffengleichheit auch bei der

---

933 *Hähnchen/Kuprian*, AnwBl Online 2020, 423 (427).
934 *Hähnchen/Kuprian*, AnwBl Online 2020, 423 (427).
935 Vgl. etwa AnwG Köln, Urt. v. 13.11.2018 – 2 AnwG 22/15, AnwBl Online 2019, 60 (hier hatte ein Rechtsanwalt nicht nur mit einem Pin-Up-Kalender geworben, sondern auch ein Erfolgshonorar vereinbart, nachdem die Klage schon rechtshängig war und der Mandant bereits den Gerichtskostenvorschuss und einen Vorschuss für einen medizinischen Sachverständigen gezahlt hatte. Es war also offensichtlich, dass die Erfolgshonorarvereinbarung unzulässig war, weil der Mandant auch ohne das Erfolgshonorar geklagt hätte und hat.).
936 S. Kap. 3 C.VI.4.

Rechtsverteidigung die Möglichkeit eröffnet werden, ein Erfolgshonorar zu vereinbaren.

§ 4a Abs. 1 S. 1 Nr. 3 RVG wäre also dahingehend abzuändern, dass Erfolgshonorare für Gerichtsverfahren in Zivilprozessen zulässig sind. Bei der gerichtlichen Forderungsdurchsetzung und -verteidigung ist das Bedürfnis nach der Auslagerung von Kostenrisiken hoch, weil Rechtsanwälte im Gegensatz zum außergerichtlichen Bereich mehr Aufwand haben und ihre Tätigkeit daher höhere Kosten verursacht.[937] § 4a Abs. 1 S. 1 Nr. 3 RVG nF sollte lauten:

> *„(1) Ein Erfolgshonorar (§ 49b Absatz 2 Satz 1 der Bundesrechtsanwaltsordnung) darf nur vereinbart werden, wenn*
>
> *3. sich der Auftrag auf die Rechtsverfolgung oder -verteidigung in einem Zivilprozess bezieht."*

D. Auslagerung von Kostenrisiken bei gebündelter Rechtsverfolgung

I. Kostenrisiken bei gebündelter Rechtsverfolgung

Wenn mehrere Geringforderungen gemeinsam verfolgt werden, führt die mit der gebündelten Rechtsverfolgung verbundene Gebührendegression dazu, dass das Kostenrisiko im Vergleich zum möglichen Ertrag in einem angemessenen Verhältnis stehen kann.[938] Daher können Rechtsanwälte oder gewerbliche Prozessfinanzierer durch eine Erfolgsbeteiligung vergütet werden, ohne dass die Rechtsverfolgung deswegen unwirtschaftlich erscheint. Der Grund für das Bedürfnis nach der Auslagerung von Kostenrisiken liegt hier also nicht darin, dass aufgrund des Verhältnisses von Kosten und Nutzen eines Prozesses ein Desinteresse an der Rechtsverfolgung besteht. Allerdings steigen mit dem durch die Bündelung erhöhten Streitwert die Kosten und Kostenrisiken. Dritte, die die Forderungen bündeln und geltend machen sollen, müssen sich daher fragen, wie sie die Kosten für die Rechtsverfolgung aufbringen sollen und, ob sie es sich leisten können oder wollen, im Misserfolgsfall die Kosten des Rechtsstreits tragen zu müssen.

Als Formen der gebündelten Rechtsverfolgung kommen neben dem bereits dargestellten Masseninkasso vor allem Verbandsklagen in Betracht, die mit

---

[937] Kap. 3 C.IV.6.b)cc).
[938] Auch Basedow/Hopt/Kötz/Baetge/*Schäfer*, Die Bündelung gleichgerichteter Interessen im Prozeß, S. 67 weist darauf hin, dass die gebündelte Geltendmachung von Forderungen mehrerer Geschädigter die Kosten gegenüber der Einzelprozessführung senkt.

Kap. 6 Bedürfnis nach Fremdfinanzierung

Einführung der Verbandsklagenrichtlinie[939] und deren Umsetzung durch das VDuG,[940] ermöglicht werden. Während beim Masseninkasso Inkassodienstleister selbst von der Forderungsdurchsetzung profitieren und damit entsprechende Klagen aus ihren Erträgen aus Inkassodienstleistungen finanzieren können, besteht bei Verbandsklagen die Besonderheit, dass Verbände nicht am Profit partizipieren sollen und sich daher die Frage aufdrängt, wie sie eine Verbandsklage finanzieren sollen. Vergleichbare Fragen stellen sich beispielsweise auch, wenn Gewerkschaften oder Nichtregierungsorganisationen nach § 11 Abs. 1 LkSG zur Prozessführung ermächtigt werden. Auf beide Situationen wird nachfolgend näher eingegangen werden. Bei Klagen von Masseninkassodienstleistern bestehen demgegenüber keine Besonderheiten. Wenn sie sich die Mittel zur Prozessführung nicht leisten können oder sie Mittel, die sie sonst zur Prozessführung einsetzen müssten, anderweitig verwenden wollen, kann auch für Masseninkassodienstleister ein Bedürfnis nach der Inanspruchnahme eines Finanzierungsmodells bestehen. Es ist nicht unüblich, dass Inkassodienstleister zusätzlich gewerbliche Prozessfinanzierer einschalten, um ihre Risiken zu minimieren.[941]

Aus Sicht von Verbrauchern, die sonst ihre Rechte im Rahmen einer Individualklage geltend machen müssten, hat die Rechtsverfolgung durch Dritte den Vorteil, dass sie selbst nicht Partei eines Prozesses werden. Dadurch wird ihr Desinteresse an der Rechtsverfolgung durch eine Individualklage zunächst insoweit beseitigt, als dass es aus finanziellen Gründen resultiert, weil ein Dritter als Partei die Kosten der Prozessführung trägt. Darüber hinaus greifen auch sonstige Gründe, die ein Desinteresse bei der individuellen Rechtsverfolgung für den Verbraucher begründen, bei der Rechtsdurchsetzung durch einen Dritten nicht. Verbraucher müssen keine Angst davor haben, selbst vor Gericht aufzutreten oder angesichts des geringen Streitwerts übermäßig viel Zeit in den Rechtsstreit investieren zu müssen, weil sie selbst nicht als Partei auftreten müssen.[942]

---

939 Die Verbandsklage und deren Umsetzung ist derzeit Gegenstand zahlreicher Aufsätze, s. *Augenhofer*, NJW 2021, 113; *Bruns*, DRiZ 2022, 414; *ders.*, WM 2022, 549; *Gsell*, BKR 2021, 521; *Hakenberg*, NJOZ 2021, 673; *Kern/Uhlmann*, ZEuP 2022, 849; *Lühmann*, ZIP 2021, 824; *Meller-Hannich*, DB 2023, 628; *Rentsch*, EuZW 2021, 524; *Röthemeyer*, VuR 2021, 43; *Schultze-Moderow/Steinle/Muchow*, BB 2023, 72; *Synatschke/Wölber/Nicolai*, ZRP 2021, 197; *Vollkommer*, MDR 2021, 129; über die Einführung einer Verbandsklage nach Vorbild der amerikanischen *class action* wurde in Deutschland lange gestritten (s. etwa *Guski*, ZZP 131 (2018), 353; *Gilles*, ZZP 98 (1985), 1; *Mertens*, ZHR 139 (1975), 438).
940 Kap. 1 A.
941 *Fries*, AcP 221 (2021), 108 (112).
942 Das gilt auch für die Verbandsklage, bei der einzelne Verbraucher nicht Partei sind, vgl. Erwägungsgrund 36 Verbandsklagenrichtlinie.

D. Auslagerung von Kostenrisiken bei gebündelter Rechtsverfolgung Kap. 6

II. Verbandsklagen

1. Funktionsweise

Die Verbandsklagenrichtlinie sieht mit der Verbandsklage erstmals ein kollektives Rechtsschutzinstrument vor, das auf die Leistung einer Entschädigung gerichtet werden kann.[943] Dabei können klageberechtigte Stellen iSv § 2 VDuG repräsentativ für die betroffenen Verbraucher eine Abhilfeklage erheben, durch die ein Unternehmer nach § 14 S. 1 VDuG zu einer Leistung an die betroffenen Verbraucher verurteilt werden kann. Die Verbraucher selbst werden dabei nicht Partei.[944] An das Ergebnis der Verbandsklage sind sie nur dann gebunden, wenn sie ihren Willen, durch eine klageberechtigte Stelle repräsentiert zu werden, durch Anmeldung ihres Anspruchs kundgetan haben.[945]

Erfolgreiche Abhilfeklagen enden mit einem Abhilfeurteil, das den Unternehmer zur Leistung eines kollektiven Gesamtbetrags verurteilen kann, § 14 S. 2 VDuG. In einem sich anschließenden Umsetzungsverfahren werden die eingeklagten Beträge an die Verbraucher verteilt. Dazu richtet ein Sachwalter einen Umsetzungsfonds ein, aus dem er berechtigte Ansprüche von Verbrauchern auf Zahlung nach § 14 Abs. 3 VDuG erfüllt, ohne dass es – das ist der Vorteil gegenüber der Musterfeststellungsklage[946] – einer weiteren Individualklage des Verbrauchers bedarf.[947]

2. Kosten und Kostentragung

Auch bei einer Verbandsklage fallen bis zur Abhilfeentscheidung zumindest eigene Anwaltskosten, die Gerichtskosten und gegnerische Anwaltskosten an. Diese Kosten hat die unterliegende Partei zu tragen, sodass für Verbandsklagen wie auch sonst nach deutschem Recht die *loser pays rule* gelten wird.[948] Einzelne Verbraucher dürfen nach der Richtlinie aber nicht zur Kostenerstattung herangezogen werden, es sei denn, sie haben Verfahrenskosten vorsätzlich oder fahrlässig verursacht.[949] Somit ist es an der kla-

---

943 *Gsell/Meller-Hannich*, Die Umsetzung der neuen Verbandsklagenrichtlinie, S. 7; für eine ausführlichere Darstellung der Verbandsklagenrichtlinie s. die Nachweise in Fn. 943.
944 Art. 7 Abs. 6 Verbandsklagenrichtlinie; es handelt sich nicht um eine gesetzliche Prozessstandschaft, weil die individuellen Ansprüche der Verbraucher nicht zum gerichtlichen Prüfungsprogramm gehören (*Bruns*, DRiZ 2022, 414 (415)).
945 § 11 Abs. 3 VDuG; Art. 9 Abs. 2 und Erwägungsgrund 43 Verbandsklagenrichtlinie.
946 S. Fn. 914.
947 S. auch Art. 9 Abs. 6 und Erwägungsgrund 50 Verbandsklagenrichtlinie.
948 Art. 12 Abs. 1 und Erwägungsgrund 38 Verbandsklagenrichtlinie.
949 Art. 12 Abs. 2, 3 und Erwägungsgrund 38 Verbandsklagenrichtlinie.

Kap. 6 Bedürfnis nach Fremdfinanzierung

geberechtigten Stelle, die Mittel zur Prozessführung zunächst aufzubringen und im Misserfolgsfall die Kosten endgültig zu tragen und zu erstatten.

3. Fremdfinanzierung als Schlüssel zur Effektivität der Verbandsklagenrichtlinie

Das Bedürfnis nach einer Möglichkeit dazu, Kostenrisiken auslagern zu können, erklärt sich bei Verbandsklagen mit einem Blick auf die klageberechtigten Stellen. Anders als in den zuvor betrachteten Situationen, in denen der Streitwert hoch war, kommt bei der Verbandsklage hinzu, dass klageberechtigte Stellen nach Art. 4 Abs. 3 c) Verbandsklagenrichtlinie keinen Erwerbszweck verfolgen dürfen, also nur *non profit* – Organisationen[950] als klageberechtigte Verbände in Betracht kommen. Das überzeugt, weil die qualifizierten Einrichtungen losgelöst von eigenen wirtschaftlichen Interessen ausschließlich im Interesse der betroffenen Verbraucher tätig werden sollen.

Allerdings folgt aus dem Umstand, dass nur *non profit* – Organisationen eine Verbandsklage erheben können, auch, dass sie von sich aus die Mittel zur Prozessführung in aller Regel nicht aufbringen können werden. Ihrer altruistischen Tätigkeit wird durch den Mangel an finanziellen Mitteln eine Grenze gesetzt. Verbraucherzentralen, die als klageberechtigte Stellen iSv § 2 VDuG vorwiegend in Betracht kommen, werden zwar mit öffentlichen Mitteln ausgestattet.[951] Es ist aber schwer vorstellbar, dass vorab alle Verbraucherzentralen mit hinreichenden Mitteln ausgestattet werden, um eine wie auch immer gelagerte Verbandsklage finanzieren zu können.[952] Das gilt insbesondere deswegen, weil die Verbandsklagenrichtlinie und das VDuG der Anzahl der betroffenen Verbraucher, welche die klageberechtigte Stelle repräsentieren soll, keine Grenzen setzen. Damit ist auch den Kosten, die eine Verbandsklage im Einzelfall verursachen kann, keine Grenze gesetzt.[953]

Ohne eine Finanzierungshilfe zugunsten der jeweils klagenden klageberechtigten Stelle droht die Verbandsklagenrichtlinie somit zum stumpfen Schwert zu werden.[954] Das erkennt auch die Verbandsklagenrichtlinie selbst

---

950 *Gsell*, BKR 2021, 521 (527).
951 *Röthemeyer*, VuR 2021, 43 (52).
952 *Röthemeyer*, VuR 2021, 43 (52); *Gsell/Meller-Hannich*, Die Umsetzung der neuen Verbandsklagenrichtlinie, S. 46; *Stadler*, Prozessfinanzierung und Kostenerstattung, S. 555.
953 *Augenhofer*, NJW 2021, 113 Rn. 9.
954 *Augenhofer*, NJW 2021, 113 Rn. 29 bezeichnet die Finanzierungsfrage als Knackpunkt hinsichtlich des Erfolgs der Richtlinie; *Gsell*, BKR 2021, 521 (527) meint mit Blick auf Frankreich und Dänemark, wo klageberechtigte Verbände wegen klammer Kassen kaum Klagen erheben können, dass kollektiver Rechtsschutz mit seiner soliden Finanzierung steht und fällt; *Stadler*, Prozessfinanzierung und Kostenerstattung,

D. Auslagerung von Kostenrisiken bei gebündelter Rechtsverfolgung Kap. 6

an und fordert daher von den Mitgliedstaaten, Maßnahmen vorzusehen, die verhindern, dass qualifizierte Einrichtungen wegen der Verfahrenskosten an der Rechtsverfolgung gehindert werden.[955] Allerdings stellt die Verbandsklagenrichtlinie explizit fest, dass die Mitgliedstaaten nicht verpflichtet sind, Verbandsklagen zu finanzieren.[956]

Das VDuG sieht keine staatliche Finanzierung von Verbandsklagen vor. Wenn Verbraucherverbände nicht über hinreichende finanzielle Mittel verfügen, um eine Verbandsklage selbst zu finanzieren, bleibt ihnen also nur die Möglichkeit, ein privates Finanzierungsmodell in Anspruch zu nehmen. Die Finanzierung ermöglicht dann erst die Rechtsverfolgung. Sie ist die *conditio sine qua non* für die Rechtsverfolgung in Form einer Verbandsklage[957].

4. Finanzierung von Verbandsklagen über das anwaltliche Erfolgshonorar oder die gewerbliche Prozessfinanzierung

Vor allem nach der Inanspruchnahme einer gewerblichen Prozessfinanzierung dürfte aus Sicht klageberechtigter Stellen ein Bedürfnis bestehen, da es ihnen sowohl schwerfallen wird, die Mittel zur Prozessführung aufzubringen, als auch im Misserfolgsfall die Kosten zu erstatten. Wenn klageberechtigte Stellen die Mittel zur Prozessführung nicht aufbringen können, stünde ihnen grundsätzlich auch die Prozesskostenhilfe zur Verfügung. Ohne eine Gesetzesänderung wird die Inanspruchnahme von Prozesskostenhilfe jedoch in den meisten Fällen ausscheiden. Verbraucherverbände sind als gemeinnützige Vereine und damit als juristische Personen organisiert.[958] Juristischen Personen ist die Inanspruchnahme der Prozesskostenhilfe nur in absoluten Ausnahmefällen gestattet, weil der Gesetzgeber nicht von einer verfassungsrechtlichen Pflicht ausgeht, auch für juristische Personen eine Prozesskostenhilfe vorzuhalten.[959] Mittellosen klageberechtigten Stellen bleibt daher vor allem die Möglichkeit, sich die Mittel zur Prozessführung über die gewerbliche Prozessfinanzierung zu beschaffen. Darüber hinaus gestattet es ihnen die gewerbliche Prozessfinanzierung, Kostenrisiken voll-

---

S. 555 meint, dass der kollektive Rechtsschutz mit den Finanzierungsmöglichkeiten steht und fällt.
955 Art. 20 Abs. 1 und Erwägungsgrund 70 Verbandsklagenrichtlinie.
956 Erwägungsgrund 70 Verbandsklagenrichtlinie.
957 *Gsell/Meller-Hannich*, Die Umsetzung der neuen Verbandsklagenrichtlinie, S. 45 bezeichnen die effektive Gewährleistung hinreichender Finanzierung als *conditio sine qua non*.
958 Vgl. etwa für den Verbraucherzentrale Bundesverband e. V. unter https://www.vzbv.de/ueber-uns/organisation (zuletzt abgerufen am 14.6.2023).
959 Kap. 3 B.IV.3.b)cc); zugleich wäre das einer der wenigen Fälle, in denen sich ein allgemeines Interesse an der Rechtsverfolgung – wie von § 116 S. 1 Nr. 2 ZPO gefordert – begründen ließe.

Kap. 6 Bedürfnis nach Fremdfinanzierung

umfänglich auszulagern, sodass sie im Misserfolgsfall nicht mit Kosten belastet werden. Die qualifizierte Einrichtung müsste über die mit der Prozessführung verbundenen Lasten hinaus nicht noch weitere Kosten tragen.

Auch über das anwaltliche Erfolgshonorar lassen sich Kostenrisiken im Hinblick auf die eigenen Anwaltskosten auslagern. Das kann in Einzelfällen bereits ausreichen, um die klageberechtigte Stelle in die Lage zu versetzen, die Gerichtskosten aus eigenen Mitteln aufzubringen, weil nach § 48 Abs. 1 S. 3 GKG der Streitwert für Abhilfeklagen höchstens EUR 300.000 beträgt. Dadurch werden die Gerichtsgebühren und die gesetzlichen Anwaltsgebühren reduziert. Weil aber die folglich ebenfalls gedeckelten Anwaltsgebühren außer Verhältnis zum Aufwand der Rechtsanwälte stehen können – es sei nochmal daran erinnert, dass alle betroffenen Verbraucher die Möglichkeit haben, sich der Verbandsklage anzuschließen und damit dem Aufwand und den Kosten keine Grenze gesetzt ist –, werden Rechtsanwälte oftmals auf eine Vergütungsvereinbarung drängen.[960] Dem könnten Verbraucherverbände mit dem Abschluss einer Erfolgshonorarvereinbarung begegnen, sodass sie im Misserfolgsfall nicht mit Kosten belastet werden. Erfolgshonorarvereinbarungen durch klageberechtigte Stellen sind nach § 4a Abs. 1 S. 1 Nr. 3 RVG zumindest dann zulässig, wenn die klageberechtigte Stelle nicht selbst über genügend Mittel verfügt, um eine Verbandsklage erheben zu können. Insgesamt wäre also die Kostenlast im Hinblick auf die Gerichtskosten durch die Streitwertdeckelung reduziert und Kostenrisiken im Hinblick auf die eigenen Anwaltskosten könnten durch die Vereinbarung eines Erfolgshonorars ausgelagert werden.

5. Die Drittfinanzierung von Verbandsklagen durch die gewerbliche Prozessfinanzierung

a) Einführung

Somit könnten es die gewerbliche Prozessfinanzierung und das anwaltliche Erfolgshonorar klageberechtigten Stellen auch dann ermöglichen, eine Verbandsklage zu erheben, wenn sie sonst davon abließen, weil sie entweder nicht über hinreichende Mittel verfügen oder aber für den Misserfolgsfall die Kostenrisiken scheuen.

Für das anwaltliche Erfolgshonorar bestehen dabei keine Besonderheiten. Wenn es nach § 4a Abs. 1 RVG vereinbart werden darf, müssen Verbraucherverbände im Erfolgsfall die über die gesetzliche Vergütung hinausgehenden Kosten tragen. Eine Erstattung durch den beklagten Unternehmer scheidet aus denselben Gründen aus, aufgrund derer eine Erstattung der Kosten einer

---

960 *Gsell/Meller-Hannich*, Die Umsetzung der neuen Verbandsklagenrichtlinie, S. 45 f.

D. Auslagerung von Kostenrisiken bei gebündelter Rechtsverfolgung Kap. 6

gewerblichen Prozessfinanzierung ausscheidet.[961] Demgegenüber enthalten die Verbandsklagenrichtlinie und das VDuG Regelungen, die speziell die gewerbliche Prozessfinanzierung in den Blick nehmen und die nachfolgend untersucht werden.

b) Bedenken gegen die Zulässigkeit der gewerblichen Prozessfinanzierung

Es bestehen aus verschiedenen Gründen Bedenken gegen die Zulässigkeit der Drittfinanzierung von Verbandsklagen durch gewerbliche Prozessfinanzierer. Bei der Verbandsklage droht, dass die Interessen der einzelnen Verbraucher aus dem Fokus geraten, weil letztlich alle Beteiligten nur ein bedingtes Interesse an ihrem Ausgang haben. Die Verbraucher selbst sind an der Rechtsverfolgung angesichts des geringen Erlöses oft desinteressiert und klageberechtigte Stellen dürfen kraft Gesetzes kein wirtschaftliches Interesse am Ausgang des Prozesses haben. Das kann dazu führen, dass treibende Kraft der Verbandsklage Dritte mit einem Interesse am Ausgang des Prozesses sind. Dabei kann es sich entweder um Finanzierer[962], die naturgemäß einen möglichst hohen Ertrag wünschen, oder etwa um Konkurrenten des beklagten Unternehmens handeln.

Die Missbrauchsgefahr ist im Hinblick auf die Verbandsklage insgesamt hoch, weil sie mit Reputationsschäden zulasten des beklagten Unternehmens verbunden sein kann. Das will sich die Verbandsklagenrichtlinie auch zu Nutze machen, weil nach ihr die mit der Verbreitung der Information über einen Verbraucherrechteverstoß einhergehenden Reputationsrisiken wichtig sind, um Unternehmer von Verstößen gegen Verbraucherrechte abzuhalten.[963] Dadurch soll es aber nicht ermöglicht werden, Unternehmen auf Drängen von Finanzierern oder Konkurrenten mit unbegründeten Verbandsklagen zu überziehen und sie dadurch in Vergleichsverhandlungen zu zwingen, die aus Sicht des Unternehmens günstiger sind als nachhaltige, obwohl unbegründete Reputationsschäden.[964]

---

961 S. hierzu Kap. 5 V. 4.
962 Ähnliche Gefahren drohen bei der amerikanischen *Class Action* (vgl. hierzu *Kern/Uhlmann*, ZEuP 2022, 849 (853) sowie die unter Kap. 3 C.IV.1 dargestellten Vorbehalte gegen das Erfolgshonorar aufgrund der drohenden amerikanischen Verhältnisse).
963 Erwägungsgrund 60 Verbandsklagenrichtlinie.
964 Die Verbandsklagenrichtlinie selbst warnt vor einem drohenden Klagemissbrauch, vgl. Erwägungsgrund 10 Verbandsklagenrichtlinie.

c) Regelungen in der Verbandsklagenrichtlinie und Umsetzung im VDuG

In Anbetracht dieses Spannungsfeldes (Drittfinanzierung als Schlüssel zum kollektiven Rechtsschutz und Nachteile für die Verbraucher sowie Missbrauchsgefahr)[965] stellt sich die Frage, ob eine Drittfinanzierung in Gestalt der gewerblichen Prozessfinanzierung bei Verbandsklagen überhaupt zulässig ist. Nach Art. 10 Abs. 1 der Verbandsklagenrichtlinie entscheidet der nationale Gesetzgeber, ob er eine Drittfinanzierung von Verbandsklagen zulassen möchte. Wenn eine Drittfinanzierung zugelassen wird, muss der jeweilige Mitgliedsstaat nach Art. 10 Abs. 2 Verbandsklagenrichtlinie sicherstellen, dass die Entscheidungen der qualifizierten Einrichtungen oder klageberechtigten Stellen nicht ungebührlich von einem Dritten beeinflusst werden, die den Kollektivinteressen der Verbraucher zuwiderliefen und der Beklagte und der Finanzierer müssen unabhängig voneinander sein.

Der deutsche Gesetzgeber hat sich dazu entschlossen, eine Drittfinanzierung zuzulassen, jedoch in § 4 Abs. 2 Nr. 3 VDuG festgeschrieben, dass sich Drittfinanzierer als Entgelt für ihre Finanzierungsleistung nicht mehr als 10 Prozent der vom verklagten Unternehmer zu erbringenden Leistung versprechen lassen dürfen. Grundsätzlich dürfen klageberechtigte Stellen also Verbandsklagen durch einen gewerblichen Prozessfinanzierer finanzieren lassen.

d) Träger der mit der Drittfinanzierung verbundenen Kostenlast

Unklar ist, wer die Kosten, die mit der Drittfinanzierung verbunden sind, zu tragen hat. Darauf liefern weder die Verbandsklagenrichtlinie noch das VDuG eine Antwort. In Betracht kommen die klagenden Verbraucherverbände selbst oder aber die Verbraucher, die ihre Ansprüche angemeldet haben. Den Unternehmer mit den Kosten zu belasten, scheidet nämlich nach der geltenden Gesetzeslage aus.[966]

Verbraucherverbände werden voraussichtlich in den meisten Fällen davor zurückschrecken, sich dazu zu verpflichten, im Erfolgsfall bis zu zehn Prozent (vgl. § 4 Abs. 2 Nr. 3 VDuG) des erstrittenen Betrags selbst zu tragen. Der erstrittene Betrag kommt nämlich nicht ihnen, sondern den betroffenen Verbrauchern zugute. Wahrscheinlicher wäre daher, dass sich Verbraucher damit einverstanden erklären, sich einen Abzug auf den erstrittenen Ertrag gefallen zu lassen, wenn sie dafür nicht selbst einen Prozess führen und keine eigenen Mittel zur Prozessführung aufwenden müssen. Allerdings enthält das VdUG keine Rechtsgrundlage dafür, den Erlös der Verbraucher um

---

965 Ähnlich Erwägungsgrund 10 Verbandsklagenrichtlinie.
966 Kap. 5 V. 4.

D. Auslagerung von Kostenrisiken bei gebündelter Rechtsverfolgung   Kap. 6

bis zu 10 Prozent zu reduzieren. Nach der geltenden Rechtslage kommen also nur die klageberechtigten Stellen als Träger der Finanzierungskosten in Betracht. Das ist misslich, weil vieles dafür spricht, dass es nach der Verbandsklagenrichtlinie gestattet wäre, betroffene Verbraucher mit den Finanzierungskosten zu belasten. Nach Art. 12 Abs. 2 Verbandsklagenrichtlinie ist es zwar ausgeschlossen, einzelne Verbraucher an den Kosten des Verfahrens zu beteiligen.[967] Es ist aber unklar, ob Finanzierungskosten Kosten des Verfahrens sind. Es ließe sich argumentieren, dass die Kosten des Verfahrens iSv Art. 12 Abs. 2 Verbandsklagenrichtlinie nur Kosten erfassen sollen, die – ähnlich wie im deutschen Recht, wo Kosten des Erfolgshonorars und des Prozessfinanzierers nicht als nach § 91 Abs. 1 S. 1 ZPO erstattungsfähige Kosten angesehen werden[968] – unmittelbar mit dem Prozess in Zusammenhang stehen.[969] Kosten zur Auslagerung von Prozesskostenrisiken wären dann nicht von Art. 12 Abs. 2 Verbandsklagenrichtlinie erfasst. Dafür spricht, dass die Richtlinie selbst beispielhaft als Verfahrenskosten alle Kosten nennt, die daraus entstehen, dass Verfahrensparteien durch einen Rechtsanwalt oder anderen Rechtsbeistand vertreten wurden, sowie alle Kosten, die durch die Zustellung oder Übersetzung von Dokumenten entstehen.[970] Für diese Auslegung spricht, dass eine private Finanzierung der Verbandsklage sonst – wie nach geltendem deutschen Recht – ausgeschlossen ist, wenn sich die klageberechtigten Stellen die Erfolgsbeteiligungen nicht leisten können und die Erfolgsbeteiligung auch nicht aus der Staatskasse beglichen werden soll. Das Bedürfnis klageberechtigter Stellen nach einer Fremdfinanzierung könnte ohne eine Erfolgsbeteiligung zugunsten des Finanzierer nicht befriedigt werden und eine Verbandsklage müsste im Zweifelsfall unterbleiben. Es stünde aber der effektiven Umsetzung der Richtlinie entgegen, wenn weder Mitgliedstaaten verpflichtet wären, Verbandsklagen zu finanzieren, noch private Dritte klageberechtigten Einrichtungen die Rechtsverfolgung ermöglichen könnten. Dann wäre es klageberechtigten Stellen häufig praktisch unmöglich, überhaupt eine Verbandsklage zu erheben. Zudem wäre es widersinnig, wenn es die Richtlinie in Art. 10 den Mitgliedstaaten überließe, eine Drittfinanzierung zu erlauben, und diese gleichzeitig faktisch ausgeschlossen wäre, wenn sich Mitgliedstaaten – wie nach der Verbandsklagenrichtlinie explizit gestattet – gegen eine Erstattung der Erfolgsbeteiligung aus der Staatskasse entscheiden würden.

---

967 *Kern/Uhlmann*, ZEuP 2022, 849 (866); *Gsell*, BKR 2021, 521 (527); *Gsell/Meller-Hannich*, Die Umsetzung der neuen Verbandsklagenrichtlinie, S. 49; *Lühmann*, ZIP 2021, 824 (833).
968 Ausf. hierzu unter Kap. 5 C.IV.1 für das anwaltliche Erfolgshonorar und unter Kap. 5 C. V.2 für die gewerbliche Prozessfinanzierung.
969 AA mit Verweis auf die Kostenbelastung für Verbraucher *Lühmann*, ZIP 2021, 824 (833).
970 Erwägungsgrund 38 Verbandsklagenrichtlinie.

Kap. 6 Bedürfnis nach Fremdfinanzierung

Letztlich wird es am EuGH sein, zu entscheiden, ob es die Verbandsklagenrichtlinie zulässt, dass Verbraucher mit der Erfolgsbeteiligung eines Finanziers belastet werden.[971] Zu einer Verkürzung der Verbraucherrechte[972] führt die Belastung mit der Erfolgsbeteiligung jedenfalls dann nicht, wenn die Alternative gegenüber einer fremdfinanzierten Verbandsklage gar keine Klage ist, weil sich die qualifizierten Einrichtungen eine Verbandsklage nicht leisten können und Individualklagen wegen des rationalen Desinteresses nicht erhoben werden. Darüber hinaus könnten *Opt-in-* oder *Opt-out*-Prozesse auch so ausgestaltet werden, dass sich einzelne Verbraucher in Kenntnis der Fremdfinanzierung gegen die Verbandsklage und für eine Individualklage entscheiden könnten. Wenn Verbraucher sich freiverantwortlich dafür entscheiden, auf einen Teil ihrer Forderung zu verzichten, damit ein Dritter für sie die Lasten übernimmt, die mit der Prozessführung einhergehen, ist daran nichts auszusetzen. Eine Regelung des europäischen Gesetzgebers zur gewerblichen Prozessfinanzierung, wie sie derzeit vorbereitet wird,[973] würde möglicherweise insoweit weiterhelfen, als dass die Prozessfinanzierung als Mittel zum Zugang zu Gerichten und weniger als Missbrauchsvehikel wahrgenommen werden würde. Es besteht Hoffnung, dass es dann auch der deutsche Gesetzgeber gestatten würde, Verbraucher mit den Finanzierungskosten zu belasten, sodass die gewerbliche Prozessfinanzierung ihre Rolle als Schlüssel zur Effektivität der Verbandsklagenrichtlinie wahrnehmen könnte.

6. Zwischenergebnis

Ein Bedürfnis nach einer Fremdfinanzierung und der Auslagerung von Kostenrisiken besteht aus Sicht klageberechtigter Stellen, die nach dem VDuG dafür verantwortlich sein sollen, Verbandsklagen zu erheben. Das ist darauf zurückzuführen, dass klageberechtigte Stellen nicht gewerbsmäßig tätig sein dürfen, nichts an den Verbandsklagen verdienen sollen und dennoch für deren Kosten aufkommen sollen. Ohne eine Fremdfinanzierung dürften Verbandsklagen daher häufig praktisch nicht durchführbar sein. Bislang ist unklar, ob es die Verbandsklagenrichtlinie zulässt, dass Verbandsklagen drittfinanziert werden und die Erfolgsbeteiligung von dem Ertrag der einzelnen Verbraucher abgezogen wird, auch wenn viel dafürspricht. Der deutsche Gesetzgeber hat keine Rechtsgrundlage dafür geschaffen, Verbraucher mit den Finanzierungskosten von Verbandsklagen zu belasten.

---

971 *Gsell*, BKR 2021, 521 (527); *Gsell/Meller-Hannich*, Die Umsetzung der neuen Verbandsklagenrichtlinie, S. 49.
972 *Bruns*, DRiZ 2022, 414 (415).
973 Kap. 3 C.VI.1.

III. Prozessstandschaft nach § 11 Abs. 1 LkSG

Dem vergleichbar kann ein Bedürfnis nach der Auslagerung von Kostenrisiken auch in anderen Fällen bestehen, in denen derjenige, der die Forderung einklagt, rein altruistisch tätig wird. Das gilt beispielsweise für Klagen durch Gewerkschaften oder Nichtregierungsorganisationen nach § 11 Abs. 1 LkSG. Danach können Gewerkschaften oder Nichtregierungsorganisationen zur Prozessführung ermächtigt werden, wenn Anspruchsinhaber geltend machen, in einer überragend wichtigen geschützten Rechtsposition aus § 2 Abs. 1 LkSG verletzt zu sein. Bei § 11 Abs. 1 LkSG handelt es sich um eine besondere Form der gewillkürten Prozessstandschaft,[974] bei der ausnahmsweise nicht vorausgesetzt wird, dass der Prozessstandschafter ein Eigeninteresse an der Rechtsverfolgung hat.[975] Stattdessen besteht für Ansprüche, die sich aus einer Verletzung von Pflichten nach dem LkSG ergeben, ohne die Einschränkung, dass es sich um überragend wichtige Rechtspositionen iSv § 2 Abs. 1 LkSG handeln muss, ebenfalls die Möglichkeit, eine Verbandsklage zu erheben.[976]

Auch hier kann eine Gewerkschaft oder Nichtregierungsorganisation durch eine Vielzahl Betroffener dazu ermächtigt werden, Ansprüche gegenüber einem Unternehmer geltend zu machen und es stellt sich die Frage, wie die Gewerkschaft oder Nichtregierungsorganisation den Rechtsstreit finanzieren soll. Wie bei der Verbandsklage wird es abhängig von der Anzahl der betroffenen Verbraucher und der finanziellen Ausstattung des Prozessstandschafters dazu kommen können, dass das geplante Vorhaben, also die Ermächtigung eines Prozessstandschafters zur Durchsetzung der Forderung, ohne eine Drittfinanzierung praktisch nicht umsetzbar ist. Für eine Drittfinanzierung bedarf der Prozessstandschafter aber eines Einverständnisses der betroffenen Verbraucher, damit die Erfolgsbeteiligung aus dem Ertrag beglichen werden kann. Andernfalls reicht die Ermächtigung zur Prozessführung des Prozessstandschafters nicht so weit, dass er über die Ansprüche verfügen dürfte, indem er sie im Erfolgsfall reduziert. Gerade für Menschenrechtsklagen dürfte eine solche Zustimmung im Ausland häufig einzuholen sein, wenn den Geschädigten keine andere wirksame Rechtsdurchsetzungsmög-

---

974 Wagner/Ruttloff/Wagner/*E. Wagner/S. Wagner/Holtz*, Lieferkettensorgfaltspflichtengesetz, § 13 Rn. 2050; *Wagner*, ZIP 2021, 1095 (1101); *Schultze-Moderow/Steinle/Muchow*, BB 2023, 72 (75).
975 Dass für die gewillkürte Prozessstandschaft im Übrigen ein Eigeninteresse vorausgesetzt wird, entspricht heute wohl der allgM, vgl. BGH, Urt. v. 24.8.2016 – VIII ZR 182/15, NJW 2017, 487; BGH, Urt. v. 8.6.1989 – I ZR 135/87, NJW 1990, 1986; BGH, Urt. v. 24.10.1985 – VII ZR 337/84, NJW 1986, 850; Anders/Gehle/*Vogt-Beheim*, vor § 50 Rn. 26; BeckOK ZPO/*Hübsch*, § 51 Rn. 50; Musielak/Voit/*Weth*, ZPO, § 51 Rn. 27; aA noch *Heintzmann*, Prozessführungsbefugnis, S. 94 ff.
976 *Schultze-Moderow/Steinle/Muchow*, BB 2023, 72 (75).

lichkeit offensteht. Auch hier besteht ein erhebliches Missbrauchspotenzial, weil treibende Kraft der Klage Dritte, wie der Finanzierer, sein können. Das ist bedenklich, weil die Kommerzialisierung von Menschenrechtsverletzung ein „Horrorszenario" ist.[977] Auch insoweit könnte eine ganzheitliche europäische Regelung abhelfen.[978]

E. Bedürfnis nach Fremdfinanzierung bei mangelnden Erfolgsaussichten

Zuletzt dürfte die Versuchung, einen Prozess aus fremden Mitteln bestreiten zu wollen, hoch sein, wenn die Rechtsverfolgung aus Sicht des Klägers wenig Erfolg verspricht.[979] Dann ist wahrscheinlich, dass der Misserfolg eintritt und der Kläger dem Gegner nach den §§ 91 ff. ZPO seine Kosten zu erstatten hat und seine eigenen Kosten endgültig tragen muss. Dieses Risiko ist bei geringen Erfolgsaussichten häufig zu hoch, als dass Anspruchsinhaber auf eigene Kosten „ihr Glück versuchen" würden. Eine Fremdfinanzierung kann dabei abhelfen, weil dem Anspruchsinhaber das Kostenrisiko abgenommen werden kann und Kosten mit fremden Mitteln gedeckt werden können.

Allerdings ist mit allen Finanzierungsmodellen bis auf das Darlehen eine Prüfung der Erfolgsaussichten verbunden. Prozesskostenhilfe wird nach § 114 Abs. 1 S. 1 ZPO ohne hinreichende Erfolgsaussichten nicht bewilligt. Rechtsschutzversicherungen können die Deckung verweigern, wenn die angestrebte Rechtsverfolgung keine hinreichenden Erfolgsaussichten bietet.[980] Beim Erfolgshonorar[981] und der Prozessfinanzierung[982] hängt die Vergütung des Anwalts und des Prozessfinanzierers jeweils davon ab, dass der Prozess für den Kläger erfolgreich ausgeht. Daher werden Anwälte und Prozessfinanzierer vorab sorgfältig prüfen, ob der Fall aus ihrer Sicht Erfolgsaussichten bietet und sich ihre Investition in den Fall lohnt.

Die Darlehensvergabe hängt deswegen nicht von den Erfolgsaussichten der beabsichtigten Rechtsverfolgung ab, weil die aus dem Darlehensvertrag folgende Rückzahlungs- und Zinspflicht nicht an die Erfolgsaussichten anknüpft. Den Kreditgeber interessiert es daher nicht, ob der angestrebte Pro-

---

977 *Wagner* ZIP 2021, 1095 (1101).
978 Zum Regelungsvorhaben s. Fn. 3 und Kap. 3 C.VI.1.
979 S. auch *Jaskolla*, Prozessfinanzierung gegen Erfolgsbeteiligung, S. 12 und *Kuhn/Trappe*, ZEV 2013, 246 (247), die mit dem Umstand, dass das Interesse an einer Fremdfinanzierung bei geringen Erfolgsaussichten hoch sei, die hohe Ablehnungsquote für Finanzierungsanfragen an gewerbliche Prozessfinanzierer erklären wollen.
980 Kap. 3 C.III.2.c)aa).
981 Kap. 3 C.IV.5.b)aa).
982 Kap. 3 C.VI.3.a)cc).

zess Erfolgsaussichten hat oder nicht. Für den Kläger folgt daraus aber auch, dass es nicht sinnvoll wäre, ein Darlehen für einen Prozess ohne Erfolgsaussichten aufzunehmen. Im wahrscheinlichen Misserfolgsfall verwirklicht sich nämlich nicht nur das Prozesskostenrisiko, sondern der Kläger wird darüber hinaus auch noch verpflichtet, das Darlehen und die Zinsen zu bezahlen. Er wird daher von sich aus auf eine Kreditaufnahme verzichten, wenn er meint, dass sein Fall keine Erfolgsaussichten hat.

Insgesamt ist also die Gefahr, dass über Finanzierungsmodelle Klagen ohne Erfolgsaussichten ermöglicht werden, gering. Die dargestellten Finanzierungsmodelle können somit grundsätzlich nicht als Klagevehikel missbraucht werden, durch das Beklagte mit unbegründeten Forderungen überzogen werden.

F. Zusammenfassung

Das Bedürfnis nach einer Fremdfinanzierung erklärt sich von selbst, wenn der Anspruchsinhaber selbst nicht die Mittel hat, um sich die Prozessführung leisten zu können. Neben der Prozesskostenhilfe und der Rechtsschutzversicherung können Anspruchsinhaber auch anwaltliche Erfolgshonorare vereinbaren oder die gewerbliche Prozessfinanzierung in Anspruch nehmen. Erfolgsbasierte Vergütungsmodelle setzen grundsätzlich nicht voraus, dass der Anspruchsinhaber seinen Finanzierer davon überzeugen kann, dass er die erhaltenen Mittel zurückbezahlen können wird, weil die Sicherheit für den Finanzierer letztlich die streitgegenständliche Forderung selbst ist.

Ein Bedürfnis nach der Auslagerung von Kostenrisiken besteht häufig dann, wenn die geltend zu machende Forderung im Vergleich zu den drohenden Kostenrisiken gering ist, sodass viele Anspruchsinhaber ohne die Auslagerung von Kostenrisiken von der Rechtsverfolgung absehen würden. Erfolgsbasierte Finanzierungsmodelle können dieses Bedürfnis selten befriedigen, weil neben den verhältnismäßig hohen Kosten auch noch ein Erfolgshonorar zu vergüten wäre. Bei sonstigen Forderungen, deren Streitwert nicht gering ist, können Anspruchsinhaber erfolgsbasierte Vergütungsmodelle in Anspruch nehmen. Dafür besteht häufig ein Bedürfnis, wenn sich der Anspruchsinhaber die Kostenrisiken angesichts seiner wirtschaftlichen Verhältnisse nicht leisten kann oder will oder, wenn er sich aus sonstigen Gründen nach Abwägung ohne die Auslagerung der Kostenrisiken gegen die gerichtliche Rechtsverfolgung entscheiden würde. Dann können Anspruchsinhaber die gewerbliche Prozessfinanzierung in Anspruch nehmen, wenn ihr Anspruch die Voraussetzungen erfüllt. Der Abschluss einer Erfolgshonorarvereinbarung ist demgegenüber häufig ausgeschlossen, weil Erfolgshonorarvereinbarungen für die gerichtliche Vertretung entweder nach § 4a Abs. 1 S. 1

Kap. 6 Bedürfnis nach Fremdfinanzierung

Nr. 1 RVG nur für Streitwerte bis EUR 2.000 zulässig sind oder nach § 4a Abs. 1 S. 1 Nr. 3 RVG dann, wenn der Anspruchsinhaber ohne die Vereinbarung eines Erfolgshonorars von der gerichtlichen Rechtsdurchsetzung ablassen würde. Welche Gründe dafür ausreichen sollen, ist bislang unklar. Für die gerichtliche Rechtsdurchsetzung können Erfolgshonorare also rechtssicher nur bis EUR 2.000 vereinbart werden. Das überzeugt nicht, weil das Bedürfnis nach der Vereinbarung von Erfolgshonoraren für die gerichtliche Rechtsverfolgung hoch ist, da die Kostenrisiken entsprechend hoch sind und das Erfolgshonorar deshalb einen Zugang zu Gerichten eröffnen kann. Demgegenüber sind die Gründe, die für das Festhalten am Erfolgshonorarverbot vorgebracht werden, nicht überzeugend. Das Erfolgshonorarverbot sollte somit für die gerichtliche Vertretung durch Rechtsanwälte aufgehoben werden.

Ein Bedürfnis nach einer Fremdfinanzierung besteht weiterhin aus Sicht klageberechtigter Stellen, die Verbandsklagen erheben sollen, aber voraussichtlich nicht mit hinreichenden Mitteln dafür ausgestattet sind. Es ist aber fraglich, ob die Verbandsklagenrichtlinie es zulässt, einzelne Verbraucher mit den Erfolgsbeteiligungen von Finanzierern zu belasten. Dafür spricht, dass die Verbandsklagenrichtlinie nicht effektiv umzusetzen wäre, wenn Verbandsklagen zwangsläufig an der Finanzierungsfrage scheitern, weil Mitgliedstaaten nicht zur Finanzierung von Verbandsklagen verpflichtet sind und Verbraucherverbände nicht über hinreichende Mittel verfügen. Das VDuG enthält aber keine Rechtsgrundlage dafür, Verbraucher mit den Finanzierungskosten von Verbandsklagen zu belasten.

Kapitel 7 – Wesentliche Ergebnisse der Arbeit

A. Verfassungsrechtliche Vorgaben und Ihre Auswirkungen

Es ist verfassungsrechtlich unbedenklich, dass ein Rechtsstreit vor Gericht Kosten in Form von Gerichtsgebühren und Anwaltskosten verursachen kann. Das gilt aber nur insoweit, als der Staat gleichzeitig mit der Prozesskostenhilfe eine Finanzierungshilfe vorhält, die es Parteien, die sich einen Rechtsstreit nicht selbst leisten können, ermöglicht, diesen mit staatlicher Hilfe zu führen. Weil der Staat durch Vorschriften zur Erhebung von Gerichtsgebühren und zum Anwaltszwang ein Zugangshindernis in der Gestalt der anfallenden Kosten selbst geschaffen hat, ergibt sich aus dem allgemeinen Justizgewährungsanspruch iVm dem allgemeinen Gleichheitssatz ein Recht auf Prozesskostenhilfe. Dieses Recht steht über Art. 19 Abs. 3 GG nicht nur natürlichen Personen, sondern auch juristischen Personen, parteifähigen Vereinigungen und Parteien kraft Amtes zu. Darüber hinaus adressiert das Sozialstaatsprinzip den Gesetzgeber selbst und fordert von ihm eine abstrakte Regelung der Prozesskostenhilfe. Der Charakter der Prozesskostenhilfe als staatliche Fürsorgeleistung darf nicht überbetont und dadurch das Recht auf Prozesskostenhilfe eingeschränkt werden, weil sich ein Recht auf Prozesskostenhilfe aus dem Justizgewährungsanspruch und dem allgemeinen Gleichheitssatz ergibt, ohne dass zusätzlich auch das Sozialstaatsprinzip herangezogen werden müsste. Die Prozesskostenhilfe ist damit staatliche Pflichterfüllung und weniger Fürsorge.

Verfassungsrechtlich unzulässig wäre es, wenn ein Rechtsstreit Kosten in einer Höhe verursachen würde, die in Anbetracht des Streitwerts außer Verhältnis stünden. Das würde den Justizgewährungsanspruch verletzen, weil sich der gerichtliche Rechtsschutz als praktisch unmöglich gestalten würde, wenn Kostenrisiken drohen, die jeden vernünftigen Kläger von seiner Inanspruchnahme abschrecken würden. Von diesem Grundsatz sind aber Geringforderungen auszunehmen, weil es die geordnete Rechtspflege erfordert, dass Kläger auch hier ein Kostenrisiko verspüren, um unnötige Prozesse zu vermeiden. Daraus erklärt sich aber teilweise auch, warum für Geringforderungen ein rationales Desinteresse an der Rechtsverfolgung bestehen kann.

Im Übrigen beeinträchtigen Kosten und damit verbundene Kostenrisiken den Justizgewährungsanspruch, weil sie Kläger davon abhalten können, berechtigte Ansprüche geltend zu machen, verletzen ihn aber nicht. Weil sie den Justizgewährungsanspruch beeinträchtigen, darf der Gesetzgeber die Möglichkeiten von Parteien, Kostenrisiken auszulagern und sich dadurch einen Zugang zu Gerichten zu verschaffen, nur bedingt einschränken. Das zeigt sich an der BVerfG-Entscheidung zum Erfolgshonorarverbot.

B. Bestehende Finanzierungsmöglichkeiten

Neben der Prozesskostenhilfe als das staatliche Finanzierungsmodell besteht die Möglichkeit, Prozesse mittels eines Kredits, einer Rechtsschutzversicherung, des anwaltlichen Erfolgshonorars, der anwaltlichen Prozessfinanzierung und der gewerblichen Prozessfinanzierung ganz oder teilweise zu finanzieren.

Während der Kredit und die Rechtsschutzversicherung auch den meisten Laien geläufig sein dürften, unterliegt das anwaltliche Erfolgshonorar besonderen Voraussetzungen, die dessen praktischen Anwendungsbereich erheblich einschränken. Mit seiner Neuregelung hat der Gesetzgeber es vor allem für den außergerichtlichen Bereich ermöglicht, dass Erfolgshonorare vereinbart werden dürfen. Für Gerichtsverfahren Erfolgshonorare zu vereinbaren, dürfte nach den Neuregelungen weiterhin nur in engen Ausnahmefällen möglich sein. Das ist darauf zurückzuführen, dass nach § 4a Abs. 1 S. 1 Nr. 1 RVG Erfolgshonorare nur bis zu einem Streitwert von bis zu EUR 2.000 vereinbart werden dürfen. Bei Geringforderungen von bis zu EUR 2.000 macht aber bereits die gesetzliche Vergütung einen Großteil des Streitwerts aus und nach § 4a Abs. 2 RVG darf ein Erfolgshonorar nur dann vereinbart werden, wenn für den Erfolgsfall ein angemessener Zuschlag auf die gesetzliche Vergütung vereinbart wird. Dadurch kann das Honorar des Rechtsanwalts im Erfolgsfall den Streitwert erreichen und die Rechtsverfolgung unter Vereinbarung eines Erfolgshonorars als unwirtschaftlich erscheinen lassen. § 4a Abs. 1 S. 1 Nr. 3 RVG lässt zwar grundsätzlich streitwertunabhängig Erfolgshonorarvereinbarungen zu, setzt aber voraus, dass der Auftraggeber nur nach Vereinbarung eines Erfolgshonorars den Rechtsstreit führen würde. Welche Gründe der Gesetzgeber dafür gelten lassen möchte, bleibt unklar, sodass die Vorschrift angesichts dieser Rechtsunsicherheit voraussichtlich in der Praxis selten zur Anwendung gelangen wird.

Auch die anwaltliche Prozessfinanzierung, die mit der Neuregelung zum Erfolgshonorar eingeführt wurde, dürfte in der Praxis kaum Bedeutung erlangen, weil sie nach § 49b Abs. 2 S. 2 BRAO iVm § 4a Abs. 1 S. 1 Nr. 2 RVG nur für die in § 79 Abs. 2 S. 1 Nr. 4 ZPO genannten Verfahren zulässig ist, also im Erkenntnisverfahren nur für das Mahnverfahren. Demgegenüber hat sich die gewerbliche Prozessfinanzierung in der Zwischenzeit in Deutschland etabliert und deren Zulässigkeit wird nicht mehr bestritten.

C. Verhältnis der FInanzierungsmodelle zueinander

Unter den privaten Finanzierungsmodellen besteht wegen der Vertragsfreiheit grundsätzlich ein freies Wahlrecht. Das gilt nur nicht für Erfolgshonorarvereinbarungen, die nicht zulässig nach § 4a Abs. 1 S. 1 Nr. 3 RVG vereinbart werden können, wenn der Anspruchsinhaber rechtsschutzversichert ist. Dann wird er kaum argumentieren können, dass er nur wegen der Erfolgshonorarvereinbarung seine Ansprüche gerichtlich geltend gemacht hat.

Bei der Frage danach, ob der Anspruchsinhaber vor der Inanspruchnahme von Prozesskostenhilfe versuchen muss, ein anderes Finanzierungsmodell in Anspruch zu nehmen, wirkt sich die verfassungsrechtliche Herleitung der Prozesskostenhilfe aus. Da der Justizgewährungsanspruch (für andere als natürliche Personen über Art. 19 Abs. 3 GG) ein Recht auf Prozesskostenhilfe vermittelt, kann sie nicht mit dem Hinweis versagt werden, dass der Antragsteller zunächst versuchen muss, ein anderes Finanzierungsmodell in Anspruch zu nehmen. Etwas anderes gilt nur dann, wenn der Anspruchsinhaber bereits einen Anspruch gegenüber einem Dritten auf die Übernahme der zur Prozessführung erforderlichen Mittel erworben hat, der als Teil seines Vermögens bei der Entscheidung über das Prozesskostenhilfegesuch zu berücksichtigen ist. Dann muss der Antragsteller versuchen, diesen Anspruch gegen den Dritten, also den Finanzierer, vorrangig durchzusetzen, sofern dadurch die Forderung zeitnah realisiert werden kann. Selbstverständlich muss der Anspruchsinhaber sein eigenes Vermögen auch notfalls beleihen, sofern feststeht, dass er es einsetzen muss.

D. Erstattung der Finanzierungskosten

Für die Prozesskostenhilfe und die Rechtsschutzversicherung stellt sich die Frage nicht, ob die Finanzierungskosten erstattungsfähig sind, weil die Prozesskostenhilfe als zinsloses Justizdarlehen keine Kosten verursacht und die Beitragsleistung zur Rechtsschutzversicherung einen Schutz vor der finanziellen Belastung einer unbestimmten Anzahl von Prozessen bietet. Die Finanzierung dieses Schutzes kann dem Beklagten nicht über eine Erstattungspflicht angelastet werden, weil er allenfalls den Rechtsstreit gegen ihn selbst verursacht hat.

Für alle anderen Finanzierungsmodelle gilt, dass ihre Finanzierungskosten nicht im Kostenfestsetzungsverfahren geltend gemacht werden können, weil das eine Prüfung erfordert, die das Kostenfestsetzungsverfahren überladen würde. Diese Prüfung ist stattdessen im Rahmen von materiell-rechtlichen Ansprüchen durchzuführen, sofern der Anspruchsinhaber neben seinem Hauptanspruch auch Finanzierungskosten entweder als Schadensposition im Rahmen eines Anspruchs beispielsweise aus Delikt nach § 823 Abs. 1 BGB geltend macht oder sie als eigenen Anspruch, beispielsweise aus Verzug gem. §§ 280 Abs. 1, 2, 286 BGB, einklagt. Bei den Finanzierungskosten handelt es sich um Aufwendungen, die einem Schaden nur dann gleichgestellt werden können, wenn sie dem Grunde nach erforderlich waren. Das setzt voraus, dass der Anspruchsinhaber den Rechtsstreit weder aus eigenen Mitteln noch über ein günstigeres Finanzierungsmodell hätte führen können. Als günstigere Finanzierungsmodelle gegenüber der gewerblichen Prozessfinanzierung und dem anwaltlichen Erfolgshonorar kommen die Prozesskostenhilfe und das Darlehen in Betracht. Dabei ist jeweils für den Einzelfall zu prüfen, ob die Prozessführung aus eigenen Mitteln oder über ein günstigeres Finanzierungsmodell dem Anspruchsinhaber auch zumutbar gewesen wäre. Weil die Prozesskostenhilfe insbesondere für juristische Personen und parteifähige Vereinigungen eingeschränkt ist und die Rechtsprechung darüber hinaus auch natürlichen, gewerblich tätigen Personen teilweise abverlangt, vorrangig zu versuchen, ein Darlehen aufzunehmen, dürfte in der Praxis in einigen Fällen die Inanspruchnahme eines Finanzierungsmodells dem Grunde nach erforderlich sein.

Wenn es dem Grunde nach erforderlich war, ein bestimmtes Finanzierungsmodell in Anspruch zu nehmen, ist zu prüfen, ob die entstandenen Kosten der Höhe nach erforderlich waren, also marktüblich sind. Andernfalls sind sie auf ein angemessenes Maß herabzusetzen. Darüber hinaus ist bei der Schadenshöhe zu berücksichtigen, wie sich die Finanzierungskosten zusammensetzen und, ob diese im Einzelnen erstattungsfähig sind. Dabei ist zunächst zu bedenken, dass über die materiell-rechtliche Kostenerstattung nicht Kosten erstattet verlangt werden können, die bereits Gegenstand des Kostenfestsetzungsverfahrens waren, weil der Anspruchsinhaber sich sonst schadensrechtlich bereichern würde. Außerdem ist anhand des Schutzzwecks der jeweiligen Anspruchsgrundlage zu ermitteln, ob auch die Aufwendungen zur Auslagerung von Kostenrisiken erstattungsfähig sind. Für den Schutzzweck des Verzugsschadens nach §§ 280 Abs. 1, 2, 286 BGB gilt jedoch, dass danach Aufwendungen zur Auslagerung von Kostenrisiken immer erstattungsfähig sind, wenn die Inanspruchnahme eines Finanzierungsmodells erforderlich war. Die Prüfung des Schutzzwecks schränkt die Erstattungsfähigkeit insoweit also nicht weiter ein. Demgegenüber sind Aufwendungen zur Auslagerung von Gegenkostenrisiken nie erstattungsfähig, weil es ihrer Auslagerung zur Rechtsverfolgung nicht bedarf. Im Übrigen ist für jedes Finanzierungsmodell zu bedenken, dass fiktive Kosten nur im Rahmen von § 249 Abs. 2 S. 1 BGB erstattungsfähig sind. Zuletzt ergibt sich aus § 254 Abs. 2 S. 1 BGB in aller Regel keine Hinweisobliegenheit, wonach der Kläger dem Beklagten vor der Inanspruchnahme eines Finanzierungsmodells darauf hinweisen müsste, damit der Beklagte das Entstehen von Finanzierungskosten durch das Begleichen der Hauptforderung oder der Vorfinanzierung des Prozesses für den Kläger verhindern kann.

E. Finanzierungsmodelle gemessen am Bedürfnis nach einer Fremdfinanzierung

Das Bedürfnis nach einer Fremdfinanzierung ist dann hoch, wenn sich der Anspruchsinhaber den Rechtsstreit nicht leisten kann, weil er die notwendigen Mittel nicht hat oder, wenn er ihn sich angesichts der Kostenrisiken nicht leisten will. Bei bedürftigen Parteien erklärt sich das Bedürfnis nach einer Fremdfinanzierung von selbst, weil sie ohne Hilfe keinen Prozess führen können. Bedürftigen Parteien kann jedes der in dieser Arbeit untersuchten Finanzierungsmodelle weiterhelfen, weil sie alle gemeinsam haben, dass der jeweilige Finanzierer dem Anspruchsinhaber Mittel zur Prozessführung überlässt oder er darauf verzichtet, eigene Ansprüche gegen den Anspruchsinhaber geltend zu machen. Die Voraussetzungen des Darlehens und der gewerblichen Prozessfinanzierung werden Bedürftige jedoch häufig nicht erfüllen, weil sie typischerweise nicht als kreditwürdig angesehen werden und ihr Anspruch nicht den vorgegebenen Mindeststreitwert erreichen wird.

Das Bedürfnis nach der Auslagerung von Kostenrisiken ist dann hoch, wenn der Streitwert so gering ist, dass die Kostenrisiken im Vergleich als hoch erscheinen. Wenn die Kostenrisiken im Vergleich zum Streitwert hoch sind, kann daraus ein rationales Desinteresse betroffener Anspruchsinhaber an der Rechtsverfolgung resultieren. Dieses Desinteresse kann dadurch beseitigt werden, dass Anspruchsinhaber ihre Kostenrisiken mittels eines Finanzierungsmodells auslagern, also ein anwaltliches Erfolgshonorar vereinbaren oder eine gewerbliche Prozessfinanzierung in Anspruch nehmen. Bei geringen Streitwerten besteht aber das Problem, dass die Finanzierungsleistung von Rechtsanwälten oder gewerblichen Prozessfinanzierern kaum vergütet werden kann, ohne dass die Rechtsverfolgung unwirtschaftlich wird.

Wenn es sich nicht um eine Geringforderung handelt, die geltend gemacht wird, kann aus verschiedenen Gründen ein Bedürfnis nach der Auslagerung von Kostenrisiken bestehen. Naheliegend ist, dass Anspruchsinhaber dann nicht ihre Rechte verfolgen werden, wenn sie nach ihren wirtschaftlichen Verhältnissen die Kosten im Misserfolgsfall nicht tragen können. Ebenfalls mit Blick auf die wirtschaftlichen Verhältnisse wird ein Bedürfnis nach der Auslagerung von Kostenrisiken dann bestehen, wenn die Kosten des Rechtsstreits im Misserfolgsfall ein Ausmaß erreichen, das die privaten Ausgaben des Anspruchsinhabers bei weitem übersteigt. Im Übrigen hängt die Frage, ob ein Anspruchsinhaber zur Klage auch ohne die Auslagerung von Kostenrisiken bereit wäre, von seiner individuellen Risikobewertung ab. Daher hängt es von dessen individueller Abwägung ab, ob er einen Rechtsstreit führen würde, wenn er seine Kostenrisiken auslagern könnte.

Anspruchsinhabern, die in diesen Fällen zu dem Ergebnis gelangen, dass sie Kostenrisiken auslagern möchten, steht nur selten die Möglichkeit zur Verfügung, ein Erfolgshonorar zu vereinbaren, weil dessen Vereinbarung grundsätzlich weiterhin unzulässig ist. Rechtssicher lassen sich Erfolgshonorare nach § 4a Abs. 1 S. 1 Nr. 1 RVG nur bis zu einem Streitwert von EUR 2.000 vereinbaren. In allen übrigen Fällen, in denen das Bedürfnis nach der Auslagerung von Kostenrisiken vor Gericht wegen der höheren Streitwerte und Kostenrisiken hoch ist, sind Erfolgshonorarvereinbarungen allenfalls nach § 4a Abs. 1 S. 1 Nr. 3 RVG zulässig. Die Vorschrift bringt aber eine erhebliche Rechtsunsicherheit mit sich, weil unklar ist, welche Gründe der Gesetzgeber dafür gelten lassen möchte, dass der Anspruchsinhaber ohne die Vereinbarung eines Erfolgshonorars den Rechtsstreit nicht geführt hätte. Stattdessen wird vorgeschlagen, das Erfolgshonorarverbot für die gerichtliche Rechtsverfolgung und -verteidigung im Zivilprozess aufzuheben. Derzeit wird mit besorgtem Blick auf die rückläufigen Gerichtszahlen geschaut, weil diese nach Untersuchungen ein Beleg dafür sind, dass Anspruchsinhaber (auch) aufgrund von Kostenrisiken von der Verfolgung berechtigter Ansprüche absehen und sich damit das Recht nicht durchsetzen kann. Das Erfolgshonorar bietet eine Lösung für dieses Problem, weil mit ihm Kostenrisiken teilweise aus der Abwägung betroffener Anspruchsinhaber ausgeklammert werden können und es damit einen Zugang zu Gerichten eröffnen kann. Es leuchtet nicht ein, warum diese Möglichkeit nur in unklar umschriebenen Ausnahmefällen eröffnet sein sollte. Es gibt keine überzeugenden Gründe dafür, die Vereinbarung eines Erfolgshonorars für einen Zivilprozess weiterhin nur in diesen unbestimmten Ausnahmefällen zuzulassen.

Auch bei der gebündelten Rechtsverfolgung kann ein Bedürfnis nach einer Fremdfinanzierung insbesondere mit Blick auf Verbandsklagen bestehen, weil nach der Verbandsklagenrichtlinie und nach dem Umsetzungsgesetz, dem VDuG, vor allem Verbraucherverbände Abhilfeklagen erheben können sollen. Es ist aber kaum damit zu rechnen, dass Verbraucherverbände ausreichende finanzielle Mittel haben werden, um die für eine Verbandsklage erforderlichen Mittel aufbringen zu können oder die Kosten des Rechtsstreits im Misserfolgsfall zu tragen. Aus Sicht klageberechtigter Stellen, die eine Verbandsklage erheben möchten, besteht damit insbesondere ein Bedürfnis nach der Inanspruchnahme einer gewerblichen Prozessfinanzierung. Bislang ist aber unklar, ob es die Verbandsklagenrichtlinie gestattet, Verbraucher mit den Kosten der Verbandsklage zu belasten. Würde man daraus ein Verbot lesen, Verbraucher auch mit den Erfolgsbeteiligungen von Finanzierern zu belasten, dürfte eine Drittfinanzierung in der Praxis häufig an der fehlenden Bereitschaft klageberechtigter Stellen scheitern, im Erfolgsfall Kosten in Höhe von bis zu 10 Prozent des Erlöses tragen zu müssen. Mit Blick auf die Effektivität der Richtlinie ist es daher naheliegend, dass eine Belastung der Verbraucher mit den Finanzierungskosten nicht ausgeschlossen ist. Im deutschen Recht findet sich keine Grundlage dafür, Verbraucher mit den Finanzierungskosten zu belasten. Verbandsklagen dürften daher häufig daran scheitern, dass ihre Finanzierung nicht sichergestellt ist.

F. Ausblick

Die Arbeit wurde mit der These eingeleitet, dass der Zivilprozess und damit verbunden das System der Finanzierungsmodelle im Wandel begriffen ist. Dieser Wandel ist längst nicht abgeschlossen, weil es noch an Erfahrung im Umgang mit neuen Rechtsschutzmodellen und neuen Vorschriften zu den Finanzierungsmodellen fehlt. Es bleibt insbesondere abzuwarten, wie Verbraucherverbände in der Praxis Verbandsklagen finanzieren werden und, ob es ihnen künftig ermöglicht wird, Erfolgsbeteiligungen Verbrauchern aufzuerlegen. Ebenso kann mit Spannung erwartet werden, ob auf europäischer Ebene Regelungen zum Umgang mit gewerblichen Prozessfinanzierern erlassen werden. Das könnte Vorbehalte gegen das Finanzierungsmodell abmildern und sich dadurch auch auf die Möglichkeit zur Drittfinanzierung von Verbandsklagen auswirken. Mit Blick auf anwaltliche Erfolgshonorare wird sich zeigen, wie in der Praxis mit den neuen Vorschriften umgegangen wird, ob also Anwälte über § 4a Abs. 1 S. 1 Nr. 1 RVG ein Geschäftsmodell schaffen können, das tatsächlich mit den Geschäftsmodellen von Inkassodienstleistern konkurrieren kann, und wie streng Gerichte die Vorschrift in § 4a Abs. 1 S. 1 Nr. 3 RVG auslegen werden. Wenn die Vorschrift in der Praxis tatsächlich nur einer Plausibilitätskontrolle unterzogen wird, spricht nichts dagegen, das Erfolgshonorarverbot, wie hier vorgeschlagen, für Gerichtsprozesse ganz aufzuheben.

Anhang 1 – Kostentabelle

Streitwert[983]	Gerichts-kosten[984]	Eigene Anwalts-kosten des Anspruchs-inhabers[985]	Anwalts-kosten des Gegners[986]	Gesamt-kosten-(risiko)
200	114	222,63	169,58	506,21
800	174	377,48	285,60	837,07
850	174	377,48	285,60	837,07
1.000	174	377,48	285,60	837,07
2.000	294	669,85	517,65	1.481,50
3.000	357	879,76	684,25	1.921,01
5.000	483	1.299,60	1.017,45	2.800,05
10.000	798	2.349,18	1.850,45	4.997,63
50.000	1.803	4.841,93	3.828,83	10.473,76
100.000	3.387	6.251,37	4.947,43	14.585,80

---

[983] Die nachfolgenden Kosten werden allesamt in EUR und nur für die erste Instanz berechnet; s. zur Vereinfachung auch den DAV-Kostenrechner, abrufbar unter https://anwaltsblatt.anwaltverein.de/de/apps/prozesskostenrechner (zuletzt abgerufen am 14.6.2023).

[984] Gerichtskosten (3,0) nach §§ 3, 34 GKG i. V.m. Anl. 1 und 2.

[985] 1,2-fache Terminsgebühr, 1,3-fache Verfahrensgebühr, 0,65-fache Geschäftsgebühr (unter Berücksichtigung der Anrechnung nach Vorbem. 3 IV VV-RVG), Auslagenpauschale sowie Mehrwertsteuer nach § 13 RVG i. V.m. VV RVG.

[986] 1,2-fache Terminsgebühr, 1,3-facher Verfahrensgebühr, Auslagenpauschale sowie Mehrwertsteuer nach § 13 RVG i. V.m. VV RVG; keine Berücksichtigung der außergerichtlichen Kosten, weil diese grds. nur als materiell-rechtlicher Anspruch geltend gemacht werden können, vgl. nur MüKo ZPO/*Schulz*, § 91 Rn. 117.

Literaturverzeichnis

Ahrens, Hans-Jürgen/Erdmann, Willi	Die Erstattung von Zeithonoraren im Schiedsgerichtsverfahren, NJW 2020, S. 3142 ff.
Alexander, Christian	Die Erforderlichkeit von Aufwendungen des Geschädigten für schadensausgleichende Maßnahmen gem. § 249 Abs. 2 S. 1 BGB, VersR 2006, S. 1168 ff.
Anders, Monika/Gehle, Burkhard (Hrsg.)	Zivilprozessordnung, 81. Auflage, München 2023 (zitiert: Anders/Gehle/*Bearbeiter*, § Rn.)
Arz, Matthias/Gemmer, Henrik	Die Erstattung von Kosten der Prozessfinanzierung außerhalb des prozessualen Kostenerstattungsanspruchs, NJW 2019, S. 263 ff.
Assmann, Heinz-Dieter/Schütze, Rolf A./Buck-Heeb, Petra (Hrsg.)	Handbuch des Kapitalanlegerrechts, 5. Auflage, München 2020 (zitiert: Assmann/Schütze/Buck-Heeb/*Bearbeiter*, KapAnlR-HdB, § Rn.)
Augenhofer, Susanne	Die neue Verbandsklagen-Richtlinie – effektiver Verbraucherschutz durch Zivilprozessrecht?, NJW 2021, S. 113 ff.
Ballantyne, Jack	EU parliament calls for regulation of third-party funding, GAR (Global Arbitration Review) vom 23.9.2022 (abrufbar unter https://globalarbitrationreview.com/article/eu-parliament-calls-regulation-of-third-party-funding (zuletzt abgerufen am 14.6.2023))
Bareiß, Andreas	Filmfinanzierung 2.0 – Funktionsweise und Rechtsfragen des Crowdfunding, ZUM 2012, S. 456 ff.
Basedow, Jürgen	Der Versicherungsombudsmann und die Durchsetzung der Verbraucherrechte in Deutschland, VersR 2008, S. 750 ff.
Basedow, Jürgen/Hopt, Klaus/Kötz, Hein/Baetge, Dietmar (Hrsg.)	Die Bündelung gleichgerichteter Interessen im Prozeß: Verbandsklage und Gruppenklage, Tübingen 1999 (zitiert: Basedow/Hopt/Kötz/Baetge/*Bearbeiter*, Die Bündelung gleichgerichteter Interessen im Prozeß, S.)

Literaturverzeichnis

Bauer, Günter	Anmerkung zu BGH, Urt. v. 16.9.1987 – IVa ZR 76/86, VersR 1988, S. 174
Bauerschmidt, Jonathan	Der materiell-rechtliche Anspruch auf Erstattung von Rechtsanwaltskosten, JuS 2011, S. 601 ff.
Baumgärtel, Gottfried (Begr.) Laumen, Hans-Willi/Prütting, Hanns (Hrsg.)	Handbuch der Beweislast, Band 1, 5. Auflage, Köln 2023 (zitiert: Baumgärtel/*Bearbeiter*, Handbuch der Beweislast, Bd. 1, Kap. Rn.)
Baumgärtel, Gundel/Hergenröder, Carmen Silvia/ Houben, Peter	RVG, 16. Auflage, Köln 2014 (zitiert: Baumgärtel/Hergenröder/Houben/*Bearbeiter*, § Rn.)
Baums, Theodor (Hrsg.)	Bericht der Regierungskommission Corporate Governance, Köln 2001 (zitiert: *Baums*, Bericht der Regierungskommission, Rn.)
Becker-Eberhard, Ekkehard	Grundlagen der Kostenerstattung bei der Verfolgung zivilrechtlicher Ansprüche, Bielefeld 1985 (zitiert: *Becker-Eberhard*, Grundlagen der Kostenerstattung, S.)
Berger, Isabelle/Henze, Jacob/Kohlmeier, Thomas	Vorschläge für einen zeitgemäßen Umgang mit Kostenrisiken hochvolumiger Rechtsstreitigkeiten – zur Kombination von Prozessfinanzierung und ATE-Versicherung, in: Compes, Achim/Thümmel, Roderich C./Winkler, Angelo (Hrsg.), Festschrift für Alexander Reuter zum 65. Geburtstag, Köln 2021, S. 1 ff. (zitiert: *Berger/Henze/Kohlmeier*, zur Kombination von Prozessfinanzierung und ATE-Versicherung, S.)
Bethge, Herbert	Die verfassungsrechtliche Problematik einer Zulassungsberufung im Zivilprozeß – Einige kritische Anmerkungen zum Entwurf eines Rechtspflege-Entlastungsgesetzes, NJW 1991, S. 2391 ff.
Bork, Reinhard	Schiedsverfahren mit insolventen Parteien, SchiedsVZ 2022, S. 139 ff.
Böttger, Dirk	Gewerbliche Prozessfinanzierung und staatliche Prozesskostenhilfe – Am Beispiel der Prozessführung durch Insolvenzverwalter, Berlin 2008 (zitiert: *Böttger*, Gewerbliche Prozessfinanzierung und staatliche Prozesskostenhilfe, S.)

Brechmann, Bernhard	Legal Tech und das Anwaltsmonopol – Die Zulässigkeit von Rechtsdienstleistungen im nationalen, europäischen und internationalen Kontext, Tübingen 2021 (zitiert: *Brechmann*, Legal Tech und das Anwaltsmonopol, S.)
Bruns, Alexander	Das Verbot der quota litis und die erfolgshonorierte Prozeßfinanzierung, JZ 2000, S. 232 ff. – Die Verbandsklage auf Abhilfeleistung – ein Vorschlag zur Umsetzung, DRiZ 2022, S. 414 ff. – Die Verbandsklage auf Abhilfeleistung – ein Umsetzungsvorschlag de lege ferenda, WM 2022, S. 549 ff.
Burgard, Jens	Berücksichtigung des Vermögens beim Antrag auf Prozesskostenhilfe, NJW 1990, S. 3240 ff.
Büttner, Helmut	Prozesskostenhilfe (PKH) – restriktive Tendenzen in Rechtsprechung und Gesetzgebung, AnwBl 2007, S. 477 ff.
Canaris, Claus-Wilhelm	Verlängerter Eigentumsvorbehalt und Forderungseinzug durch Banken, NJW 1981, S. 249 ff. – Befremdliches zur Barvorschußtheorie beim Factoring!, NJW 1981, S. 1347 ff.
Christl, Gerhard	Einkommen und Vermögen in der Prozeßkostenhilfe, NJW 1981, S. 785 ff.
Dahns, Christian	Reform des Rechtsdienstleistungsmarktes, NJW-Spezial 2021, S. 510 f.
Daiber, Birgit	Verhältnismäßigkeit im engeren Sinne, JA 2020, S. 37 ff.
Dethloff, Nina	Verträge zur Prozessfinanzierung gegen Erfolgsbeteiligung, NJW 2000, S. 2225 ff.
Dimde, Moritz	Rechtsschutzzugang und Prozessfinanzierung im Zivilprozess: Eine ökonomische Analyse des Rechts, Berlin 2003 (zitiert: *Dimde*, Rechtsschutzzugang und Prozessfinanzierung im Zivilprozess, S.)
Dölling, Birger	Die Vier-Raten-Grenze im Pkh-Bewilligungsverfahren, NJW 2016, S. 207 ff.

Literaturverzeichnis

Efstathiou, Stefanie	Third-Party Funding: The Possible Significance in the Times of COVID-19, SchiedsVZ 2022, S. 286 ff.
Eidenmüller, Horst	Prozeßrisikoanalyse, ZZP 113 (2000), S. 5 ff.
Epping, Volker/Hillgruber, Christian (Hrsg.)	Beck'scher Online-Kommentar zum Grundgesetz, 54. Edition, München 2023 (zitiert: BeckOK GG/*Bearbeiter*, Art. Rn.)
Erman, Walter (Begr.) Westermann, Harm Peter/ Grunewald, Barbara/Maier-Reimer, Georg (Hrsg.)	Bürgerliches Gesetzbuch, Handkommentar, 16. Auflage, Köln 2020 (zitiert: Erman/*Bearbeiter*, § Rn.)
Feldmann, Till	Die Erstattung vorgerichtlicher RA-Kosten, r + s 2016, S. 546 ff.
Fischer, Benedikt/Spitzley, Maximilian	Bürgerlich-rechtliche Prospekthaftung im Kontext des renditeorientierten Crowdfundings, BKR 2022, S. 847 ff.
Fölsch, Peter	Auswirkungen des „Erfolgshonorargesetzes" auf die Vergütungsvereinbarung, MDR 2008, S. 728 ff. – Aktuelle Entwicklungen zur anwaltlichen Vergütungsvereinbarung, MDR 2016, S. 133 ff.
Fölsing, Philipp	Sittenwidrigkeit des Forderungsankaufs durch Rechtsanwalt deutlich unter Nennwert, Anmerkung zu OLG Frankfurt v. 13.4.2011 – 17 U 250/10, EWiR 2012, S. 167 f.
Frechen, Fabian/Kochheim, Martin	Fremdfinanzierung von Prozessen gegen Erfolgsbeteiligung, NJW 2004, S. 1213 ff.
Fricke, Hans-Joachim	Der gem. § 249 Abs. 2 S. 1 BGB erforderliche Geldbetrag – Rechte und Pflichten des Geschädigten im Rahmen der Restitution, VersR 2011, S. 966 ff.
Fries, Martin	Verbraucherrechtsdurchsetzung, Tübingen 2016 (zitiert: *Fries*, Verbraucherrechtsdurchsetzung, S.) – De minimis curat mercator: Legal Tech wird Gesetz, NJW 2021, S. 2537 ff. – Recht als Kapital, AcP 221 (2021), S. 108 ff.
Ganter, Hans Gerhard	Schadensberechnung und Vorteilsausgleichung in der Haftung der rechtsberatenden Berufe, NJW 2012, S. 801 ff.

Gelpcke, Hans-F./Hellstab, Heinrich/Wache, Daniel/ Weigelt, Jan Hendrik	Der Prozesskostenhilfeanspruch des Insolvenzverwalters, Köln 2007 (zitiert: *Gelpcke/Hellstab/Wache/Weigelt*, Der Prozesskostenhilfeanspruch des Insolvenzverwalters, S.)
Gilles, Peter	Prozeßrechtliche Probleme von verbraucherpolitischer Bedeutung bei den neuen Verbraucherverbandsklagen im deutschen Zivilrecht, ZZP 98 (1985), S. 1 ff.
Goebel, Frank-Michael	Rechtsdienstleistungsmarkt: Legal Tech und Erfolgsvergütung schon vor dem Inkrafttreten wieder geändert, FMP 2021, S. 117 ff.
Goebel, Joachim	Zivilprozeßrechtsdogmatik und Verfahrenssoziologie, Berlin 1994 (zitiert: *Goebel*, Zivilprozeßrechtsdogmatik und Verfahrenssoziologie, S.)
Gogolin, Marco	Die deutsche Prozesskostenhilfe im Umbruch, Anforderungen und Bedürfnisse einer modernen Rechtshilfe unter Einordnung sozialer und gesellschaftlicher Entwicklungen und Einbeziehung aktueller europäischer und internationaler Rechtsentwicklungen, Berlin 2015 (zitiert: *Gogolin*, Die deutsche Prozesskostenhilfe im Umbruch, S.)
Göttler, Dominik	Die Prozesskostenhilfe für den Insolvenzanfechtungsprozess, Wiesbaden 2020 (zitiert: *Göttler*, Die Prozesskostenhilfe für den Insolvenzanfechtungsprozess, S.)
Greger, Reinhard	Das „Rundum-sorglos-Modell": Innovative Rechtsdienstleistung oder Ausverkauf des Rechts?, MDR 2018, S. 897 ff.
Grüneberg, Christian (Hrsg.) (vormals Palandt)	Bürgerliches Gesetzbuch, 82. Auflage, München 2023 (zitiert: Grüneberg/*Bearbeiter*, § Rn.)
Grunewald, Barbara	Prozessfinanzierungsvertrag mit gewerbsmäßigem Prozessfinanzierer – ein Gesellschaftsvertrag, BB 2000, S. 729 ff.
Grunsky, Wolfgang	Die neuen Gesetze über die Prozeßkosten- und die Beratungshilfe, NJW 1980, S. 2041 ff.

Literaturverzeichnis

Gsell, Beate	Europäische Verbandsklagen zum Schutz kollektiver Verbraucherinteressen – Königs- oder Holzweg?, BKR 2021, S. 521 ff.
Gsell, Beate/Meller-Hannich, Caroline	Gutachten über die Umsetzung der europäischen Richtlinie über Verbandsklagen zum Schutz der Kollektivinteressen der Verbraucher (RL (EU) 2020/1828) ins deutsche Recht, in: Verbraucherzentrale Bundesverband e. V., Die Umsetzung der neuen EU-Verbandsklagenrichtlinie (zitiert: *Gsell/Meller-Hannich*, Die Umsetzung der neuen Verbandsklagenrichtlinie, S.)
Guski, Roman	Konfliktermöglichung durch überindividuellen Rechtsschutz: Funktion und Dogmatik der Verbandsklage, ZZP 131 (2018), S. 353 ff.
Haberzettl, Kai	Verschulden und Versprechen, Zur Haftung des Schuldners für die Verzögerung der Leistung, Berlin 2006 (zitiert: *Haberzettl*, Verschulden und Versprechen, S.)
Hähnchen, Susanne/Kuprian, Kristof	Verbot von Erfolgshonorarvereinbarungen – Tradition ohne Rechtfertigung, AnwBl Online 2020, S. 423 ff.
Hakenberg, Michael	Die neue Verbandsklagen-Richtlinie der Europäischen Union, NJOZ 2021, S. 673 ff.
Hamm, Christoph (Hrsg.)	Beck'sches Rechtsanwalts-Handbuch, 12. Auflage, München 2022 (zitiert: BeckRA-HdB/*Bearbeiter*, § Rn.)
Harbauer, Walter (Begr.)	Rechtsschutzversicherung, Kommentar zu den Allgemeinen Bedingungen für die Rechtsschutzversicherung (zitiert: Harbauer/*Bearbeiter*, § Rn.)
Hartung, Markus	Inkasso, Prozessfinanzierung und das RDG, AnwBl Online 2019, S. 353 ff.
Hartung, Wolfgang/Schons, Herbert/Enders, Horst-Reiner (Hrsg.)	Rechtsanwaltsvergütungsgesetz, 3. Auflage, München 2017 (zitiert: Hartung/Schons/Enders/*Bearbeiter*, § Rn.)
Hau, Wolfgang	The winner takes it all? – Die anwaltliche Vergütungsvereinbarung im deutschen System der Prozesskostenerstattung, JZ 2011, S. 1047 ff.

Hau, Wolfgang/Poseck, Roman (Hrsg.)	Beck'scher Online-Kommentar zum BGB, 65. Edition, München 2023 (zitiert: BeckOK BGB/*Bearbeiter*, § Rn.)
Hees, Volker/Freitag, Markus	Prozesskostenhilfe für Insolvenzverwalter – Anspruchsvolle Einzelfallprüfung, NZI 2017, S. 377 ff.
Heintzmann, Walter	Die Prozeßführungsbefugnis, Köln u. a. 1970 (zitiert: *Heintzmann*, Prozeßführungsbefugnis, S.)
Henke, Angela	Verfassungsrechtliche Anforderungen an fachgerichtliche Prozesskostenhilfeentscheidungen, ZZP 123 (2010), S. 193 ff.
Henssler, Martin	Prozessfinanzierende Inkassodienstleister – Befreit von den Schranken des anwaltlichen Berufsrechts?, NJW 2019, S. 545 ff.
Herr, Sascha/Bantleon, Ulrich	Crowdinvesting als alternative Unternehmensfinanzierung – Grundlagen und Marktdaten in Deutschland, DStR 2015, S. 532 ff.
Hinne, Dirk	Die Entwicklung der Rechtsanwaltsvergütung 2021/2022, BRAK-Mitt. 2022, S. 135 ff. – Die Neuregelungen der Rechtsanwaltsvergütung im Jahr 2021, BRAK-Mitt. 2021, S. 278 ff.
Homberg, Matthias	Erfolgshonorierte Prozessfinanzierung, Saarbrücken 2006 (zitiert: *Homberg*, Erfolgshonorierte Prozessfinanzierung, S.)
Hommerich, Christoph/Kilian, Matthias	Vergütungsvereinbarungen deutscher Rechtsanwälte – Eine empirische Untersuchung der Vergütungspraxis der deutschen Anwaltschaft, Forschungsberichte des Soldan Instituts für Anwaltmanagement, Bd. 3, Bonn 2006 (zitiert: *Hommerich/Kilian*, Vergütungsvereinbarungen deutscher Rechtsanwälte, S.) – Vergütungsbarometer 2009, Bonn 2009 (zitiert: *Hommerich/Kilian*, Vergütungsbarometer 2009, S.)
Hommerich, Christoph/Kilian, Matthias/Jackmuth, Heike/Wolf, Thomas	Erfolgshonorare in der beruflichen Praxis der Rechtsanwälte – Neue Serie: Ergebnisse der Umfrage zu Vergütungsvereinbarungen, AnwBl 2006, S. 50 ff.

Literaturverzeichnis

Höra, Knut/Schubach, Arno (Hrsg.)	Münchener Anwaltshandbuch Versicherungsrecht, 5. Auflage, München 2022 (zitiert: MAH VersR/*Bearbeiter*, § Rn.)
Hübner, Jürgen	„Schadensverteilung" bei Schäden anläßlich der Verfolgung festzunehmender Personen durch Beamte – eine Wiederkehr der Culpa-Kompensation?, JuS 1974, S. 496 ff.
Hunecke, Daniel	Ersatzfähigkeit außergerichtlicher Rechtsanwaltskosten, NJW 2015, S. 3745 ff.
Jaskolla, Jürgen	Prozessfinanzierung gegen Erfolgsbeteiligung, Karlsruhe 2004 (zitiert: *Jaskolla*, Prozessfinanzierung gegen Erfolgsbeteiligung, S.)
Jerger, Christoph/Zehentbauer, Tamara	Grundlage und Geltendmachung von Schäden im Zusammenhang mit der Finanzierung des Zivilprozesses, NJW 2016, S. 1353 ff.
Jhering, Rudolf von	Der Kampf um's Recht, Wien 1872 (zitiert: *Jhering*, Der Kampf um's Recht, S.)
Kern, Christoph/Diehm, Dirk (Hrsg.)	ZPO: Zivilprozessordnung, 2. Auflage, Berlin 2020 (zitiert: Kern/Diehm/*Bearbeiter*, § Rn.)
Kern, Christoph A./Uhlmann, Christian	Kollektiver Rechtsschutz 2.0? Möglichkeiten und Chancen vor dem Hintergrund der Verbandsklagen-RL, ZEuP 2022, S. 849 ff.
Kilian, Matthias	Der Erfolg und die Vergütung des Rechtsanwalts, Bonn 2003 (zitiert: *Kilian*, Der Erfolg und die Vergütung des Rechtsanwalts, S.) – Vergütungsvereinbarungen: Chancen und Risiken durch das reformierte RVG, BB 2006, S. 225 ff. – Das Gesetz zur Neuregelung des Verbots der Vereinbarung von Erfolgshonoraren, NJW 2008 S. 1905 ff. – Die Bedeutung der gewerblichen Prozessfinanzierung – Empirische Ergebnisse aus der Befragung von Anwälten in Deutschland, AnwBl 2012, S. 244 f.

	– Die Drittfinanzierung von Rechtsverfolgungskosten – Die Bedeutung gewerblicher, staatlicher und anwaltlicher Kostenfinanzierung in Anwaltskanzleien –, Bonn 2014 (zitiert: *Kilian*, Drittfinanzierung von Rechtsverfolgungskosten, S.)
	– Die Zukunft der Juristen – Weniger, anders, weiblicher, spezialisierter, alternativer – und entbehrlicher?, NJW 2017, S. 3043 ff.
	– Die Regulierung von Legal Tech – Risiken und Nebenwirkungen von Sonderregeln – Plädoyer für eine ganzheitliche Betrachtung, AnwBl 2019, S. 24 ff.
	– Die Regulierung von Erfolgshonorar und Inkassodienstleistung – Vorschläge für eine Gesamtkonzeption zum Schutz der Rechtsuchenden, AnwBl Online 2021, S. 213 ff.
	– Anmerkung zu OLG Dresden, Beschl. v. 1.3.2022 – 4 W 3/22, NJW 2022, S. 1629
Kleine-Cosack, Michael	Vom regulierten zum frei vereinbarten (Erfolgs-) Honorar, NJW 2007, S. 1405 ff.
	– Freigabe des Erfolgshonorars wider Willen, BB 2008, S. 1406 ff.
	– Berufsrechtspolitische Don Quichotterie der Bundesrechtsanwaltskammer – Die Angst vor Freiheit und Konkurrenz und das Demokratiedefizit der BRAK, AnwBl Online 2021, S. 139 ff.
Klinge, Erich	Die gebührenrechtliche Stellung des Rechtsanwalts in der Beratungs- und Prozesskostenhilfe, AnwBl 1981, S. 166 ff.
Klinger, Bernhard F. (Hrsg.)	Münchener Prozessformularhandbuch, Band 4 Erbrecht, 5. Auflage, München 2021 (zitiert: MPFormB ErbR/*Bearbeiter*, Form Anm.)
Kluth, Winfried	Interessenkonflikte in Fällen neuer Modelle der Massenrechtsdienstleistung durch Inkassodienstleister, VuR 2018, S. 403 ff.
Knott, Hermann J./Gottschalk, Silke/Ohl, Sebastian	Honorare aus vereinbarten Vergütungen als ersatzpflichtige Schäden, AnwBl 2010, S. 749 ff.

Kochheim, Martin Lorenz	Die gewerbliche Prozessfinanzierung, Münster 2003 (zitiert: *Kochheim*, Die gewerbliche Prozessfinanzierung, S.)
Kohte, Wolfhard	Die wirtschaftlichen Voraussetzungen der Prozeßkostenhilfe, DB 1981, S. 1174 ff.
Kolb, Katharina	Die Finanzierung privater Rechtsstreitigkeiten durch Dritte, Deutscher AnwaltSpiegel Dispute Resolution Ausgabe 1 2023, S. 3 ff.
Kollhosser, Helmut	Prozeßkostenhilfe als Sozialhilfe in besonderen Lebenslagen, ZRP 1979, S. 297 ff.
Komuczky, Michael	Mittellosigkeit des Beklagten im Schiedsverfahren – die Perspektive des Schiedsgerichts, NJW 2022, S. 8 ff.
Köppen, Serena	Rechtskonfliktkosten im Zivilrecht: Prozessualer und materiell-rechtlicher Kostenerstattungsanspruch: Grundlagen und Verhältnis, Tübingen 2022 (zitiert: *Köppen*, Rechtskonfliktkosten im Zivilrecht, S.)
Krausnick, Daniel	Grundfälle zu Art. 19 III GG, JuS 2008, S. 869 ff.
Krüger, Martin J. M./Raap, Björn	Stundensätze von Rechtsanwälten als Rechtsverfolgungskosten, MDR 2010, S. 422 ff.
Krüger, Wolfgang	Neuere Entwicklungen bei der Prozessfinanzierung im Erbrecht, ZEV 2019, S. 575 ff.
Kuhn, Johannes/Trappe, Sebastian	15 Jahre Prozessfinanzierung im Erbrecht, ZEV 2013, S. 246 ff.
Leeb, Christina-Maria/Hotz, Thorsten	Legal Tech auf der rechtspolitischen Agenda – was bleibt, was kommt?, ZUM 2021, S. 379 ff.
Lemke, Christian	Legal Tech-Gesetz: Vom Ansatz verfehlt und nicht verbrauchergerecht, RDi 2021, S. 224 ff.
Lenz, Martin	Gewerbliche Prozessfinanzierung – Praktische Erfahrungen aus Sicht der Finanzierungsgesellschaften, AnwBl 2007, S. 483 ff.
Leuering, Dieter/Rubner, Daniel	Prospektpflicht des Crowdfunding, NJW-Spezial 2012, S. 463 ff.
Lieberknecht, Markus	Die materiell-rechtliche Ersatzfähigkeit von Kosten der Prozessfinanzierung, NJW 2022, S. 3318 ff.

Looschelders, Dirk	Die Mitverantwortlichkeit des Geschädigten im Privatrecht, Tübingen 1999 (zitiert: *Looschelders*, Mitverantwortlichkeit im Privatrecht, S.)
Looschelders, Dirk/Pfaffenholz, Christina (Hrsg.)	ARB – Allgemeine Bedingungen für die Rechtschutzversicherung, 2. Auflage, Köln 2019 (zit.: Looschelders/Pfaffenholz/*Bearbeiter*, ARB, § Rn.)
Löwisch, Manfred	Inkassokosten als Verzugsschaden, NJW 1986, S. 1725 ff.
Lühmann, Tobias B.	Anforderungen und Herausforderungen der RL (EU) 2020/1828 über Verbandsklagen zum Schutz der Kollektivinteressen von Verbrauchern, ZIP 2021, S. 824 ff.
Lüttringhaus, Jan D.	Die Verzinsung von Gerichtskosten zwischen BGB und ZPO, NJW 2014, S. 3745 ff.
Mais, Benedikt	Das neue Erfolgshonorar und die Rechtsschutzversicherung – alles beim alten!, SVR 2021, S. 375 ff.
Mallmann, Roman A./Erne, Sarah	Musterfeststellungsklage und Kartellschadensersatz, NZKart 2019, S. 77 ff.
Mankowski, Peter	Schuldnerverzug und Gläubigerspekulation, WM 2009, S. 921 ff.
Martinek, Michael	Moderne Vertragstypen, Band I: Leasing und Factoring, München 1991 (zitiert: *Martinek*, Band I, S.)
Maubach, Norbert	Gewerbliche Prozessfinanzierung gegen Erfolgsbeteiligung, Bonn 2002 (zitiert: *Maubach*, Gewerbliche Prozessfinanzierung gegen Erfolgsbeteiligung, S.)
Maunz, Theodor/Dürig, Günter (Begr.) Herzog, Roman/Scholz, Rupert/Herdegen, Matthias/Klein, Hans H. (Hrsg.)	Grundgesetz, 99. Ergänzungslieferung, München 2022 (zitiert: Dürig/Herzog/Scholz/*Bearbeiter*, GG, Art. Rn.)

Literaturverzeichnis

Mayer, Hans-Jochem	Vergütungsvereinbarung: Neues bei Beratungshilfe, pro bono und Erfolgshonorar, AnwBl 2013, S. 894 ff. – Anmerkung zu OLG Hamm, Beschl. v. 12.1.2018 – 7 W 21/17, FD-RVG 2018, 406952 – Das „neue" Erfolgshonorar – was die Praxis jetzt wissen muss, AnwBl Online 2021, S. 246 ff. – Das neue Erfolgshonorar, 1. Auflage, Baden-Baden 2022 (zitiert: *Mayer*, Das neue Erfolgshonorar, Rn.)
Mayer, Hans-Jochem/ Kroiß, Ludwig (Hrsg.)	Rechtsanwaltsvergütungsgesetz, Handkommentar, 8. Auflage, Baden-Baden 2021 (zitiert: Hk-RVG/*Bearbeiter*, § Rn.)
Medicus, Dieter	Die psychisch vermittelte Kausalität im Zivilrecht, JuS 2005, S. 289 ff.
Mediger, Kai	Die Erstattung von Rechtsanwaltskosten bei Honorarvereinbarung, MDR 2017, S. 245 ff.
Meinicke, Gerrit	EU regelt Prozessfinanzierung, NJW-aktuell 41/2022, S. 3
Meller-Hannich, Caroline	Der RefE für ein Verbandsklagenrichtlinienumsetzungsgesetz (VRUG), DB 2023, S. 623 ff. – Wenn die Klage sich nicht lohnt – Effektiver Rechtsschutz bei geringen Streitwerten, NZM 2022, S. 353 ff.
Meller-Hannich, Caroline/ Gsell, Beate	Die Regulierung privater Prozessfinanzierung in der EU, AnwBl Online 2023, S. 160 ff.
Meller-Hannich, Caroline/ Höland, Armin/Nöhre, Monika (Hrsg.)	Abschlussbericht zum Forschungsbericht „Erforschung der Ursachen des Rückgangs der Eingangszahlen bei den Zivilgerichten", in Auftrag gegeben durch die Bundesrepublik Deutschland, Berlin 2023 (zitiert: Meller-Hannich/Höland/Nöhre, Abschlussbericht zum Forschungsvorhaben rückläufige Gerichtszahlen, S.)
Mertens, Hans-Joachim	Kollektivrechtlicher Schadensersatz als Mittel des Verbraucherschutzes, ZHR 139 (1975), S. 438 ff.
Mitlehner, Stephan	Prozesskostenhilfe für Insolvenzverwalter, NZI 2001, S. 617 ff.

Möbius, Simon	*Möbius*, Das Prinzip der Rechtsschutzgleichheit im Recht der Prozesskostenhilfe, Tübingen 2014 (zitiert: *Möbius*, Das Prinzip der Rechtsschutzgleichheit im Recht der Prozesskostenhilfe, S.)
Mommsen, Friedrich	Zur Lehre von dem Interesse, Braunschweig 1855 (zitiert: *Mommsen*, Zur Lehre von dem Interesse, S.)
Morell, Alexander	„Mietright" und die Abtretungssammelklage, ZWeR 2020, S. 328 ff.
Müller, Klaus	Zur Problematik des Prozeßkostenrisikos im Zivilprozeß, JR 1987, S. 1 ff.
Musielak, Hans-Joachim/ Voit, Wolfgang (Hrsg.)	Zivilprozessordnung, 20. Auflage, München 2023 (zitiert: Musielak/Voit/*Bearbeiter*, ZPO, § Rn.)
Nickel, Michael	Der Einsatz von Vermögen, § 76 I FamFG, § 115 II ZPO i. V. mit § 90 SGB XII, FPR 2009, S. 391 ff.
Nieuwveld, Lisa Bench/Sahani, Victoria Shannon	Third-Party Funding in International Arbitration, 2. Auflage, Alphen aan den Rijn 2017 (zitiert: *Nieuwveld/Sahani*, Kap., S. 102)
Nitzsche, Dagobert	Ausgewählte rechtliche und praktische Probleme der gewerblichen Prozessfinanzierung unter besonderer Berücksichtigung des Insolvenzrechts, München 2002 (zitiert: *Nitzsche*, Ausgewählte rechtliche und praktische Probleme der gewerblichen Prozessfinanzierung unter besonderer Berücksichtigung des Insolvenzrechts, S.)
Oelsner, Tobias	Zwingendes Recht im Geschäftsverkehr durch die Reform der Zahlungsverzugsrichtlinie, GPR 2013, S. 182 ff.
Overkamp, Sebastian	Auswirkungen des neuen anwaltlichen Erfolgshonorars auf die Kostenerstattung, NJW 2022, S. 998 ff.
Pape, Gerhard	Prozeßkostenhilfe für Konkursverwalter, ZIP 1988, S. 435 ff.
Prütting, Hanns	Das Drama um das Legal-Tech-Inkasso, ZIP 2020, S. 1434 ff.
Prütting, Hanns/Gehrlein, Markus (Hrsg.)	Zivilprozessordnung, 14. Auflage, Hürth 2022 (zitiert: Prütting/Gehrlein/*Bearbeiter*, § Rn.)

Rauscher, Thomas/Krüger, Wolfgang (Hrsg.) — Münchener Kommentar zur Zivilprozessordnung, Band 1 (§§ 1–354), 3. Auflage, München 2008, 6. Auflage, München 2020
(zitiert: MüKoZPO/*Bearbeiter*, § Rn.)

Remmertz, Frank — (*Hrsg.*) Legal Tech-Strategien für Rechtsanwälte, München 2020
(zitiert: Remmertz/*Bearbeiter*, Legal Tech-Strategien für Rechtsanwälte, Rn.)
- Automatisierte Rechtsdienstleistungen im RDG, ZRP 2019, S. 139 ff.
- Prozessfinanzierung: Sinnvolles Instrument der anwaltlichen Vergütung? Warum das Berufs- und Vergütungsrechts Finanzierungsmodelle nicht behindert, AnwBl Online 2023, S. 155 ff.

Rensen, Hartmut — Die Kosten des Prozessfinanzierers als Schaden?, MDR 2010, S. 182 ff.

Rentsch, Bettina — Kollektiver Rechtsschutz unter der EU-Verbandsklagerichtlinie, EuZW 2021, S. 524 ff.

Reuschle, Fabian — Das Kapitalanleger-Musterverfahrensgesetz, NZG 2004, S. 590 ff.

Ring, Gerhard — Erfolgshonorar und Prozessfinanzierung – Reform des RVG und des RDG infolge des Legal Tech-Gesetzes, NJ 2021, S. 525 ff.

Römer, Wolfgang — Die Rechtsschutzversicherung – insbesondere die Bedingungsanpassungsklausel – in der Rechtsprechung des BGH, r + s 2000, S. 177 ff.

Römermann, Volker — Legal Tech-Gesetz: Ein (allzu) kleiner Schritt in die richtige Richtung, RDi 2021, S. 217 ff.
- BRAO- und RDG-Reformen 2021 im Praxis-Check: Wie groß werden sie?, AnwBl Online 2020, S. 588 ff.

Römermann, Volker/Günther, Tim — Legal Tech als berufsrechtliche Herausforderung – Zulässige Rechtsdurchsetzung mit Prozessfinanzierung und Erfolgshonorar, NJW 2019, S. 551 ff.

Rosenberg, Leo (Begr.) Schwab, Karl Heinz/Gottwald, Peter — Zivilprozessrecht, 18. Auflage, München 2018
(zitiert: Rosenberg/Schwab/Gottwald, § Rn.)

Röthemeyer, Peter — Die neue Verbandsklagen-Richtlinie, VuR 2021, S. 43 ff.

Ruby, Gerhard	Prozessfinanzierung im Erbrecht, ZEV 2005, S. 383 ff.
Rücker, Nicolas/Bell, Anita	Die Neuregelung des Erfolgshonorars – Zu § 4 a I Nr. 1 RVG, NJOZ 2022, S. 545 ff. – Das Erfolgshonorar für Rechtsanwälte: Denkbare Anwendungsbereiche der aktuellen Neuregelung, MDR 2022, S. 470 ff.
Rüffer, Wilfried/Halbach, Dirk/Schimikowski, Peter (Hrsg.)	Versicherungsvertragsgesetz, Handbuch, 4. Auflage, Baden-Baden 2020 (zitiert: Hk-VVG/*Bearbeiter*, § Rn.)
Rühl, Giesela/Knauer, Constantin	Zivilrechtlicher Menschenrechtsschutz? Das deutsche Lieferkettengesetz und die Hoffnung auf den europäischen Gesetzgeber, JZ 2022, S. 105 ff.
Säcker, Franz Jürgen/Rixecker, Roland/Oetker, Hartmut/Limperg, Bettina (Hrsg.)	Münchener Kommentar zum Bürgerlichen Gesetzbuch, Band 2 (§§ 241–310 BGB), Band 3 (§§ 311–432 BGB), 9. Auflage, München 2022 (zitiert: MüKoBGB/*Bearbeiter*, § Rn.)
Saenger, Ingo (Hrsg.)	Zivilprozessordnung, Handkommentar, 9. Auflage, Baden-Baden 2021 (zitiert: Hk-ZPO/*Bearbeiter* § Rn.)
Saenger, Ingo/Uphoff, Lisanne	Erstattungsfähigkeit anwaltlicher Zeithonorare, NJW 2014, S. 1412 ff.
Schaks, Nils	Prozesskostenhilfe für juristische Personen: Der lange Schatten von 1933, JZ 2023, S. 702 ff.
Schäfer, Hauke	Anmerkung zu BGH, Urt. v. 3.9.2015 – III ZR 66/14, NJW 2015, S. 3103 ff. *S*
Schlosser, Peter	Schadensersatzrechtlicher Erstattungsanspruch für über die Sätze des RVG hinausgehende Anwaltskosten, NJOZ 2009, S. 2376 ff.
Schmitt, Christpoh/Doetsch, Matthias	Crowdfunding: neue Finanzierungsmöglichkeit für die Frühphase innovativer Geschäftsmodelle, BB 2013, S. 1451 ff.
Schnee-Gronauer, Andreas	Erfolgshonorare aus betriebswirtschaftlicher Sicht: Wie kalkulieren? – Vom Erfolgshonorar zum Geschäftsmodell: Wie Kanzleien die neue Freiheit nutzen können, AnwBl Online 2021, S. 242 ff.

Literaturverzeichnis

Schneider, Egon	Prozeßkostenhilfe, MDR 1981, S. 1 ff. – Prozeßkostenhilfe – eine Zwischenbilanz, MDR 1981, S. 793 ff.
Schneider, Marc Patrick/ Winter, Philipp	„Fußball meets BaFin" – Regulatorische Hürden alternativer Finanzierungskonzepte im Fußballspiel am Beispiel des Crowdfunding und Genussschein, SpuRt 2015, S. 197 ff.
Schneider, Norbert	Vergütungsvereinbarung bei Prozess- oder Verfahrenskostenhilfe, NJW-Spezial 2016, S. 91 ff.
Schons, Herbert P.	Erfolgshonorar für Rechtsanwälte?, ZRP 2006, S. 31 f. – Vergütungsvereinbarung: Wer, wann, wie, warum – wer es nicht macht, ist dumm?, AnwBl 2020, S. 372 ff.
Schultze-Moderow, Lukas/ Steinle, Christian/Muchow, Laurette	Die neue Sammelklage – Ein Balanceakt zwischen Verbraucher- und Unternehmensinteressen, BB 2023, S. 72 ff.
Schulze, Reiner u. a. (Hrsg.)	Kommentar zum Bürgerlichen Gesetzbuch, Handkommentar, 11. Auflage, Baden-Baden 2021 (zitiert: Hk-BGB/*Bearbeiter*, § Rn.)
Schulze, Reiner/Grziwotz, Herbert/Lauda, Rudolf (Hrsg.)	Bürgerliches Gesetzbuch: Kommentiertes Vertrags- und Prozessformularbuch, 4. Auflage, Baden-Baden 2020 (zitiert: Schulze/Grziwotz/Lauda, Vertrags- und Prozessformularhandbuch, § Rn.)
Seltmann, Julia von (Hrsg.)	Beck'scher Online-Kommentar zum RVG, 59. Edition, München 2023 (zitiert: BeckOK RVG/*Bearbeiter*, § Rn.)
Serick, Rolf	„Befremdliches" zur Behandlung der Barvorschußtheorie beim Factoring-Geschäft?, NJW 1981, S. 794 ff.
Siebert-Reimer, Annekathrin	Der Anspruch auf Erstattung der Kosten der Prozessfinanzierung, Berlin 2017 (zitiert: *Siebert-Reimer*, Der Anspruch auf Erstattung der Kosten der Prozessfinanzierung, S.)
Sieg, Karl	Zum Rechtsschutz auf Staatskosten, NJW 1992, S. 2992 ff.

Singer, Reinhard	Durchsetzung von Verbraucherrechten durch Inkassounternehmen – Chancen und Grenzen, BRAK-Mitt. 2019, S. 211 ff.
Skrzepski, John-Robert	Die gewerbliche Fremdfinanzierung von Prozessen gegen Erfolgsbeteiligung, Hamburg 2008 (zitiert: *Skrzepski*, Die gewerbliche Fremdfinanzierung von Prozessen gegen Erfolgsbeteiligung, S.)
Stadler, Astrid	Prozessfinanzierung und Kostenerstattung, in: Berger, Christian/Boemke, Burkhard/Gaul, Hans Friedhelm/Haertlein, Lutz/Heiderhoff, Bettina/Schilken, Eberhard (Hrsg.), Festschrift für Ekkehard Becker-Eberhard zum 70. Geburtstag, München 2022 (zitiert: *Stadler*, Prozessfinanzierung und Kostenerstattung, S.)
Staudinger, Julius von (Begr.)	Von Staudingers Kommentar zum Bürgerlichen Gesetzbuch mit Einführungsgesetz und Nebengesetzen, Buch 1 (§§ 134–138, ProstG), Buch 2 (§§ 249–254 und §§ 255–304), Berlin 2019 und 2021 (zitiert: Staudinger/*Bearbeiter*, § Rn.)
Stein, Friedrich/Jonas, Martin (Begr.) Bork, Reinhard/Roth, Herbert (Hrsg.)	Kommentar zur Zivilprozessordnung, Band 2 (§§ 78–147), 23. Auflage, Tübingen 2016 (zitiert: Stein/Jonas/*Bearbeiter*, § Rn.)
Sterzinger, Christian	Prozesskostenhilfe im Insolvenzverfahren, NZI 2008, S. 525 ff.
Streyl, Elmar/Wietz, Christopher	Kasse machen mit Inkasso?, WuM 2012, S. 475 ff.
Sturm, Karsten	Zivilrechtliche, prozessuale und anwaltsrechtliche Probleme der gewerblichen Prozessfinanzierung, Leipzig 2005 (zitiert: *Sturm*, Zivilrechtliche, prozessuale und anwaltsrechtliche Probleme der gewerblichen Prozessfinanzierung, S.)

Literaturverzeichnis

Stürner, Michael	Der Grundsatz der Verhältnismäßigkeit im Schuldvertragsrecht: Zur Dogmatik einer privatrechtsimmanenten Begrenzung von vertraglichen Rechten und Pflichten, Tübingen 2010 (zitiert: *Stürner*, Der Grundsatz der Verhältnismäßigkeit im Schuldvertragsrecht, S.)
Stürner, Rolf/Bormann, Jens	Der Anwalt – vom freien Beruf zum dienstleistenden Gewerbe? Kritische Gedanken zur Deregulierung des Berufsrechts und zur Aushöhlung der anwaltlichen Unabhängigkeit, NJW 2004, S. 1481 ff.
Synatschke, Dagmar/Wölber, Jill/Nicolai, Jakob	Umsetzung der Verbandsklagerichtlinie ins nationale Recht, ZRP 2021, S. 197 ff.
Teubel, Joachim/Schons, Herbert P.	Erfolgshonorar für Anwälte – Gebühren- und Vergütungsvereinbarungen nach neuem Recht, München 2008 (zitiert: Teubel/Schons, Erfolgshonorar für Rechtsanwälte, S.)
Thole, Christoph	Gebühren bei Massenverfahren und komplexen Streitigkeiten, AnwBl 2023, S. 152 ff.
Uhlenbruck, Wilhelm	Prozeßkostenhilfe im Konkurs, ZIP 1982, S. 288 ff. Gesetzwidrige Verweigerung der Prozeßkostenhilfe an Konkursverwalter, KTS 1988, S. 435 ff.
Vogeler, Marcus	Das anwaltliche Erfolgshonorar, JA 2011, S. 321 ff.
Vollkommer, Gregor	EU-Verbrauchersammelklage: Ein Überblick über die Regelungen der Richtlinie über Verbandsklagen zum Schutz der Kollektivinteressen der Verbraucher sowie ihre mögliche Umsetzung ins deutsche Recht, MDR 2021, S. 129 ff.
Vollkommer, Max	Die Stellung des Anwalts im Zivilprozeß: Anwaltszwang, Anwaltsverschulden, Anwaltsfunktion, Köln 1984 (zitiert: *Vollkommer*, Die Stellung des Anwalts im Zivilprozeß, S.)
Vorwerk, Volkert/Wolf, Christian (Hrsg.)	Beck'scher Online-Kommentar zur Zivilprozessordnung, 48. Edition, München 2023 (zitiert: BeckOK ZPO/*Bearbeiter*, § Rn.)
Voßkuhle, Andreas/Kaiser, Anna-Bettina	Grundwissen – Öffentliches Recht: Der allgemeine Justizgewährungsanspruch, JuS 2014, S. 312 ff.

Wagner, Christian	Die Erstattungsfähigkeit außergerichtlicher Rechtsverfolgungskosten nach Verkehrsunfällen bei Leasingfirmen – ein Sonderfall?, NJW 2006, S. 3244 ff.
Wagner, Eric/Ruttloff, Marc/Wagner, Simon (Hrsg.)	Das Lieferkettensorgfaltspflichtengesetz in der Unternehmenspraxis, Handbuch, München 2022 (zitiert: Wagner/Ruttloff/Wagner/*Bearbeiter*, Lieferkettensorgfaltspflichtengesetz, § Rn.)
Wagner, Gerhard	Haftung für Menschenrechtsverletzungen in der Lieferkette, ZIP 2021, S. 1095 ff.
Wais, Hannes	Anwaltliche Prozessfinanzierung unter dem Einfluss der Digitalisierung, JZ 2022, S. 404 ff. – Das Gesetz für faire Verbraucherverträge – Weitere Reaktion auf die Digitalisierung, NJW 2021, S. 2833 ff.
Waldner, Wolfram	Der Anspruch auf rechtliches Gehör, Köln 1989 (zitiert: *Waldner*, Der Anspruch auf rechtliches Gehör, Rn.)
Wandt, Manfred	Versicherungsrecht, 6. Auflage, München 2016 (zitiert: *Wandt*, Versicherungsrecht, Rn.)
Weber, Franziska	Gegenwärtige Verbraucherrechtsfälle und Bedarf an staatlicher Rechtsdurchsetzung, VuR 2013, S. 323 ff.
Weitnauer, Wolfgang/Parzinger, Josef	Das Crowdfunding als neue Form der Unternehmensfinanzierung, GWR 2013, S. 153 ff.
Wick, Johannes	*Pre-purchase* Crowdfunding: ein atypischer Kaufvertrag außerhalb der Verbraucherrechterichtlinie, VuR 2018, S. 49 ff.
Wieczorek, Bernhard (Begr.) Schütze, Rolf A./Gebauer, Martin (Hrsg.)	Zivilprozessordnung und Nebengesetze, Band 2 (§§ 50–127a), 5. Auflage, Berlin/Boston 2022 (zitiert: Wieczorek/Schütze/*Bearbeiter*, § Rn.)
Wielgoß, Herbert	Prozeßkostenhilfe für das Mahnverfahren, NJW 1991, S. 2070 ff.
Willenbruch, Klaus	Das Armenrecht der juristischen Person, Berlin 1977 (zitiert: *Willenbruch*, Das Armenrecht der juristischen Person, S.)

Literaturverzeichnis

Wilske, Stephan/Markert, Lars	Zur Erstattungsfähigkeit des Erfolgshonorars in Schiedsverfahren, in: Schütze, Rolf A. (Hrsg.), Fairness Justice Equity, Festschrift für Reinhold Geimer zum 80. Geburtstag, München 2017 (zitiert: *Wilske/Markert*, Zur Erstattungsfähigkeit des Erfolgshonorars in Schiedsverfahren, S.)
Wolf, Christian	Steuerung des Zivilprozesses durch Streitwert- und Kostenrecht, ZZP 128 (2015), S. 69 ff.
Zimmermann, Walter	Prozesskosten- und Verfahrenskostenhilfe, 6. Auflage, Bielefeld 2021 (zitiert: *Zimmermann*, Prozesskosten- und Verfahrenskostenhilfe, Rn.)
Zöller, Richard (Begr.) Vollkommer, Gregor (Hrsg.)	Zivilprozessordnung, 34. Auflage, Köln 2022 (zitiert: Zöller/*Bearbeiter*, § Rn.)